人民美好生活视域下乡村振兴战略高质量实现机制研究（编号：21CK

新时代中国农村养老保障制度发展研究（编号：22BKS185）

江西省教育科学规划项目：贫困老年人的社会参与研究——基于教育的视角（编号：17YB031）

PUBLIC POLICY

公共政策学

吴雪平 / 主编

曹清华 / 副主编

经济管理出版社

ECONOMY & MANAGEMENT PUBLISHING HOUSE

图书在版编目（CIP）数据

公共政策学/吴雪平主编；曹清华副主编 . —北京：经济管理出版社，2023.9
ISBN 978-7-5096-9294-3

Ⅰ.①公…　Ⅱ.①吴…②曹…　Ⅲ.①公共政策—教材　Ⅳ.①D035-01

中国国家版本馆 CIP 数据核字（2023）第 183983 号

组稿编辑：张巧梅
责任编辑：张巧梅　白　毅
责任印制：黄章平
责任校对：蔡晓臻

出版发行：经济管理出版社
　　　　　（北京市海淀区北蜂窝 8 号中雅大厦 A 座 11 层　100038）
网　　址：www. E-mp. com. cn
电　　话：（010）51915602
印　　刷：北京晨旭印刷厂
经　　销：新华书店
开　　本：720mm×1000mm/16
印　　张：21
字　　数：389 千字
版　　次：2023 年 10 月第 1 版　　2023 年 10 月第 1 次印刷
书　　号：ISBN 978-7-5096-9294-3
定　　价：69.00 元

前　言

公共政策学是二战结束后首先在西方国家兴起的一个全新的跨学科、应用性研究领域的学科，其以一系列独特、新颖的范式以及它对决策科学化、民主化和社会经济发展的促进作用，而备受学界和政界的关注。

中国公共政策实践的历史较为久远。中国古代虽然没有形成专门的政策科学门类，但在中国的传统文化中有着丰富的政策谋略思想和政策实践经验：一是形成了以民为本、事异备变的政策思想；二是建立了恩威兼施、以柔克刚的施政原则；三是形成了重政策辩论、政策分析的传统。

中国公共政策学的研究从根本上源于改革开放前公共政策实践的经验与教训，特别是对政策失误所带来的不良后果的深刻反思，以及改革开放后现代化建设实践对政府公共政策科学化与民主化及政策实施规范化和高效化的迫切要求。经过40多年的探索，在引进、消化、应用、挖掘、总结、探索、创新等阶段，其发展的重要性和迫切性被越来越多的人所认识，目前已成为中国公共管理学科乃至整个中国社会科学研究领域一个极为重要且富有活力的部分，政策科学的研究与教学逐步体制化，它在我国社会科学和管理科学研究中的新兴领域地位得以确立。公共政策学在中国已经成为一个比较完整的学科，取得了可喜的成就：学术交流活跃；学科制度化建设已具规模；公共政策学在高校扎根，很多院校开设了相关专业，成立了研究机构，重视对公共政策学专业人才的培养。以"公共政策学""公共政策概论""公共政策分析"为题的教材很多。在结合教学需求的基础上，本教材基本遵循了以政策过程为主的研究范式。全书共有12章，分别是：公共政策发展、公共政策系统、公共政策价值、公共政策问题、公共政策环境、公共决策过程、公共政策执行、公共政策工具、公共政策评估、公共政策变迁、公共政策终结、公共政策分析。

与国内外同类教材相比，本教材更加突出公共政策的中国特色。力求在介绍基本概念、基本知识和基本能力的基础上，增强学生对中国公共政策体制与运行过程的理解；力求避免简单套用西方公共政策学概念和范畴；力求厘清理论与现实、中国与西方、观念与实务之间的区别；力求将理论认知、现实问题、实务操作等内容贯穿于每一个章节，立足中国政策问题，提出面向未来的解决方案，突出基础理论与实践技能相结合的培养目标。抓住社会上的一些热点、难点问题，将决策体制、政策环境、政策工具融入公共政策的制定、执行及评估等重要环节中。

本书是集体合作的成果。主编拟订研究计划，提出写作纲要，统筹推进撰写工作。具体写作分工如下：第 1 章、第 3 章、第 4 章、第 6 章、第 9 章、第 10章、第 11 章由吴雪平撰写；第 2 章由吴雪平、朱天义撰写；第 5 章、第 8 章由涂玉婷撰写；第 7 章由曹清华、刘诗瑶撰写；第 12 章由刘诗瑶撰写。全书由主编负责统稿。

本书的出版得到了经济管理出版社的大力支持，特别感谢张巧梅编辑的多次指导和督促，没有她的帮助与信任，就不会有本书的面世。

在本书的写作过程中，笔者参阅了大量的中外文献资料，吸收了许多学者的研究成果，在此表示最诚挚的谢意！同时，由于研究水平和时间的限制，书中肯定存在不当之处，恳请同仁和读者批评指正。

吴雪平

2023 年 4 月

目　录

第1章　公共政策发展

公共政策科学及政策分析经历了漫长的历史演化过程，它的源头可以追溯到人类文明之初，而其成为一个相对独立的研究领域则是在第二次世界大战以后，首先出现在发达的资本主义国家。如果以哈罗德·拉斯韦尔、丹尼尔·勒纳合著的《政策科学：视野与方法的近期发展》（1951 年）一书的出版为现代政策科学的诞生标志的话，那么现代政策科学及政策分析走过了 70 多年的发展历程。从方法论的角度来看，可以说政策科学或政策分析的发展经历了三个阶段，依次出现三次转折或范式变化，形成三代政策科学——从实证主义政策分析（第一代政策科学，20 世纪 50~70 年代）到后实证主义或后现代主义公共政策（第二代政策科学，20 世纪 80~90 年代），再到现如今的行为主义与数据驱动的公共政策知识增长（第三代政策科学，从世纪之交开始）。

1.1　西方公共政策研究的演进

西方现代政策科学发端于二战后几个主要工业发达国家。它的出现甚至被说成是当代西方政治学和行政学乃至整个西方社会科学的一次革命。但政策研究作为社会科学中的一个领域，其实早已存在。

1.1.1　二战前西方国家公共政策研究

公共政策研究在西方发达国家有着深厚的历史渊源。产生于公元前 21 世纪的汉谟拉比法典（*Hommurabian Code*）可能是已知的最早与公共政策有关的文献。它涉及司法程序、财产权、贸易和商业、家庭和婚姻关系以及公共责任等。在西方圣哲贤人的哲学和政治学著作中可以找到大量有关政策和政府管理的论述。

16~18 世纪欧美主要国家的市场不够发达，思想家主要关注政府的政策导向。较多的学者讨论了国家、主权、权力与政策的关系，也有一些政治学家像洛克、孟德斯鸠、卢梭等专门研究过国家的基本政策问题。18 世纪中叶，重商主义在欧洲占据了统治地位，这时研究者重视经济政策的作用。亚当·斯密在《国富论》（1776 年）中，提出应当将国民生产作为国家经济政策的中心目标，追求最大或最多的"国富"乃是一个国家必须实行的基本经济政策。第一次把政治经济学发展为一种完整的体系。斯密对公共政策研究的贡献主要包括：第一，他谴责一切封建关系，既对重商主义进行了严厉的批判，又克服了重农学派"农业富国则富"的偏见，力图证明刚刚诞生的资本主义生产关系的合理性，证明只有分工进一步发展才能促进整个社会福利的增加，反对一切阻碍经济自由的政策和学说，并提出了一套理论和经济政策。第二，他的政策与市场关系理论为整个自由资本主义时期国家的经济政策和社会政策提供了一种基本的理念，界定了政策的范围和方向。

威尔逊与古德诺对公共政策的研究。19 世纪 80 年代以前，政策研究只是附属于经济学。美国是最早建立公共行政科学的国家，美国公共行政科学正式建立的标志是 1887 年伍德罗·威尔逊在《政治学季刊》第二期发表的《行政的研究》学术论文。在该篇论文中，威尔逊从公共政策制定与执行的角度对政治与行政加以区分。在威尔逊之后对美国公共行政作出重大贡献的公共行政学家是弗兰克·古德诺。他同意威尔逊将政治与行政分开的观点，认为政治家依据一定的标准从各自集团的利益出发制定公共政策，而行政则是指以价值中立的态度去执行公共政策。古德诺与威尔逊都否认政治学是科学，在他们看来只有执行公共政策的公共行政才能依据科学和理性有效地运行。在 19 世纪末 20 世纪初，人们对公共政策的研究或阐述还只局限于公共政策的某些方面，如政策制定的主体，像国家、政府组织等。至于公共政策的本质、效能、结构、体系、原则、周期等方面的问题还没有成为研究的课题。

马克斯·韦伯是德国著名的社会学家，他对政策研究的主要贡献有：①强烈主张对社会、政治现象进行文化解释，甚至将社会科学称为文化科学。他认为价值关联决定了社会科学与自然科学的分野，价值关联就是价值判断。②他认为人的行动或社会行动包括两个基本要素：动机和目标。人们总是依照一定的目标来选择适当的手段，目标意识越明确就越是趋向于选择适当的手段。他认为目标合乎理性的行动是一种理想类型，为人们提供了理解行动意义的可能手段。而在现实生活中，人的行动是不尽合乎理性的，常有相当多的非理性的因素。③他提出了官僚制理想模型并通过对官僚制组织结构的设计而探讨了合乎理性的、科学的决策模型。④他在社会科学方法论上，提出了理想类型和主张价值无涉。韦伯的理想类型和价值无涉为公共政策提供了一种方法论上的指导。

20 世纪 20 年代梅里安倡导的"新政治科学"运动。1921 年美国芝加哥大学教授梅里安发起了"新政治科学运动"，主张运用社会学、地理学、人类学、生物学和统计学的方法与成果来改造政治学。这一主张在美国政治学界引起了巨大的震动，后来梅里安被称为行为主义政治学的开山鼻祖。梅里安指出之所以要掀起这股运动就是要促使人们对政府机构的运转过程加以明智的控制，从而消除政治运动中的浪费，减少或消除各种动乱因素。梅里安经常使用"政策科学"这一概念。

进入 20 世纪，政策研究领域出现了一个明显的变化，即主要的社会科学学科如经济学、社会学和政治学及行政学的职业化。一些学者教授从事专门的教学研究，他们为政府提供有关政策制定和行政管理的建议，对政策制定的实践产生越来越重要的影响。在美国，社会科学在威尔逊政府和胡佛政府开始产生积极影响。在这一时期建立起许多新的政府机构，其成员大部分由社会科学家担任。第二次世界大战及战后的调整给社会科学家提供了证明他们在解决社会问题中的价值的机会。①

需要特别指出的是，在 19 世纪和 20 世纪上半叶，在拉斯韦尔提倡政策科学之前，社会科学特别是经济学、社会学、政治学领域已经积累起相当丰富的政策研究理论和方法。例如，在经济学领域，经济政策的研究早就备受重视，英国古典政治经济学带有明显的经济政策研究的性质，涉及经济领域中公共政策制定原则和政策建议及其选择问题；计量经济学的奠基人之一的 J. 丁伯根把计量经济学的理论和方法用于经济政策研究中。可以说，在政策科学形成之前，经济学关于经济政策的研究已取得长足的发展。又如在社会学领域，西方社会学家也很早就展开了对社会政策的研究，1873 年德国成立了社会政策学会；英国也有社会政策研究传统，尤其在社会政策理论的研究上颇有建树。在一般的社会理论的研究上，从马克斯·韦伯、卡尔·曼海姆和早期的法兰克福学派的著作中，可以发

---

①　William N. Dunn. Public policy Analysis［M］. Englewood Cliffs：Prentice-Hall, 1994.

现政策科学理论的先导。韦伯的《社会科学中知识的客观性和社会政策》（1904年）和《伦理中立性的意义》等著作包含了对政策分析方法论尤其是事实与价值关系问题的论述；产生于 20 世纪二三十年代的法兰克福学派对社会批判理论的论述与拉斯韦尔后来对政策科学的规定有着惊人的相似之处。①

1.1.2 二战后西方国家公共政策研究

二战以后，西方的政治科学发生了研究范式上的转变。在 20 世纪 60 年代前，先后出现过国家制度研究、权力关系研究与行为主义研究等范式。

1.1.2.1 公共政策学的创立

1951 年，在美国斯坦福大学召开了"关于国际关系论的革命性、发展性学术研讨会"（以下简称 RADIR）。这次会议由纽约卡内基财团赞助，是一场美国社会科学界不多见的众多泰斗云集的盛会。与会的社会科学界英才有政治学家丹尼尔·勒纳、文化人类学家玛格丽特·米德、经济学家肯尼思·阿罗、心理学家爱德华·华尔兹等。这次会议的主要成果是产生了由勒纳和拉斯韦尔共同主编的论文集《政策科学：视野与方法的近期发展》。虽然该书是由许多人分头写成的，在当时的社会影响还不是很大，但却被看作公共政策学的开山之作。该书首次提出并界定了"政策科学"（Policy Sciences）概念："政策科学是用于解决社会问题特别是解决那些结构和关系都很复杂的社会问题的工具。"书中对公共政策的概念、政策科学学科特点和基本范式、科学的决策方法等，做了比较深入的研讨，奠定了公共政策的学科基础。这本书被誉为"公共政策学的开山之作""公共政策学的经典著作"②。

在 RADIR 会议上，美国政治学家、斯坦福大学教授拉斯韦尔给公共政策学下了一个定义："公共政策学就是以制定政策规划和政策替代方案为焦点，动用新的方法论对未来发展趋势进行分析的学问。"正因如此，拉斯韦尔被公认为公共政策学创始人或创始人之一。拉斯韦尔是政治行为主义学派的先驱者和重要代表人物之一，他首次对社会科学中的政策研究方向即政策科学的对象、性质和发展方向等问题加以论述，奠定了政策科学发展的基础。他认为政策科学或社会科学中的政策方向可以超越社会科学的零碎的专门化，确定起一种全新的、统一的

---

① 陈振明. 论法兰克福学派社会批判理论的形成与特征 [J]. 社会学研究, 1990（6）.
② 药师寺泰藏. 公共政策 [M]. 张丹, 译. 北京：经济日报出版社, 1991.

社会科学；时下局部的问题并不是政策科学所主要关心的，政策科学将致力于一般选择理论的研究；政策科学是某种不同于应用社会科学的东西，因为它主要关心"社会中人的基本问题""关心解释政策制定和政策执行过程，关心收集数据并提供对特定时期政策问题的解释"。① 政策科学采取一种全球观点，强调政策的历史脉络（尤其是面向未来），重视对变化、创新和革命的研究。虽然拉斯韦尔在20世纪50年代初就指明了社会科学中的政策研究方向，但是在此后的十几年里，除了在政策分析的定量方法及技术方面，特别是在运筹学、系统分析、线性规划和成本—效益分析等方法及技术上取得成就之外，政策科学的学科建设并没有取得重大突破。关于政策过程，拉斯韦尔将它划分为信息（情报）、建议、规定、执行、运用、评价、终止七个阶段或步骤。他认为政策科学的研究者在政策过程中可作出三种贡献：①确定一项决策的目标和价值。②收集和提供有关信息。③提出备选政策方案并比较其优劣，以做出最佳选择。②

行为主义的政策科学在方法论上的特点是对"纯"科学方法的推崇，主张通过经验研究寻求政治行为的规则。因此，在《政策科学：视野与方法的近期发展》这本论文集中收录的赖尼斯·李凯尔特教授《关于用作政策形成于研究的工具的样本访谈调查》一文，对于公共政策学的形成也起到了重要作用。访谈作为社会调查的一种方法，在其他学科早已得到应用，其对于公共政策学来说，也是非常重要的。对于在公共政策研究中如何运用访谈法，李凯尔特教授认为，进行有关政策问题的访谈调查需做到三点：①提供有关政策问题的详细资料。②提出解决这一问题的可供选择的政策方案，这是一种以主观假设为基础的方案。③注意调查受访者的文化程度等个人背景资料。

1.1.2.2 公共政策学的发展

20世纪70年代，以以色列耶路撒冷希伯来大学教授、以色列政策科学家叶海卡·德洛尔为代表的学者，对拉斯韦尔等学者提倡的行为主义方法论做了全面的反思与批评。他们认为，方法论的发展并非公共政策学的唯一动力，行为主义方法论存在弊端，自然科学的研究方法并非社会追求理性的唯一手段。② 其标志是德洛尔在1968~1971年旅居美国期间写出的公共政策科学的"三部曲"——《重新审查公共政策的制定过程》（1968年）、《政策科学探索》（1971年）、《政

---

①② D. Lemer, H. D. Laswell. The Poliy Science：Recent Developments in Scope and Method ［M］. Stanford：Stanford University Press，1951.

② 麻宝斌、王庆华. 公共政策学 ［M］. 北京：高等教育出版社，2016.

策科学构想》（1971 年）。德洛尔（Yehezkel Dror）在 1986 年发表的《逆境中的政策制定》一书中提出政策科学应在 14 个方面取得突破，包括加强对政策科学的哲学和智力方面的研究探讨、宏观的政策创新、考察改善政策制定的途径、开发多维的方法论和技术性方法等。① 他肯定了管理科学和决策科学研究中使用的系统性研究方法，并大力主张将这种方法引进公共政策学中。德洛尔将政策的出现看作一场"科学革命"，认为与传统的常规科学相比，政策科学有一系列的创新。政策科学的基本范式有 14 项，其中主要的有：②

（1）政策科学所关心的主要是理解和改善全社会的发展方向，因此，它主要关注全社会的指导系统，特别是政策制定系统及产生更好的政策，它直接关注的并不是具体政策问题的内容，而是改进政策制定系统的方法和知识。

（2）政策科学所研究的是公共政策制定的宏观层次，即地方的、全国的和跨国的政策制定系统。政策制定系统的次级因素因其在政策系统中的作用而构成政策科学的主题。所以，政策科学处理个人的、团体的和组织的决策过程，并从公共政策制定的观点上看待它们。然而，政策科学与公共政策制定密切相联。

（3）政策科学在传统的学科特别是行为科学和管理科学之间架起桥梁。政策科学必须整合来自各种学科的知识，构成一个集中关注政策制定的学科。它以行为科学和管理科学的融合为基础，但也吸收来自其他相关学科的知识因素。政策科学一方面包含着多元的因素，另一方面又是基本统一的。

（4）政策科学在纯粹的研究和应用的研究之间架起了桥梁。在政策科学中，这两种研究的整合是以政策制定的改进为最终目标而取得的。因此，真实世界构成政策科学的主要实验室，而大部分抽象的政策科学理论的最终检验是看它们是否对政策制定的改进有所贡献。然而，政策科学的发展在相当的程度上还是要依赖于抽象理论的建构。

（5）政策科学除了使用常规的研究方法外，还将不证自明的知识和个人的经验当作重要的知识来源，努力提炼政策实践者不证自明的知识，并将高水平的政策制定者吸收进来，作为政策科学建设的合作者，这是政策科学区别于当代常规科学（包括行为科学和管理科学）的一个重要特征。

（6）与当代常规科学一样，政策科学关心工具规范的知识。但是政策科学

① Yehezkel Dror. Policymaking Under Adversity［M］. New Brunswick，New Jersey：Transaction，1986.
② Yehezkel Dror. Design for Policy Sciences［M］. New York：Elsevier Inc.，1971.

对于"价值中立的科学"是敏感的。它试图通过探索价值内涵、价值一致性、价值成本和价值承诺的行为基础而对价值选择作出贡献。因为政策科学突破了当代科学与伦理学、价值哲学的严格界限，并将建立一种可操作的价值理论作为政策科学的一部分。

（7）有组织的创造性构成政策科学各部分中的重要因素。因此，鼓励和刺激有组织的创造性乃是政策科学的一个主题和重要的方法论之一。

（8）政策科学对于时间非常敏感，它将现在看作过去和未来之间的桥梁。因此，它拒绝当代科学尤其是行为科学和管理科学的非历史的方法。它既强调历史的发展，又强调未来。

（9）政策科学对于变化的过程和动态的情境十分敏感。对于社会转变的条件以及指导变化的政策制定的强烈关注，构成政策科学的基本模式、概念和方法论的前提条件。

（10）政策科学涉及系统化的知识和结构化的合理性对公共政策制定的贡献，但是政策科学明显地认识到超理性过程（如创造性、直觉、魅力和价值判断）和非理性过程（如深层动机）的重要作用。为更好地制定政策而探索改善这些过程的方法是政策科学的一个整合部分。

此外，政策科学的"范式"还有：政策科学既修正已被接受的科学原则和基本方法论，又将它们扩展到已被接受的科学研究的界限之外；政策科学要成为自觉的学科，它寻求自己的范式、假定和理论；政策科学为它自己在实际政策制定中应用的日益增加和职业化而奋斗；政策科学尽管有种种的创新，但它属于科学的事实，并为科学的传统（如证实和有效性）而努力。

显然，德洛尔的政策科学"范式"是拉斯韦尔的政策科学理论的发展和完善，成为政策科学发展史上的又一里程碑。拉斯韦尔和德洛尔的政策科学传统是美国政策科学运动的主导"范式"之一，为许多政策科学研究者所赞同和遵守。但是，由于拉斯韦尔和德洛尔提倡的跨学科、综合性的全新的政策科学过于宏伟博大，没有明确的边界条件，几乎成为一个凌驾于所有社会科学之上的科学（统一的社会科学），这是一种需要长期奋斗的理想，难以在短期内取得全面突破。它遭到一些社会科学家的批评（如有的学者批评政策科学不是科学，而是意识形态）。

美国在 20 世纪 60 年代后期和 20 世纪 70 年代前期出现了公共政策研究中的"趋前倾向"，在 70 年代后期则出现了"趋后倾向"。所谓"趋前倾向"是指政策研究偏重于政策制定中加强政策咨询的趋势。这一时期美国建立了一批负有盛名的以公共政策咨询研究为主要任务的研究所、研究中心，如兰德公司。由于这些机构广泛地运用统计学、数学、心理学、系统论等方法起草各种政策方案，进行各种政策模拟，提出各种政策建议作为政府在制定公共政策时的参考，因此人们又称它们是政策决策的"思想库""智囊团"。所谓"趋后倾向"是指公共政策研究偏重于政策周期研究的趋势。一项公共决策往往是各种利益冲突与妥协的结果，因此要研究科学、合理的公共政策制定就必须考虑政策制定系统的改进与完善。另外，一项好的公共政策只制定出来是不够的，还需要去执行。因此，公共政策的重要一环在于对制定出来的政策的推行和实施。这样，对公共政策的研究就转向了对整个政策生命周期的探讨。

1.1.2.3 公共政策学科研究的发展趋势

20世纪90年代西方公共政策的研究表现出两种趋势：一种是对原有研究主题的深化，主要集中在两个问题上：第一个问题是公共政策的伦理与价值；第二个问题是公共政策与公共管理的关系问题。另一种是拓展新的研究方向，主要集中在两个方面：一是开辟新的研究领域，增强公共政策的应用性；二是加强理性意识形态，由传统的政策决策研究转向政策调查研究。

（1）关于伦理取向和价值追求。政策过程是一个不断选择的过程：政策问题需要选择，政策目标需要选择，政策方案需要选择，政策执行的方式和手段也需要选择。任何选择都有一定的标准，价值追求和伦理的标准是不可缺少的。一些学者基于这一认识，对于公共政策研究课题的选择以价值和伦理为取向，这一行为早在后行为主义时期就初露端倪，到20世纪90年代这一行为趋势得到明显加强。对诸如国家安全、社会福利、堕胎和死刑犯等特定的社会问题进行个案研究，从中引申出政策伦理问题。这种研究途径是问题取向的，如比特利的论文《环境伦理与规划理论》就是采取这种研究途径。20世纪90年代的政策研究涉及更广泛的伦理问题，如政策规划中伦理考量的两难选择，有关性别、年龄、代际、阶层、职业、民族的政策制定和执行中的伦理问题；又如通过分析政府机关或非政府公共组织的伦理问题而确立公共责任与义务；等等。他们的研究成果表明，对于决策者来说，只有在相关的价值已经得到确认之后，才能开始理性的政策分析。

（2）关于公共政策与公共管理的关系。政策是管理的一个必不可少的环节，而公共政策则是另一种形式的战略管理、组织、计划、指挥、控制等管理工具的运用，使公共政策产生预期的效果。20 世纪 90 年代，管理取向的政策研究呈现出很强的发展趋势。如匹兹堡大学教授威廉·N. 邓恩的《公共政策分析导论》、密尔斯的《冲突的解决与公共政策》和《公共政策公共行政与中国》等，都是采取这一研究导向。

（3）关于政府改革取向。决策系统现代化的目标是建立一个高效能的新型政府。20 世纪 90 年代，政府改革在发达国家成为一种潮流。1993 年 3 月，美国总统克林顿宣布针对联邦政府进行为期 6 个月的"全国绩效评估"计划，成立"政府重塑小组"以推动联邦政府的改革工程，并成立"政府重塑实验室"。同年 9 月，"政府重塑小组"完成评估报告，确定重塑的目标是"创建一个做得更好、成本更低的政府"。政府改革对公共政策研究产生了广泛而深刻的影响，德洛克在《行政改革、发展和变迁的战略》一文中指出，政府改革或行政改革，就是对某一公共行政系统作出指导性的变革。改革的方向是在客观方面重视效率和效果，在主观方面强调质量和满意度。在这里，效率是指成本和效益的比率；效果是指产出的结果或目标达成的程度；质量是指服务的水准或程度；满意度是指被服务者对服务的肯定程度。为此，政府决策在微观甚至中观层面务须裁减规则，在政策的传输上务须减少层次和缩短通道。①

（4）关于方法论的非科学趋向。自 20 世纪 80 年代起，就不断有人批评实证主义观，批评牛顿力学所创造的决定论和机械唯物论的研究范式，强调后现代社会是介于秩序与混沌之间的社会。他们批评在逻辑实证主义和实用主义这两条思想路线的影响下形成的决策理论是"偏向于理性的、逻辑的、分析的方法，忽略直观的、感性的、综合的方法"，把理性视为"知识与社会进步的根源、真理之所在以及系统性知识的基础"，认为该决策理论是"偏于静态结构"的理论，"不符合后现代社会的需求"。他们倡导的是"混沌原则""不确定性"和"诠释学观点"，并以此来说明当代的政策环境已然不是理性的思考所能把握的。

以主观的研究方法代替客观的研究方法，势必影响到以什么标准来评估和选择政策以及如何判断一项政策是好政策这样的基本问题。主观的研究方法认为，客观的研究方法过于重视以经济理性和技术理性为主体的选择理论，判断一项政策为好政策的比较可行的办法是主观认定，即具有法律正当性的政策就是好政策。主观的研究方法对于公共政策的影响是很深入的，甚至行为主义决策理论的

---

① 宁骚. 公共政策［M］. 北京：高等教育出版社，2000.

鼻祖赫伯特·西蒙也提出了超理性的、可运用于实际政策环境中的决策模型，即直觉模型、行为模型和演进模型。

20 世纪 80 年代是西方公共政策的自我批判时期。政策研究从 20 世纪 50 年代正式成为政治科学、公共行政科学中的重要分支后，经过 60 年代的政策咨询研究，70 年代的包括政策执行、政策评估、政策终结在内的政策周期研究，发展至 80 年代开始进一步转向有关政策效率、政策信息多元化、政策学家与政治家关系的研究。在这一时期，政策学家比较多地对学科采取谨慎的批判态度。

1.2　中国公共政策发展

公共政策在中国也有很大的发展，中国公共政策实践的历史较为久远。中国古代虽然没有形成专门的政策科学门类，但在中国的文化传统中有着丰富的政策谋略思想和政策实践经验。主要表现在以下几个方面：一是形成了以民为本、事异备变的政策思想。中国古代有作为的封建思想家与政治家大多提倡"民惟邦本，本固邦宁"的治国策略，在制定政策时多考虑"养民""惠民"和"富民"。二是建立了恩威兼施、以柔克刚的施政原则。中国古代勤于治国的政治家与官吏有一套施政方法。三是形成了重政策辩论、政策分析的传统。中国古代留下了许多政策辩论与政策分析的文献资料。如《盐铁论》记述了当时对汉昭帝时期的政治、经济、军事、外交、文化的一场大辩论。在西汉昭帝始元六年（公元前81 年）召开"盐铁会议"，以贤良文学为一方，以御史大夫桑弘羊为另一方，全国 60 多位贤良学士就制定盐铁专营、酒类专卖的政策展开辩论。明代的《智囊计》则是关于政策安全分析的文献。四是形成了完整的国策谋略体系。最为突出的是《孙子兵法》，其中包含大量的国策条目、谋略思想和管理策略。这些著作不仅成为中国政策文化中的经典，也成为政策科学研究的宝贵遗产。

在中国当代的政策文化中，除了政策思想和政策研究外，具有重要指导意义的还有马克思主义的政策策略思想与原则、毛泽东关于政策和策略的光辉理论与实践。毛泽东在领导中国革命与建设的实践中提出"政策和策略是党的生命"的论断。在中国这样复杂的环境中，工作的每个干部必须将自己锻炼成懂得政策和策略的战士。

1.2.1　古代中国的政策研究

在古代中国，有关政策的知识、思想和观点虽然没有发展成独立的学科，但是有关政策的研究却十分丰富，史官制度、策士制度、谏议制度和科举制度都发挥了很大的作用。

在古代中国，"士"阶层出现得很早，他们中的许多人是辅助统治者审时度势、选择时机、进行决策的谋士。最早可追溯到夏商之家臣、西周之命士。春秋战国时期，群雄争霸，有识之士挟术怀策周游列国，《战国策》专门记述了这些策士的言行，可以说是人类历史上第一部较为完整的政策研究著作。此外，诸子百家的著作中也包含了大量的政策研究的思想和经验。

1.2.1.1　史官制度与古代中国的政策研究

在安阳等地出土的殷商时代的甲骨卜辞，表明"巫""史"作为中国有文字传世以来最早的知识人和思想者，对于国家统治者的决策起着至关重要的作用。进入西周时代，"巫""史"的职责渐渐地有了分化：生来就有神秘能力、可以通神的人是"巫"（他们中间懂得各种知识的叫作"祝"）；"史"则负责有关国家大典的文字记载、册命起草、法令归档和史册撰写。《尚书·周书》就是西周史官保存下来的一部分公文。它实际上是周天子一系列重要决策的记录，其中蕴含着珍贵的政策思想。

孔子根据各诸侯国史官的记载作《春秋》，"其事则齐桓、晋文，其文则史。孔子曰：'其义则丘窃取之矣。'"（《孟子》）。于是，"政府的官吏，遂变成了民间的私史"①。《春秋》虽是个人著述，但从"孔子成春秋，而乱臣贼子惧"（《孟子》）一语来推断，其对各诸侯国的政治行为，包括其政策行为，影响是很大的。在之后的历史发展进程中，史官始终是国家和政府体制内的一项重要设置，下一个王朝为上一个王朝修史成为定制。《史记》是中国第一部"正史"，此后接着还有"二十四史"。所有的正史，都以总结前朝以及更久远的统治者施政的经验教训，作为当今和以后统治者施政的借鉴为宗旨。著名的史学著作，如司马光的《资治通鉴》，单凭书名就可以见到编著者的这一宗旨。因此，史官制度对于中国政治的作用，就是政治者热衷于"以史为鉴""古为今用"。这一传

---

①　钱穆. 中国史学名著 ［M］. 北京：生活·读书·新知三联书店，2001.

统对现代和当代中国的政策行为和史学研究，仍有重要影响。

1.2.1.2 策士制度与古代中国的政策研究

士作为中国古代社会中一个特殊的知识人群和思想者阶层，是春秋、战国时代所特有的。清代官府中的幕僚或师爷在内的中国古代社会非特指意义上的士，我们一般视他们为古代的知识分子。

春秋时代，"周室微，陪臣执政"（《史记·历书》），发生了"天子失官，学在四夷"（《左传》）的重大变迁。巫、祝、卜、史等原属王宫的知识阶层下移，流散到各诸侯国。同时，由于私学的兴起，较为普遍地设立了"乡校"一类的教育机构，一大批受过教育的平民获得身份的提升，"或进入诸侯大夫的机构，或独立于社会，形成一个不拥有政治权力却拥有文化权力的知识阶层"[1]。这两部分人混合在一起，就导致了士的崛起。士的构成非常复杂，分布广泛而富有能量。他们"或凭着学习到的技能，服务于君主和卿大夫身边，充当低级官吏；或以文才谈辩论理，教授生徒，著书立说；或以技艺从事工商方术之事"[2]。在春秋战国时代，各诸侯国君以官、爵、禄去大力争取有才能的士，像孟尝君、信陵君那样的卿大夫则以养士、礼贤下士来扩大势力，提高声誉。在各种士中，策士对各诸侯国的生存和发展关系重大。这些人胸怀文韬武略，有经国治世的才能。所谓"得士者强，失士者亡"，指的就是这种士。如商鞅，弃魏奔秦，受到秦孝公的重用，在20多年的政治生涯厉行改革，制定和推行了一系列促进政治、经济和社会发展的政策，为秦国的强盛打下了坚实的基础。策士在受到赏识和任用之前，大多数地位低下，他们的晋身之途通常就是向卿大夫甚至国君游说。如孔丘、孟轲、李斯、苏秦、吴起等，都曾游说自荐。要说服别人，靠的是策士的政策规划、政策分析和政策预测能力，而雄辩仅是展示这种能力的手段。因此可以说，策士是中国历史上最早且才华横溢的一批政策研究者。先秦诸子百家的论著，如《论语》《墨子》《孟子》《荀子》《战国策》等，有许多篇章堪称政策研究的杰作。李斯的《谏逐客书》，其政策思想即使在今天，对于我们的人力资源政策如何适应人才的跨国流动形势，也有其参考价值。

1.2.1.3 谏议制度与古代中国的政策研究

在中国长期的君主制政治体制下，决策权掌握在君主一人手中。但是君主在

---

① 葛兆光. 中国思想史 [M]. 上海：复旦大学出版社，1998.
② 韦庆远. 中国政治制度史 [M]. 北京：中国人民大学出版社，1989.

作出决策时，常常会听臣子的建议。臣子有向君主反映情况、分析问题、提出应对建议的职责。历朝历代的上书中也有一些政策规划、政策分析、政策评估的杰作。如汉代贾谊的《论积贮疏》和《陈政事疏》、唐代韩愈的《谏迎佛骨表》、宋代王安石的《本朝百年无事札子》等。在君主已作出决策的情况下，大臣仍可以表达不同的意见，甚至要求收回成命。个别时候，君主甚至亲自主持或者召开专门会议，对重要政策进行讨论。另外，从秦开始，在中央集权的政治体制内建立起一套由君主直接控制的监察系统，这套系统的功能是多方面的，其对臣子的谏诤，以及对政策执行的监控都相当有成效。如唐代贞观年间谏议大夫魏征敢于直言极谏，先后进谏二百余事，多能切中时弊，其中不少谏诤的内容都是属于政策问题方面的。①

1.2.1.4 科举制度与古代中国的政策研究

科举制度是中国古代的政治体制的政治录用机制，经历了一个复杂的演变过程，这种机制在制度安排上在上是选举，在下是求仕。不管是选举者还是求仕者，都重视政策能力：一方面，统治者从维护王朝统治着想去重视政策的制定与执行，重视人才的征聘，并在读书人做官的入口处注重考核他们制定政策和施政的能力。另一方面，我国早在先秦时期就形成"学而优则仕"的传统，到隋唐形成的科举制度又为学业优良者开辟了"朝为田舍郎，暮登天子堂"的通道。于是，一代又一代读书人怀着"修身、齐家、治国、平天下"的热切期望，踏上"读书做官"的人生历程。知识分子既然以读书为做官的准备阶段，所以很自然地就会关注政府的运作，热衷于"议政"和重视对策能力的养成。从科举制度的发展来说，隋炀帝时开始设置进士科，在做法上就是"以试策取士"。唐代科举取士，贡举有明法、明策等科目。宋代范仲淹改革科举制度，在考试内容上强调"先策论而后诗赋"。王安石变法，在科举制度方面的改革是考试科目取消诗赋，专考经义和时务策。明清科举考试，乡试和会试都考三场：第一场考儒家经典的义理；第二场考论说、判语、草拟诏诰章表等；第三场考经史、诗赋等，重点显然在于考察求仕者的行政和政策能力。很多求仕者在考场显示了在时务和政策研究与思考方面的功力。有些考卷，如宋代苏轼在应考时所进的"时务策"之一《教战守策》，甚至成为传世之作。②

1.2.2 中国公共政策学的研究

中国公共政策学的研究从根本上源于改革开放前公共政策实践的经验与教训，特别是对政策失误所带来的不良后果的深刻反思，以及改革开放后现代化建设实践对政府公共政策科学化与民主化及政策实施规范化和高效化的迫切要求。

1.2.2.1 中国公共政策学的产生

改革开放后，现代化建设迫切需要加强对公共政策的研究，从决策和执行两个方面来完善公共政策运行机制，提高政府效率。就公共政策的制定而言，改革开放和现代化建设标志着我国进入了一个新的历史发展时期，从1979年至20世纪90年代初，我国进行了震惊世界的制度和政策创新的伟大实践。

中国政府所面临的公共政策问题，均需要公共政策研究者从理论上去探讨、应对和解答。在改革开放之后，伴随着社会主义市场经济体制的完善、社会治理有效性的增强，原有的利益格局已经被打破，各主体的利益边界正在变得越来越明晰，多元化的利益格局已经形成。为此，也迫切地需要通过对政策实施过程进行深入、系统的科学研究来寻求对策。所有这些问题的存在客观上都极大地促进了中国公共政策科学的兴起与发展。

正是在这样的背景下，我国理论界、学术界的一些专家学者和从事实际工作的政策研究人员，开始介绍并引进西方政策科学的研究成果。随着政策科学研究成果的引进，我国学术界的研究视野得到拓展，学者们进入了一个崭新的学科领域。随后，政策科学不仅得到了学术界的重视，而且日益引起了高层决策者的关注。1982年，国家科委技术局出版了《科学技术政策研究》论文集，在这本论文集里，许多专家学者从研究科技政策开始，提出了一些政策理论问题，发表了一些有益的见解。不久后他们便在报刊上发表论文，提出要开展我国的政策科学研究，学术界通常认为这标志着我国政策科学研究的开端①。如1983年孟繁森发表文章，明确提出要"建立一门研究党和国家生命的科学——政策学"②。1984年李铁映发表题为《决策研究》的论文，文章呼吁"加快决策科学化的步伐"，要求"各级领导应该学习决策科学的知识"，并"在各级干部学校、有关大学的某些系或专业应开设决策理论的选修课，系统地讲授各种决策知识和技术，培养

---

① 王文捷. 马克思主义政策学 [M]. 长春：吉林人民出版社，1990.

② 孟繁森. 需要建立一门研究党和国家生命的科学——政策学 [J]. 理论探讨，1983 (7).

造就未来的各级决策者"①。随后，科学决策和民主决策的问题，引起了党和国家最高决策层的高度重视。

1.2.2.2　中国公共政策学发展

中国公共政策学科在引进西方政策科学研究成果的基础上应运而生，由无到有，迅速发展，经过 30 多年的探索，在引进、消化、应用、挖掘、总结、探索、创新等阶段，其发展的重要性和迫切性被越来越多的人所认识，目前已成为中国公共管理学科乃至整个中国社会科学研究领域一个极为重要且富有活力的部分，政策科学的研究与教学逐步体制化，它在我国社会科学和管理科学研究中的新兴领域地位得以确立。

中国公共政策科学研究取得了重要的进展，为学科发展、学术繁荣、人才培养和推进中国公共政策实践的科学化、民主化、法制化以及提高公共政策质量作出了重要的贡献，其主要表现是：

（1）学科发展迅速，学术地位不断提高。"使中国公共政策科学开始从政治学和公共行政中分离出来成为一个独立的研究领域"②，取得了应有的学术地位和社会地位。逐步确立了一个以公共政策问题、政策功能、政策类型、政策结构、政策主体、政策客体、政策环境、政策系统、政策价值等基本概念为基础的，以政策议程、政策规划、政策采纳、政策实施、政策监控、政策评估、政策终结等环节为轴的，以政策科学方法论为重要内容的政策科学理论框架，使公共政策科学与其他学科的界限越来越清晰。改革开放中出现大量的政策问题，特别是社会转型时期的政治经济问题，也对政策研究提出了更高的要求。20 世纪 80 年代，随着政治学、行政学等学科的恢复，高校、社会科学研究部门开始进行政治决策和行政决策方面的研究。与此同时，一些学者开始介绍我国台湾地区和国外与公共政策有关的文章、书籍，编写出有关公共政策科学的教材和读物。比较有影响力的著作有《政治制定过程》《公共政策》《公共政策析论》等。

（2）学术研究取得了积极成果，初步建立起中国政策科学的理论框架。特别是近 20 年来，一批政策科学的国家级、省级课题相继完成，再加上对国外政策科学理论和方法成果的评介、引进和消化，对马克思主义及中国政策和策略理论的研究，我国学术界对政策科学的基本概念、理论和方法的探索已见成效，中

---

① 李铁映．决策研究 [J]．哲学研究，1984（4）．

② 胡宁生．现代公共政策研究 [M]．北京：中国社会科学出版社，2000．

国政策科学的理论框架基本确立。

30多年来，我国政策科学的研究取得显著成果，出版或发表了一批论著和译著。国内学者中有代表性的有张金马主编的《政策科学导论》、陈庆云编著的《公共政策分析》、陈振明主编的"公共管理与政策分析丛书"（包括《政策科学》《公共政策》等）。学者在国内外各种刊物包括《中国社会科学》《中国行政管理》等权威刊物发表了大量的学术论文。一些代表性译著有林德布洛姆的《政策制定过程》、安德森的《公共决策》、德洛尔的《逆境中的政策制定》等。

（3）在人才培养和知识应用的方面取得重大进展。从学科化上看：一是开设了公共政策课程，创办了研究机构，培养了研究生。近20年来，政策科学的教育培训迅速发展，它在大学、党校和行政学院的教学与研究中扎根，成为本科生、研究生以及干部培训的一个重要的学科领域。许多党校、高校和行政学院相继开设政策科学方面的单科或系列课程，许多大学在公共管理学院成立公共政策教研室，有些院校还成立了公共政策系。厦门大学和北京大学分别于1993年、1994年在行政学硕士点中设立政策分析方向，培养中国的公共政策硕士（Master of Public Policy，MPP）。此后，不少综合性大学也在政治学、行政学、经济学和社会学等学科专业中设立政策分析或公共政策方向。1998年开始设立政策分析博士点，有的大学则在政治学、科技哲学等学科专业的博士点中设立公共政策分析方向。2001年国务院学位委员会批准设立公共管理硕士（MPA）专业学位，在该专业学位中，公共政策及行政管理是其最基本的学科。在新冠肺炎疫情防控过程中，全国MPA教指委在2020年7月11~12日通过网络视频会议的形式，举办了"公共政策分析"教学与案例研讨会。MPA硕士专业学位的开办，将极大地推动政策科学教学与研究的发展，在政策科学学科发展的历史上产生了重要而深远的影响。

（4）新型特色智库的形成。中国特色新型智库建设是推进国家治理现代化与增强国家软实力的一个重要方面。习近平总书记指出"把中国特色新型智库建设作为一项重大而紧迫的任务切实抓好"，并强调"重视专业化智库建设"。党的十九大报告重申"加强中国特色新型智库建设"。2022年5月，中共中央办公厅印发《国家"十四五"时期哲学社会科学发展规划》，为今后一段时期我国智库的高质量发展指明了前进方向。

近年来，国内公共政策研究主要有两个维度或重心：一是围绕国外发展起来的政策科学基本主题进行的理论研究、实证及案例检验、修正与拓展研究，以及对国外政策科学发展趋势与前沿的跟踪研究。其中备受关注的理论框架包括多源流理论、倡议联盟框架、制度分析与发展框架、政策网络理论、叙事政策框架、模糊—冲突模型等。二是立足国情，突出问题导向，注重对中国政策实践经验的总结分析与中国特色政策科学理论的建构。主要话题包括中国政策科学的话语、理论和学科体系探索，中国公共决策模式研究，中国特色新型智库研究，中国政策执行经验研究，中国政策变迁过程研究等。

1.2.2.3　中国政策科学研究的取向

实现公共政策体系的发展，需要在思维上超越"国家—社会""政府—市场""中央—地方""公共—私人"等二分法，从整体性、前瞻性、长远性和动态性的角度重新确立问题的思考方向。

（1）在价值取向上，追求效率与公平兼容。在我国改革开放初期，"效率优先，兼顾公平"的口号作为解放思想、推动实践的兴奋剂，对刺激经济增长起到了积极作用。但进入 21 世纪后，改革过程中积累起来的问题，如城乡差别、地区差别等纷纷出现。以经济和效率为基本目标，忽视了公共管理所应承担的广泛社会责任，其结果是在经济获得前所未有发展的同时，产生了一系列社会问题。有鉴于此，党和国家确立了"以人为本"，全面、协调、可持续的科学发展观，并将构建和谐社会作为治国方略。随着政府角色的明晰、广泛的社会公共责任机制的建立，经济发展、政治民主、社会公平和生态协调等多种目标之间的关系也会趋于协调和相互兼容。

（2）在政策内容上，注重经济政策和社会政策的平衡发展。单纯强调经济成果的积累和 GDP 数字的提高而忽视发展成果的分配与改革成本的分担问题会导致众多社会矛盾。中华人民共和国成立后我国的社会政策经历了三个明显阶段①：改革开放之前、改革开放之初到 20 世纪 90 年代、21 世纪以来。也正是从第三阶段开始，中国才出现了真正意义上的、不再从属于经济发展政策的社会政策，有学者也提出中国正在走向"社会政策时代"②。

（3）在政策体制上，实现纵向和横向的整体革新。在复杂的公共问题面前，主要的应对方式便是重塑政策体制，最大限度地借助各行动主体的力量，并赋予其更多的权限来灵活应变，这需要通过构建一个由各领域、各层次的组织联结成

---

① 黄晨熹. 社会政策 ［M］. 上海：华东理工大学出版社，2008.
② 王思斌. 社会政策时代和政府社会政策能力建设 ［J］. 中国社会科学，2004（6）.

的立体组织网络来实现。这个组织网络分为纵向和横向两个维度：社区组织、地区组织、地方政府、中央政府乃至国际组织在纵向上构成一个网络；政府组织、市场组织和社会公共组织在横向上构成另一个网络。两个网络相互交结，最终形成一个立体组织网络。这应该是一个上下互动、左右互动的网络，各种治理主体在互动中进行利益交换、谈判与协调，从而走向利益整合。在纵向的网络中，以分权为主线的行政改革还要进一步推进。在横向的网络中，政府需要向体制外放权，与社会合理分权，建立政府之外新的中心，如社会、市场。

（4）在政策运行上，更加注重透明开放。提高政策体系的开放程度和政策运行的透明度，有助于保持政府组织自身的活力，并且有利于与其他社会主体共同开展合作。一方面，通过多种多样的路径和公私伙伴关系，将一部分公共物品和公共服务生产让社会自治组织与民营组织承担，以其成本、技术和竞争等优势，为公众提供更有效率、品质的物品和服务。另一方面，政府与社会的合作将改变现有的社会利益表达机制，尽可能地把利益不同的各方力量纳入决策过程，提高政府决策的民主和科学程度，保证公共决策的质量。同时，政府、企业与民间组织之间制度化的协商与合作不仅能够激发公民参与的积极性和主动性，而且能够通过民间组织来有效地整合社会力量，在公共危机的处理和公共事务的管理中增加公民对公共政策的理解，增强公民与政府的互信，从而形成完善的政府主导、公民参与的合作治理机制。

1.3 公共政策科学展望

随着新科技革命及新工业革命的展开，尤其是网络化、数据化、智能化和量子化技术的驱动，新世纪全球公共政策的理论与实践已经发生了新变化，呈现出一系列新趋势。数据驱动、智能决策、行为实验、模拟仿真、趋势预测、循证检验等日益成为公共决策链条必不可少的环节与政策科学研究的基本路径，第三代政策科学正在兴起。我们必须顺应当代公共政策理论与实践发展的新趋势，关注政策科学研究范式的转变，拓展公共政策研究的视野，加强公共政策数据库和实验室建设，推动中国政策科学的转型、重构与知识增长。

1.3.1 信息时代公共政策的研究变革

信息化、全球化赋予社会发展巨大的机遇，但对公共管理产生了重大挑战。一是在工业化进程中，"中心—边缘"结构正在瓦解。在高度复杂和高度不确定的社会样态下，这一社会结构已经发生转变。全球化趋势正在打破一切封闭的体系，使包括人在内的一切资源要素进入一个快速流动的状态中。在这种开放性和流动性不断加强的过程中，国家与国家之间、地区与地区之间、人与人之间都将更趋向于平等。这样一来，便不断形成去中心化的趋势。二是官僚体制面临治理形态变革的深刻危机。随着全球化拓展和后工业经济的出现，人类社会进入生态危机和社会危机交织的风险社会，以工业经济活动原则和特征为基础的官僚制管理方式面临着巨大的挑战，呈现出可治理危机、权威危机、信任危机和合法性危机。梁文松和曾玉凤在总结新加坡经验时，发现了一种极富弹性的公共服务——动态治理（dynamic governance），即"政府能够持续调整它的公共政策和项目以及改变政策的制定和实施方式，以实现国家的长远利益"①。在微观的层面上，动态治理被广泛应用于特定政策领域和公共事务管理当中，包括教育、卫生、运输、环境等；从具体公共事务来看，包括公共安全、交通拥堵、住房保障、水土保持、食品安全、卫生保健等。

在公共政策学科创始时期，作为先驱者的拉斯韦尔便指出主导公共政策发展的一种知识是"关于政策过程的知识"，另一种知识是"政策过程中的知识"。前者将公共政策作为自变量，分析和测度政策产生的结果；后者将公共政策作为因变量，考虑其形成过程并寻找影响因素。在后工业社会的时代背景下，这两类知识都受到了挑战。

首先，政策过程分析的简化逻辑与现实的复杂系统间存在背离。关于政策过程的各种理论和模型在方法上形成了两种路径：第一种路径按照构建理论的需要，将实际政策过程中可以观察到的事实，化繁就简地分类归入某个可供分析的框架结构中。然而这种划分只是简化了政策过程的观察逻辑，或者是阐明了存在的多样性，没有能够提供这种多样性背后的"演化"动力，因此并不能对政策发展的未来提供预见。第二种路径则试图辨析出某种因果链条，但最终指向了某

---

① 梁文松，曾玉凤. 动态治理：新加坡的政府的经验［M］. 陈晖，等译. 北京：中信出版社，2010.

种随机的、历史性或复杂性的诠释之中。进一步地，根据复杂系统理论，系统特征是在系统成员相互作用过程中"涌现"的结果，系统的宏观特征与成员的微观特征完全不同，不能使用系统成员的微观行为来解释宏观特征。因此，如果说政策系统是一个复杂性系统，那么在特定的时空背景下，分别讨论某些主体之间的关系或者某一个政策子系统，对于理解和改进整个政策系统的作用便十分有限。

其次，具体政策的分析知识对于现实活动的指导力下降。科学史上关于解释和预测的"对称性"观点被认为与科学尤其是社会科学的实践是不相符的：能够对过去进行解释的科学理论并不一定能够对未来做出预测；反之亦然。这虽然无碍于人类的知识创新，但是对于政策分析而言却十分关键。政策科学不仅要应对世界中的相对稳定的部分，也要应对那些变动的、难以预测的部分。特别在进入后工业时代以后，非同一现象将成为一种常态。如果难以把握未来，那么即使能对现实问题做出解释，对"开处方"的作用也十分有限。

1.3.2　公共决策数据化和智能化是发展的新方向

数据分析是政策分析的重要前提。现代公共决策必须建立在可靠的事实和数据以及理性分析的基础上。由于公共政策的专业性，决策者不能仅凭个人或小团体的智慧或主观设想进行经验决策。只有通过基于数据的理性分析以及严密的逻辑推理和精确的计算，才能使复杂的政策问题变得更容易把握，从而更好地界定问题、确定目标，设计、比较和选择科学的备选方案。尤其是在当前背景下，理性分析对于我国公共政策分析的必要性更是不言而喻的。而理性分析不仅需要采集大量的决策所需数据，而且需要运用现代分析技术和方法（如矩阵方法、统计分析、趋势分析、建模仿真与优化逻辑/因果分析方法、情景分析方法、风险评估与分析等）进行计算、分析和预测，须发挥智库的数据提供和分析优势，依靠智库对公共政策问题进行数据化、理性化和经验化分析。

"数据是决策的生命线"。特别是随着全球化、信息化的演进以及网络化、数据化和智能化时代的来临，公共决策的信息资源呈现动态化和系统化特征，以不间断的"流"或"片"等各种各样的数据形式存在，这就更需要发挥智库的信息子系统功能。大数据与智能化改变了人们的思维方式、认知方式及思想观念——一切皆可量化（主要是指量化成非结构化的大数据，而非局限于简化成结构化的小数据）。大数据与智能化增强了人类行为的可预测性，这有助于揭示人类管理及决策行为的规律性，提高管理及决策的科学性。大数据与智能化改变了我们发现、分析和解决问题以及将政策方案付诸实践的方式，推动政府决策的民主化和科学化。数据化决策通过大数据分析寻找社会问题或政策问题的最佳解决方案，持续监测并反馈政策执行效果，进而决定后续的行动方案或政策措施；智能化决策则是以大数据分析为核心，以云计算、物联网、区块链和移动互联网等新一代信息技术为支撑的全新公共决策模式，其在技术操作上是对数据驱动决策的承接和发展。

与传统的公共决策模式相比，数据化、智能化的公共决策数据的收集、管理和应用的深度、广度及规模已不可同日而语，传统的舆情中心和专题数据库的数据采集及分析方式已无法满足数据化、智能化公共决策的发展要求，必须转向以大数据和智能化为中心的新的数据收集、挖掘、分析和利用方式。传统的专题数据分析只针对结构化数据（样本数据、面板数据或时间序列数据），难以对价值和伦理等非结构化问题进行精确测量和建模分析，必须借助大数据技术，将非结构化问题转化成非结构化数据（如图片、视频、文本等），通过数据重组和算法揭示相关性，进而有效处理非结构化问题（范如国，2018）。在数据化与智能化时代，每个人都不知不觉地融入数据采集过程，数据获取从调查统计转变为感知记录，预测成为大数据分析的核心，公共决策需要通过智能终端、物联网、云计算、区块链等可拓展人类感知能力的技术来追踪数据足迹，通过"机器学习"（Machine Learning）、模式识别等方法进行探索式数据挖掘，通过相关关系分析法等进行海量的全样本分析，进而发现社会规律和预测人的行为。与此同时，还需将数据挖掘、关联分析、数据整合与传统政策分析的政治学、经济学方法等相结合，使其更直接地服务于公共决策。因此，大数据与智能化时代的公共决策必须重视专业化智库数据中心的建设和利用。

1.3.3　公共政策的行为、模拟、实验和预测的新路径

行为实验、模拟仿真和预测研究是政策分析的基本内容。政策环境是复杂的、动态演化的社会技术系统或社会生态系统。政策过程的行为主体（包括政策活动者和政策对象）是适应性主体，他们根据自身认知、策略、利益和目标采取行动，并在与环境和其他主体交流的过程中学习，进而改变自身结构和行为方式，造就其行为方式的适应性和多样性（李大宇等，2011）。基于有限理性和信息的不完全性，政策系统的整体行为或政策过程由众多微观行为主体或利益相关

者之间的局部交互构成（罗杭和孟庆国，2013），是众多微观行为主体相互影响、相互依赖和相互制约的博弈过程，呈现出非线性、不确定性、多态均衡等复杂性特征。考虑到政策环境、行为主体和政策过程的复杂性，为了在实际的政策执行过程中排除干扰，消除不利因素，保证政策得到有效执行，必须全面理解行为主体的行为过程，开展复杂性公共政策的行为模拟、实验和预测研究。

近20年来，认知科学、神经科学、脑科学等学科的迅速发展，使深入理解人类行为过程的生物学基础得到发展，也为行为科学打开了一个新的发展视野。若能汲取人类社会行为研究的最新成果，对政策执行人员、目标团体或利益相关者的行为驱动因素进行全面诊断分析，在政策设计阶段开展前期实验（如行为实验等），预测政策执行效果并创建政策反馈循环，从而持续不断地完善干预措施，则可使公共政策的制定和执行更为有效。目前，已有美国、英国、澳大利亚等国家及欧盟等国际组织开展了"行为洞察"（Behavioural Insights）、行为经济学或"助推理论"（Nudge Theory）的应用工作，涵盖消费者保护、教育、能源、环境、金融、健康与安全、劳动力市场、公共服务提供、税收和电信等政策领域（OECD，2017）。

行为实验突破了社会科学无法开展实验的限制，使决策者可以设计更加有效的政策，但是由于政策环境、行为和过程的复杂性与不确定性，行为实验的可重复性及其结果的普适性或多或少存在一定的限制，还需通过进一步的计算实验或政策仿真，对政治、经济、社会和文化政策等复杂性政策的备选方案进行检验、评估和结果预测。政策仿真是社会仿真方法在政策分析领域的应用，类似于自然科学的实验方法，可通过建立仿真模型实现可重复性利用，并可通过改变运行条件探索不同变量的影响。目前，影响较大的社会仿真方法主要包括微观仿真、离散事件仿真、多层级仿真、多智能体仿真等。其中，"多智能体仿真"（Multi-Agent Simulation，MAS）以复杂适应性系统（Complex Adaptive System，CAS）理论为基础，属于自下而上的建模方法，考虑了众多人工智能体的分布演化及宏观涌现，可进行微观宏观一体化的社会仿真，是目前最具活力的仿真方法之一。在MAS模型中，每个智能体具有自主性、交互性、反应性、主动性，可以学习知识、积累经验，进行推理、智能计算，适应复杂、动态且不可预期的外部环境，因此可用于模拟政策执行的真实情境，模拟异质性行为主体的交互、适应、学习、博弈或选择过程，对备选方案的可能结果进行预测，为决策者提供有关方案抉择或改进的建议。

与此同时，随着人工智能领域"机器学习"或"深度学习"技术的不断发展，计算机程序已可通过经验学习来增加它们的知识和程序技能。例如，"人工神经网络"和"进化计算"等具备机器学习能力的仿真模型，不仅可用于模拟行为个体的认知过程或社会群体对新环境的适应过程，而且可用于寻找复杂问题的最佳解决方案。

　　综上所述，为了最大限度地改进公共政策质量，复杂性政策方案在付诸抉择和实施之前，必须经过行为实验、模拟仿真和结果预测等科学化决策环节，而这些都属于智库及其实验室的专业化功能。一方面，行为实验、政策仿真和预测研究必须立足学科交叉融合，结合脑科学、认知科学、神经心理学、社会计算学、复杂性理论、系统动力学、人工智能等理论与技术，需要专业化智库提供学理支撑和方法论支持。另一方面，由于政策环境、行为和过程的复杂性，开展政策实验需要计算环境、平台和技术支持，包括仿真支撑系统、电子决策剧场、云计算平台以及各种分析、应用和集成工具等。因此，必须重视智库实验室的建设和利用，依靠专业化智库运用行为分析、实验研究、政策仿真、结果预测等方法和技术，检验政策方案，评估政策执行效果，提升政策分析水平。

1.3.4　基于证据或数据的"循证决策"新范式

　　循证检验是政策分析的必要环节。决策者通过将高质量的证据置于政策制定的核心位置，使公共决策更加科学和理性，进而确保政策执行的效果，这就是所谓的循证决策。它源自循证医学，即通过实验研究和系统评价等途径衡量临床干预措施的有效性，从而确定有效的治疗方法。在过去50年间它取得了非凡的进步。可以说，正是循证医学的成功诱导了当代"循证决策运动"的兴起——西方政府改革者致力于通过提供更多的政策相关信息和以理论为指导的实证分析，使决策者优先考虑"基于证据或数据"的决策标准，更好地从经验中学习，从而避免或最大限度地减少因政府期望与现实条件不符而导致的决策失误。经过近20年的发展，循证检验逐渐在OECD国家的政府改革与治理实践中占据重要地位，成为当代全球公共决策的一个新趋势。

　　作为当代科学决策的一种"新范式"或"新模式"，循证决策超越了传统的理性主义模式：①强调"信息"向"证据"的转换。传统理性主义模式倚重的信息只是证据的原始成分，信息需要向证据转化，从而为决策提供更有效的支持。②强调政策评估对正确决策的重要作用，将政策制定和政策评估紧密相连，而非就决策而论决策。③强调证据来源的多样性。高质量的证据不仅应从传统的社会研究和政策评估中获取，还应从行为实验、模拟仿真和预测研究中获取。④突破了传统理性模式的技术局限性。随着人工智能、社会计算、大数据等技术的发展以及科学研究的"第四范式"（即数据科学）的出现，通过综合应用大数据分析、行为实验和政策仿真技术，公共决策将突破人类的认知、计算和预测能力的局限性，使完全理性由不可能变为可能。⑤重视决策支持的制度建设（包括建立相关法规、机构、设施和流程等），而非简单地回归传统的理性模式。

循证决策的关键在于"从社会研究和评价中获取的证据的性质或质量"以及"实践者或专业人员在决策过程中使用证据的方式"。前者涉及证据生产的科学性，后者涉及证据使用的有效性。就证据生产的科学性而言，高质量的证据一般具有科学和真实、系统和量化、动态和更新、共享和实用、分类和分级等共同特征。但不应将"证据等级"或"随机对照实验"等单一方法作为衡量证据质量的唯一标准，还应综合考虑可信度、显著性、公正性等标准。就证据使用的有效性而言，要建立知识转移机制以促进证据使用，使决策者可用、能用和善用证据。不仅要发挥智库专家作为信息中介、知识提供者或知识经纪人的作用，而且要通过制度化途径改进证据使用或促进知识向政策转化。

无论是证据生产，还是证据使用，都离不开专业化智库的有效参与。只有发挥智库数据中心与实验室的证据生产功能，通过政策评估、数据收集、数据分析、行为实验、仿真模拟、预测研究、系统评价和元分析等决策支持技术，将政策相关信息转化为"决策证据"，才能建立可经受时间和实践检验的高质量证据库，随时随地提供各种实质性政策有效执行的行为证据和制度证据，并以通俗易懂的方式呈递给决策者。只有通过构建由智库数据中心与实验室、相关政府部门、政策法规、实践规范和技术设施共同组成的证据咨询系统，形成并推广循证决策模式，才能促进高质量证据的有效使用，实现良好的公共治理或循证治理。

1.3.5 结论

随着网络化、数据化和智能化时代的来临，大数据分析正成为当代公共决策必不可少的环节，以云计算、物联网、移动互联网等信息通信技术及智能化平台为基础的数据化与智能化决策成为当代公共决策发展的新方向。脑科学、认知科学、神经心理学、人工智能等前沿学科的突破，行为实验、社会计算、政策仿真、虚拟现实等技术方法的应用，为复杂性公共政策的行为、模拟、实验和预测研究提供了新路径。基于证据或数据的循证决策超越了传统的理性模式，成为当代公共决策的一种新范式或新模式。

总之，数据分析、行为实验、模拟仿真和循证检验等科学化决策链条环节及专业化智库功能的实现，需要以智库数据中心与实验室作为基础平台或技术纽带。必须顺应新时代中国特色新型智库建设的新要求以及全球公共政策实践发展的新趋势，以数据中心与实验室建设为重点推进智库专业化和决策科学化，推动政府决策流程再造，将数据分析、模拟仿真、预测研究以及循证检验等决策咨询环节纳入重大或复杂性政策的制定与执行过程中，构建以智库数据中心与实验室为核心的证据咨询系统，探索数据化与智能化公共决策新途径，形成并推广循证检验或循证决策新模式，提高我国公共决策的科学化水平。

1.4　本章小结

本章依据国内外公共政策的发展梳理演进过程。

公共政策学作为一门独立的学科在美国诞生，这是因为美国具备公共政策学产生的土壤，其中有三个特别有利的因素：普遍流行的行为主义方法、日益加剧的社会问题、接受政策替代方案的文化。美国学者拉斯韦尔为公共政策学的开创者，他与美国著名政治学家勒纳共同主编的《政策科学：视野与方法的近期发展》一书被誉为"公共政策学的开山之作"，早期的公共政学研究以拉斯韦尔等倡导的行为主义为主导范式，戴维·伊斯顿、林德布洛姆、同尔蒙德等作出了很大贡献。20 世纪 60 年代后期，以著名学者叶海卡·德洛尔为代表的学派，对拉斯韦尔等学者倡导的行为主义方法论进行了全面的批评。他们强烈主张建立一种将管理科学、行为科学、系统科学、政治科学、经济科学和决策科学等融为一体的新的公共政策学。之后，公共政策学的研究向多元化发展。

中国古代公共政策实践及思想十分丰富，但近代发展停滞。公共政策学在我国起步较晚，但发展十分迅速，到 20 世纪 90 年代中期，公共政策学在中国已经成为一个比较完整的学科，取得了可喜的成就：学术交流活跃，学科制度化建设初具规模，公共政策学在高校扎根，重视对公共政策学专业人才的培养。公共政策学知识的应用已经起步，公共政策学的产业化的广阔前景开始展现。但公共政策学在我国的出现毕竟晚于西方国家多年，研究水平有待提高，仍有许多问题需要解决，不少薄弱环节亟待加强。

思考题

1. 国际新环境下公共政策学的发展趋势是什么？
2. 中国公共政策学研究存在哪些问题？该如何改进？
3. 结合中国国情，谈谈在我国开展公共政策研究的意义。
4. 中国社会正在发生哪些变化？公共政策体系如何应对？

案例讨论

泛微数字化政务助力政府公共服务供给提质增效

为优化营商环境，提升政府公共服务效率，各地方政府纷纷从本地实际出发依托现有数字化技术对政府公共服务供给流程进行了革新，涌现出一大批典型的案例。继在浙江的"最多跑一次"、江苏的"不见面审批"之后，上海市委、市政府在深入调研的基础上，结合建设卓越全球城市的要求，在全国率先提出了"一网通办"和智慧政府建设的总目标，力推"一网通办"政务服务，推动实现政府治理能力现代化。从2018年开始，上海市委、市政府就锐意改革启动上海政务"一网通办"总门户建设，对面向群众和企业的所有线上线下服务事项，逐步做到了一网受理、只跑一次、一次办成，达到协同服务、一网通办、全市通办的效果。在"互联网+政务服务"领导小组的强有力指挥下，上海市从抓好"三个载体"、突破"三个关键"、处理好"三个关系"三个层面开展了一系列建设活动。"三个载体"包括集合全市政务数据、政务信息基础上形成的全市大数据中心，集总门户、总操作台、总数据库于一体的全流程一体化在线服务平台和社区事务受理中心、行政服务中心，各种政务APP、政务微信公众号"微服务"移动端等在线服务平台的各个节点。上海市大数据中心在推进政务服务提质增效时主要的措施为搭建电子政务云，推动人口、法人、空间地理、电子证照四大基础数据库的上云迁移；建设统一的政务数据共享交换平台，要求政府各部门按照需求清单、责任清单、负面清单共享数据；依托关键场景用好数据，重点加快电子证照库的建设与应用。"三个关键"包含各部门、各行业的数据整合共享机制，对政府部门内部职责职能、人员配备、操作流程等进行全面系统彻底的整合重构等。浦东新区的企业服务中心集合了全区 19 家行政审批机关的审批职能，区级事权的 16 个部门 129 项企业市场准入事项全部纳入"单窗通办"，企业无论在哪个窗口办理，都是"一窗受理、分类审批、一口发证"。"三个关系"包括线上政务服务与线下政务服务相结合，对与群众生活直接相关的社区事务服务中心、行政服务中心等线下的出入口长期保留；坚守安全底线，完善应急预案，强化技术支撑，切实保护好数据安全、系统安全、设施安全，在确保安全的前提下加快推进。

资料来源：

中宏网 https：//www.zhonghongwang.com/show-195-134205-1.html。

讨论：

1. 数字化技术对政府政务服务环境优化有何积极影响？会从哪些方面便利公共服务供给？

2. 数字化技术助力政府政务效率提升的关键条件是什么？

第2章 公共政策系统

政策系统是公共政策运行的载体，是政策过程展开的基础。西方学者认为政策系统是"政策制定过程所包含的一整套相互联系的因素，包括公共机构、政策制度、政府官僚机构以及社会总体的法律和价值观"①。我国学者将它界定为由政策主体、政策客体及其与政策环境相互作用而构成的社会政治系统②。从系统发生论的途径看，政策系统是政策科学研究的一项重要内容，是研究政策过程的前提或出发点。政策系统内部各因素的联系是否得当，直接影响政策的运行是否顺畅，并决定了政策效果的好坏。为了更好地把握政策系统，必须先了解政策内涵、特征与实质的基本问题。

2.1 公共政策概述

公共政策概念是研究者在对现实生活中各类规章制度、计划项目等材料进行总结和归纳及理论思考的基础上得出的一个规范性概念。

2.1.1 公共政策的概念

我们研究政策科学时，首先遇到的就是什么是政策，政策的特征如何，政策与法律、政策与理论之间存在什么样的关系等问题。

"政策"是现代社会政治生活中使用得非常广泛的概念之一。但人们对它的含义并没有一致的界定，歧义颇多。

---

① E. R. 克鲁斯克，B. M. 杰克逊. 公共政策词典［M］. 唐理斌，等译. 上海：上海远东出版社，1992.

② 陈庆云. 公共政策分析（第二版）［M］. 北京：北京大学出版社，2011.

2.1.1.1 西方学者的定义

公共行政学的首创者之一——美国学者伍德罗·威尔逊（Woodrow Wilson）：政策是由政治家即具有立法权者制定的，而由行政人员执行的法律和法规。①

美籍加拿大学者戴维·伊斯顿（David Easton）："公共政策是对全社会的价值做权威性的分配。"②

政策科学主要的倡导者和创立者——哈罗德·拉斯韦尔（Harald D. Lasswell）与亚伯拉罕·卡普兰（Abraham Kaplan）：政策是"一种含有目标、价值与策略的大型计划"。③

托马斯·戴伊（Thomas R. Dye）："凡是政府决定做的或不做的事情就是公共政策。"④

詹姆斯·安德森（James E. Anderson）："政策是一个有目的的活动过程，而这些活动是由一个或一批行为者，为处理某一问题或有关事务而采取的""公共政策是由政府机关或政府官员制定的政策"。⑤

卡尔·弗里德里奇（Carl J. Friedrich）：政策是"在某一特定的环境下，个人、团体或政府有计划的活动过程，提出政策的用意就是利用时机、克服障碍，以实现某个既定的目标，或达到某一既定的目的"。⑥

由于西方著名学者的"政策"定义分别是从某一方面来论述的，因而不可避免地带有片面性的倾向。威尔逊将政策界定为"法律和法规"，排除了政府的大型计划、政府首脑的指示报告、会议决议文件和政府某种特定意图等范围。他还将政策制定、执行者限定为政治家和行政人员，缩小了政策制定与执行者的主体范围。伊斯顿强调政策的"价值分配"功能，把指导行动的准则等同于行动本身。拉斯韦尔和卡普兰认为政策是一种"大型计划"，犯了同威尔逊一样的错误，"计划"可以是政策，但政策并不仅局限于计划或方案，计划只是政策的一个子类。伊斯顿和戴伊或者从生态学的角度论述政策，或者仅强调政府的主导地位。安德森和弗里德里奇的论述相对来说较全面，并强调政策是一个"活动过程"。

西方学者关于政策内涵的表述，基本上概括了它的主要含义：①政策是由政

① 伍启元. 公共政策 [M]. 香港：商务印书馆，1989.

② D. Easton. The Political System [M]. New York：Kropf，1953.

③ H. D. Lasswell，A. Kaplan. Power and Society [M]. New Haven：Yale University Press，1970.

④ Thomas R. Dye. Understanding Public Policy [M]. Englewood Cliffs, N. J.：Prentice-Hall Inc.，1987.

⑤ 詹姆斯·E. 安德森. 公共决策 [M]. 唐亮，译. 北京：华夏出版社，1990.

⑥ Carl J. Friedrich. Man and His Government [M]. New York：McGraw-Hill，1963.

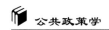

府或其他权威人士所制订的计划和规划；②政策是一系列活动组成的过程；③政策具有明确的目的、目标或方向，不是自发或盲目性的行为；④政策是对社会所做的权威性价值分配。

2.1.1.2　中国学者关于"政策"的定义

《政策科学》（孙光著）："政策是国家和政党为了实现一定的总目标而确定的行动准则，它表现为对人们的利益进行分配和调节的政治措施和复杂过程。"

谢明：政策可以"被定义为社会公共权威在特定情境中，为达到一定目标而制定的行动方案或行动准则"。[①]

陈振明："政策是国家机关，政党及其他政治团体在特定时期为实现或服务于一定社会政治、经济、文化目标所采取的政治行为或规定的行为准则，它是一系列谋略、法令、措施、办法、条例等的总称。"[②]

陈庆云："公共政策是政府依据特定时期的目标，通过对社会中各种利益进行选择与整合，在追求有效增进与公平分配社会利益的过程中所制定的行为准则。"[③]

宁骚："公共政策是公共权力机关经由政治过程所选择和制定的为解决公共问题、达成公共目标、实现公共利益的方案。"[④]

综合我国学者的分析，可以看出，政策的定义在内容上基本包含了西方学者的三个主要要素：主体、内涵和性质。国内学者特别强调党和政府的双重主体，这是和西方学者概念界定的最大区别。大陆学者过于强调政党和政府的政策主体地位，忽略了社会政治团体的主体性；过于强调政策的目标取向而忽略了政策的过程特点。我国台湾学者的研究在一定程度上忽略了政党占主导地位的国家政策过程，忽视了对政党的指导作用的强调。

中外学者都力图给政策下一个恰当的定义，但由于角度不同化及利益取向的差异，各有优劣。我们认为：公共政策是国家机关、政党及其他政治团体在特定时期为实现或服务于一定社会政治、经济、文化目标所采取的政治行为或规定的行为准则，它是一系列谋略、法令、措施、办法、方法、条例等的总称。

2.1.1.3　正确把握"政策"的内涵

我们可以从如下几方面来把握"政策"的内涵：

① 谢明．公共政策概论［M］．北京：中国人民大学出版社，2010．
② 陈振明．政策科学［M］．北京：中国人民大学出版社，1998．
③ 陈庆云．公共政策分析（第二版）［M］．北京：北京大学出版社，2011．
④ 宁骚．公共政策学（第三版）［M］．北京：高等教育出版社，2018．

第一，权威性。任何政策都有特定的主体，即国家权威机构、政党及其他政治集团、团体。政策体现了主体的意志，它与个人、企业等所做出的决定不同，具有法定的权威性。

第二，目标性。一定的政策总是要实现一定的目标，具有明确的方向性。同时，政策又在特定的历史时期内起作用，具有时效性，政策不是无意识或偶然性的行为，目标指向明显。

第三，公共性。任何公共政策都是公共权力机关基于公共目的，为解决公共问题实现公共利益而制定的。这种公共性来源于公共权力机关的公共性，公共政策的公共性来自它处理的问题是以民众问题为取向的，公共政策须以谋求公共利益为目的。这是由它的本质特性决定的。

第四，过程性。政策是主体服务于特定目标而采取的一系列活动，是与谋略、措施、办法、规定密切相关的一系列政治行为。

第五，规范性。政策是一种行为准则或行为规范，政策总有具体的作用对象或客体，它规定对象应做什么和不应做什么；规定哪些行为应受鼓励，哪些行为应被禁止。政策规定常带有强制性，它必须为政策对象所遵守。行为规范和准则使政策具有可操作性，从而才能实现特定的社会目标。

2.1.2　政策的本质

政策的制定、执行及其执行的结果都是为了解决一定的社会问题，调整社会利益关系。政策本质集中表现在三个方面：政策集中反映或体现统治阶级的意志和愿望，是执政党、国家或政府进行政治控制或阶级统治的工具或手段；政策作为执政党、国家或政府的公共管理的工具或手段，服务于社会经济的发展和文化的进步；政策作为分配或调整各种利益关系的工具或手段，是各种利益关系的调节器。

2.1.2.1　政策是公共权力机关的意志体现和表达

政策的本质首先表现在它是一定社会阶级意志和利益的集中体现。在阶级社会中，不同性质的国家政权和代表不同阶级、阶层利益的政党及其他政治组织，面对的是各种各样、错综复杂又千变万化的社会问题，为了解决这些社会问题，它们就必须制定自己的政策，而任何政策的制定和执行都是以维护本阶级政治上、经济上的利益为宗旨的。

政策在一定程度上表示着阶级力量的变化。由于政策是阶级利益的集中体现，所以任何阶级、国家在制定自己的政策时，首先考虑的是如何维护自己的经济利益，如何巩固自己的政治地位，如何削弱敌对阶级的力量、剥夺敌对阶级的政治经济权益，这是制定和执行政策的根本出发点。但是任何阶级在制定和维护政策时，又不能不考虑到现实的阶级关系、现实政治力量的对比。一定的阶级为了本阶级长远的、整体的利益，往往会在眼前的、局部的利益方面向敌对阶级做出某种让步和妥协。政策在一定程度上便成了各阶级政治力量对比变化的"晴雨表"。

政策体现了阶级的意志、利益，不同历史阶段的不同统治阶级，其政策的本质有明显区别，但都是巩固其统治、进行政治管理的基本工具。

2.1.2.2 政策服务于社会经济的发展

政策服务于社会经济的发展，政策的这种本质是由国家职能的两重性所决定的。国家作为阶级统治的工具，除了维护其统治的政治职能外，还要维护其统治的社会经济职能。作为其意志与利益直接体现的政策及法律当然也带有这样的特性。国家负有管理社会事务方面的职能，这样，国家往往根据统治阶级的需要，组织社会经济活动，发展科技文化事业，管理某些社会公共事务，从而使国家履行管理社会事务方面的职能。这种职能必然通过国家政策而体现出来，使政策在执行过程中，通过对各种社会资源的利用、对各种社会潜能的挖掘，在总体上实现政策目标的同时，推动社会经济文化的发展。"大萧条"时期，美国"罗斯福新政"既要缓解危机、维护统治，又要挽救社会经济、促进社会平衡协调发展。大量公共工程建设，减少了失业人口，刺激了消费，使美国经济逐渐回升，走出低谷，从而造成美国社会的再次繁荣。我国"精准扶贫"战略决策，实现了小康这个中华民族的千年梦想，打赢了人类历史上规模最大的脱贫攻坚战，全国832个贫困县全部摘帽，近1亿农村贫困人口实现脱贫，960多万贫困人口实现易地搬迁，历史性地解决了绝对贫困问题，保证了社会的稳定、进步、发展，并为全球减贫事业作出了重大贡献。

2.1.2.3 政策是各种利益关系的调节器

政策本质的核心就是要解决社会利益分配的问题，所有政策最终都表现为对社会利益关系的处理。在对社会利益分配的理解上，应该是既全面又重点突出。首先，政策本质表现在它是一定社会阶级意志和利益的集中体现，政策所要调控的各种社会利益实际上是阶级关系的表现形式。其次，政策对社会利益关系的分配又是一种反映全体社会成员利益（从根本上说仍是服务于阶级的整体和长远的利益，服务于政府整体目标的需要）的全社会利益的综合性分配。最后，"公共政策对利益的分配，是一个动态的过程。这种过程取向大致经历四个环节：利益选择、利益综合、利益分配与利益落实"。①

2.1.3　政策的基本功能

政策功能，简单地说就是政策所能发挥的功效和作用，它通过政策的地位、结构、作用表现出来，它总是在与某种社会目标的联系中得到判定。政策基本功能包括导向功能、控制功能、协调功能和象征功能。

2.1.3.1　导向功能

政策的导向功能是指政策引导社会中人们的行为或事物的发展朝着政策制定者所期望的方向发展。政策导向功能所包含的一项重要内容是规定目标、确定方向。规定目标就是把整个社会生活（包括政治生活、经济生活、文化生活等）由复杂的、多面的、相互冲突的、漫无目标的潮流，纳入明晰的、单面的、统一的、目标明确的轨道，使社会有序地发展。如"高质量共同富裕"政策，引导立足新发展阶段、贯彻新发展理念、构建新发展格局，推动共同富裕和促进人的全面发展，坚持以满足人民日益增长的美好生活需要为根本目的，以改革创新为根本动力，以解决地区差距、城乡差距、收入差距问题为主攻方向，更加注重向农村、基层、相对欠发达地区倾斜，向困难群众倾斜，在高质量发展中扎实推动共同富裕，着力在完善收入分配制度、统筹城乡区域发展、发展社会主义先进文化、促进人与自然和谐共生、创新社会治理等方面构建推动共同富裕的体制机制，着力激发人民群众积极性、主动性、创造性，促进社会公平，增进民生福祉，不断增强人民群众的获得感、幸福感、安全感和认同感。政策导向功能的另一项重要内容是教育指导、统一认识、协调行动、因势利导。任何政策，不仅要告诉人们什么是该做的，什么是不该做的；而且还要使人们明白，为什么要这样做而不那样做，怎样才能做得更好，如"社会主义核心价值观"。

2.1.3.2　控制功能

政策的控制功能是指政策对社会中人们的行为或事物的发展起到制约或促进作用。政策的出台都是为了解决一定的社会问题或是为了预防特定社会问题的发生；政策制定者在政策上对所希望发生的行为予以鼓励，对不希望发生的行为予

---

① 陈庆云．公共政策分析（第二版）［M］．北京：北京大学出版社，2011.

以惩罚，从而达到对社会的控制。政策的控制功能有直接控制和间接控制两种形式。实施政策的控制功能应特别注意对"度"的把握，这就要求注意发挥信息反馈系统的作用，及时动作，适时调整控制的方向和力度，使政策保持在发挥积极作用的状态上。

2.1.3.3 协调功能

国家的管理活动，是一个复杂的系统过程，其中有许多利益关系需要协调，以保证整个国家社会生活的和谐进行。这些关系主要包括社会政治组织（如各党派、各社会团体）之间的关系、各种政治权力关系（如各国家机关之间的关系、地方政府与中央政府的关系等）、各种经济关系（如生产与消费，消费与积累，国家、集体与个人三者利益关系，各经济法人之间及其与国家的关系）、各民族之间的关系等。显然，这些性质各异、错综复杂的关系，是不能靠长官意志或个人权威来协调的，而主要靠正确的政策。比如，"长期共存、互相监督、肝胆相照、荣辱与共"是中国共产党同各民主党派合作的基本方针。

2.1.3.4 象征功能

政策的象征功能是指政策仅具有符号意义，不产生实质性后果，主要发挥象征性作用。象征性功能不在于政策的实际作用，或者说制定者对它的期望并非如物质性政策那样，经过各个环节的实施，产生明显的实际效用。它仅在于影响公众的看法、观念或思想意识。例如，我国推广使用普通话。中国地域广阔、方言众多的国情决定了这项政策仅具有象征性的意义。但是，这项政策的意义就在于它所具备的象征功能表达了人们应当以此为努力方向的目标趋势。

2.1.4 政策的分类

由于政策所涉及的范围十分广泛，内容异常丰富，表现形式也多种多样，按照不同的标准和依据，可以对政策进行不同类别的划分。在此着重介绍三种最基本的分类方式。

2.1.4.1 分配性政策、调节性政策、自我调节性政策和再分配性政策

从协调方式的角度出发，按照政策对社会和有关人们之间关系的影响不同，可以将公共政策划分为分配性政策、调节性政策、自我调节性政策和再分配性政策。分配性政策涉及将服务和利益分配给人口中特定部分的个人、团体、公司和社会，如公共学校义务教育政策。调节性政策和将限制与约束加之于个人和团体的行动有关，它减少那些受调节者的自由和权利，如征收个人收入所得税政策。

自我调节性政策涉及对某一事物或团体的限制或控制，它与调节性政策的不同之处在于它不是别的团体强加上来的，而是受调节的团体主动要求，并作为保护和促进自我利益的手段而出现的，如货币发行政策。再分配性政策涉及政府在社会各阶级（层）或团体中进行有意识的财富、收入、财产或权利的转移分配，如城市居民最低生活保障政策。

2.1.4.2　元政策、基本政策和具体政策

从纵向的角度出发，按照政策空间层次的不同，可以将公共政策划分为元政策、基本政策和具体政策。元政策（或叫总政策、总路线、总方针），是一个国家或地区带有全局性、根本性，决定社会发展基本方向的政策，如《宪法》"一个中心、两个基本点""三个代表""科学发展观""四个全面""五位一体"等。基本政策是次于总政策而在社会生活的各个领域、部门或方面起主导作用的实质性政策，一般也将基本政策称为基本国策。它通常是对关系国家全局利益的某一领域、某一部门、某一方面的工作所规定的主要目标和任务。基本政策是元政策的具体化，是具体政策的原则化，是联结元政策与具体政策的中间环节。[1]具体政策是实现基本政策的手段，或者说基本政策的具体规定是为落实基本政策而制定的具体实施细则，如我国实施的积极财政政策。

2.1.4.3　政治政策、经济政策、文化政策、社会政策和生态政策

从横向的角度出发，按照政策所涉及的社会生活领域的不同，可以将公共政策划分为政治政策、经济政策、文化政策、社会政策和生态政策。政治政策就是政府在处理政治问题或调整政治关系方面所采取的行动或规定的行为规范，如政党政策、民族政策和外交政策等。经济政策是政府处理经济问题或调整人们的经济利益关系的手段，如财政政策、货币政策和产业政策等。在一个社会中，人们的经济活动几乎涉及生活的方方面面，因此经济政策是国家管理活动的最重要政策之一。文化政策是国家在一定时期的总目标下，为了促进和调节科学技术以及文教事业的发展而制定的基本准则和规范，它包括科技政策、教育政策、卫生政策等。社会政策是指政府用来处理狭义的社会问题所采取的行动或行为规范，它以社会问题为对象，解决社会问题，提高人民生活，增进社会利益，谋求社会秩序平衡发展。社会政策包括人口政策、教育政策、环保政策、治安政策、社会保障政策等。生态政策是以坚持节约优先、保护优先、自然恢复为主方针，立足我

---

[1]　王福生. 政策学研究［M］. 成都：四川人民出版社，1991.

国社会主义初级阶段的基本国情和新的阶段性特征，以建设美丽中国为目标，以正确处理人与自然关系为核心，以解决生态环境领域突出问题为导向，保障国家生态安全，改善环境质量，提高资源利用效率，推动形成人与自然和谐发展的现代化建设新格局所制定的相关政策。

2.2　公共政策主体

政策主体（政策活动者）一般可以界定为直接或间接地参与政策制定、执行、评估和监控的个人、团体或组织。但是，由于各国社会政治制度、经济发展状况和文化传统等方面的不同，各国的政策过程存在差别，因此政策主体的构成因素及其作用方式也有所不同。

安德森在《公共政策》一书中将政策制定者分为官方和非官方两大类：官方的政策制定者是指那些具有合法权威去制定公共政策的人，包括立法者、行政官员、行政管理人员和司法人员；非官方的政策制定者，包括利益团体、政党和作为个人的公民。[1]

我国学者麻宝斌认为，"政策主体是指在整个公共政策系统中占据主要地位，可按照自主意志对政策问题、政策过程、政策效果、目标群体等政策客体主动施加影响，主导政策的制定、执行、评估等各项活动的个人、群体或组织"。[2]

陈庆云在《公共政策分析》一书中提出，"公共政策主体是指直接或间接地参与公共政策全过程的个人、团体或组织"。[3]

宁骚在《公共政策学》一书中提出，"公共政策主体是指那些在特定政策环境中直接或间接地参与公共政策制定、实施、评估、监控的行为者"。将公共政策主体分为直接主体和间接主体。直接主体包括代议机关、行政机关和司法机关；间接主体主要是那些虽不拥有合法强制力，但能够通过压力、舆论、私人接触等方式，参与、介入政策过程中，并产生一定影响的个人、团体、组织、社群

① 詹姆斯·E. 安德森. 公共政策 [M]. 唐亮，译. 北京：华夏出版社，1990.
② 麻宝斌. 公共政策学 [M]. 北京：高等教育出版社，2016.
③ 陈庆云. 公共政策分析（第二版）[M]. 北京：北京大学出版社，2011.

或社会关系网络等。①

2.2.1　官方决策者

官方的政策活动者是指政治体制内的、行使公共权力的政策过程的参与者，一般包括国家机构、执政党、政治家和官员。下面介绍官方的政策活动者构成及其行为，并对西方与我国的官方政策活动者的差别略做比较。

2.2.1.1　立法机关

立法机关在西方指国会、议会、代表会议一类的国家权力机构；在我国则是指全国及地方各级的人民代表大会及其常务委员会。立法机关是政策主体的一个最重要的构成因素，它的主要任务是立法，即履行制定法律和政策这一政治系统中的主要职责。

安德森认为，在西方尤其是美国，立法机关通常能够在独立决策的意义上行使立法权。例如，在国会中，常设委员会对提交的法案常常拥有"生杀"大权，它们甚至可以不顾所在议会的大多数成员的反对而行事。通常，关于税收、人权、福利和劳动关系等方面的政策在很大程度上是由国会加以制定的。然而我们却不能因此认为立法机关具有真正完全独立的决策功能。例如，在国防和外交政策的制定方面，总统拥有比国会更大的权力，国会要服从总统的领导。各州的立法机关的作用常常因为牵涉问题的性质不同而不同。许多州的立法机关由于其职责有限，"非专业化"的成员和辅助人员不力，因而常常不能对复杂和技术性很强的决策采取行动，它们只是简单地通过其他部门所赞成的法案。

在我国，人民代表大会是权力机关和立法机关，它是我国的政策制定及立法的主要机关，也是政策执行和监控的制约机构。就其法律地位来说，人民代表大会的地位是至高无上的，它决定着我国社会发展的方向。《中华人民共和国宪法》（以下简称《宪法》）规定，中华人民共和国的一切权力属于人民，人民行使国家权力的机关是全国人民代表大会和地方各级人民代表大会。全国人民代表大会作为国家最高的权力机关，有着两个重要的职能：一是把中国共产党对国家和社会的政治领导及其政治路线、政治纲领、政治意志以国家法律的形式体现出来，使其成为国家的意志——国家权力的灵魂；二是建立政府权力体系——国家行政机关、司法机关等。就全国人民代表大会来说，它享有最高的立法权、最高

---

① 宁骚. 公共政策学（第三版）［M］. 北京：高等教育出版社，2018.

任免权、最高决策权、最高监督权。人民代表大会所制定的政策具有两个基本特征：①权威性——它们是经过法定的程序制定的，是一般的大政方针，因而具有权威性；②强制性——它们以国家强制力作为后盾，必须被坚决执行。

那么，立法者或政治家在政策过程尤其是政策制定中的行为是什么样的呢？对这个问题，西方公共选择理论分析了西方代议民主制条件下立法或政治家的行为特征及模式。该理论指出，政治家或立法者在政策过程中是以"经济人"的面目出现的——追求自身利益的最大化，这种最大化的利益表现为在选举中当选或再次当选。所以政治家的行为是为了在选举中获得更多的选票或更高的支持率。而为了获得选民的支持就必须许诺制定并执行某些能够给选民带来利益的政策或提供更多的公共服务。例如，政治家向某个阶层或集团的选民许诺实施某项有利于他们的政策，并宣传要从该政策中获益，就必须支持他（们）当选。政治家在公共政策及项目的拨款预算中，也往往支持最大化的预算方案，以便有更多的资金来回报支持他（们）的选民；他（们）对实施某项政策的费用一般都采取暧昧的态度，因为政策费用总是由纳税者（选民）负担的，如果负担太重，支持率可能会降低。因此，政治家总是设法让选民弄不清真实的政策费用负担。公共选择理论家揭示了西方政治体制下的立法者或政治家的利己本性，粉碎了西方政治家为公共利益服务的神话。但该理论试图将西方代议民主制之下的政治家的行为模式推广，使之成为一种普遍的模式则是错误的。

2.2.1.2　行政机关

行政机关及其官员是政策主体的一个重要组成部分，尤其是在当代，行政权力扩张，出现了"行政国家"或"以行政为中心"的时代，行政机关在政策过程中的地位和作用就显得更加突出了。

在西方特别是美国，无论是政策的制定，还是政策的执行，政府的效能从根本上说取决于行政领导尤其是总统。总统在进行立法和政策领导方面的权威大大加强，国会往往将重大的决策权授予总统。特别在决策权难以分散的国防和外交领域，总统拥有的合法权力和行动自由比在内政方面所拥有的权力和自由要大得多。美国的外交政策主要是总统领导和行动的产物。当然，国会并非一定要采取总统提出的任何政策建议，这些建议既可能被拒绝，也可能被修改。行政机构在政策过程中的作用巨大，这不仅在于行政机构是政策执行的主导机构，而且在于当代它日益参与到政策制定中。行政部门自己可以制定某些法规或政策（尤其是行政法规），而且可以使别的国家机关制定的法律或政策不起作用。此外，在英美等西方国家，行政部门还是立法或政策建议的重要来源，它们不仅积极提交法案，而且主动进行游说，向立法机关施加压力，以让立法机关采纳有关建议。

按照德洛尔（Yehezkel Dror）的说法，在一些发展中国家（如伊朗、泰国和加纳）中，行政部门在政策制定过程中所拥有的权力和影响，甚至比发达国家的行政部门所拥有的权力和影响还要大。德洛尔的解释是："由于发展中国家存在的政策问题少，所以大部分政策问题都能够进入政府内阁的议事日程。而且在发展中国家一般不存在专业性的文官系统，因而行政部门在绝大部分政策制定中都起到核心作用。另外，发展中国家的权力更为集中，所以政务部门无须去考虑建立政治联盟的问题，它们有更多的决策自主权。"①

在我国，政府作为管理机关，是政策主体的一个重要因素。《宪法》规定，中华人民共和国国务院即中央人民政府，是最高权力机关的执行机关，是最高国家行政执行机关，而地方各级人民政府是地方各级权力机关的执行机关。国务院享有行政立法权、提案权、监督权、人事权以及全国人大及其常委会所授予的其他方面的职权。它统一领导全国行政机关的工作，统一领导全国的内政、外交事务，主要内容有：编制并执行国民经济和社会发展计划以及国家预算，领导和管理经济工作和城市建设，领导和管理教育、科学、文化、卫生、体育和计划生育工作，领导和管理国防与外交事务等。县级以上的地方各级人民政府享有执行权、制令权、管理权和监督权以及中央政府给予地方的其他权限，它的管理权限是全面领导本行政区域内的经济文化建设和各项行政事务。政府机关不仅是政策执行的主要机构，而且它有权根据基本国策制定出具体的政策法规。政府部门制定出的政策具有如下两个特征：①具体性——行政机关制定的政策绝大部分是党和国家权力机关政策的具体化，它们要体现党和国家权力机关所制定出的政策的基本精神；②补充性——对党和国家权力机关政策所没有涉及的领域，行政机关有权制定出一些补充性的政策规定，以防止出现政策空白。

关于行政官员在政策过程中的行为，公共选择理论也做出了分析。该理论认为，尽管行政官员与政治家不同，不是由选民选出的，而是由行政机关任命的，但是这些官员同样按照"经济人"原则行事，即追求自己利益的最大化，他们公共行为的动机中包含了自利的动机。按照小尼斯卡宁（W. A. Niskanen）的说法，一个官员可能追求如下的目标：薪金、职务津贴、公共声誉、权力、任免

---

① Yehezkel Dror. Public Policymaking Reexamined [M]. Scranton, Pennsylvania：Chandler, 1968.

权、机构的产生、容易改变事物，容易管理机构。① 为了达到这些目标，就必须扩大自己所属的行政部门的规模，由此可以提高影响，增加晋升的机会，而最终这一切都必须靠预算的最大化来实现，即通过尽可能多地增加预算来扩大机构，增加公共服务，其结果则是公共物品及服务超过社会的需求，导致政府扩张（机构膨胀）、财政赤字严重。② 这可以说是西方国家政府官员的动机和行为的真实写照。尽管公共选择理论关于政府官员在政策过程中的行为模式不适应于描述我国社会主义条件下的政府官员的行为，但我们也要有所警醒。

2.2.1.3　执政党

执政党是政策主体中的一种核心力量。公共政策在很大程度上可以视为执政党的政策。现代国家的政治统治大都通过政党政治的途径来实现。在现代社会中，政党常常履行着某种"利益聚合"的功能，即政党努力将利益集团特定的要求转变为一般的可供选择的政策方案。西方国家一般都采用两党制或多党制，而在我国则采用中国共产党领导的多党合作和政治协商制度，因而中西方的政党在政策过程中的地位和作用是不同的。

在西方，各政党在选举中通过某些政策承诺来获得更多选民的支持，以确保本政党当选。在许多情况下，这种迎合（部分）选民需要的政策倾向导致"短视效应"的出现，即追求近期目标而牺牲长远利益。这是政策失误以及政府失败的一个重要根源。公共选择理论的奠基人布坎南（James M. Buchanan）曾分析了这一问题。他指出，政党及其候选人为了赢得选民的支持而尽量迎合选民的胃口，回避选民所不喜欢的政策。例如，在繁荣时期，为抑制通货膨胀而进行增税和削减公共开支容易引起选民的反对；在萧条时期，需要增加公共开支，而且由于靠发行公债的赤字预算来筹资，选民意识不到税收增加的负担，因而易受选民的欢迎。这些政策的实施，能在短期使选民满意，政党及其候选人得到更多的支持，但其长期效果则是有害的，会导致赤字增长，诱发通货膨胀。西方的经济学家和政治学家通过研究发现这样一个带有规律性的现象，即在大选临近时，执政党一般会采取扩张性的财政或货币政策来降低失业率，以获得更多的选票，保证执政或连任；而在选举后为了克服扩张性政策的不良后果（如通货膨胀），执政党又会采取紧缩性的财政、货币政策，以抑制通货膨胀。政党的这种策略使经济

①　W. A. Niskanen. Bureaucracy and Representative Government［M］. Chicago：Aldine-Atherton, 1971.

②　Dennis C. Mueller. Public Choice Ⅱ［M］. Cambridge：Cambridge University Press, 1989.

出现波动,这就是所谓的"政治经济周期"。

在我国,中国共产党是全国人民的领导核心,它在政策的制定、执行、评估和监控中起着主导作用。作为执政党,中国共产党代表着广大人民群众的根本利益和普遍意志。尽管党和政府在政策过程中指导思想和工作相一致,但是,它们的职能和起作用的方式是不同的。中国共产党在政策过程中进行政治领导和向国家机关尤其是政府部门推荐重要干部。党对国家事务实行政治领导的主要方式是:使党的主张经法定的程序变成国家的意志,通过党组织的活动和党员的模范带头作用,带动广大人民群众,实现党的路线、方针和政策。因此,政策方面的领导是党的政治领导的主要内容。中国共产党制定出具有综合指导性和根本性的总政策。党的政策具有综合指导性,是因为这些政策具有总体性并涉及政治、经济、文化、社会和生态环境的各个方面,其表现形式是党的纲领、路线、方针;党的政策具有根本性,是因为党通过自己制定的政策,掌握国家和社会生活总的发展方向,社会各阶层的活动都要受之制约。

2.2.1.4 司法机关

作为国家或政府组成部分的司法机关,在公共决策过程中也占有重要的地位,它也是政策主体的构成因素之一。例如,在美国,司法机关(法院)能通过司法审查权和法令解释权而对公共政策的性质和内容产生很大影响;通过判例对经济政策(财产所有权、合同、企业、劳动关系等)和社会政策(如福利政策、基础设施建设等)产生影响。法院不仅参与政策制定,而且在其中扮演重要角色,它不仅规定政府不能做什么,而且规定政府应该采取何种行动以符合《宪法》和法律的要求。在我国,司法机关在政策过程中起着重要作用,它是我国政策主体的一个有机组成部分。作为司法机关的人民法院和人民检察院是国家权力结构中的重要组成部分。按照《宪法》规定,人民法院是司法审判机关,独立行使审判权;人民检察院是司法监督机关,独立行使检察权,行政机关、社会团体和个人无权干涉。我国的国家司法权为全国人民代表大会赋予,不独立于立法机关,只独立于行政机关。

从上面的分析中可以看出,中西方的官方政策主体的内容、地位和作用具有某些质的区别。主要区别点在于:在我国,无论是中国共产党,还是国家机关都是广大人民群众的根本利益的真实代表;而西方的国家机器及执政党是资产阶级利益以及利益集团利益的代言人。中西方政党在政策过程中的地位和作用以及发挥作用的方式也是明显不同的。在我国,中国共产党直接对政策过程起核心领导作用，其他民主党派也积极参与到政策过程之中。中国共产党代表中国最广大人民的根本利益，没有任何自己特殊的利益，从来不代表任何利益集团、任何权势团体、任何特权阶层的利益，这是党立于不败之地的根本所在。而在西方，政党必须通过竞选执政之后才能对国家或政府政策产生决定性的影响。

2.2.2　非官方决策者

非官方决策者是指政治体制外的、不直接行使公共权力的政策过程的参与者，主要包括利益团体、政治党派、大众传媒、思想库以及公民个人等。

2.2.2.1　利益团体

当某个群体提出一项政治要求时，政治过程就开始了。这种提出要求的过程称为利益表达，利益表达的主体称为利益集团。所谓利益集团，就是指"因兴趣或利益而联系在一起，并意识到这些共同利益的人的组合"①。我国经济学家厉以宁在《转型发展理论》中说："利益集团是一个不明确的概念，它是以经济利益目的相联系的一种无形组织。所谓利益集团是指这样一些人，他们彼此认同，有着共同或基本一致的社会、政治、经济利益的目的。因此他们往往有共同的主张和愿望，使自己的利益得以维持或扩大。"由此可见，利益团体是基于某种共同价值、共同利益、共同态度或者是某种职业和行业而形成的正式、非正式团体和群体等社会组织。其目的在于建立、维持、增进共同利益和共同态度所蕴含的行为模式。其职责是履行利益聚合功能，以保障或增进其成员的利益作为最高目标。

公共选择理论认为，利益团体的行为动机及原则是按"经济人"原则行事的，即追求自身利益的最大化。而公共政策制定，实际上是对社会价值和资源（利益）的调整和重新分配。政策不是针对一个人的，总是针对社会全体成员，或是针对一类人、一群人（某一社会阶级、阶层、集团、群体等）。然而，社会中却没有完全一致的价值和利益存在，只有团体与个人的价值和利益存在。

利益团体影响政策制定的方式是多种多样的。而如何表达利益的问题，实际上就是一个政治参与的问题。在一般情况下，通过本团体在各种代表机构中的代表人物，就某个政策问题向政府陈述意见，提出建议或提案；或者通过社会舆论

---

①　加布里埃尔·A. 阿尔蒙德，小 G. 宾厄姆·鲍威尔. 比较政治学：体系、过程和政策［M］. 曹沛霖，译. 上海：上海译文出版社，1987.

表达本团体对某个问题的观点和见解，力图说服政府采纳；或者对社会规范价值重新加以界定；也可以用现有法规、制度上的规定表明自己的立场。在某种特殊、紧急情况下，也可能由一个团体单独或几个团体联合向政府施加某种压力。当然，影响政策制定的形式和方法，会因时、因地、因问题、因环境而不同。利益团体对政策制定影响力的大小，取决于团体自身所处的社会地位、成员数量、声望、财力、组织力、领导力、内部凝聚力状况以及运用策略的情形等诸多因素。

利益团体影响公共决策的方式主要有游说、宣传、捐款、抗议等。以美国为例，美国国会、行政当局和利益团体之间存在一个非正式的"铁三角"。利益集团影响政府的方法主要有两种：①游说（又称院外活动），就是利益团体的代表向国会议员、政府官员开展有针对性的说服工作，希望他们支持本集团所希望的政策，并借助媒体，使一项具体政策被通过或被拒绝。游说让政府官员知道不同利益团体和选民的利益与要求，它是民主过程的灵魂。美国政府的游说通常分为两种：一种是内部游说，它较为传统，一般通过游说人和国会议员或行政当局官员私下接触，金钱是成功游说的保证；另一种是外部游说，也称为"草根性"游说。它是指许多组织调动自己的会员在华盛顿以外来唤起或影响大众，通过向议员写信、发邮件、利用媒体宣传自己的主张等方式，从外部对议员们产生压力。②政治捐款，即利益团体统筹捐款给议员候选人，支持国会议员和总统当选，换取他们当选后职务上的权限来回馈捐款团体。也就是说，用金钱购买对立法的影响力。

利益团体对于公共决策有其积极的作用。托克维尔、达尔强调：一个由各种独立的、自主的社团组成的多元社会，可以对权力构成一种"社会的制约"。启蒙思想家梁启超说："道莫善于群。"这里的"群"，就是利益团体。也就是说，每一阶层的社会成员往往有共同的经济利益和政治利益，而维护自己利益的最好方法就是这一阶层的社会成员能组织起来，以组织的形式和组织的力量同其他社会阶层发生各种联系。其组织形式越完善、组织力量越强大，利益保护就越有效。

2.2.2.2 政党组织

政党是进行政治整合、政治意志表达的政治组织。它由具有共同志愿和政治理想的公民组成，从而形成一种强大的政治力量，可以参加国家重大的政治活动，影响各项公共政策的制定和执行。因此，政党也是公共政策主体中非常重要的一个力量。

政党组织有监督执政党的责任，可避免执政党一意孤行，反映不同地域人民的意见；在野党如果努力地为国家出力，可能将会在下次的选举中，击败原执政党，成为新的执政党。这种情况称为政党轮替，要注意的是，这时执政党与政党组织的角色会互换，直到下一次政党轮替发生。

这些政党由于在议会竞选或在总统竞选中，没有取得议会多数席位（甚至没有取得席位）或总统职位，因而不能组织或参加政府内阁，也不能参加议会。政党组织处于政府内阁之外，对政府所推行的政策不承担任何责任，可以自由地对政府的政策进行指责和抨击，在议会内外牵制和监督执政党的活动，影响政府的政策，要求执政党采取符合他们利益的政策。还可以通过法定程序倒阁，使自己取而代之。政党组织的活动，反映了不同政党所代表的不同阶级和集团的不同利益和需要。

在内阁制国家，控制议会多数席位的党为执政党，其他党即为政党组织。在多数资本主义国家，政党组织就是在野党，即反对党；而在英国等实行反对党制度的国家，在野党不一定是法定反对党。

在西方两党制或多党制条件下，政党首先与权力而不是与政策相联系。也就是说，政党的主张转变为国家或政府的公共政策是靠选举来实现的，只有在大选中获胜、取得政权的政党才能成为直接的政策制定者，把它的纲领、主张转变为公共政策。在实行两党制的国家（如美国和英国），政党希望获取更多选民支持，迫使两党在它们的"一揽子"政策意见中体现更多的利益和要求，并尽量避免与势力强大的社会阶层或利益团体的利益与要求相左。在美国，民主党（其支持者大都来自大城市、工人、少数民族及其他种族团体）和共和党（其支持者大都来自乡村、小城镇、郊区、新教徒、工商业经营者和专业人员）的基本信念是相同的，都主张私有财产神圣不可侵犯、市场经济体制、个人自由、多数决议和法治，它们在重大外交国防方针政策和立场上也大致相同。但是，两党经常在福利计划、劳工立法、工商管理、公共水电工程、公共住宅和农副产品价格补贴等政策问题上发生争吵。假如这种政策倾向的确存在，而且国会议员的投票通常与本党的政策立场一致，那么，哪个政党控制国会或在总统选举中获胜，对政策就会有重要影响。在多党制国家（如法国），政党利益聚合的功能相对小一些，在政策制定的过程中，政党更多的是充当各种特定利益的经纪人而非倡导者的角色。①

在我国实行的共产党领导的多党合作制度下，各民主党派是参政党，而不是在野党。与这一政党制度相适应，我国实行政治协商制度，人民政协是国家机构的有机组成部分。政协以及各民主党派在我国的政策过程中发挥着重要的作用，不仅直接参与国家重大政策的讨论与决定，而且更经常、更大量地进行调查研究，提出政策建议，进行政策监督和评价，充分发挥参政议政的功能。因此，政协及各民主党派也构成我国政策主体不可或缺的部分。

2.2.2.3 大众传媒

大众传媒指在传播路线上用机器做居间以传达信息的报纸、书籍、杂志、电影、广播、电视、因特网等诸形式②。决策中的信息要借助于一定的媒体才能传播，大众媒体则是现代社会最为普遍的信息传播载体。大众传媒对全世界的政治、经济、文化正产生着越来越大、越来越广泛的影响。以至于在西方有人将大众传媒称作是与立法权、行政权、司法权并列的"第四种权力"。

以大众传媒作为主要研究对象的传播学自 20 世纪初建立以来，在西方国家的发展十分迅速，出现了威尔伯·施拉姆、哈罗德·拉斯韦尔和申农等在传播学领域作出杰出贡献的著名学者。他们当中如哈罗德·拉斯韦尔不仅作为传播学理论的奠基人，更是著名的政治学家。大众传播媒介对政策制定的作用极为显著。传播学的奠基人之一——美国传播学家施拉姆指出："媒介很少能劝说人怎么想，却能成功地劝说人想什么。"③ 20 世纪 70 年代的美国著名记者西奥多·怀特也曾提出媒介"安排公众议程"一说。拉斯韦尔则认为政治传播就是"运用实义的符号，以控制人们的集体态度"④。如 1989 年，正是由于日本新闻界披露了利库路特行贿受贿案丑闻，而导致日本前首相宇野下台，内阁倒闭。事实上，从大众传播媒介产生开始，它就与社会政治形成了互动的紧密关系，它是实现政治社会化的主要手段。通过大众传媒的影响所形成的政治舆论是不可低估的政治力量，历史上每一种新媒介的诞生，都给社会政治文化带来革命性的冲击。如 15 世纪欧洲活字印刷的出现，推动和促进了文艺复兴和宗教改革；19 世纪的电报、铁

---

① 詹姆斯·E. 安德森. 公共决策 [M]. 唐亮，译. 北京：华夏出版社，1990.
② 沙莲香. 传播学 [M]. 北京：中国人民大学出版社，1990.
③ 威尔伯·施拉姆，威廉·波特. 传播学概论 [M]. 陈亮，周立方，李启，译. 北京：新华出版社，1984.
④ 宋定国. 新编政治学 [M]. 北京：中国人民公安大学出版社，1990.

路与高速印刷的发明，导致了寡头政治的倾覆，而产生了民主政治；1950 年，电视在美国促成了民权革命。在当今信息社会，大众传媒对政府的公共决策有着重要的影响，有时甚至是决定性的影响。它们的主要作用是传播信息、引导舆论、交流思想和传播知识，是政府、政党和其他利益团体的宣传工具。

大众传媒对政策制定的影响与作用具体体现在：大众传媒能及时反映社会所发生的公共问题，同时，其传播的信息是对政策信息和政策问题进行选择、整理、淘汰、处理，经过层层加工和筛选后，再提供给公众的。它建构的"第二现实"影响受众对问题内容及其性质的认知和态度，进而影响着政策议程的建立。由于大众传播的直接性、迅速性和广泛性，它能为政策制定创造良好的公众支持的环境，从而扩大政策诉求群体，提高政策问题的认知程度。大众传媒的"焦点效应"，可以形成强烈的政策舆论压力，促使决策系统接受来自公众的愿望和要求。大众传媒是政府与社会连接的桥梁和中介，可以扩大公众在政策制定中的参与度，使分散的公众公开表达自己的诉求，是实现决策科学化和民主化的重要载体。

2.2.2.4 公民（选民）

公民或选民是政策主体的一个重要组成部分，或者说是一种最广泛的非官方政策主体。公民是指具有某国国籍并依照该国宪章享有权利和义务的个人。公民表明一个人对国家的隶属关系，既包括统治者，也包括被统治者。在当代，公民的含义更多表达了法制和民主社会的基本准则。

法学家给出的关于公民的政治权利的定义是："公民依法享有参与国家政治生活、管理国家以及在政治中表达个人见解和意见的权利。"[1] 政治学家将政治权利定义为："参与政府管理与影响公共政策之权利"[2] 或"社会成员实现利益分配的资格"。[3] "参与并影响"界定了公民与公共政策的关系，表明公民并不是被排斥于政策制定之外的，而是可以参与政策制定并形成对政治生活的影响。

在现代民主社会中，公民通过各种政治参与途径，去影响或制约政府的公共政策的制定和执行。公民不仅是政策主体的构成因素，而且是政策发生作用的对象即政策客体。同时，民主和法制的精神赋予了公民在政策合法化中的主体地位，从政策科学的角度来讲，公民的主体地位应该体现在政策过程的起点至终点

---

① 许崇德. 中华法学大辞典（宪法学卷）[M]. 北京：中国检察出版社，1995.
② 林嘉诚，朱浓源. 政治学辞典 [M]. 台北：互甫图书出版公司，1990.
③ 王浦劬. 政治学基础 [M]. 北京：北京大学出版社，1995.

的全过程。

在现代民主国家中，公民决定或影响政府公共决策的主要途径有：①以国家主人或主权者的身份，对某些重大政策问题直接行使主权，如对《宪法》的修订、领导人的选举、基本国策或重要的地方性政策采取直接投票的方式来加以决定。②用间接或代议的方式，选出自己的代表者制定或修改并执行公共政策。③使用各种威胁性方式（如请愿、示威游行、罢工、罢课等）去反对某些政策，迫使政府将问题提上议事日程。④通过参加利益集团，借助团体的力量去影响政策，或通过制造舆论或游说的方式去影响政策。⑤对政府通过并实施的政策采取合作或不合作的态度，以此影响政策结果等。

公众在公共政策制定中的地位不容忽视，这是因为政党和政府制定的政策所要解决的社会公共问题都和公众的利益密切相关。在大多数现代国家里，特别是人口众多和地区辽阔的国家中，公众不容易直接对中央政府的决策发表意见，但可在地方政府的政策制定中发挥更重要和更直接的影响作用。有许多政策只有依靠公众的合作和参与才能得以贯彻执行，如环境保护、社区发展、社会治安等方面的政策，若没有公众的支持，即使政策制定出来了，贯彻执行仍相当困难。要保证政策有较高的支持度，就不能忽视政策制定中公众的有效介入。

在西方，公民的确有时可以通过上述途径去影响政府的决策。但是，在西方代议制民主制度下，公民的政治参与及对公共政策的影响是有限的，甚至是微不足道的。其最大的弱点为大部分的立法人员皆欠缺有关的专业知识，故他们在行使职权时，往往发生力不从心的现象。公共选择理论家从"经济人"假设出发，认为政治领域中的选民和经济领域中的消费者的动机是一样的，即出于利己主义的最大化原则，他们在政治领域中的投票行为取决于投票获得的收益和投票所支出的费用之比。选民所期待的收益取决于他们对自己所希望的政策得到实施的期望值，即只有自己所支持的候选人当选时才能使希望的政策得到实施。

在我国社会主义民主政治制度下，人民群众是国家的主人，他们在政策过程中起着重大作用。党和政府通过各种渠道尤其是通过"从群众中来，到群众中去"的路线，让人民群众参与公共事务的管理以及公共决策活动，参与政策的制定、执行、评估和监控。党和国家各项政策实质上反映了广大人民群众的根本利益，是他们的意志和要求的集中体现。我们的社会主义制度为公民合法的政治权益提供了充分保障，也为我国的民主建设提供了坚实的基础和广阔的空间。

2.3 公共政策客体

公共政策的客体是指公共政策实施中将要解决的公共问题和影响的目标群体。政策最基本的特征就是充当人们处理社会问题、进行社会控制以及调整人们关系特别是利益关系的工具或手段。绝大多数公共政策都肩负着如何解决特定的公共问题这一使命，它所制定的方案、准备调配的资源和确立的目标都是围绕着特定问题而产生的。和问题相关的是特定的目标群体，所以绝大多数政策也必然包含着特定的目标群体，他们在政策规定中将会得到利益的减损和增益。

2.3.1 公共问题

所谓问题，是指现实的状况和理想预期的标准之间存在的差距。这种差距往往会导致社会的紧张状态，它超越了个人稳定的环境和范畴，牵涉较为广泛的社会关系。当社会上的一些人对社会生活中的某些方面表示焦虑和不满，或提出一定主张，或采取一定行动时，那就显示已经发生了问题。问题可以分为两种：一般的社会问题与比较重大的公共问题。从事的角度看，公共政策所要处理的是社会问题、公共问题或政策问题。严格地说，这三个概念是有区别的，社会问题是外延最广的概念。社会问题的一部分涉及社会上相当部分人或影响较大，那么，这部分问题就是公共问题；政府所面临的公共问题很多，只有少数能被政府摆上议事日程，并加以处理，这些被处理的问题就是政策问题。为了叙述方便，我们将这三个概念进行混用。

社会问题以及政策问题不仅是一种客观的存在状况，也是人们主观构造的产物。它是被人们感知、觉察到的状况，是由于价值、规范和利益冲突引起的，需要加以解决的状况。因此，一种社会状况构成社会问题或政策问题与否、问题的严重性程度如何是与人的主观判断密切相关的。

公共问题是社会问题中影响范围大、厉害程度深、难度复杂化的已经成为与特定地区公众都有关系的重大问题。总体来说，公共问题具有以下几个特征：

（1）客观性，公共问题是客观条件的一种变化。

（2）主观性，公共问题是人们主观上的觉察和认知。

（3）价值相关性，公共问题的判断必然和人们的价值标准相关联。

（4）社会性，公共问题是涉及大范围的社会生活和公众的问题。

（5）过程性，公共问题的形成必定有一个较长的过程。

（6）系统相关性，公共问题不是单独存在的，必然和整个社会系统及局部系统密切相关。

公共政策把公共问题当作政策对象，必须要经过一个认定的过程。而公共问题认定的主要任务就是了解政策问题的领域、范围和解决方式，它是公共政策制定的基础。

首先是政策问题的领域。公共政策问题的领域可以说非常广泛，几乎所有的社会政治生活中都可以出现不同程度的问题。根据它们的性质和类别可以分为政治问题、经济问题、文化问题、科技问题、军事问题、教育问题、人口问题、环境问题等。对公共政策问题的认定和区分有利于我们更好地确定问题的性质、规模和处理方式，这是认定政策问题的基础。

其次是对政策问题的范围认定。政策问题的范围是指公共政策问题在空间界限上所划分的不同层次、不同地域和部门。这种划分有利于我们对不同范围的问题进行确认、比较和分析，从而发现共同特征，并找到最有效的解决办法。问题随着不同范围的变化也会出现改变，在这一范围属于问题的，可能在另外的范围则不成为问题。

最后是政策问题的处理方式。对公共政策问题处理方式的确认是制定政策方案的基础。不同类型、领域和范围的公共问题应该按照不同的处理方式来解决。所有解决方式并不是一成不变的，而是具有多样性和灵活性的。对问题的处理方式大致包括以下几类：强制解决式、协调处理式、法律终止式、资源断截式、转移主题式等。

所谓强制解决式就是指利用政府强制性权威来解决危机问题，主要针对一些需要快速解决的比较危急以及比较严重的问题。协调处理式是指面对社会中出现的矛盾纠纷而导致的公共问题对双方进行协调，帮助其解决问题，这种方式主要运用在公共矛盾的处理中。法律终止式是指按照法律规定必须将某个特殊的问题在规定的时间内进行强行终止，如对某些有污染的小企业的限制。资源断截式是指上级政府利用其政治资源的优势地位将某些资源予以断截，从而来减少问题的资源支持，以达到终止这些问题的目的，如对某些机构改革的资源断截就是这种方式。转移主题式是指将原有的问题暂停，而另外开辟一种新的主题，从而帮助把问题转移成新的关注点，如政府在原有政策基础上制定出新的规定就是运用这种方式。处理复杂多变的公共问题，维护社会秩序和发展是公共政策机构不可推卸的责任。

2.3.2 目标群体

从人的角度看，政策所发生作用的对象是社会成员，这些受规范、制约的社会成员称为目标群体。政策所要调整或规范的是人的行为以及人与人之间的关系尤其是利益关系。目标群体既是公共政策实施的重要环节，也是公共政策实施是否产生成效的重要决定变量。目标群体的特征在一定程度上决定了公共政策实施的成败。影响政策实施的目标群体因素有：

（1）目标群体的规模。目标群体的规模越大对公共政策的影响力越大，公共政策实施者不得不认真考虑这些群体的态度、利益和政治倾向。相反，目标群体较小，对实施者来说，则是一件轻松的事情。但是有些较小的目标群体也会有强大的政治能力，也可以给实施者带来麻烦。

（2）目标群体的结构。目标群体的结构是指目标群体是否组织化、组织化程度如何。一般来说，高度组织化的目标群体具有强大的政治表达力，能够利用他们的组织能力来实施影响。所以，面对这种群体，公共政策主体必须有准备和按照法律规定来加强协调与合作。而相对分散、组织化程度低的目标群体在政治组织力方面较弱，要实施一些权威性政策比较容易，然而，如果要实施一种组织化和动员性的政策，则比较困难。如在农村地区限塑、限摩就比较困难。

（3）目标群体的要素性质。目标群体的要素性质主要指群体的文化素质、年龄构成、身份地位等。这些要素明显会对不同的政策产生影响。文化素质高的群体对公共政策的认知水平较高，较容易被说服，对不合理的地方会提出反对意见。不同的群体对有利于自己群体的政策会表现出支持的态度，而对不利于自己群体的政策则会表现出反对或者消极对待的态度。

（4）目标群体的认知态度。目标群体的认知态度是指他们对公共政策的认识、理解、同情和支持的心理状态。这种心理状态成为目标群体支持或不支持公共政策的重要力量。这就是在公共政策开始阶段要大力进行政策宣传的原因，宣传可以让公众更好地了解相关政策的内容、目的和价值，从而提高认识度和支持度。但是目标群体对公共政策的认知态度受到多重因素的影响，宣传的效果最终也要看它和原有的心理观念的结合情况。根据现有的研究成果，影响目标群体的心理态度的要素主要有政治社会化的影响、传统思想观念和行为习惯的制约、对政策形式合理与实质合理的看法、对成本收益的权衡、对大局或整体的考虑、避免受到惩罚、环境条件的变化等①。

2.4 公共政策系统

公共政策是一个系统，政策系统是指"政策制定过程所包含的一整套相互联系的因素，包括公共机构、政治制度、政府官僚机构以及社会总体的法律和价值观等"②。政策系统是公共政策赖以运行的平台。公共政策就是在所有大系统中密切相关的诸要素之间的互动中发挥其社会功能的。公共政策一方面是社会大系统中的子系统；另一方面又是自成系统，内部由各个子系统组成，它包括信息子系统、政策咨询子系统、政策决策子系统、政策执行子系统、政策监控子系统。

2.4.1 信息子系统

信息子系统由掌握信息技术的专门人才组成，从事信息的收集、整理、储存和传递等活动，为公共决策提供信息资料。现代社会已经成为一个巨大的信息社会，复杂多变的信息要求公共机构必须建立相应的组织来收集、总结、编码和运用，这样才能够在制定政策和执行政策中不会因为信息不足或者信息不灵而失去效力。信息子系统是公共政策系统的基础部分，它为政策系统的运转提供信息保障，确保公共政策的科学性和权威性。

信息子系统在公共政策行为中发挥着重要的作用。主要有：①信息收集。信息机构负责对埋藏在社会生活中的原始信息进行发掘、收集，这些信息原来并不是完整的、被发现的，而是埋藏在社会生活中的，需要通过各种调查、访问、总结、报告等方式来把这些信息发掘出来，才能建立科学的信息库。②信息加工。原始信息被收集以后，并不是清晰完整的，需要对其进行科学的归类、整理、修

---

① 张金马. 公共政策分析：概念·过程·方法 [M]. 北京：人民出版社，2004.

② E. R. 克鲁斯科，B. M. 杰克逊. 公共政策词典 [M]. 唐理斌，等译. 上海：上海远东出版社，1992.

改和加工，从而让公共决策者和参谋人员可以方便快捷地运用这些信息来对决策进行论证和分析，从而制定方案。一般要经过三个过程：纯化，就是把杂乱的信息去掉，发现最精练的、有价值的信息；归类，就是把杂乱无章的信息，按照不同的标准归入不同的类型中，从而方便信息使用者开发利用；存储，就是将已经归类好的信息放在不同的信息库中，进行保存，以备后面的开发和利用。③信息传输。信息被加工好以后，除了存储以外，还要传输。信息传输是将信息运送到使用者手中，方便其利用。信息传输是信息开发的重要环节，需要有畅通的信息传输渠道。信息网络、媒体、各种公开的途径都属于信息传输的渠道。为了提高信息开发的效力，必须建立更加多样便捷的渠道。

2.4.2　政策咨询子系统

政策咨询子系统又称作智力子系统，许多智力库、智囊团、思想库都属于这一类系统。咨询子系统主要就是由一些专家、学者和专业人才组成的运用他们的专业知识和才能对政策信息进行加工处理，制定各种供决策者选择的政策方案，为决策和执行提供各种参谋意见的机构。咨询子系统在政策决策过程中主要发挥参谋的功能，以保证公共决策能够科学地计划，反映客观问题，指明正确的方向，可以最大限度地避免决策失灵的问题。

政策咨询子系统的主要功能有：①问题分析。各种社会问题纷繁复杂，当它们成为政策问题之前，咨询机构要对其进行分析，分析它的特征、原因、严重性和危害性，然后才可以确定是不是政策问题、是不是权威机构应该最先解决的对象。②方案制定。确定和分析了政策问题以后，咨询子系统要做的工作是制定出不同的政策方案，不同的方案是为了确保公共政策的科学性、经济性和效益性。这些方案可以用来比较，供决策者选择。③执行参谋。在政策执行过程中，咨询子系统也可以参与其中，因为执行会遇到各种未预期的问题和变化，需要咨询机构来对这些问题和变化进行即时的分析，从而帮助执行者尽快有效地执行下去。④结果评估。政策执行完成以后，必然会产生各种效果，但是对政策效果的分析和评估必须有专业的评估机构来进行，这种行为也属于咨询机构的功能。咨询机构可以帮助政策主体科学规范地认识政策执行的效果。可以说，在整个政策流程中政策咨询子系统都参与其中，这是现代政策过程的重要特征。

2.4.3　政策决策子系统

决策子系统是整个政策系统的中枢，负责政策方案的选定和政策计划的决断。决策子系统是政策系统的最高权力部分,掌握了公共政策的最终确定权和指挥权,它负责对政策的战略、方案、计划实施进行决定,并对政策的实施效果负有法定的最高责任。决策子系统具有权威性和主动性的特征,享有法定权威主导公共政策的全过程。

决策子系统的功能主要有:①提出政策课题。任何政策问题的确定都是决策子系统在信息、咨询等机构对问题的充分调查、比较、分析的基础上确立的。这是决策子系统基本职能,确定了政策课题,后面的环节才可以逐步展开。②确立政策目标。提出政策课题并不等于确立了政策目标。政策课题是政策的主要内容和方向,而政策目标是决策者针对这一政策课题所规定的未来的发展方向和标准,是政策即将实施的努力目的。③组织方案设计。确立目标之后,政策决策者的任务就是对此课题进行方案设计。决策子系统并不需要亲自去设计方案,一般来说,方案都是咨询子系统的责任,而决策者需要组织好方案的设计工作。④选择政策方案。决策子系统最关键、最重要的职责是对多种方案的挑选和确定。这是政策最终出台的标志,公共政策因此形成。方案选择也是公共政策实施的开始。决策子系统作为政策系统的核心部分,对公共政策的科学性和民主性负有重大的责任,必须在各个环节严格、规范地操作才能够确保公共政策更加有效,更加得到公众的认同和支持。

2.4.4 政策执行子系统

政策执行子系统是在政策决策子系统之后由基层部门和基层官僚来负责将政策落实的机构和部门。执行子系统在总体政府体系中主要是下层或者基层单位。执行子系统的特征是执行性和具体性,其主要是将政策科学具体地落实,实现决策系统的目标和意志。

政策执行子系统的功能主要有:①对政策进行细化。执行子系统在执行之前必须对决策子系统作出的决策进行细化。决策一般都是笼统的、宏观的目标和计划,没有具体的细则。执行子系统必须在决策子系统规定的目标下制定出详细的、可供具体操作的细则才能够开始执行工作。②科学配置资源。执行子系统负责具体执行必然需要配置决策子系统所批准和下拨的资源,这些资源的配置是执行政策成败的基础。执行子系统必须依据严格的法律规章和决策子系统的规定来科学和公正地调配,保证执行的顺利进行和成功。③加强执行沟通。执行过程是一个复杂多变的环节,客观环境中和政策本身的诸多要素都可能影响政策的执行。为了便于政策要素的协作，必须进行必要的沟通，这是执行子系统的重要功能。④进行分析总结。执行子系统在执行中必须及时地对执行效果进行分析总结，发现执行中的问题和困难，及时向决策子系统反馈，对政策设计进行调整，重新调配资源，从而提高执行效果。执行子系统的主要价值在于将政策付诸实施，没有执行子系统的工作，任何政策都是纸上谈兵。科学、有力的执行是政策效果的重要保证。

2.4.5　政策监控子系统

政策监控子系统是指在公共政策大系统中专门负责对公共政策总过程进行监督和控制的系统。作为一个系统，公共政策过程必须具备一个循环的回路，而监控子系统就是这一回路的关键部分。这一部分对政策的制定、执行、终结等环节进行监督，从而保证公共政策过程在一个可预见和可操控的框架中运转，提高公共政策的科学性和绩效性。监控子系统具有全程性和反馈性特征。

监控子系统的主要功能有：①制定执行标准。监控子系统必须对政策执行的时间、地点、主体、方式和目标是否符合现行法律法规制定出严格的标准，这样可以对政策执行进行规范，保证政策执行的合法性和程序性。②收集政策过程信息。除了信息子系统负责收集政策过程信息以外，监控子系统也有责任收集这类信息，主要目的是更好地监督和控制政策过程，不同的监督机构将负责这一任务。③反馈政策执行信息。监控子系统负责对整个政策过程进行监督和控制，包括政策执行过程，将执行情况及时反馈到决策者那里，可以帮助决策者更好地调整政策。④防止政策出现偏差。监控子系统的主要作用是防止政策出现偏差，及时监控政策过程，将遇到的困难和问题反馈到高层，做出调整，从而保证政策按照预定的目标发展。监控子系统主要保证政策的正确性和及时完成。

2.5　本章小结

本章着重探讨了公共政策系统的构成要素，即公共政策主体、公共政策客体和公共政策子系统。

首先，介绍了公共政策的内涵、特征与实质的基本问题。公共政策具有较强的政治社会功能，包括目标导向功能、法律规制功能、利益协调功能、政治象征功能和社会发展功能。公共政策不仅能够引导社会发展方向、对社会行为进行严格的规制，还能够协调社会利益冲突、传播政治象征性符号和促进社会的进步。

其次，着重分析了公共政策主体的含义及构成。公共政策主体是在政策活动中具有主要性、自主性、主动性、主导性特征的各类行动者。根据主体性质的不同，将公共政策主体划分为官方决策者和非官方参与者，对各类政策主体在公共政策制定、执行、评估、监控等过程中的作用进行了分析。官方决策者一般包括立法机关、行政机关、司法机关，我国核心的决策者是中国共产党。非官方参与者包括利益集团、政治党派、大众传媒、思想库和公民个人等。

再次，分析了公共政策客体的含义及构成，对社会问题与目标群体进行了辨析。社会问题是公共政策的直接客体，目标群体是公共政策的间接客体。

最后，分析了公共政策信息子系统、咨询子系统、决策子系统、执行子系统、监控子系统及其作用。

思考题

1. 什么是公共政策？
2. 简述政策的本质与功能。
3. 解释政策系统、政策主体和政策客体概念。
4. 试比较各种政策分类方法的优劣。
5. 现代公共政策系统由哪些子系统构成？它们的关系如何？

案例讨论

惩治网络暴力，维护清朗网络空间

2022 年 3 月 5 日，时任国务院总理李克强在第十三届全国人民代表大会第五次会议开幕会上作政府工作报告时指出，"营造良好网络生态""加强和创新互联网内容建设，深化网络生态治理"。

1. 危害性大、参与者众、侵害面广

"随着网络普及、经济形态转型和技术发展，网络暴力呈现出新特点。"第十三届全国政协委员、天达共和律师事务所主任李大进说。网络暴力不仅影响公

众对事实的判断、左右事态发展，甚至会酿成无法挽回的悲剧。

李大进认为，网络暴力在极短时间内即可造成严重后果且不可控，轻则侵犯公民隐私权、名誉权，重则伤及人命，甚至出现以极端言论破坏民族团结、挑起群体对立，损害政府公信力、危害国家安全等严重后果。

"网络暴力是多方共谋或合力的结果。"李大进认为，滋事者挑起事端，媒体不实报道推波助澜，营销号、水军充斥网络"带节奏"，不明真相的网民跟风施暴导致悲剧结果，多因一果的特点增加了识别责任主体的难度。

"尤其对青少年等心智不成熟的群体，网络暴力会影响他们的道德价值观，不利于和谐社会的构建。"第十三届全国政协委员、河南科技大学副校长魏世忠认为。

2. 平台失职、维权意识弱、立法不完善

"根据调研发现，部分媒体和网络平台的社会责任感不强，为网络暴力推波助澜。"第十三届全国政协委员、中国青少年研究中心主任王学坤介绍。

王学坤认为，一些媒体和平台为了流量利益而追求"眼球效应"，只考虑事件的报道给自身带来的经济效益而忽视了媒体的社会责任，恣意发表不实报道或者片面报道；网络平台的审查不严格，任由未经核实的自媒体言论发表。

"遭受网络暴力的网民维权意识不强、维权成本高，也是网络暴力案件发生的一大原因。"代表委员们分析认为。

"自力救济困难。"李大进认为，诽谤罪和侮辱罪均适用"告诉才处理"原则，尽管"严重危害社会秩序和国家利益的"可寻求公诉救济，但法律设定了较高的公诉门槛，且受当事人举证难、警力有限及对法律理解存在局限性等制约，自诉转公诉现实难度大。

李大进告诉记者，受害人自诉维权面临高昂的取证成本，且网络暴力言论传播快、牵涉人员多，网络黑产背后利益链条繁杂、隐蔽性强，多数人因此无奈放弃维权。

3. 对于网络暴力，其规制的立法不完善，被害人的合法权益也难以保障

李大进分析，网络暴力的表现行为包括侮辱谩骂、造谣传谣等。现行刑法针对这些行为的规制散落在"侮辱罪""诽谤罪""寻衅滋事罪"等多个罪名中，罪名的分散导致现有单一罪难以全面保护多样客体；现有单一罪名规制的犯罪主体有限；针对不同犯罪侵害行为的救济路径不同，导致公民个体和执法机关各自通过自诉、公诉两种途径，以不同罪名分别处理，造成社会资源浪费、司法效

率低下。

"目前的规定比较零散、不成系统，加之不同法律的法条之间缺乏协调衔接，难以应对复杂的网络暴力问题。"王学坤认为。

资料来源：

人民网 http：//news. people. com. cn/。

讨论：

1. 在此案例中包含哪些政策系统？各政策系统发挥了哪些功能？

2. 在网络治理中究竟有哪些政策主体参与？分别发挥了哪些作用？

第3章 公共政策价值

任何一门学科的发展都离不开一定的价值研究和价值关注，任何一项公共政策也不会放弃对人类基本价值的追求。公共政策价值观争论一直伴随着公共政策学科的发展和科学研究，对价值观的探究亦成为了公共政策理论研究与实证分析的重要内容。

3.1 公共政策价值概述

公共政策的价值取向影响着政策问题的构建、公共政策的制定和执行、公共政策的评估。价值取向关系着公共政策是否能有效地解决社会公共问题、协调社会多元利益、实现和维护社会公共利益的目标。

3.1.1 公共政策价值概念

"价值"一词的最初含义是"掩盖、保护、加固"的意思，之后派生出"尊敬、敬仰、喜爱"的意思，这才形成了价值一词："起掩护和保护作用的，可珍贵的、可尊重的、可重视的"基本含义[①]。马克思指出："价值这个普遍的概念是从人们对待满足他们需要的外界物的关系中产生的。"[②]马克思关于价值概念基本含义的论述，对公共政策的价值的研究具有十分重要的指导意义。

价值的前提是人的需要。没有人的需要，价值就不可能得到体现，就没有价值问题。价值是关系范畴，不是实体范畴。价值是客体对于主体的意义，包括客

---

①② 马克思，恩格斯.马克思恩格斯全集［M］.中央马克思恩格斯列宁斯大林著作编译局，译.北京：人民出版社，1975.

体对于主体的需要的满足和主体关于客体的绝对超越指向两个方面。作为对于人的需要的满足的价值，是最直观的价值表现，表现着外在物与人关系的必然状况，包含着人的希望与理想的成分。所谓绝对超越指向，是指价值在主体处理主客体关系时对于主体始终具有不可替代的指导和目标意义。作为绝对超越的指向，价值对于人类的行为和思想具有根本的指导意义，甚至是人的精神企求与信仰。价值是人类维持生存与走向完善的双重需要。价值在满足人的需要的同时作为一种绝对超越指向，包含着人类的要求与愿望。它属于人的理想范畴，是人的思想与行为目标，在指导人类的同时，又评价着人类关注的外在物与自己之间的关系，以及人类的相关思想与行为。

在国际上，随着社会发展的理性需要，特别是价值问题研究的深入，价值研究开始了向其他人文学科的渗透。"培里和泰勒就列出了如下八大价值领域：道德、艺术、科学、宗教、经济、政治、法律和习俗或礼仪。"[①] 历史价值论、法律价值论、艺术价值论、科技价值论……竞相涌现。在这样的国际文化环境之下，为了适应我国政治体制、行政体制建设的需要，公共政策价值论学说也与其他人文科学的价值论学说一道被提上了学术探讨的日程。

价值是指人们所"希望的事件"。公共政策的目的在于使人们尽可能广泛地分享价值，最终目的是建立一个世界共同体：民主地分配价值，最大限度地利用自然资源和维护人类尊严。公共政策价值（value of public policy）是人民对政策的愿望和要求的反映，它伴随着政策产生、发展和消亡，以及政策的制定、实施和监督。任何政策的规划都是出于一定的价值需要，并在一定目的的支配下进行的。公共政策价值取向也只能以人民利益为基准，以公平正义为基点。至于效率等目标，或可谓市场领域之价值，就公共领域而言，至多为一个过程性目标，而非基础价值。[②]

3.1.2 公共政策价值类型

从行政管理学和公共决策学的角度看，任何公共政策都要作出某种选择，选择是否恰当，取决于对政策对象即客体的认识和价值判断是否正确。如何确保政策主体对政策客体作出准确无误的价值判断，是政策过程中的一个核心问题，也

---

① R.B.培里，等.价值和评价：现代英美价值论集粹［M］.刘继，编选.北京：中国人民大学出版社，1989.

② 俞可平.从权利政治学到公益政治学［J］.公共论丛，1997（1）.

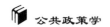

是一个价值取向问题。

公共政策价值取向（policy value orientation）是指政策主体确立的政策价值活动的方向。政策价值取向决定于主体的政策价值追求，而主体的政策价值追求决定于主体的利益与需要。价值取向在政策过程中对目标的确立、方案的选择、价值的判断方面起着重要的作用。我们认为从公共政策价值取向来看，公共政策价值可分为三类。

3.1.2.1 公共政策的管理价值

管理是公共政策的基本价值。公共政策是社会利益关系的权威性调控，是政党和国家对公共事务和公共行为作出的规定。它能及时调整公共利益关系，引导人们的行动，具有政治行为规范和公共管理的性质。人类行为受许多不确定性因素的制约。例如，情感、性格、愿望、喜好、灵感等心理因素都可能影响人的行为。因此，政策科学必须把理性思维与非理性思维、超理性思维结合起来，运用人类所特有的洞察力、创造力、想象力等，去制定和实施适时灵活的政策。所以政策现象本身是十分复杂的，它是对人类公共行为和公共事务的管理。公共政策价值的本质就是公共管理，公共政策是人们处理公共事务、实现价值目标的灵活多样的手段措施。政府对社会的管理总是以政策控制为依据。政府是在政策制定、政策执行、政策评价和政策调整的循环往复中一次次地完成行政管理工作的。"实现公共管理"和"公共行为规范、行动准则和活动策略"，是对公共政策价值最重要的本质说明。管理社会公共生活是国家和执政党的首要职能，而政策则是国家和执政党管理社会公共生活时首选的最常用的管理工具和手段。因为政策管理不仅给人们指明远大的奋斗目标，尤其能及时解决社会生活中随时发生的新问题，政策的具体规定虽然对人们是一种约束，但是对人们有益，因此人们愿意接受它。

政策对管理的意义主要表现在：政策为管理提供计划模式、调节机制和强制保证。政策的管理价值，首先表现在计划模式上面。政策科学创始人拉斯韦尔说过："政策是一种含有目标、价值和策略的大型计划。"政策就是要设计、规划人们行动的计划、目标、程序、步骤、技术和方法，对财物进行预算等，从而成为人们的行为准则和行为规范。政策包含着统治者对秩序的希望，在政策规章制度间形成一个社会秩序管理的预想模式，并以此计划模式作为现实生活追求的目标。

政策的管理价值还表现为调节机制。政策是社会关系的调节器，社会生活十分复杂，人们之间总是有矛盾。人们行动的不一致，来自人们大目标的不一致和各人具体目标责任的不明确。政策的重要价值在于它给人们规定了明确的奋斗目标和责任，统一人们的认识。因而能够消除人们的分歧意见，使人们行动一致。政策在调整着社会关系的同时，也调整着社会秩序，人们的目标不一致的根源，在于人们有不相同的利益要求，各个人总是为了自己的利益而行动。因此，矛盾冲突在所难免。政策之所以能起调节作用，是因为它能对社会资源作权威性分配。政策价值不仅能打破人们利益关系的旧格局，而且能够给人们的行动以新的导向，形成新的利益格局，从而调节着人们的利益关系，使社会生活中的矛盾得到解决。

政策的管理价值，还表现在它是人们行为的强制保证。强制保证就是管理者对被管理者的监督约束。政策的这种强行控制作用，是政策的规范机制造成的。政策是人们的行动准则和行为规范，它给人们的行动规定了一定的原则，划出了活动范围和界限，它鼓励着人们向某个方向行动，同时也限制向别的方向行动。不仅如此，政策也对那些不执行政策或违背政策的行为给予强制保证。因为将人们行为予以强制性规范是社会有序化生活的必需，只有这样，才能使社会机体实现有序的良性循环运动。如果政策的这一管理价值目标起不到应有的作用，政策不能对社会进行有效的管理，那么社会生活就会失控，陷入恶性的混乱之中。政策的国家强制性，成为社会秩序的有力保证，确保社会生活秩序免遭任何非法的破坏和干扰。

3.1.2.2 公共政策的文明价值

文明是人们改造自然、社会和主观世界的成果。物质文明是指人类改造自然的物质成果，表现为物质生产的进步、物质财富的增长和物质生活的改善。精神文明是指人类在改造自然和社会中，改造自己的主观世界，从而使社会精神生产和精神生活得到发展的成果。

第一，政策促使物质生产进步。物质生产的进步主要是指生产力的提高。物质生产者是社会物质生产的主体，人类只有依靠自己才能生存。社会物质生产的状况首先取决于生产者的生产态度、能力的开发和利用以及社会地位。在一个管理有序的社会中，政策确认并维持着物质生产者的社会地位，物质生产者法定的社会地位又决定着他们的生产态度和制约着物质生产发展速度。生产者的主体性越是得到充分发挥、生产态度越是主动积极、能力越是得到较好的开发和利用，物质生产就越是进步发达。

第二，促进和保护物质财富的增长。社会物质财富的增长是物质生产进步的结果，没有物质生产的进步就不可能有物质财富的增加。政策促进物质财富的增长也就是政策的效益追求，政策过程归根到底是以效益原理为支配的，政策安排以效益为轴心，政策是现代社会的调控器。现代经济发展离不开政策的效益分析和效益追求，只有追求高效益才能促进物质财富的增长。人类的劳动应当是有效益的。如果人类的劳动效益很低，甚至没有效益，不能增加社会物质财富，人类生存的质量，甚至能否生存下去，都将成为问题。政策为人们提供适当的行为模式，争取最优化的实际效果。当然，人们的行为模式并非仅限于政策，但它比其他任何行为规范都具有更大的权威性、明确性、肯定性和时效性。政策通过对各种行为模式的规定，指引着人们的行为，只有这样，人们的行为才不至于因违反政策而被追究社会责任。良好的政策总是在保障社会稳定与促进社会发展的前提下，力图最大量地增加社会财富，并使社会财富被合理使用或者被最经济地使用，以使社会财富不被随意破坏。否则，增加多少财富，人类便浪费多少财富，造成财富的最终量仍未增加，社会物质文明的进步徘徊不前。

第三，间接支配人们的思想道德和行为。人类与动物相区别的一个重要特征，是人类有思想、有文化生活。人类的一切活动，包括政策活动、经济活动和社会活动，都是自觉的、有意识的。恩格斯指出：历史不过是追求着自己目的的人的活动而已。政策的实施对人们的思想、心理有着极大的促进作用。人，就应该有着人的属性、人的善良、人的道义以及自我奉献的精神。凡是充分实现自身价值的政策，一般地说，也都是为当时的社会道德所肯定的，人们可以通过政策激励什么、否定什么，来判断在行为上什么是好的、什么是坏的，从而通过控制自己的行为而提高自己的思想道德水平。政策的引导作用对人们思想道德的促进是个潜移默化的过程，是极为有价值的。

第四，精神文明价值是由精神文化生活的特点决定的。首先，影响性。人们在一定文化环境中生活，长期受文化环境潜移默化地熏陶影响，不知不觉就变成了具有某种文化思想的人。其次，精神性。精神文化生活的本性是自由的，思维是人脑的活动，外人无法依靠强制力控制它，而它只能依靠自己本身的思维活动认同外界影响。精神生活是一种自由地对真、善、美境界的精神追求，因而成为引导人类走向高尚境界的有力武器。最后，创造性。精神文化是人类文明发展的产物，一旦产生立即成为人类文明发展的基础。社会生活中最具有创造力的就是精神文化的创造。正是在这个领域的探索、发现和创造，在政治生活领域里才产生出国家机器、政治制度和政治活动，在经济生活领域才生产出人为之物，这一切又反过来指导着人类的精神生活。人类给自己创造了一个生活的世界。

总之，政策的精神价值，一是指政策调节和发展人的精神生产和精神生活；二是指政策作为人们心理上的依据、支柱和目标，使人获得愉悦、自在、安全等心理感受，并作为永远的精神指引。

3.1.2.3 公共政策的理性价值

理性是现代公共政策的基本价值目标取向之一。人类是理性的动物，人类的一切活动无不打上理性的烙印。理性选择是现代公共政策的基本的政策规范之一，理性分析是现代公共政策分析的主要方法之一，因此理性是公共政策的基本价值目标之一。在哲学意义上，理性通常是指一种趋利避害的思维模式或行为模式。这种思维模式和行为模式主要表现为扩大目标成就的行为选择。受理性支配的"理性"，其通常的特征是：第一，当它面对多种选择时，它会作出一个决定；第二，它会根据自己的价值偏好在各种可能的选择中列序和优序；第三，它的价值偏好会随着时空转移；第四，面对同样的选择它会做同样的决定。政策的理性价值主要是指特定的政策主体为着一定的目的，利用一切可能收集资讯，经过客观和准确的计算、度量，以寻得最佳的政策手段和最大价值的政策效果。

3.1.3 公共政策价值的意义

3.1.3.1 有助于合理确定公共政策目标

人们如何确定或取舍公共政策目标往往与人们的价值认识有着直接的联系，尤其是政策决策者关于政策客体对主体的需要和利益关系的认识，直接影响着政策目标的选择。代表不同利益价值观的政策决策者在确立公共政策目标时，对同一问题的决策会形成不同的政策目标。在阶级社会中，占统治地位的阶级掌握着公共政策的绝对支配权，决策者往往是从统治阶级的立场或统治阶级某一集团的利益出发确立相应的政策目标，这样的目标也许并未被广大公众认可和接受。在社会主义社会，社会长远根本利益一致，可由于在具体利益方面存在差异和价值观认识的偏差，对同一问题的政策目标的认识也会存在一定差异，于是，站在什么立场和出发点来制定和执行公共政策，往往决定着公共政策的目标是为个人利益服务、为少数人利益服务还是为社会大众利益服务。即使在政策目标已定的情况下，对决策方案的比较、评估和择优仍然受到一定利益观、价值观取向的影响。公共政策决策者的需要、好恶、情感等因素将直接影响决策方案的选择。在社会决策实践中，许多决策方案在当时，无论是从众人的意愿还是从实践需要看都不应该选择，结果却为决策者所选择。

通过公共政策伦理分析，我们试图让公共政策决策者深化正当的建立价值目标、进行价值选择和确立价值判断的原则，正确认识和衡量公共政策问题，并认识要解决的公共政策问题所面临的各种利害关系，从而形成解决问题的公共政策和公共政策方案。我们希望由此建立的公共政策目标能够真正代表社会的公共利益，着眼于当代，并考虑未来，既符合社会的道德规范与行为准则，又与最广大群众的价值观、信仰保持协调一致，那么在此约束下形成的公共政策目标必将具有正当的价值取向。

3.1.3.2　有助于规范公共政策价值导向

在现实中，政府制定实施的公共政策决策失误的原因是：决策者理性认识的局限、公共问题的复杂性、决策手段选择非理性、认识与能力的局限等。但更多决策失误在于公共政策制定者、执行者违背了公共利益的决策价值。我们经常看到，一些公共政策往往是决策者出于部门利益、地方利益或个人利益考虑，而置公共利益于不顾，从而造成公共政策失败。事实上，迷失政治方向的公共政策行为比缺乏科学性的公共政策行为造成的后果更严重。

对于现代政府而言，公共政策的价值取向大多以功利主义伦理学为基本依据，这无疑是评价政府绩效的一个简捷而又有效的标准。不过，社会生活纷繁复杂，一味注重实利的公共政策有时会与人类社会其他的伦理价值标准发生严重冲突，这将不可避免地在社会及民众中起到某种恶劣的道德示范作用，不但妨碍市场经济的道德秩序，最终还将损害自身和广大群众的根本利益。

通过公共政策的伦理分析，我们试图以一种在社会中普遍倡导的公共政策价值观来引导公共政策主体建立同样的价值取向和价值判断标准，并以这样的公共政策价值观去指导他们在公共政策过程中的思想和行为。与此同时，以正确的公共政策价值观影响公众，让他们清楚地了解各种利益冲突，具有合理的认识格局，从而与公共政策主体在一致的主流公共政策价值观下推动公共政策的有效实施。

3.1.3.3　有助于协调公共政策利益关系

公共政策是一个社会公共资源的分配过程，也是一个社会公共利益的调节过程。公共政策的实质就是个人与群体利益关系的调整与平衡。公共选择理论的经济人假说将个人看作有理性的利己主义者，认为个人天生追求利益效用的最大化，一直到这种追求受到抑制为止。那么，解决因不同主体对利益的追求所形成的利益矛盾，应制定出不同的政策，引导有关组织和个人采取不同的行动以综合平衡各种利益关系。在这种政策下，政策主题正是通过利益与代价的分布不均衡来保护、满足一部分人的利益需求，同时抑制、削弱甚至打击另一部分人的利益需求，通过政策作用去调整利益关系，在原有的利益格局基础上形成新的利益结构。这是一个社会提出利益分配要求与决策者对社会利益格局进行分析认定的互动整合过程。在我国，由于在相当长的时间段里政治、经济和意识形态的高度一体化，长期以来没有形成较为明显的多元利益结构，也没有分化出相应的利益集团及其他社会性的政治熟人结构，因此，公共部门通过对于社会利益状况的认定和政策利益代价的分配来对利益关系做出调整显得更为重要，而这种调整必然是以抑制某一部分群体的利益而满足另一部分群体的利益为手段的。

3.2　公共政策价值选择

价值取向是政策最本质的规定性。公共政策的价值取向取决于公共行政的价值追求。正义、效率、平等、民主、秩序、发展、利益是公共政策价值内涵的主要方面。但是，公共政策价值有时也表现出效率与公平、民主与科学和多数人利益与少数人利益的冲突。随着时代的变迁与社会的进步，公共政策更加重视多元化的价值取向。公共政策的价值取向包含着丰富的内容：公平与效率是公共政策的基本价值取向；以人民为中心是公共政策的核心价值取向；"和谐社会"是我国公共政策价值的现实取向。

研究公共政策价值的最终目的，是要在制定和实施公共政策的实践中，坚持正确的价值取向，因为价值取向是公共政策最本质的规定性。公共政策的价值取向直接影响政策的内容和结果，有什么样的价值取向就有什么样的公共政策。

3.2.1　公共政策的多元价值

自政策科学诞生以来，关于公共政策价值观的讨论就一直没有停止过。到了20 世纪 80 年代，西方公共政策研究进入了一个以价值研究为中心的反思时期。

威廉·N. 邓恩（W. N. Dunn）称公共政策学为实践伦理学（Practicing Ethics）。美国政策科学中对政策价值观的研究主要采取三种途径：一是从政治哲学的角度探讨政策伦理，如罗尔斯（J. Rawls）的《正义论》主张用分配的正义取代传统的功利主义伦理思想。二是从特定的政策案例中分析政策伦理或价值，如布坎南（Buchanan）的《伦理与公共政策》等。三是探讨政策分析的职业伦理规范问题，如高斯伯格（Gawthrop）的《公共部门的管理、系统与伦理学》等。美国学者卡恩（S. M. Cahn）、卡萨西可夫（T. Kasachkoff）的《道德与公共政策》分析了公共生活领域当中的相关价值问题。学者对公共政策价值观的研究主要集中在正义、效率、平等、民主、秩序、发展等方面。

3.2.1.1 正义

正义是指公共政策必须以维护社会正义为价值取向，这是与公共政策的正义价值和法的正义属性相联系的。公共政策的正义在于价值或利益分配的正义公平（前提和结果的双重正义），而且，这种正义的享受者是所有中国境内的自然人和法人，亦即包括本国及外国法人和自然人。同时，正义功能还在于引导一种社会正义公平，促使形成一种社会正义的内生机制。"公平"是从属于价值理性范畴的概念。公共性是公共政策最本质的属性，因此，在现代公共行政中，要求公共政策行为体现公平的结果，尽可能地满足社会主体的公平要求，恰当地运用公平原则，统筹短期利益和长期利益、微观和宏观等因素，兼顾个人、集体、国家等不同主体的利益主张，平衡与之相关的利益冲突。作为现代公共行政的一部分，现代公共政策也是如此，公平应体现在公共政策过程的各个环节中，表现于公共政策的全过程。公平、公正是社会主义和谐社会的核心价值取向。

3.2.1.2 效率

一般来讲，效率（efficiency）为单位时间内完成的工作量，是指最有效地使用社会资源以满足人类的愿望和需要。效率的途径就是降低要求的时间、金钱和活动量。它谋求的是资源效益的最大化、产品供给和服务提供的成本最小化。放大的效率概念是人的活动实现其目的的程度，也是人的活动与其所实现目的的比值，即活动手段与活动目的的比值、活动过程与活动结果的比值、活动投入与活动产出的比值、活动成本与活动效益的比值。一般来说，可以表述为：

效率＝产出/投入

政策效率是政策产出与政策投入的比率。确定政策效率标准的是衡量某项政策要达到某种水平的产出所需要的政策资源投入量或一定量的政策投入所能达到的最大价值。它所要探讨的具体问题包括：①一项政策的资源投入量是多少。资源包括人、财、物等，投入的时间及投入要素的质量。②一项政策的效益。一项政策投入一定的资源后有无产出？产出多少？③对投入产出进行比较，考察效率高低，探讨有无其他最有效同时代价又最小的方法和途径。效率所关注的核心是以最小的工作量和成本最大限度地解决某个政策问题，从而凭借有限的政策资源尽量扩大政策效益。关于政策效率，我们认为它涵盖在公共政策整个运行过程之中，包括政策规划效率、政策决策效率、政策执行效率、政策评估效率、政策终结效率等，其中某阶段的效率可能影响整个公共政策效率。关于政策效率的计算和比较，有时可以通过简单比较得出，而有时却需要复杂的计算。比如，对政策执行效率的分析就是如此。首先，要计算政策执行所花费的成本，政策执行成本具体包括直接的人、财、物、时间、信息等的投入成本，也包括间接成本、社会成本、机会成本等。其次，要计算政策执行所获得的收益，包括直接的、间接的、具体的、象征性的等。最后，通过对政策执行成本和政策执行收益的量化加以比较，从而分析政策执行的效率。一项政策要考虑其效率，因此，效率便成为公共政策始终关注和追求的基本价值。

3.2.1.3 平等

所谓平等、平衡，是指用同一个尺度对待或衡量不同的个人，它要求处理各种关系必须遵循对等原则和平衡原则。《辞海》（第七版）对"平等"的界定是："人与人之间在经济、政治、文化等方面处于同等地位，享有同等的权利。"可以说，平等是公平的根本性质和核心前提，没有平等就不存在公平，公平内在地包含着平等。平等内在地包含于公平中，但并不等于公平，我们可以说越公平越有效率，但不能说越平等越有效率。平等可以说是一个二维概念，它是指在实践交往关系中，自身与他人相互比较的一种结果。平等既包含着社会交往中不同主体基本权利的平等，又包括在利益分配使用统一尺度上的适度差异，如果平等忽视差异就成了平均。所以，平等并非平均主义，它是包含着一定程度差异的平等。

3.2.1.4 民主

民主（democracy）是一个内涵相当丰富、外延相当广泛的词汇。民主的价值反映在公共政策上主要体现为"公共性"（publicity）。公共性之于公共政策，是公众在公共领域的政策表达，是有意识的、合理的政策设计与安排。作为公共权力机构的政府来说，它是公民权利的代理者，它按照公民的意愿和利益，面向公共或社会共同需要，提供公共物品，塑造公共秩序，规范公共交易，满足多数和保护少数，由此制定和实施公共政策。作为公共政策的"公共性"，亦谓"公众性"。所谓公众，它既有多数人与少数人之分，也有强势群体与弱势群体之别。公共政策既是多数人的改革政策，也是少数人的公共政策，一方面它应该最大限度地满足多数，另一方面也应当尽可能地保护少数。在对于强势群体特别是由少数人组成的强势群体加以限制的同时，也应该对于具有正当利益要求的弱势群体加以保护。在公共政策过程层面上，"公共性"意味着在涉及公共物品提供的集体行动中，存在有效的决策参与通道和决策选择机制。民主的价值观反映在公共政策上也体现为合法性。公共政策是政治系统或公共权力机构协调和平衡公众利益的途径与手段。任何公共政策要让公众接受，并在实际中发挥作用，就必须从形式到内容都是合法的。所谓内容的合法，是指公共政策所规定的行为准则、所实行的计划措施，能使公众利益得到协调和平衡，符合多数人的、长远的利益要求，能被公众认可和接受。所谓形式的合法，是指公共政策的制定、执行、评估必须是法定主体按照法定程序进行的活动。公共政策内容与形式的合法性也就意味着公共政策本身的科学性和过程的民主性。

公共政策民主性要求公共政策在公共领域具有开放性与透明性。公众具有对公共政策及重大公共事务的话语权、知情权、参与权和监督权。公共政策的透明和公开，有助于政府的意志自由得以落实，能够通过民主的程序表达和整合自身利益，通过特定规则（如投票）决定政策的选择，以及决定公共物品或公共服务的提供。

3.2.1.5　秩序

秩序（order）本源的意义是指事件的发生多少具有规律的顺序和模式。"秩，常也""序，第次其先后大小"，因而，秩序含有"常度""次序""人事所在位置"及"整齐守则"之意。

公共政策是建构秩序的制度外在形式，是"外在地设计出来并靠政治行动由上面强加于社会的规则"。而"公共政策是实现公共意志，满足社会需要的公共理性和公意选择，是规范、引导社会公众和社群的行动指南或行为准则，是由特定的机构制定并由社会实施的有计划的活动过程"。由政府或国家建构的这种外在制度，可以保证制度的公正性、确定性、权威性和有效性，从而有利于形成一种良性的社会秩序。公共政策保障人身和财产安全不受侵犯以及公共安宁，良好的政策可以减少社会冲突，保持社会的安宁，维护国内与国际的和平与稳定。比如，枪械管制政策和法律等就是为了保障人身安全不受到威胁；城市最低生活保障政策的实施就是为了给社会弱势群体寻求生活上的安全；网络"扫黄"是为了确保青少年的身心健康；民族政策就是为了保证民族平等、独立与和睦相处；"私人财产神圣不可侵犯"的承诺就是为了保障公民财产的安全；等等。同时，政策还规范市场的准入和交易，它可以排除竞争的非个人化，使交易合法、安全、有序。当然，需要说明的是，"政府也不能承诺保障所有公民的绝对物质安全""因为这会使整个经济系统变得僵化，使败德行为和游手好闲泛滥成灾"。总体来说，政府的政策目标就是要提供安全和秩序，实现充分就业，制止内乱外患，保持经济、政治、社会的稳定度。

3.2.1.6 发展

发展（development），其概念有广义和狭义之分。广义上也是一般意义上的发展，等同于"进步"，泛指人类社会的递进、成长；狭义上也是特定意义上的发展，专指一个社会的现代化问题和现代化的发展过程，作为自然界和社会变化的一种历史过程，始终无限地延续着。它是一个自然和社会双重系统的行为变动轨迹。它将导致复杂系统朝着更加均衡、更加和谐、更加互补的方向进化。

公共政策的发展观要求必定是科学的高质量发展观。在现代化的一定阶段上，有人把发展单纯地理解为经济发展，而把经济发展又简单地等同于国民生产总值的增长。事实上，一国财富的增长并不一定表明该国人民生活质量的提高和社会协调发展。发展不是单一角度的概念，而是一个生态的、经济的、政治的综合性概念，这就是可持续发展观。所谓可持续发展（sustainable development）是指既满足当代人的需求，又不损害后代人满足需要的能力的发展。可持续发展的公共政策制定既要考虑当前发展的需要，又要考虑未来发展的需要，不能以牺牲后代人的利益为代价，去换取当代人的一时利益。可持续发展政策主要包括自然资源与生态环境、政治、经济、文化、社会等方面内容，是一个"五位一体"的复合系统的内部协调，其中，生态持续是基础，经济持续是条件，社会持续是目的。它强调经济、社会和生态环境的协调统一发展。可持续发展政策的核心思想是健康的经济发展应该建立在生态可持续发展能力、社会公正和人民积极参与自身发展决策的基础上的。因此，经济政策的制定必须要考虑人口政策、能源政策、环境政策等各方面具体政策的配套协作，也要考虑城乡差别、区域差别等各方面的统筹协调。

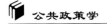

3.2.1.7 利益

马克思认为："人们奋斗所争取的一切，都同他们的利益有关。"[1] 所谓利益，是指人类为了生存和发展，获得自由与幸福所需要的资源与条件。这里的资源既指物质资源，也指精神资源。对于公共政策的利益取向问题，有三种观点：

第一，私人利益取向。指个人独享的那部分资源和条件。个人对这部分利益享有所有权、收益权和处置权。

私人利益通常有三个层次：

一是正常利益：不因人的身份、种族、性别等属性而改变，也是所有人都应该独享的资源和条件。

二是角色利益：因为人们扮演的社会角色不同，也可以独享的那些"超常"的资源和条件。这是利益差异的主要根源。

三是失常利益：一般指通过非法手段获得的那些利益。

正常利益和角色利益都需要由公共政策来保护，失常利益则需要公共政策来禁止和打击。但不能因为反对失常利益而把所有的私人利益都一起反对了。

第二，团体利益取向。部分或全体社会公众共享那部分资源和条件。这种观点认为公共政策是各个利益集团相互斗争、妥协的产物。

社会公众共同地受这些资源和条件的影响，可能是共同受益，也可能是共同受损。

第三，公共利益取向。这种观点认为公共政策应该代表公共利益。因为公共政策问题都来源于公共领域，制定公共政策的目的是解决公共问题、管理公共事务、维护公共秩序。而且，公共政策的资源来自公共资源，以公共权力为保证。公共利益就是那些具有社会共享性的资源和条件。

3.2.2 公共政策价值的冲突

政策价值冲突（policy value conflict）是政府决策者价值选择中无法避免的现实性问题。

3.2.2.1 效率与公平

公平与效率是公共政策价值中的最基本价值。公平作为现代公共行政的基本

---

[1] 马克思，恩格斯. 马克思恩格斯全集［M］. 中共中央马克思恩格斯列宁斯大林著作编译局，译. 北京：人民出版社，1975.

价值目标，要求公共政策行为体现公平的结果，尽可能满足社会主体（公众）的公平要求。恰当地运用公平的原则，统筹短期和长期利益、微观与宏观等因素，兼顾个人、集体、国家等不同主体的利益主张，平衡与之相关的利益冲突。只有这样，才能使公共政策带来良好的行政效应。效率原则是现代公共行政的一项原则，它要求行政主体在公共政策行为的过程中，应当以经济、有效的方式，以尽可能少的"投入"，获取尽可能大的"功效"。

大多数人通常认为公平与效率之间具有不相容性，他们认为公平与效率之间具有潜在的冲突，又强调最有效率的分配原则必定是极端的不公平，而完全公平的分配却可能会导致效率较低乃至完全无效率。也就是说，在公共政策公平与效率这对价值关系中，如果其中的一项价值得到了完全的实现，难免在一定程度上牺牲或是否定另一项价值。效率优先是市场经济的根本要求，也是价值的集中体现。而社会公正原则是伦理价值的基本要求。在市场取向的社会现实中，公正与效率在很大程度上是难以兼得的。如果我们充分体现公正原则，就要在很大程度上牺牲效率；反之，如果充分考虑效率，那就不可避免地牺牲一定程度的公正。因为高效率的充分实现所要求的是社会结构，特别是经济结构的最优化。它鼓励和保护的是社会经济生活中的强者。是服从效率还是恪守公正？这也是我们面临的一个价值难题。所以，公共政策主体不能是价值中立的，它们应当担负起实现社会公平的责任，应当把出色的政府管理和社会公平作为制定新的公共政策的基本原理，同时应改革那些在制度上、功能上、效果上妨碍社会公平的公共政策与影响实现社会公平目标的公共政策管理体制。

3.2.2.2　民主与科学

民主是一个政治体系在政治上的首选价值标准。对于以普遍性和事后性为特点的我国公共政策来说，如果没有公民的直接参与，公共政策就往往缺乏对公众需求的了解以及对公民利益的整合，难以达成与广大公民的事前共识，在实施中必将遇到种种阻力。这不仅有可能直接损害公民的合法权益，而且还会造成行政成本高、政府效率低的后果。即使该项行为本身正确，也达不到理想效果。

不过，在我国公共政策制定过程中，公民参与能力得到了充分的发挥，党和国家在作出重大决定和决策之前，都要广泛征求和听取各方面意见，最大限度地吸纳民意、汇集民智、凝聚民力。

3.2.2.3　集体主义和与个人主义

多数人利益与少数人利益的冲突，是集体主义和个人主义冲突的一种表现，也是当代中西伦理价值冲突的核心，因为中国主导性的价值观是社会主义核心价值观，它以集体主义为原则，强调多数人的利益。西方资本主义价值观以个人主义为核心，强调的是少数人的利益。

一个社会不可能没有利益冲突。公共政策的制定过程，无法摆脱利益冲突的影响。公共政策的选择必然是在利益冲突条件下的公共选择。由于各利益集团与政府讨价还价能力的不同，在任何时候，公共政策都反映占支配地位的利益集团的利益。随着各集团力量和影响的消长，公共政策将变得有利于影响增加的那些团体的利益，而不利于影响削弱的那些集团的利益。公共权力机构掌握着社会利益的权威性分配，其公共权力渗透到社会领域的各个方面。公共决策结果往往是利益妥协和力量暂时均衡的结果。在我国，广大人民的利益居于核心地位。

一般情况下，政府在制定一项政策时会考虑到目标群体的人数问题，但具体的人数也只能用大多数来进行概括。在公共利益的处理问题上，政府制定政策的水平和平衡不同利益群体的需求的能力体现为维护大多数人的利益，兼顾少数人的利益。作为政府制定的公共政策不可能一味地满足多数人的利益，而不顾少数人的利益，政策的制定和执行要保证全体社会成员的一致性利益。政府在制定一项公共政策时，往往需要考虑少数人的利益，这里的少数人是指那些需要社会关心的人，如残疾人，他们是社会中的弱势群体，需要政策的支持和保护，扶持弱势群体利益的公共政策一般不会损害他人的利益，政府在制定政策时需要掌握好"度"的问题，如果没有掌握好"度"的问题，也容易产生不公正和不公平的现象。

3.2.3　公共政策价值选择的基本方向

公共政策价值取向的确定取决于公共政策主体对公共政策的相关价值要素的明确，并对多个价值要素进行判断与选择。这涉及五个方面：一是政党和政治团体对公共政策的价值判断和选择。二是各种政府部门、企业、社会团体对公共政策的价值判断和选择。三是公众对公共政策的价值判断和选择。四是政策制定者个人的价值判断和选择。五是社会意识形态的价值观念对公共政策价值取向的影响。

公共政策价值的多元化决定了公共政策价值取向类型的多样化，根据公共政策的主要价值要素来看，可以把公共政策价值取向分为六种类型：一是公共政策的效率价值取向。二是公共政策的公正价值取向。三是公共政策的稳定价值取向。四是公共政策的变革价值取向。五是公共政策的管制价值取向。六是公共政策的民主价值取向。同时，这六种政策价值取向还存在两两对应的关系。

公正与效率是公共政策的两个基本价值取向。公正的含义就是指社会的公平正义，公平正义是一种符合人的本性和社会公共道德体系的基本价值观。所以，公共政策的公正价值取向是指公共政策在其多个价值要素选择代表公平正义的价值理念。公共政策的公正价值取向的本质就是价值分配的平等。效率，根据社会学的定义来看，效率是衡量行为质量的标准，是满足人需求的合理性、有效性的评价。中国古代俗语"人尽其才，物尽其用"说的就是效率。因此，公共政策的效率价值取向意指公共政策在价值选择上注重满足主体需求并使之合理有效、满足程度高。一般认为公正与效率是对立关系。公共政策的稳定价值取向与公共政策的变革价值取向的关系：在公共政策的稳定价值取向中，稳定是指制定的公共政策要维持国家政局、社会经济制度、文化方向稳定不变，维护现有的各种社会秩序；而变革则相反，要求对国家的各种方针政策进行调整、改革、创新。

3.3 中国公共政策价值的历史演进

中华人民共和国的成立，实现了民族的政治独立、自由与平等，社会主义改造改变了人剥削人的经济制度，中国的公共政策价值大致经历了从平均到效率再到公平正义，以人民为中心的价值变迁（policy value evolution）。

3.3.1 中华人民共和国成立初期的公共政策及其价值取向

中华人民共和国成立初期，我国政府面对的是一个经历百年战乱、满目疮痍的国家，一百多年来半殖民地半封建的社会性质导致社会体系构成复杂，整个国家中存在多种利益指向的阶级、阶层，此时必须要加以肃清和整合。另外，经济方面由于长期的战乱、"三座大山"的剥削，社会生产力极其低下，国民经济体系混乱，特别是在国民党反动派统治时期，大量发行纸币，导致通货膨胀严重，国民经济体系几乎崩溃。因此，要求新中国政府公共政策必须立足于经济建设，恢复国民经济体系；迅速提升我国综合国力，为巩固新政权服务。1953 年正式提出的过渡时期总路线指出："从中华人民共和国成立，到社会主义改造基本完成，这是一个过渡时期。党在这个过渡时期的总路线和总任务，是要在一个相当长的时期内，逐步实现国家的社会主义工业化，并逐步实现国家对农业、对手工业和对资本主义工商业的社会主义改造。"这项公共政策以社会主义三大改造和社会主义建设为主题，以变革作为公共政策的价值取向，是一个基本适合当时国情的公共政策，目的就在于变革旧的社会秩序，建立社会主义新秩序，发展社会生产力，巩固国家政权，促进社会经济全面进步。1949~1956 年，其他公共政策也基本与过渡时期总路线的价值取向一致。

中华人民共和国成立以后的 30 年，中国政策体系的主导价值领域定位为政治价值，公共政策的制定和实施也以政治权力为核心价值取向，具有鲜明的政治性色彩。公共政策价值取向较多地表现为对公平、平等的追求，在具体政策过程中表现为高度的平均主义。

3.3.2　改革开放以后价值追求的变化历程

从改革开放到 20 世纪 90 年代末，中国公共政策价值取向侧重于经济价值，改革开放、经济增长理念等成为中国政策体系的主导价值。这一时期，公共政策价值主要是把经济建设领域公平与效率的关系作为核心，在政策制定与实施过程中更加注重对于效率的追求。为了抓住机遇促进发展，我国公共政策采取"效率优先，兼顾公平"的原则。这一政策取向打破了"大锅饭""平均主义"的僵死局面，调动了全国人民的积极性、主动性和创造性，从而推动生产力的发展，促使我国改革开放取得了举世瞩目的成就。社会面貌发生了极为深刻的变化，人民群众的物质、文化生活水平得到了很大的改善和提高。但是，与此同时也使自然生态矛盾突出，人口、资源、环境之间的关系极不协调，这种冲突和矛盾是公共政策在社会全面改革和转型过程中价值偏向的集中体现。

改革开放的前 20 年，我国城乡居民人均收入比改革初期分别增长了 20.7 倍和 16.5 倍，生活水平总体上达到小康，且分配制度上的平均主义"大锅饭"和"脑体倒挂"格局均被打破。与此同时，居民收入差距的不断扩大也日益严重，造成我国居民收入差距增大的原因何在？主要表现为以下几个方面：第一，体制不完善造成的差距。第二，地域差别造成的差距。由于地理环境、历史文化、基础条件、人口素质、生产力水平等差异以及政策因素，致使我国区域经济发展不平衡。第三，再分配手段不完善造成的差距。第四，特殊性职业形成的差距。

3.3.3 新时代公共政策价值的追求

自从有了国家，就有政府的公共政策活动。公共政策反映了政府功能的扩张及公共政策科学化和民主化的要求。同时，公共政策伴随着民主化的进程而得以不断发展，特别是民主宪政体制的确立，为公共政策提供了合法保障。可以说，真正意义上的公共政策应属民主社会所特有。相应地，公共政策理论的发展，必然离不开民主、平等与自由理念。可见，以公平作为中国公共政策未来发展的价值取向，理论上是公共政策科学存在和发展的要求，是民主化浪潮在全球范围推进的要求。

3.3.3.1 坚持公平与效率相统一

首先，公平是公共政策的本质体现。公共政策的本质是政府对社会公共利益所作的权威性分配。其主要表现为三个基本特征：公共性、权威性、合法性。公共政策这三个特征都以社会公平为其存在的基础。公共政策不维护社会公平，社会成员就会抑制它，公共政策也会失去权威之源，社会就不可能实现整体进步和发展。其次，公平是公共政策功能得以充分发挥的基本前提。在市场化的背景下，必须首先对公共政策的功能有一个合理的定位。我们认为，公共政策与市场各有各的功能，公共政策在某些领域可以弥补市场不足而发挥其作用。在"市场机制+公共政策"的现代市场经济中，市场机制主要解决效率问题，公共政策主要解决公平问题，公共政策在其功能发挥的整个过程中，必须立足于公平。再次，公平是民主政治的内在体现。经济增长和政治民主作为现代化的两大支柱，相互作用，缺一不可。只有公共政策充分体现社会公平，才能为民主政治的发展提供必要的社会条件，即最大限度地保障社会稳定。所以，公平也就成为民主政治的实质性内容和基本标准。最后，公平是市场经济发展的根本诉求。市场经济是以市场机制配置资源为基础的经济运行方式，它以提高效率为出发点和最高目标。市场经济最基本的特征就是公平竞争，公平使市场经济充满活力。市场经济的运行客观地要求公平。公平原则是市场经济竞争的基本原则，是人们的市场行为和经济行为的逻辑提升。竞争要有效率，必须要求经济主体在市场竞争中处于平等的地位，并由统一的规则来调节。

3.3.3.2 坚持以人民为中心的政策价值追求

以人民为中心的价值理念推动中国特色社会主义进入新时代。"以人民为中心"是党的十八大以来习近平总书记反复强调的核心价值理念，在党的十九大上升为治党、治国、治军的基本方略，这是党的宗旨观、群众观、人民观、发展思想和执政理念、执政方式的重大发展，形成了完整的以人民为中心的思想及实践体系，是党执政和党员干部行动的重要指南，成为党在新的历史起点上开展一切工作的出发点和落脚点。"人民"一词在党的十九大报告中先后被提到 203 次，党的二十大报告再次凸显了党处处"以人民为中心"。

以人民为中心诠释党的根本政治立场和价值取向。"以人民为中心"的执政理念，贯穿于党的十八大以来以习近平同志为核心的党中央治国理政的全部实践之中。

第一，以人民为中心的政策价值取向，是坚持马克思主义唯物史观的内在要求。唯物史观认为，人民群众是历史的主体，是推动社会发展进步的决定力量。在社会主义制度下，人民是国家和社会的主人，坚持党的领导和坚持以人民为中心具有内在一致性。我们党和国家之所以能够解难题办大事，关键是顺应实践要求和人民愿望，提出一系列新理念、新思想、新战略，出台一系列重大方针政策，推出一系列重大举措，推进一系列重大工作。可见，强调党的根基在人民、力量在人民，坚持以人民为中心推进中国特色社会主义伟大事业，是马克思主义唯物史观的内在要求，是中国特色社会主义的根本特征和动力所在。

第二，以人民为中心的政策价值取向，是坚持党的性质和根本宗旨的本质体现。中国共产党是中国工人阶级的先锋队，同时是中国人民和中华民族的先锋队，这决定了党的性质和根本宗旨。正是党的性质和根本宗旨决定了我们党必须始终坚持以人民为中心，任何时候都必须把人民利益放在第一位，把人民对美好生活的向往作为奋斗目标，把全心全意为人民服务作为党一切行动的根本出发点和最终目标。习近平总书记指出："始终坚持全心全意为人民服务的根本宗旨，是我们党得到人民拥护和爱戴的根本原因。"这深刻阐明了始终坚持以人民为中心，一切为了人民、一切依靠人民，坚持人民利益高于一切，是永葆党的创造力、凝聚力、战斗力的关键所在。

第三，以人为本的政策价值取向，是坚持党的群众路线的生动展现。密切联系群众是我们党最大的政治优势，只有坚持党的群众路线才能始终保持党同人民群众的血肉联系。习近平总书记告诫全党："我们党来自人民、植根人民、服务人民，一旦脱离群众，就会失去生命力。"这表明坚持群众观点和践行群众路线，就必须始终坚持以人民为中心，始终保持党同人民群众的血肉联系，自觉从人民群众的伟大实践中汲取智慧和力量，自觉接受人民群众的评判和监督，真正为群众办实事、解难事、做好事，把党和人民的事业不断推向前进。

3.3.3.3　坚持高质量发展的政策价值观

高质量发展是新时代中国经济和社会发展质量的高水平状态，是以新发展理念为政策价值观的发展。党的二十大报告中强调："高质量发展是全面建设社会主义现代化国家的首要任务。"在转向高质量发展的过程中，我们要在理论上研究高质量发展的内涵与逻辑机理，准确理解高质量发展的核心要义与政策价值取向，这样才能在实践中有效贯彻落实高质量发展。推动高质量发展，既是保持经济持续健康发展的必然要求，也是适应我国社会主要矛盾变化和全面建设社会主义现代化国家的必然要求，更是遵循经济规律发展的必然要求。

第一，高质量发展是适应经济发展新常态的主动选择。我国经济发展进入了新常态。在这一大背景下，我们要立足大局、抓住根本，看清长期趋势、遵循经济规律，主动适应把握引领经济发展新常态。要牢固树立正确的政绩观，不简单以 GDP 论英雄，不被短期经济指标的波动所左右，坚定不移地实施创新驱动发展战略，主动担当、积极作为，推动我国经济在实现高质量发展上不断取得新进展。

第二，高质量发展是贯彻新发展理念的根本体现。发展理念是否对头，从根本上决定着发展成效乃至成败。党的十八大以来，以习近平同志为核心的党中央直面我国经济发展的深层次矛盾和问题，提出创新、协调、绿色、开放、共享的新发展理念。只有贯彻新发展理念才能增强发展动力，推动高质量发展。应该说，高质量发展，就是能够很好地满足人民日益增长的美好生活需要的发展，是体现新发展理念的发展，是创新成为第一动力、协调成为内生特点、绿色成为普遍形态、开放成为必由之路、共享成为根本目的的发展。

第三，高质量发展是适应我国社会主要矛盾变化的必然要求。中国特色社会主义进入新时代，我国社会主要矛盾已经转化为人民日益增长的美好生活需要和不平衡不充分的发展之间的矛盾。不平衡不充分的发展就是发展质量不高的直接表现。要更好地满足人民日益增长的美好生活需要，必须推动高质量发展。我们要重视量的发展，但更要解决质的问题，在质的大幅度提升中实现量的有效增长，给人民群众带来更多的获得感、幸福感、安全感。

第四，高质量发展是建设现代化经济体系的必由之路。建设现代化经济体系是跨越关口的迫切要求和我国发展的战略目标。要实现这一战略目标，必须坚持质量第一、效益优先，推动经济发展质量变革、效率变革、动力变革，提高全要素生产率，不断增强我国经济创新力和竞争力。归根结底，就是要推动高质量发展。推动高质量发展是当前和今后一个时期确定发展思路、制定经济政策、实施宏观调控的根本要求。遵循这一根本要求，我们必须适应新时代、聚焦新目标、落实新部署，推动经济高质量发展，为全面建成小康社会、全面建成社会主义现代化强国奠定坚实的物质基础。

总而言之，以人民为中心贯彻新发展理念。站在新的历史起点上，我们党基于以人民为中心的发展思想和价值取向，遵循尊重人民、依靠人民、为了人民的原则，提出创新、协调、绿色、开放、共享的新发展理念。新发展理念注重协同性和联动性，统筹解决发展的动力问题、发展的平衡问题、人与自然和谐问题、发展的内外联动问题、社会公平正义问题，积极回应人民群众诉求、满足人民群众需求，以尊重人民主体地位和创造精神推动经济社会发展，适应把握引领经济发展新常态，努力开拓更高质量、更有效率、更加公平、更可持续发展的现代化之路，让中国特色社会主义道路越走越宽广。

3.4 本章小结

公共政策价值是人们对政策的愿望和要求的反映，是政策对于人的意义。它伴随着政策产生、发展和消亡，伴随着政策的制定、实施和监督。任何政策的制定都是出于一定的价值需要，并在一定目的的支配下进行的。公共政策价值主要有三种：管理价值、文明价值和理性价值。研究公共政策价值有助于合理确定公共政策目标、规范公共政策价值导向、协调公共政策利益关系。公共政策价值观争论一直伴随着公共政策的学科发展和学科研究，对价值观的探究亦成为了公共政策理论研究与实证分析的重要内容。本书认为，自由、平等、宽容、民主、效率、秩序、发展是社会文明的基本理念，也是公共政策价值的内涵。

我国在不同社会发展阶段有不同的政策价值取向。中华人民共和国成立之初，我国公共政策价值取向是更多地主张公平、平均主义。改革开放后，在市场经济体制下，主张"效率优先，兼顾公平"。现阶段，我国正处于社会转型时期，公共政策的价值取向更注重社会公正、公平，以人民为中心、坚持全过程人民民主、高质量发展的理念成为新时代的公共政策价值取向。

思考题

1. 什么公共政策价值？公共政策价值有何意义？

2. 公共政策价值的内涵包括哪几个方面？其主要内容是什么？

3. 公共政策价值的冲突主要表现在哪几个方面？如何理解多数人利益和少数人利益冲突？

4. 如何实现和谐社会理念下的公共政策价值取向？

案例讨论

中央建议实现基本养老保险全国统筹

2020 年 11 月 3 日《中共中央关于制定国民经济和社会发展第十四个五年规划和二〇三五年远景目标的建议》（以下简称《建议》）公布。建议提出，实现基本养老保险全国统筹，实施渐进式延迟法定退休年龄。发展多层次、多支柱养老保险体系。早在 2010 年通过的《社会保险法》要求基本养老保险基金逐步实行全国统筹，在"十二五""十三五"规划中再次提出实现全国统筹，党的十九大报告也表示要尽快实现全国统筹。如今，中共中央有关"十四五"规划的建议明确提出，"十四五"期间要实现基本养老保险全国统筹。

近年来，各地养老保险的收支情况差异较大，当期收不抵支的省份数量有所增多，加快基本养老保险全国统筹成为社会关注的焦点。2020 年 10 月，在国务院政策例行吹风会上，人社部养老保险司司长聂明隽介绍，2020 年前三季度，企业养老保险基金运行总体平稳，甚至还好于预期。从基金收支看，总收入 2.1 万亿元，总支出 2.8 万亿元。虽然短期收入低于支出，但基金累计结余仍达到 4.5 万亿元。当前，我国养老保险基金结余规模可观，具备较强的支撑能力，但基金分布不均衡。东部结余多、中西部结余少，特别是在东北等老工业地区，缴费人员少、退休人员多、抚养负担重的情况比较突出，基金出现了当期收不抵支的情况。比如，抚养比最高的广东为 9∶1，而养老保险基金支付较为困难的黑龙江省抚养比仅为 1.3∶1。

2021 年先实行基本养老保险基金中央调剂制度。通过提高统筹层次，在更大的范围内调剂基金余缺，均衡地区之间因抚养比差距而导致的负担不均问题。2018年6月，国务院印发《关于建立企业职工基本养老保险基金中央调剂制度的通知》，文件明确，在现行企业职工基本养老保险省级统筹基础上，建立中央调剂基金，对各省份养老保险基金进行适度调剂，确保基本养老金按时足额发放。基本养老保险基金中央调剂制度也被认为是全国统筹的过渡政策，上解比例从3%起步逐年提高至4%。

资料来源：

[1] 中华人民共和国中央人民政府网。

[2]《关于建立企业职工基本养老保险基金中央调剂制度的通知》。

讨论：

1. 在公共政策制定过程中如何确保不同利益群体的诉求反映到公共决策中？

2. 在一个利益多元化的社会，公共政策的底线是什么？

第4章　公共政策问题

公共问题是公共政策制定、执行所要解决的问题。任何一项公共政策的出台，都以需要解决的问题为前提和以其有效解决为目的。因此，公共问题是公共政策产生的起源。能否正确地构建公共问题、认定公共问题，既关系到公共政策制定的有效性，也关系到整个政策过程的成败。

4.1　公共政策问题概述

公共政策问题是一种特殊的社会问题。是否所有的社会问题都属于政府的政策范畴？显然不是。那到底哪些社会问题会上升为公共政策问题呢？

4.1.1　政策问题含义

威廉·N. 邓恩认为政策问题（problem structuring）是指"有待实现的需要、价值或机会，不论其是怎样确定的，都可以通过公共行为实现"[①]。迪里在《政策分析中的问题定义》中认为，"政策问题是未实现的需要、价值或可以通过公共行动来追求的改善机会"。林水波和张世贤认为，"政策问题是一种人们的需要被剥夺或不满足，可由自己认定或他人认定，且要加以解决的公共问题。琼斯的政策问题乃是在一个社群中，大多数人觉察到或关心到一种情况，与他们所持有的价值、规范或利益相冲突时，便产生一种需要，受剥夺或不满足的感觉，于是通过团体的活动向权威当局提出，而权威当局认为所提出者属其权限范围内的

---

① 威廉·N. 邓恩. 公共政策分析导论（第四版）［M］. 谢明，等译. 北京：中国人民大学出版社，2011.

事务，且有采取行动，加以解决的必要者"①。

陈庆云认为，"公共政策问题，是指基于特定的社会问题，由政府列入政策议程并采取行动，通过公共行为希望实现或者解决的问题"②。宁骚认为，"公共政策问题是指统治集团或社会大多数人感觉到现实中出现的某种情况，与他们的利益、期望、价值和规范有相当严重的矛盾和冲突，进而通过团体或组织活动，要求由政府或者通过政府采取行动加以解决，并被后者列入政策议程的社会或公共问题"③。

麻宝斌和王庆华认为，"政策问题是一种可以被主观感知得到的客观事实存在、它与现行的社会价值、群体利益、公众期望等之间存在一定的差距，因而在社会上引起相当数量社会成员的关注，并要求政府采取行动加以解决的问题"④。

上述各种定义均有所侧重，有两点不可被忽略：一是社会统治集团与社会多数民众在政策问题的认知上，往往是相互矛盾和有所差异的，有些可能并不为社会大多数人所感知的问题却为统治集团少数人认知，因而也可能成为政策问题。二是政策问题主要由政府亲自出面加以解决。有许多纳入政策议程的问题可由一些非政府的社会公众组织乃至受政府委托的私人组织加以解决。我们认为，所谓公共政策问题就是被政府摆上议事日程并加以处理的社会问题。它是客观存在的已经被社会上多数人觉察、认同、感觉出来的，已经与既定的价值、规范、利益发生冲突，并且由社会中的团体与个人表达出来属于政府管辖的范围且能被列入政府的政策议程的社会问题。

由此，公共政策问题的基本内涵应主要包括以下几个方面：

（1）社会客观性。任何问题都源自客观存在的社会现实，公共政策问题也不例外。政策问题来源于社会期望与社会现状之间的差距。尽管社会期望具有强烈的主观性，但社会现状是一些可以观察到的、能够清楚表述出来的客观事实和问题情境。这些事实或问题情境是客观存在的，不以人的意志为转移。

（2）感知认同性。即使存在客观现象或问题情境，倘若没有被社会大多数人所感知，它也只能是一种潜在的社会问题。只有被大多数公众所感觉、潜在的

① 林水波，张世贤. 公共政策［M］. 台北：五南图书出版公司，1982.
② 陈庆云. 公共政策分析（第二版）［M］. 北京：北京大学出版社，2011.
③ 宁骚. 公共政策学（第三版）［M］. 北京：高等教育出版社，2018.
④ 麻宝斌，王庆华. 公共政策学［M］. 北京：高等教育出版社，2016.

社会问题才能变成现实的政策问题。当然，个别社会问题可能并没有被社会大多数人所感知，但它现实的影响或未来的趋势，被有识之士或决策当局所洞察，它也可能进入政策议程，成为政策问题。对一个潜在的公共政策问题，感知和定义都取决于受其影响的人数、他们传播这一问题的范围和能力，以及使其被认为是合法的政策问题的机会。

（3）价值冲突性。在特定社会条件下，各种不同的行为主体都受到社会问题的影响与制约，必然要从自身利益出发。依据一定的价值观念与行为规范，表明自己的态度，从而造成了彼此间的冲突。这种冲突除了表现于个体之外，更多地表现于个体与团体、团体与团体，以致个体、团体与整个社会之间的矛盾与冲突。严重的冲突会使人们感到有强烈的需求或者是一种受到剥夺的感觉，人们则会要求政府采取行动改变这种状况。一旦冲突激烈，就会引起决策当局的重视与行动。此时，社会问题就转变为政策问题。

（4）团体活动性。让某些个人问题转变为社会问题，直至上升为政策问题，往往不是少数个人行动就能奏效的。在现代社会，人们只有采取一定的团体或组织行动才有可能影响有关公共组织和政府决策部门。即使是少数权威人物，也必须通过一定的组织行为才能将自己识别到的社会问题转变为政策问题。

（5）政府行为性。作为公共利益的代表和决策权力的行使者，政府认同社会问题并使其成为政策问题，有两个基本条件：一是属于政府职能权限范围内的事务，政府部门体会到公众的民意并趋同于公众的诉求；二是属于政府能力范围内的事务，有些社会问题虽然属于政府职能范围内的事务，但政府受财力、精力等治理能力的限制，也可能会消极对待某些社会问题。政府作为社会公共权威，考虑问题的出发点理应是社会公共利益。政府对社会问题的治理，还与外部压力有关，社会问题要列入政策议程，必须是那些被认为是很重大的问题，值得政府给予更多的注意，并依法采取政策行动加以解决。

4.1.2　政策问题的特征

依照美国学者威廉·N. 邓恩的看法，当代公共政策问题具有以下四个特征：

（1）政策问题的关联性（interdependence）。政策问题并非单独存在的，事实上，某一领域的政策问题，往往会影响到其他领域的政策问题，不同领域的政策问题是相互关联着的。

政策问题的关联性特征增加了解决政策问题的难度。它要求在制定政策、解决问题时，必须树立整体协调的观念，将某一问题视为整体问题不可分割的重要组成部分，防范"只见树木不见森林"的错误。

（2）政策问题的主观性（subjectivity）。政策问题既与客观的社会现象有关，也与人们对这种现象的认识和选择有关。有些社会问题已经存在，但由于种种原因，未能被制定政策的机构和人员所认识，即公众的政策诉求没有引起相应的重视；有些社会问题在特定时空条件下并不是最带有普遍性与急迫性的问题，但却有可能被某些政策制定者确定为政策问题。此外，在对政策问题认识的正确程度和深刻程度上，也存在主观性，这在很大程度上取决于政策制定者的认知能力和价值取向。有学者针对政策问题的主观性指出："我们可能会分享相同的数据，至少我们相信我们分享相同的数据，但这一事实并不意味着我们看到同一件事。价值观、信仰、意识形态、利益以及偏见等都塑造我们对事实的感知。"[1] 虽然政策问题有其客观性，但它主要是人类以概念诠释问题情境的感觉产物，是人类心智的产物。

（3）政策问题的人为性（artificiality）。只有当人们对改变某些问题情势的希望做出判断时，才可能产生政策问题。政策问题是人类主观判断的产物，它不能脱离那些试图界定该问题的利害关系人。政策问题是基于人类社会需求而构建、维持和改变的。政策问题的人为性使我们必须重视公共政策对利害关系人的重要影响。

（4）政策问题的动态性（dynamics）。政策问题的情境不同，问题自然也就不同。一个政策问题可能具有不同的答案，答案本身也很可能转变成为一个问题，因此，政策问题与解决方案经常互相流动。如果问题未被正确地加以陈述，则解决问题的方案会逐渐失去时效。

4.1.3　政策问题的类型

政府要处理的政策问题数量庞大、领域广泛、种类繁多、性质复杂。采用科学的分类标准，对之进行合理分类，可以深化对政策问题的认识，有助于政策问题的正确构建和有效解决。

有的学者根据政策问题的起源，将其分为国内问题与国际问题；或根据政策

---

① Wayne Parsons. Publie Policy：An Iniraduction to the Theory and Practice of Poliey Analysis ［M］. Cheleham：Edward Elgar Publishing Limited，1997.

问题发生的领域，将其分为政治问题、经济问题、文化问题、外交问题、民族问题等；或根据作用范围，将政策问题分为全国性问题、区域性问题和地方性问题。有的学者则以政策问题对人类行为所产生的影响作为分类的基础，将政策问题分为影响人类身体健康的问题（如空气污染、食品安全等）、影响人类生活方式的问题（如网络技术、宇航技术等）、影响人类道德方面的问题（如犯罪、节育、安乐死等）、影响人类平等方面的问题（如自我认同、他人认同等）、影响人类机会均等的问题（如教育公平、就业机会等）。①

下面重点介绍公共政策学家密特洛夫与克尔曼、罗威、威廉·N. 邓恩对政策问题类型划分的研究。

4.1.3.1　密特洛夫与克尔曼对政策问题的分类

密特洛夫与克尔曼在《社会科学的方法论途径》② 一书中，提出政策问题构建的主要内容是政策问题的概念化（problem conceptualization）。所谓问题概念化，是指政策分析者使用通用的语言，将政策问题情境界定成一个实质行动政策问题。问题概念化的过程是根据政策分析家的世界观（wodviews）、意识形态（ideologies）或民间传说（myths）而完成的。其原则可分为三类：

（1）自然观（naturalistic perspective），认为社会问题的产生是历史发展的自然产物。

（2）道德观（moralistic perspective），认为社会问题的产生是因为政策相关者道德的沦丧。例如，将社会贫穷问题归因为资本家未尽到回馈社会的责任。

（3）环境观（environmentalist perspective），认为社会问题的产生是由问题受害者本身的行动不当或决策不当导致的。

4.1.3.2　罗威对政策问题的分类

罗威根据受问题影响的人数及其相互间的关系，将政策问题分为分配型、管制型与再分配型三类。③

（1）分配型问题（distributive）。分配型问题是把物品和服务、成本和义务分配给社会中特定群体而引发的政策问题。从博弈论的角度分析，此类问题基本

①　Charles O. Jones. An Introduction to the Seady of Public Policy [M]. North Scituate, Mass.：Duxbury, 1977.

②　Ian Mitroff, Ralph Kilmann. Methodological Approaches Social science [M]. San Francisco：Jossey Bass, 1978.

③　Theodore J. Lowi. American Business, Publie Policy, Case Studies, and Political Theory [J]. World Politics, 1964（16）.

上是一种"非零和博弈"的问题,因为处理这类问题并不构成一方之所得建立在另一方之所失的基础上,不具备利益和义务的排他性,基本上是"有福同享""有难同担"的问题。几乎所有提供社会福利的项目都是分配型问题。社会福利和公共卫生领域是经常产生分配型问题的领域,如公费医疗问题、食品代用券问题、对多子女家庭的援助问题、退伍军人管理问题等,都是为了给那些符合标准的人分配一定的利益(如现金、服务、设施等)。

(2)管制型问题(regulative)。管制型问题是政府等管制者设定明确一致的管制标准与管制规则,对标的团体(target groups)从事某种活动或处理不同利益的行为加以限制所引发的政策问题。例如,污染管制问题、交通管制问题、外汇管制问题、出入境管制问题等。从博弈论的角度分析,此类问题属于"零和博弈"的问题,因为这类问题的处理常常使一方获得利益,而使另一方失去利益。

(3)再分配型问题(re-distributive)。再分配型问题是政府将某一标的团体的利益或义务,转移给另一标的团体享受或承担所引发的问题。如有的学者鉴于社会上财富分配不均、两极分化明显,提倡改革个人所得税制,将财富从富裕阶层手中转移到贫困阶层,以达到缓解贫富悬殊现象的目的。个人所得税制相关的问题,就是再分配型问题。这类问题的处理出现利益上的排他性,是一种"零和博弈"的问题,所以实行起来非常困难,也容易引起争议。

4.1.3.3 威廉·N.邓恩对政策问题的分类

威廉·N.邓恩从政策问题的结构角度,把政策问题划分为结构优良、结构适度和结构不良三种类型。每一类问题的结构取决于它们的相对复杂程度,具体如表4-1所示。

表4-1 公共政策问题的结构类型

要素	问题的结构		
	结构优良	结构适度	结构不良
问题性质	清晰可辨	清晰可辨	模糊或有争议
资源投入	少量可计算	大量可计算	不可计算
决策者	一人或数人	一人或数人	许多
调试人数	少量	大量	大量
备选方案	有限	有限	无限
效用(价值)	一致	一致	冲突

续表

要素	问题的结构		
	结构优良	结构适度	结构不良
结果	确定性或风险	不确定	未知
概率	可计算	不可计算	不可计算

（1）结构优良的政策问题（well-structured problem）。这类政策问题往往包含了一个或几个政策制定者和一组为数很少的政策选择方案。决策者在政策方案的效用或价值方面，能够达成一致，这反映了他们对政策目标的追求具有一致性。每一种备选方案的结果是完全确定的，或者在可以接受的可能误差之内。这类政策问题的原型是完全可由计算机处理的决策问题，所有备选方案的结果都可预先加以规划。

（2）结构适度的政策问题（moderately-structured problem）。这类政策问题包括一个或几个决策者和相对来说有限数量的政策选择方案。方案的效用一致能够反映决策目标的一致。然而所选择的政策方案，其后果是不确定的，即使是在可接受的误差之内，结果预测也有相当大的困难。结果的不确定性意味着错误概率很难估计。结构适度问题的原型来自政策模拟。博弈论中的"囚徒困境"可以说明这类问题的特征。在此模型中，结果的不确定性往往给做决定带来很大困难，甚至会使"单个理性选择"可能造成小到某个团体、政府机构，大到整个社会集体的"非理性选择"。

（3）结构不良的政策问题（ill-structured problem）。结构不良的政策问题包括了许多不同的决策者，其价值观或者是不为人们所知，或者是不可能按照连贯形式给予排列。这类问题的目标存在着互相竞争的冲突，无法达成共识。对政策选择及其后果也可能不明确，具有不确定性，以致无法估计风险程度。结构不良政策问题的原型是完全不具有传递性的决策问题，即没有哪一个较其他的政策问题更可取，人们很难提出满意的政策问题。前两类问题包含对偏好的优先顺序的排列，并且排序具有传递性。例如，方案 A 优于方案 B，方案 B 优于方案 C，则方案 A 优于方案 C，而第三类政策问题的优先顺序则没有传递性。

在复杂的政治和社会背景下，结构优良与结构适度的政策问题较少，大量的政策问题都属于结构不良政策问题，因为大量政策问题都牵涉到多个政策利害相关者（policy stakeholders），而他们各自拥有截然不同的价值系统（value system），现实中很难假设一个或几个决策者有着始终如一的选择，价值与利益的冲突会在长时间内发生影响。同时，获取的信息的数量与质量也因条件的不同受到限制，因此使人们很难提出满意的政策问题。

4.2　公共政策问题构建

政策问题构建（problem structuring）是公共政策过程的逻辑起点。这是因为"公共政策关心解决或改善社会问题"①。在此意义上，威廉·N. 邓恩将公共政策分析称作"问题分析之学"。② 政策科学家重视问题分析更甚于答案的找寻。他们宁愿将主要的精力放在问题的分析上，因为一旦找到问题的症结，政策方案就很容易浮现。因此，"要想成功地解决问题，就必须针对正确的问题找出正确的答案。我们经历失败常常更多的是因为解决了错误的问题。而不是因为我们为正确的问题找到了错误的答案"③。

4.2.1　政策问题构建程序

在公共政策过程中，政策问题的构建通常由问题察觉、问题搜索、问题界定和问题描述个相互依存的过程组成。政策问题构建包括问题情境、元问题、实质问题和正式问题四种实质内涵。

（1）问题察觉。以"问题感知"体悟"问题情境"。政策问题构建的整个过程有一个前提条件，即认知或感知到问题情境的存在。在此阶段，我们的目标并不是发现单独存在的政策问题，而是要发现政策问题利害关系人所共同感受到的问题情境形态，是指某一社会现象被人们发现并扩散，逐渐引起社会公众和政府有关部门关注的过程。在这个过程中，人们普遍感到应该行动起来做点什么，以改变目前这种状态。问题察觉能否实现，不仅取决于客观条件，而且取决于相关

① John S. Dryzek, Brian Ripley. The Ambitions of Policy Design ［J］. Policy Studies Journal, 1998（4）.

② 威廉·N. 邓恩. 公共政策分析导论（第四版）［M］. 谢明，等译. 北京：中国人民大学出版社，2011.

③ Russel L. Ackoff. Redesigning the Future：A System Approach to Social Problem ［M］. New York：Willey, 1974.

人员的主观条件，如政治立场、思想意识、个人利益、价值观念等。

（2）问题搜索。以"问题搜索"认定"元问题"。以公共政策的概念诠释问题情境，使之成为政策分析家所能处理的元问题。政策分析家通常面对的是一个由各种不同意见组成的问题之网，它是动态的，具有社会性，贯穿政策制定过程始终。事实上，这是一个问题的问题，它是结构不良的，因为各个利益相关人对问题的陈述差异很大，有时大到难以控制。所以，此阶段的中心任务是要依据政策科学的理论，找出结构不良的政策问题，从而形成政策分析家感兴趣的元问题。

（3）问题界定。问题界定是对问题进行特定分析和解释的过程，此时可以发现"实质问题"。首先，需要通过一定的方法对问题进行必要的归类。如根据政策问题的性质可以把其界定为政治的、经济的、文化的、社会的、生态的等问题；根据政策问题的作用范围可以把其界定为全局的、局部的、国际的、国内的、全国性的、地区性的等问题；根据政策问题的作用方式可以把其界定为指导性的（涉及指导方向方面的问题）、分配性的（涉及资源配置或利益分配方面的问题）、限制性的（涉及行为或利益限制方面的问题）等问题。

其次，需要对问题进行必要的诊断。诊断问题主要是为了解决差距问题。一个问题的存在，实际隐含着现实状态与理想状态之间的距离，任何解决的办法无非都是为了缩短或消除这种距离。同时还必须找出问题的原因，否则就无法对症下药，无法标本兼治，问题也就得不到真正的解决。

最后，需要把问题情境转变为实质问题。问题界定的主要目标就是要把复杂、混沌的问题情境总结概括为清楚、明了的实质性问题。分析主要矛盾，关注重要因素，是情境转化过程中必须注意的问题。实质问题的提炼是从具体到抽象、从个别到一般的过程，不仅要看到表，而且要看到里；不仅要看到相，而且要看到理；不仅要知道点，而且要知道面。

（4）问题描述。问题描述是指运用可操作性的语言，如运用数字、文字、符号、图表等表达方式，对问题进行明确表述的过程。如对于人口问题的描述，就需要准确记载一些相关的指标，并作出定性或定量的分析。这种对问题所做的描述，将作为政策制定的直接原料输入决策系统。在很多情况下，对政策问题进行确认的与直接拍板决策的往往是两个系统。也就是说，察觉、界定和描述问题的人并没有直接参与政策的决定，而作出决策的决策者往往没有直接参与问题的确认，因此他们更多的是依赖于问题的描述。

为了进行有效的政策制定，在问题确认过程中就应尽量地缩短报告链条，减少报告层次，以保证信息内容的可靠性和信息沟通的有效性。遇上重大问题，层层报告不仅会造成时间的延误，而且掺杂了层层的过滤与加工，导致问题描述失真。一般来说，由于政策问题存在不确定性和多变性，信息上达又需要经过许多环节，筛选的层次越多，就可能与所要反映的问题出入越大。所以，在政策问题确认过程中，遇上重大问题，越级报告，有时是完全必要并值得鼓励的。需要注意的是，一个政府如果能及时确定和认清所有重大的政策问题，并及时运用政策手段加以解决或缓和，这是最好的。

4.2.2 政策问题的论证

在构建政策问题的过程中，经常会遇到对问题的争论。这种争论不仅包括对即将采取的实际的或可能的行动有不同意见，也反映了对政策问题本身性质的认识还存在分歧。为此，就需要进行政策问题论证。

威廉·N.邓恩认为，公共政策问题论证的复杂性可以通过论证所在的组织层次具体表现出来。根据类别等级，政策问题的论证可分为一级论证、二级论证、功能论证和小论证，具体如图 4-1 所示。

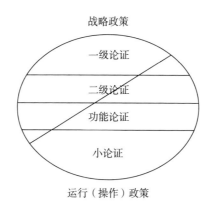

图 4-1　公共政策问题的论证

（1）小论证。政策问题的小论证是政策问题论证的最低层次，它是指将政策问题分解成若干项目，再对具体项目进行论证。政策问题小论证往往是由政策分析人员分成专门小组来进行的。各个项目论证一般是独立进行的，这样才有利于把每个项目做好做细。项目论证是分散的，必须通过功能论证将其综合起来。

（2）功能论证。政策问题的功能论证通常是由负责政策制定的具体组织来进行的。其任务是将构成政策问题的主要因素单独分析并有机综合起来，从而确定政策问题的结构类型，即是结构优良的问题，还是结构适度的问题，或者是结构不良的问题。同时，功能论证还需要对政策问题所分属的领域、范围层次和作用方式类别加以划分，以便为政府决策机构的论证提供前提条件。

（3）二级论证。政策问题的二级论证是由政府的决策机构做出的论证。政府是对社会提供公共服务的主要机构，政府对社会进行公共管理的主要手段就是选准政策问题，制定并实施科学、合理的公共政策来解决这些问题。但是，政府从社会中提取政策资源的能力是有限的，它在一定的时间内只能利用有限的资源实施有限的政策。政府对政策问题的论证主要是集中讨论政策目标、政策计划、政策成本、政策效果等问题。

（4）一级论证。政策问题的一级论证是最高级的论证，这实际上是对政策问题是否进入政策议程的最终决定。政府可能同时将几个政策问题提交最高决策机构来选择，看究竟是什么政策问题能够进入政府议程。

根据上述论证类型分析，我们可以看到：

第一，小论证反映在特定的项目之中；功能论证反映在具体规划之中；二级论证反映在政府机构进行规划时，所优先考虑的背景条件，以及目标群体的确定等；一级论证反映在最高层，以确定是否要做某件事。

第二，政策问题的分级论证，其次序并不是刻板的。既可以按上面所说的从低级论证向高级论证推移；也可以反过来，从最高级论证开始，逐步细化；还可以从其中某个层级开始向上、下层级论证扩展。[①]

第三，当沿着政策问题论证的层级不断向上时，政策问题越来越表现出更大的关联性、主观性、人为性和动态性。尽管各层次的论证是相互依赖的，但立论不同，政策也不同。有需要战略政策的，也有需要操作政策的。而战略政策决定的结果相对来说是不可逆的，操作政策的结果相对来说是可逆的。

4.2.3 政策问题构建的方法

4.2.3.1 边界分析

一系列问题规划的相对完全性可以用如下三步来加以估计：①饱和抽样。我

---

① 胡宁生．现代公共政策研究［M］．北京：中国社会科学出版社，2000．

们可以通过一个多阶段的过程来获得有关利益相关者的饱和抽样（或滚雪球抽样）。②问题陈述的启发。具体说明这些问题表述的证据可以从面谈或电话交谈中获得，并可从饱和抽样阶段中的相关者那里获得所需的文件。③边界估计。这一步是要估计元问题的边界。

巴顿和沙维奇在《公共政策分析和规划的初步方法》一书中提出了确定问题边界的便捷计算方法。其基本步骤是：①使用参考来源。检查数据推导的细节，使用各种来源，少使用或不使用那些没有提供操作定义的来源。②运用相关调查数据。分析者通常没有时间去做一个新的、正式的调查，但有许多全国性的或地方的调查材料可以提供有关数据。③猜测。如那些不因时间地点变化的比率可以猜测一个绝对数；可以应用某些学科已建立起来的拇指规则；一个已知的变项可以用来猜测另一个变项（假如两者的关系为已知的话）；从相似的现象中借用比率进行测量；因素累加得出估计总数等。④使用专家。向专家请教，各种由专家使用的估计方法可以用来减少估计所产生的可能错误。

4.2.3.2 分类分析

分类分析是一种澄清概念的技术，这些概念用来界定问题情境，并对其进行分类。在感知问题情境的过程中，分析者必须对他们的经验进行分类。即使是对问题情势最简单的叙述，也必须以经过归纳整理后形成的经验分类为基础。

分类分析有两种基本程序：逻辑划分和逻辑归类。前者是人们选取某个类别，并将它分解成各个部分；而后者恰恰相反，是将许多情况、事物和人组成一个更大的团体或类别。任何一种分类都依据于分析者的目的，而分析者的目的又取决于对问题情境的充分了解。

如下几条规则有助于保证分类系统既与问题情境相关，又能保持逻辑一致性：①实质相关性。应根据分析者的目的和问题情境的性质提出分类的基础。②穷尽性。分类系统中的子项必须穷尽，也就是说对所有分析者有意义的主题和情境都必须被涵盖。③排他性。子项必须互相排斥。④一致性。每个子项应该根据同一分类原则进行划分，否则就会导致子项交叉，出现谬误。⑤层次区别性。分类系统中层次（子项、次子项和次次子项）的意义必须认真加以区别。

4.2.3.3 层次分析

层次分析是一种查明问题情境的可能原因的技术。层次分析帮助分析者分清三种原因：可能的原因、合理的原因和受控的原因。可能的原因是指那些无论多么遥远，都可能使一种特定的问题情境出现的事件或行动。与此相对照，合理的原因是依据科学研究或直接的经验对一种问题情境的出现产生重要影响的那些原因。受控的原因指的是受政策制定者控制和操纵的原因。

进行层次分析的规则与分类分析的规则是相同的，即实质相关性、穷尽性、排他性、一致性和层次区别性。类似地，逻辑划分和归类的程序也适用于这种分析。分类分析和层次分析的主要区别在于：分类分析包含对一般概念的划分和归类，而层次分析建立的是关于可能的、合理的和受控的原因的特殊概念。然而，这两种分析都为个别的分析者所运用，并以逻辑一致性作为主要的评估问题被概念化的好坏程度的绩效标准，但它们都不能保证发现概念正确的实质基础。因此，层次分析也可能依靠个别的分析者而非群体作为知识源泉，从而预先排除其他可替代的因果解释。

4.2.3.4 综摄法

类比是一种提高对类似或相似问题认识的方法。综摄法有助于分析者在构造政策问题时创造性地运用类比方法。综摄法基于这样的假定，即对于问题之间相同或相似关系的认识将极大地增进分析者解决问题的技艺。在构造问题的过程中，分析者可进行以下四种类比：

（1）个人类比。在构造这种类比时，分析者将自己设想为和政策参与者（如政策制定者或利益团体）一样经历同样的问题情境。个人类比在揭示同一个问题情境的政治含义方面是非常重要的。

（2）直接类比。在构造这种类比时，分析者寻找两个或两个以上的问题情境之间的相似关系。例如，在构造装修质量检测问题时，分析者可能从建筑工程质量检测的经验中构造直接的类比。

（3）符号类比。在构造这种类比时，分析者试图发现一个既定的问题情境与某些符号过程的类似关系。例如，符号类比经常取之于各种伺服机制（如恒温器和自动化驾驶）和政策过程之间。在每个案例中，采纳的类似过程被视为来自环境的不断反馈的结果。

（4）幻想类比。在构成这种类比时，分析者完全自由地探索问题情境与某些想象的状况之间的相似性。例如，国防政策有时就使用幻想类比来构造对付核武器攻击的防卫问题。

综摄法取决于个别分析者或群体能否构造适当的类比。评估问题概念化好坏的主要标准是比较的合理性，即特定问题情境与另一个被用来类比的情境的相似程度。

4.2.3.5 头脑风暴法

头脑风暴法是一种产生思想、目标和战略的方法，这些思想等有助于明确和概念化问题情境，可以用来产生大量的有关问题的潜在解决办法的建议。头脑风暴法有如下几个简单的程序及要求：

（1）头脑风暴小组应根据被研究问题的性质来组成。换言之，所选的成员必须是对特定问题有专门知识的人，即专家。

（2）思想的产生和思想的评估应严格分开，因为热烈的讨论可能会被不成熟的批评和争议所阻挠。

（3）在思想产生的阶段，头脑风暴的气氛应尽可能地保持开放和宽松。

（4）仅当第一阶段（思想产生的阶段）所产生的思想已经穷尽时，才进入第二阶段，即思想评估阶段。

（5）在思想评估阶段结束时，小组应对各种意见进行整理，分清主次，形成一个包含问题的概念化及其潜在解决办法的建议。

4.2.3.6 多面透视分析

多面透视是一种系统运用个人透视、组织透视和技术透视来获得关于问题及其解决办法的方法。

（1）技术透视。技术透视根据最优化模式来看待问题及其解决方法，并强调在概率论、损益和决策分析、计量经济学和系统分析基础上的种种技术。

（2）组织透视。组织透视将问题视为从一种组织状态到另一种组织状态有序渐进（带有小的但暂时的危机）的一部分。标准的操作程序、规则、惯例是组织透视的主要特征，组织透视常常与技术透视相抵触，而且与实现目标、提高业绩关联不大。

（3）个人透视。个人透视从个人的理解、需要和价值来看待问题及其解决方法。它的主要特征是强调以直觉、魅力、领导和自利作为控制政策及其影响的主要因素。

多面透视分析与在公共政策制定、公司战略规划、区域发展及其他领域发现的社会技术问题都是相关的。为了使用好多面透视方法，应遵循以下规则：①跨范式的混合；②各种透视之间的平衡；③不平衡的可重复性；④适当的交流；⑤合并的推迟。

多面透视分析已被人们广泛地运用于技术评估领域和政策分析领域。在对外政策和知识系统设计基础上发展起来的多面透视分析技术是处理结构不良问题的复杂性的有效方法，这些结构不良问题源于具有高科技内容的社会技术系统。

4.2.3.7　假设分析

假设分析是一种用来对有关政策问题冲突性看法进行创造性综合的技术。它是问题构造中一种最具有综合性的方法。假设分析的最重要的特征是：它被设计用来处理结构不良的问题，即那些政策分析者、政策制定者及其他政策作用者不知如何在定义上达成一致的问题。

假设分析包含如下五种程序：①利害关系人的认定；②提出假设；③质疑假设；④汇集假设；⑤综合假设。

假设分析被设计用来克服政策分析的四个局限：①政策分析常常假定有单一的决策者，这个决策者有明确的价值偏好顺序，这些价值可以在一个单一的时间上被认识。②政策分析不能系统明确地考虑各种关于问题的本质及其解决办法的相互冲突的观点。③大部分政策分析是在组织内部进行的，组织的"自我封闭"特征使分析者难以或不能对流行的问题看法产生怀疑。④用来评估问题及其解决办法的充分性标准往往只涉及表面的特征，而不涉及那些构成问题概念化基础的基本假定。

4.2.3.8　论证图示

假设分析的方法与政策争论的方式（权威的、统计的、分类的、定量分析的、因果的、直觉的、实用的和价值批判的等）相关，它们明确地以不同的假定为基础。当这些假定与相同的政策相关信息结合在一起时，便产生了冲突的政策主张。

假设分析的一个重要技术是应用图表展示，以构造政策争论因素的重要性和合理性的图画。这个过程的第一步是在两个序数标尺上评估这些因素（理由、支持和反驳）。

4.2.3.9　问题文件法

问题文件法是由 PPBS（计划—规划—预算系统）在州和地方财政项目中的应用而形成的一种界定问题的综合性方法。它被奎德当作一项政策分析的基本方法，认为它试图查明什么是真正的问题，分离出基本目标，弄清知识中的关键空白，提出备选方案和恰当的有效性测量，并查明受影响的群体。它要列出关于这个问题不同方面的政府机构和组织，发现和列举现成可应用于问题的资源。它是对不同备选方案效果的比较，否则它就是整个分析过程了。巴顿等则将这个方法视为一种关于是否进行"研究性分析"（较复杂、需用较长时间的分析，与之相对的是快速的（或基本的分析）的可行性研究，它几乎简要地进行政策分析过程的每一步。

准备问题文件的标准程式包括如下几项内容：①问题的来源和背景；②注意的理由；③纠正活动所指向的团体与机构；④得益者和受害者；⑤相关的项目和活动；⑥目标和目的；⑦标准和有效性；⑧分析的框架；⑨备选方案；⑩可参考的建议。

适应问题文件及问题构成阶段的可供参考的建议是：①放弃不值得进一步分析的题目；②继续分析，但要在一个较低的优先性的基础上进行；③从事或继续一个完全的研究。

4.3 中国公共政策问题分析

政策问题分析是指政策研究制定人员就政策问题的产生、发展、演变所进行的研究。只有进行了充分、严密的政策分析，才能够真正地认识问题的性质，以便采取切实措施，解决问题。

4.3.1 高质量发展的公共政策问题

关于高质量发展，党和政府有一系列相关政策，如支持降本增效、强化金融服务保障、强化要素供给、推动产业转型升级、支持企业转型升级和技术创新、扩大有效投资、增强消费、促进外需、营造公平竞争环境、优化政务服务、维护企业合法权益、强化政策执行落实等。

4.3.1.1 高质量发展的内涵定位

2017年，中国共产党第十九次全国代表大会首次提出"高质量发展"的表述。2020年10月，党的十九届五中全会提出，"十四五"时期经济社会发展要以推动高质量发展为主题。2021年，习近平总书记接连强调"高质量发展"。2021年3月30日，中共中央政治局召开会议，审议《关于新时代推动中部地区高质量发展的指导意见》。2021年9月14日，《国务院关于推进资源型地区高质量发展"十四五"实施方案的批复》（国函〔2021〕93号），原则同意《推进资源型地区高质量发展"十四五"实施方案》。2022年10月17日，党的二十大报告中强调，"高质量发展是全面建设社会主义现代化国家的首要任务。发展是党执政兴国的第一要务。没有坚实的物质技术基础，就不可能全面建成社会主义现代化强国"。我国经济已转向高质量发展阶段，经济社会发展必须以推动高质量发展为主题。推动高质量发展是遵循经济发展规律、保持经济持续健康发展的必然要求，是适应我国社会主要矛盾变化、解决发展不平衡不充分问题的必然要求，是有效防范化解各种重大风险挑战、以中国式现代化全面推进中华民族伟大复兴的必然要求。

4.3.1.2 不断满足人民日益增长的美好生活需要

党的十九大报告指出，中国特色社会主义进入了新时代，我国社会主要矛盾已经转化为人民日益增长的美好生活需要和不平衡不充分的发展之间的矛盾。高质量发展是能够很好满足人民日益增长的美好生活需要的发展，是体现新发展理念的发展，是创新成为第一动力、协调成为内生特点、绿色成为普遍形态、开放成为必由之路、共享成为根本目的的发展。推动高质量发展，是保持经济持续健康发展的必然要求，是适应全面建设社会主义现代化国家的必然要求。

我国社会生产力水平明显提高，人民生活显著改善，稳定解决了十几亿人的温饱问题。随着中国特色社会主义进入新时代，人们的物质性需要不断得到满足，开始更多地追求社会性需要和心理性需要，如期盼更好的教育、更可靠的社会保障、更高水平的医疗卫生服务、更舒适的居住条件、更优美的环境、更丰富的精神文化生活等。这既是我国社会生产力水平显著提高的必然结果，又对我国未来经济社会发展提出了更高要求。

在新时代，应通过统筹推进"五位一体"总体布局和协调推进"四个全面"战略布局，通过创新发展、协调发展、绿色发展、开放发展和共享发展，大力提升发展质量，不断消除地区差距、收入差距、城乡差距，更好地满足广大人民群众在经济、政治、文化、社会、生态等方面日益增长的需要，逐步实现共同富裕。具体而言，应生产更多绿色、健康的食品；提供更多清洁、安全、高效的能源；进一步完善社会保障制度，让所有人的基本生活都能得到保障；加大收入分配改革力度，不断缩小收入差距；完善基层民主制度，保障人民知情权、参与权、表达权、监督权；培育和践行社会主义核心价值观，继承中华民族精神，弘扬诚信、仁爱、友爱的品德；等等。

全面建设社会主义现代化国家，既要立足国内，也要面向世界。当代世界是开放、互动、包容的世界，当今中国正在日益走近世界舞台中央。共同构建各国人民共有共享的人类命运共同体，建设持久和平、普遍安全、共同繁荣、开放包容、清洁美丽的世界，既是中国人民的需要，也是世界各国人民的需要。因此，我们在满足本国人民的美好生活需要的同时，也应顺应世界各国人民追求美好生活的需要，通过自身的高质量发展和现代化强国建设，给那些既希望加快发展又希望保持自身独立性的发展中国家提供现代化新途径和新选择，为人类社会的文明进步贡献中国智慧和中国方案。

4.3.1.3　正确处理推动高质量发展中遇到的各种矛盾关系

经济发展是一个螺旋式上升的过程。我们要审时度势、科学设计，以辩证思维来处理推动高质量发展中遇到的各种矛盾关系。

第一，正确把握整体推进和重点突破的关系。推动高质量发展是一项系统工程，必须坚持稳中求进工作总基调。要运用系统论的方法，依据新发展理念的整体性和协同性，增强推动高质量发展举措的关联性和耦合性，做到相互促进、协同发力。要牢牢把握高质量发展的根本要求、工作主线、基本路径、制度保障和具体着力点，做到全局和局部相配套、治本和治标相结合、渐进和突破相衔接，实现整体推进和重点突破相统一，不断增强我国经济创新力和核心竞争力。

第二，正确把握总体谋划和久久为功的关系。在我国这样一个经济和人口规模巨大的国家，推动经济高质量发展任重道远。当前，我们既要打好防范化解重大风险、污染防治等攻坚战，又要大力转变经济发展方式、优化经济结构、转换增长动力，特别是要净化市场环境、提高人力资本素质、全面提高国家治理能力。为此，我们必须保持战略定力，坚持久久为功，统筹做好跨越关口、推动高质量发展的顶层设计和总体谋划，正确把握实现长远目标和做好当前工作的关系，发扬钉钉子精神，把经济发展各项工作做好做实。

第三，正确把握破除旧动能和培育新动能的关系。发展动力决定发展速度、效能、可持续性。推动高质量发展必须坚定不移地推进供给侧结构性改革，大力破除无效供给，着力培育壮大新动能，促进新旧动能加快接续转换，加快建设现代化经济体系。需要注意的是，表现为三大失衡的结构性矛盾，其根源就在于生产要素配置扭曲，必须靠深化要素市场化改革才能从根本上解决。要积极稳妥腾退、化解旧动能，推动形成市场决定要素配置的机制，为新动能发展创造条件、留出空间。要积极推动经济发展质量变革、效率变革、动力变革，加快建设实体经济、科技创新、现代金融、人力资源协同发展的产业体系，加速推动中国制造向中国创造转变、中国速度向中国质量转变。

第四，正确把握生态环境保护和经济发展的关系。生态环境保护和经济发展不是矛盾对立的关系，而是辩证统一的关系。生态环境保护的成败，与经济结构和经济发展方式息息相关。绿色发展是建设现代化经济体系的必然要求，我们绝不能把生态环境保护和经济发展割裂开来，更不能对立起来，要坚持在发展中保护、在保护中发展。要加大力度推进生态文明建设，正确处理好"绿水青山"和"金山银山"的关系，构建绿色产业体系和空间格局，引导形成绿色生产方式和生活方式。这不仅是推动高质量发展的内在要求，而且是关系中华民族永续发展的根本大计。

第五，正确把握维护公平与讲求效率的关系。对于拥有 14 亿人口的发展中大国来说，如何公平合理地分配，是我们必须解决好的关键问题。推动高质量发展必须着力解决收入分配差距较大的问题，调整国民收入分配格局，使发展成果更多更公平惠及全体人民。这样不仅有利于激发各种生产要素特别是劳动者的积极性，扩大中等收入群体，而且有利于提升全社会购买力，创造更大规模市场，推动经济更有效率、更加公平、更高质量、更可持续发展。

4.3.2 和谐社会构建的公共政策问题

社会和谐是中国特色社会主义的本质属性，是国家富强、民族振兴、人民幸福的重要保证。我们所要建设的社会主义和谐社会，应该是全过程人民民主法治、公平正义、诚信友爱、充满活力、安定有序、人与自然和谐相处的社会。民主法治，就是社会主义民主得到充分发扬，依法治国基本方略得到切实落实，各方面积极因素得到广泛调动。公平正义，就是社会各方面的利益关系得到妥善协调，人民内部矛盾和其他社会矛盾得到正确处理，社会公平和正义得到切实维护和实现。诚信友爱，就是全社会互帮互助、诚实守信，全体人民平等友爱、融洽相处。充满活力，就是能够使一切有利于社会进步的创造愿望得到实现……

4.3.2.1 全面小康的实现有利于和谐社会的发展

一是 2020 年全面建成小康社会顺利实现，它不仅解决了温饱问题，而且从政治、经济、文化、社会、生态等各方面满足城乡发展需要。我国社会生产力水平总体上显著提高，很多方面进入世界前列。GDP 总量自 2010 年开始稳居世界第二位，货物进出口和服务贸易总额均居世界第二位，对外投资和利用外资分别居世界第二位、第三位，制造业增加值连续 7 年居世界第一位，基础设施建设部分领域遥遥领先，高铁运营总里程、高速公路总里程和港口吞吐量均居世界第一位，220 多种主要工农业产品生产能力稳居世界第一位。这些成就有利于和谐社会的发展。

二是人民生活水平显著提高，对和谐社会的向往更加强烈，不仅对物质文化生活提出了更高要求，而且在民主、法治、公平、正义、安全、环境等方面的要求日益增长。我国城乡居民收入大幅提高；居民受教育程度不断提高，九年义务教育全面普及，高等教育毛入学率高出世界平均水平；城乡居民健康状况显著改善，居民平均预期寿命高于世界平均水平；覆盖城乡的社会保障体系基本建立，其他很多方面的民生保障也有显著改善。随着人民生活水平不断提高，人民群众的需要呈现多样化、多层次、多方面的特点，期盼有更好的教育、更稳定的工作、更满意的收入、更可靠的生活保障、更高水平的医疗卫生服务、更舒适的居住条件、更优美的环境、更丰富的精神文化生活，人民群众的民主意识、公平意识、法治意识、参与意识、监督意识、维权意识在不断增强。

4.3.2.2 构建和谐社会是现代化建设的需要

首先，构建社会主义和谐社会有利于保证社会稳定和长治久安。我国是一个多人口、多民族、多宗教的国家。能否把社会各界人士的心凝聚在一起；能否把全民族力量团结在一起，拧成一股绳；能否把全体中国人民的积极性和创造性最大限度地调动起来，对于实现中华民族的伟大复兴具有极为重要的意义。而建设社会主义和谐社会，实现社会的公平正义和人与人之间在诚信友爱、融洽互助的社会中和谐相处，有助于凝聚人心、增强民族的凝聚力，从而保证社会稳定和长治久安。

其次，构建社会主义和谐社会有利于实现高质量可持续发展。建设和谐社会是人类孜孜以求的美好理想，实现高质量共同富裕，最大限度消除贫富差距是人类的共同愿望。但是，要使全体中国人民走上共同富裕之路这样一个伟大的历史任务，需要有一个长期的、持续的发展过程，以便使社会生产力得到充分的发展，使经济社会与人口资源环境协调发展。但是在现实生活中旱灾、洪涝、台风、泥石流等自然灾害严重地威胁到了人们的正常生产生活。为了解决这些问题，要求我们尊重客观自然规律，充分认识人与自然和谐的重要性，牢固树立资源与环境的忧患意识，坚持执行"在开发中保护，在保护中开发"的方针，切实贯彻执行保护环境、节约资源的基本国策，建设一个人与自然和谐相处的社会，这样就可以大大地减少大自然对我们的惩罚，降低自然环境对经济发展的阻碍，从而实现经济社会与自然环境的可持续发展。

最后，构建社会主义和谐社会是应对复杂国际局势的需要。新时代，我们面临的发展机遇前所未有，面对的挑战也前所未有。和平、发展、合作成为时代潮流，我国改革发展面临着难得的机遇和有利条件，但国际形势复杂多变，综合国力竞争日趋激烈，影响和平与发展的不稳定、不确定因素增多。一方面，我国在世界上的影响力和在国际事务中的作用越来越大；另一方面，国际社会对我国的影响也越来越大。国际形势的复杂多变，各种矛盾错综复杂，突发事件时有发生，世界并不安宁。面对这样复杂的国际形势，如果我们构建和谐社会的任务得以实现，不仅可以专心致志地进行国内建设，也有可能分出精力应对不断变化的国际局势，以使我国在国际舞台上处于主动地位和立于不败之地。

4.3.2.3 构建和谐社会要正确解决好当前存在的一些突出问题

我国社会总体上是和谐的，但也存在不少影响社会和谐的矛盾和问题，如人与自然和谐发展的问题、区域发展的不平衡问题、劳动就业问题、社会保障问题、人口问题（如人口的年龄结构及性别结构）、生态环境问题、青少年犯罪问题、婚姻家庭问题、弱势群体问题等。对此，我们要保持清醒头脑，居安思危，深刻认识我国发展的阶段性特征，正确解决好当前存在的一些突出问题。

人与自然和谐发展的问题。有关资料表明，我国多年平均水资源总量为 2.8 万亿立方米，居世界第六位，但人均水资源占有量仅为 2185 立方米，不足世界平均水平的 1/3，其中，黄河、淮河、海河等流域人均占有量更低。水资源的时间分布极不均衡，大部分地区每年汛期 4 个月的降水量占全年的 60%~80%，容易形成冬旱夏涝。水资源的空间分布也很不均衡，与我国人口、土地、经济布局不相匹配，北方地区人口占 47%、耕地占 65%、GDP 占 45%，但水资源仅占 19%。同时水资源污染问题日益严重，Ⅴ类和劣Ⅴ类占总量的 37%，20% 的地下水受污染，54% 的地下水不符合生活用水标准。能源短缺问题也同样突出，煤炭、石油、天然气等主要能源的人均占有量均不足以同世界平均水平相比；耕地、各种矿产按人均计，也排在世界后列。鉴于目前中国的资源短缺、环境污染问题比较严重，所以谋求人与自然和谐相处，应该是建设和谐社会的一个主要目标。这也提示我们在搞经济建设的同时，必须注意保护环境，绝不能以牺牲环境为代价来获得经济增长。

乡村振兴问题。党的二十大报告中对全面推进乡村振兴作出重要部署，强调"坚持农业农村优先发展""加快建设农业强国"，报告中强调农业、农村和农民问题是关系全党、全国人民的重大问题，因此要切实解决好"三农"问题就要实行乡村振兴。乡村振兴战略为新时期我国的农业发展和农村改造提供了前进的方向、确定了工作的重心，促进了农村经济的积极发展。报告指出了战略的总体要求是生态宜居、产业兴旺、乡风文明、治理有效、生活富裕，"三农"问题是关系到国家经济和人民生活的根本问题。这一重大战略关系到农业农村现代化的实现日程，关系到第二个百年奋斗目标能否实现，关系到社会主义现代化事业的全面发展。乡村振兴强调在五个方面实现振兴：一是要构建现代的农业体系；二是要完善农村基础设施建设，改善人居环境；三是要提高乡村社会和农民的文明程度，建设乡村文化；四是在治理层面上，强调实现多方位的协同治理，加强法制保障，建设和谐有效的治理环境；五是在人民生活方面，强调要提高农民的就业和收入水平，减少城乡之间的差距。乡村振兴战略的实施有助于我国构建现代化的经济体系和现代化的治理格局，实现共同富裕，向着全面建设社会主义现代化国家迈进。

收入分配问题。收入分配问题，是社会稳定的基本要求，也是和谐社会的起码条件。基尼系数是国际上通行的一个研究分配差距的数据，对于我们判定是否实现了公平的发展、是否使发展的成果惠及广大人民群众是有重要参考价值的。根据国家统计局数据，1978 年中国收入基尼系数为 0.317，2008 年达到峰值 0.491，此后维持在 0.460~0.470，2019 年为 0.465。2020 年高收入（前 20%）和低收入（后 20%）群体的可支配收入之比为 10.20，较 2018 年的 10.97 有所回落，但仍处于较高水平区间。2013~2020 年高低收入比的均值为 10.64。财产性收入占比从 2009 年的 2.3% 提高至 2020 年的 8.7%。2018 年财产性收入增长 12.9%，远高于工资性收入的 8.3% 和经营性收入的 7.8%。

中国财富基尼系数从 2000 年的 0.599 持续上升至 2015 年的 0.711，随后有所缓和，降至 2019 年的 0.697。

中国的收入分配问题有全球共性原因，比如，流动性泛滥和劳动报酬份额降低等；也有自身发展阶段和制度的原因，比如，不同经济发展阶段的公平和效率抉择问题、收入三次分配调节机制不完善等。既要肯定过去收入分配制度在刺激经济增长方面的历史进步性，也要客观承认现阶段所存在的问题。

收入差距问题值得重视，其对经济健康发展、社会稳定影响重大。未来调整收入分配、实现共同富裕，在更重视公平导向的同时，也要注意兼顾效率、兼顾对经济增长的激励。

就业问题与社会保障问题。就业是民生之本，只有充分就业，社会才会真正和谐，就业岗位不足、闲散人员过多，会给社会带来许多不安定因素。因而实施积极的就业政策，千方百计增加就业岗位，是构建和谐社会的重要环节。2022年，在新冠肺炎疫情持续影响和国内外宏观经济不确定性多重压力下，就业局势保持总体稳定，城镇新增就业稳步增长、失业率逐步恢复到较低水平，重点群体就业基本稳定，企业员工工作时间回升，工资水平有所上涨。我国就业形势保持总体稳定，具有经济基本支撑和政策服务保障等有利条件，但也面临人口老龄化、产业数字化、新型城镇化、就业多元化、新的全球化等各方面因素的影响，就业面临复杂局势。需要进一步强化就业优先导向宏观政策支持，加强就业与经济社会政策协同，加大结构性政策支持力度，为重点群体提供精准政策帮扶，完善高标准劳动力市场，提高匹配效率，着力推进实现更加充分、更高质量就业。

《"十四五"就业促进规划》（以下简称《规划》）以实现更加充分更高质量就业为主要目标，深入实施就业优先战略，健全有利于更加充分更高质量就业的促进机制，完善政策体系、强化培训服务、注重权益保障，千方百计扩大就业容量，努力提升就业质量，着力缓解结构性就业矛盾，切实防范和有效化解规模性失业风险，不断增进民生福祉，推动全体人民共同富裕迈出坚实步伐。《规划》明确了"十四五"时期促进就业的基本原则，即坚持就业导向、政策协同，坚持扩容提质、优化结构，坚持市场主导、政府调控，坚持聚焦重点、守住底线。《规划》提出，到2025年，实现就业形势总体平稳、就业质量稳步提升、结构性就业矛盾有效缓解、创业带动就业动能持续释放、风险应对能力显著增强。《规划》提出七项重点任务：一是坚持经济发展就业导向，不断扩大就业容量；二是强化创业带动作用，放大就业倍增效应；三是完善重点群体就业支持体系，增强就业保障能力；四是提升劳动者技能素质，缓解结构性就业矛盾；五是推进人力资源市场体系建设，健全公共就业服务体系；六是优化劳动者就业环境，提升劳动者收入和权益保障水平；七是妥善应对潜在影响，防范化解规模性失业风险。

4.3.3 生态文明建设的公共政策问题

党的十八大以来，以习近平同志为核心的党中央以高度的历史使命感和责任担当，直面生态环境面临的严峻形势，践行"绿水青山就是金山银山"的理念，以前所未有的决心和力度加强生态文明建设，坚持绿色发展，把生态文明建设融入经济建设、政治建设、文化建设、社会建设各方面和全过程，加大生态环境保护力度，推动生态文明建设在重点突破中实现整体推进。比如，中央制定实施生态文明建设目标评价考核办法，建设国家生态文明试验区；重点整治大气污染，优化能源结构，推进水污染防治，出台土壤污染防治行动计划；开展中央环境保护督察，严肃查处一批环境违法案件等。近十年，是我国生态文明建设力度最大、举措最实、推进最快、成效最好的时期。

4.3.3.1 生态文明建设的意义

建设生态文明，是关系人民福祉、关乎民族未来的长远大计。党的二十大进一步强调要把生态文明建设放在突出位置，这是中国式现代化建设的必然要求。更具明确政策导向、更具现实针对性、更顺应人民意愿的新要求，从而使生态文明建设的内涵更加丰富和完善。建设生态文明，才能实现人的全面发展、文明的全面进步、社会的全面和谐，从而确保如期实现党的第二个奋斗目标。现代化建设，不只是一个经济目标，更是一个经济、政治、文化、社会、生态全面协调发展的目标；不只是衡量国家富强、民主、文明、和谐的目标，更是衡量人民生活水平、生活质量的目标。生态文明是经济发展、社会和谐、民生改善的汇聚点，良好的生态环境、人与自然的和谐发展以及可持续发展的能力，是现代化建设的基础条件。

把生态文明建设放在突出地位，是改善民生、满足人民群众需求的时代要求。生态文明建设是新时代中国特色社会主义的一个重要特征。加强生态文明建设，是贯彻新发展理念、推动经济社会高质量发展的必然要求，也是人民群众追求高品质生活的共识和呼声。我们推动改革发展，根本目的是满足人民群众的需求。人民的需求既包括各种物质文化需求，也包括清新空气、清洁水源等生态环境需求。随着生活水平的显著提高，人民群众对良好的生态环境有了越来越强烈的需求，对环境质量、生存健康的关注日益强烈。面对资源约束趋紧、环境污染严重、生态系统退化的严峻形势，只有树立尊重自然、顺应自然、保护自然的生态文明理念，把生态文明建设放在突出地位，建设天蓝、地绿、水净的美好家园，才能回应并不断满足人民群众日益强烈的环境诉求，才能全面提高人民生活质量、提升幸福指数，实现生产发展、生活富裕、生态良好的发展目标。

把生态文明建设放在突出地位，是转变经济发展方式、实现永续发展的战略抉择。传统工业社会的生产方式以大量生产、大量消费、大量废弃物为主要特征，这种生产方式必然导致资源枯竭、环境污染，因而是不可持续的。随着我国经济快速发展，资源、生态、环境的矛盾日益尖锐，发达国家工业化进程中分阶段出现的环境问题已集中出现。如果不从根本上改变粗放式的发展方式，经济社会的发展将难以为继。建设生态文明，就是要以生态文明理念转变经济发展方式，推进绿色发展、循环发展、低碳发展，从根本上突破资源环境的约束，在发展中保护生态，在保护生态中加快发展，既满足当代人的发展需要，又为后代人提供发展的基础和保障。这是走可持续发展之路的战略抉择，是实现世世代代永续发展的必由之路。

把生态文明建设放在突出地位，是更好地参与国际竞争和合作的客观需要。"新发展阶段对生态文明建设提出了更高要求，必须下大气力推动绿色发展，努力引领世界发展潮流。"① 近年来，资源环境问题已成为一个重大国际问题，围绕能源资源、气候变化、温室气体排放等生态环境问题的博弈日趋激烈，低碳发展、绿色发展正成为各国发展经济的战略重点和新一轮国际经济竞争的制高点。我国作为最大的发展中国家，作为负责任的大国，坚持绿色发展、循环发展、低碳发展，建设生态文明，既有利于推动经济持续健康发展，为人民创造良好生产生活环境，又有利于增强在国际上的话语权，维护我国的核心利益和负责任大国形象，为全球的低碳发展作出贡献。"我们要牢固树立绿水青山就是金山银山理念，坚定不移走生态优先、绿色发展之路，增加森林面积、提高森林质量，提升生态系统碳汇增量，为实现我国碳达峰碳中和目标、维护全球生态安全作出更大贡献。"②

4.3.3.2　生态文明建设的举措

党的十八大以来，我国生态文明政策体系的发展呈现一些新特点。生态文明建设纳入"五位一体"总体布局，生态环境保护政策体系覆盖生产、生活和生态的空间布局和活动要求，涉及城市和乡村的协调发展，涉及工业、农业和第三产业的绿色协同发展，政策的调节作用正在增强。

与新特点相匹配，我国生态文明政策体系的发展也呈现出一些新转变。政策体系方面，从纯粹地建设生态环境保护制度体系发展到建设生态文明文化、经济、责任、目标和生态安全体系并重的制度体系。政策内容方面，从单一的生态保护政策发展到自然资源、自然生态、环境容量保护方面的政策并重。政策方法方面，从关注具体内容和项目的环境保护发展，到关注区域保护、系统保护和全过程的保护；从重点关注生态环境保护到如何协调生产、生活和生态发展。政策

---

①②　2021 年 4 月 2 日，习近平总书记在参加首都义务植树活动时讲话。

手段方面，从严格追责、严格执法等治标措施发展到标本兼治，促进长效机制的建设，降低生态环境保护的经济和社会成本。政策目标方面，从高速度增长到实现资源节约、生态保护、污染防治、经济增长、保障就业多目标的高质量发展。政策模式方面，从减排为主的环境管理模式发展到以环境质量管理为核心的环境管理模式。

在生态文明建设方面，生态环境根本好转，美丽中国目标基本实现。清洁低碳、安全高效的能源体系和绿色低碳循环发展的经济体系基本建立，生态文明制度更加健全。绿色发展的生产方式和生活方式基本形成，能源、水等资源利用效率达到国际先进水平。大气、水、土壤等环境状况明显改观，生态安全屏障体系基本建立，生产空间安全高效、生活空间舒适宜居、生态空间山清水秀的国土开发格局形成，自然生态系统质量和稳定性明显改善。我国在应对全球气候变化和促进绿色发展中发挥重要作用。

（1）推进绿色发展。加快建立绿色生产和消费的法律制度和政策导向，建立健全绿色低碳循环发展的经济体系。构建市场导向的绿色技术创新体系，发展绿色金融，壮大节能环保产业、清洁生产产业、清洁能源产业。推进能源生产和消费革命，构建清洁低碳、安全高效的能源体系。推进资源全面节约和循环利用，实施国家节水行动，降低能耗、物耗，实现生产系统和生活系统循环链接。倡导简约适度、绿色低碳的生活方式，反对奢侈浪费和不合理消费，开展创建节约型机关、绿色家庭、绿色学校、绿色社区和绿色出行等行动，培育绿色高质量增长新动能，推动各地步入绿色发展的道路。

（2）着力解决突出环境问题。坚持全民共治、源头防治，通过绿色农业发展、绿色工业发展等措施建立健全生态价值实现机制。加快水污染防治，实施流域环境和近岸海域综合治理。强化土壤污染管控和修复，加强农业面源污染防治，开展农村人居环境整治行动。加强固体废弃物和垃圾处置。提高污染排放标准，强化排污者责任，健全环保信用评价、信息强制性披露、严惩重罚等制度。维护区域公平发展的权益，调动各方在保护中发展、在发展中保护的积极性。对照《生态文明建设目标评价考核办法》设立的指标，开展绿色发展目标评价和考核。通过示范与引领，以点带面，提质增效，夯实传统的工业经济动能，构建以政府为主导、企业为主体、社会组织和公众共同参与的环境治理体系。积极参与全球环境治理，落实减排承诺。

（3）加大生态系统保护力度。实施重要生态系统保护和修复重大工程，通过生态保护补偿、生态损害赔偿，优化生态安全屏障体系，构建生态廊道和生物多样性保护网络，提升生态系统质量和稳定性。完成生态保护红线、永久基本农田、城镇开发边界三条控制线划定工作。开展国土绿化行动，推进荒漠化、石漠化、水土流失综合治理，强化湿地保护和恢复，加强地质灾害防治。完善天然林保护制度，扩大退耕还林还草。严格保护耕地，扩大轮作休耕试点，健全耕地、草原、森林、河流、湖泊休养生息制度，建立市场化、多元化生态补偿机制。

通过环境保护"党政同责"、中央生态环境保护督察、生态环境保护基础设施建设等措施，严格常态化执法监管，奖罚分明，治标与治本并举，遏制地方发展环境污染型和生态破坏型经济。

（4）改革生态环境监管体制。加强对生态文明建设的总体设计和组织领导，设立国有自然资源资产管理和自然生态监管机构，完善生态环境管理制度，统一行使全民所有自然资源资产所有者职责，统一行使所有国土空间用途管制和生态保护修复职责，统一行使监管城乡各类污染排放和行政执法职责。构建国土空间开发保护制度，完善主体功能区配套政策，建立以国家公园为主体的自然保护地体系。坚决制止和惩处破坏生态环境行为。

通过打击监测、监管与治理造假行为，全面实行信息公开，提高形势研判的科学性和决策的准确性，确保政策和制度运行达到预期。采取多方监督措施，让生态环境保护的党内法规和国家立法常态化运转，并在法定条件下自动启动追责机制，克服地方保护主义。采取强制措施与市场机制相结合的方法，促进资源在国家、区域、流域得到合理化配置。

4.3.3.3 生态文明政策的完善

"十四五"时期，必须以习近平生态文明思想的发展为理论导向，解决现实的生态环境问题、绿色发展问题和生态环境政策完善问题，服务于 2035 年和 2050 年的经济社会发展目标，创新和完善中国特色社会主义生态文明政策体系，形成层次清晰、内容齐全、相互配套、重点突出的政策矩阵体系。为了建成这一目标体系，必须从以下几方面入手：①

在意识方面，确立生态文明建设的政治和法律规矩，通过制度划定经济和社会发展活动的行为准则，让生态文明建设成为各方面的共识和行动指南。当前，

---

① 常纪文．"十四五"时期创新和完善生态文明政策体系的建议［EB/OL］．https：//www.cenews.com.cn/news.html？aid＝55409.

可以考虑制定相关政策使绿色发展、生态文明建设要求刚性化、具体化、法制化。同时建立容错机制，既把地方权力关进制度的笼子，也防止挫伤地方经济和社会发展的活力。

在思路方面，通过环境保护"党政同责"、中央生态环境保护督察、生态环境保护基础设施建设等措施，严格常态化执法监管，奖罚分明，治标与治本并举，遏制地方发展环境污染型和生态破坏型经济。

在措施方面，通过生态保护补偿、生态损害赔偿、绿色农业发展、绿色工业发展等措施建立健全生态价值实现机制，维护区域公平发展的权益，调动各方在保护中发展、在发展中保护的积极性。对照《生态文明建设目标评价考核办法》设立的指标，开展绿色发展目标评价和考核。通过示范与引领，以点带面，提质增效，夯实传统的工业经济动能，培育绿色高质量增长新动能，推动各地步入绿色发展的道路。

在重点方面，通过打击监测、监管与治理造假行为，全面实行信息公开，提高形势研判的科学性和决策的准确性，确保政策和制度运行达到预期。采取多方监督措施，让生态环境保护的党内法规和国家立法常态化运转，并在法定条件下自动启动追责机制，克服地方保护主义。采取强制措施与市场机制相结合的方法，促进资源在国家、区域、流域得到合理化配置（同前文论述）。

在改革方面，既要在生态环境保护政策体系的框架内通过逻辑衍生的方法完善体制、创新机制，加强和完善生态环境监管，也要用信息化、社会化的方法替代补充一些监管效果不明显的措施。

4.4　本章小结

公共政策问题的基本内涵包括社会客观性、感知认同性、价值冲突性、团体活动性及政府行为性，政策问题具有关联性、主观性、人为性和动态性特征。美国公共政策学家密特洛夫与克尔曼、罗威将政策问题划分为分配型问题、管制型问题、再分配型问题。威廉·N. 邓恩将政策问题划分为结构优良的问题、结构适度的问题和结构不良的问题。政策问题的构建通常由问题察觉、问题搜索、问题界定和问题描述环节组成。政策问题的论证分为一级论证、二级论证、功能论证和小论证。本章介绍了边界分析、分类分析、层次分析、综摄法、头脑风暴法、多面透视分析、假设分析及论证图示等政策问题构建的九大方法。另外，分析了我国高质量发展、和谐社会构建以及生态文明建设的公共政策问题。

思考题

1. 什么是政策问题？政策问题有哪些特征？
2. 在公共政策过程中，正确地构建政策问题有何意义？
3. 如何才能正确地构建政策问题？

案例讨论

灵台苹果产业的"四起三落"

灵台县位于陇东黄土高原南缘，属黄土高原沟壑区，泾河与渭河之间。由于产业基础比较薄弱，经营能力比较差，经济发展一直比较滞后。但这里土层深厚，通透性好，光热资源丰富，昼夜温差大，空气和土壤污染指数小而盛产苹果。改革开放初期，灵台县在省市两级政府的支持下，顺应改革开放的大潮而动大力发展苹果产业，提出了"一乡一业、一村一品，大搞多种经营"的发展思路。1980 年包产到户后，果园有的村集体继续经营，有的果园则承包给农户经营。从 1985 年零星种植的苹果树达到 5000 多亩，到 1990 年达到 3 万余亩，接下来 LT 县苹果产业发展一片大好，可是到 2001 年苹果树达到近 10 万亩。从 1982 年到 1998 年苹果的产量一直处于强劲的上升势头。然而，随着树龄的增加，因品种退化，树体衰弱，经济效益差，经营不善，放任不管，病虫危害严重，苹果产业第一次培育尝试宣告失败。从 1999 年开始，为了发展当地农村支柱产业解决群众生活生计问题，灵台县政府动员群众开始第二次大规模苹果树种植。至 1994 年底，全县果园面积 44723 亩，带动了 2000 年全县果园面积甚至最高达到 10 万亩。然而好景不长，全国果品市场持续低迷，苹果价格低，效益不明显，无龙头企业引领，导致果品滞销，果园管理松散放任，病虫害蔓延，果树死亡。第二次苹果产业培育尝试因此草草收场。2000 年底开始大面积挖除残败果园，苹果面积逐年衰减，到 2005 年果园基本被全部挖除。2006 年温暖和煦的春风给当地带来了振奋人心的消息，灵台县被农业农村部（原农业部）确定为全国苹果最佳适生区，被甘肃省确定为18个苹果发展优势区域重点县和省列扶持村级集体经济发展试点。在中央到省市三级政府的重点扶持下，灵台县从2006开始重启大规模苹果产业发展的征程。

资料来源：

[1] 每日甘肃网 http：//pl. gansudaily. com. cn/ltx/。

[2] 中国甘肃网 http：//gansu. gscn. com. cn/system/2023/04/04/012936393. shtml。

讨论：

1. 县级政府农业产业培育政策执行中有哪些政策主体在场，各政策主体在其中发挥了哪些功能？政策主体各自的行为动因是什么？

2. 农业产业培育政策执行有哪些关键要素？

第5章　公共政策环境

由于任何事务都置身于一定的环境之中，并且在一定的环境中运行、演化，故不存在没有环境的事务。正因为这样，要更好地认识某个事务，就必须结合环境来展开研究。要更好地完善某个事务，就必须根据环境的变化来对其进行相应的调控。

为什么对环境的研究是必要的，原因有三：环境研究可以提高决策的正确性；环境研究可以提高决策的及时性；环境研究可以提高决策的稳定性。

5.1　公共政策环境概述

公共政策是公共政策环境（policy environment）的产物，有什么样的公共政策环境，就势必产生什么样的公共政策，完全脱离公共政策环境的公共政策是不可能存在的。

在现实场景中，任何一项公共政策从制定、执行到结束的过程都不是封闭的，都总是与环境处于不断作用的状态之中。因此，所谓的公共政策环境，就是指影响公共政策产生、存在和发展的一切外部因素的总和。这些外部因素，包括从人到物、从自然到社会、从历史到文化等多方面、多角度的内容。由该定义可见，政策环境对政策的制定和运行是有重大影响的，环境和政策之间不断地发生物质、能量和信息交流，它们看似相互分离却又彼此渗透，其之间是双向的影响和被影响的关系。

5.1.1　公共政策环境的含义

一般而言，人们对环境的理解如下：①某个事物发生、存在或进行某种活动时的生态条件或背景。②指对组织绩效起着潜在影响的外部机构或力量。③按系统论的观点，所有的事物都可以被看作一个相对独立的系统，它处于更大的系统之中并构成这个更大的系统的子系统，这更大的系统就成为该系统的生态环境。

在分析公共政策环境时，以下两种分析方法经常被使用：①历史分析，也称纵向分析。这种方法将公共政策置于一定的时空背景中，而时间的分析方法其实是一种历史的方法，是基于对历史时间的关注。当然，从历史的角度来研究公共政策环境也有不同的层次，我们可以将公共政策放在宏观的历史背景下，考察影响政策的历史结构因素；也可以从较短的历史时段来考察，以期把握公共政策的生命周期和变动规律。研究公共政策环境的历史方法，就是研究公共政策产生、实施以及政策变动乃至终结的历史条件。同时研究前后政策之间的联系，对现行政策和过去的政策进行历史比较。从中找出经验，以便更好地贯彻落实现行的政策。②横向分析。横向比较就是根据一定的标准将彼此之间有着某种联系的多个因素加以对照。以认识和把握不同因素的表象特征。随着比较政治学的成功，比较公共政策作为一种新的研究取向越来越受到人们的重视。对政策环境的分析比较的方法无处不在，比如，对公共政策进行跨国的比较。这种方法既为制定更好的公共政策提供指导，还可以更加深入地了解在处理具体问题时环境的不同影响，并在此前提下深入了解不同的政府机构和政治过程是怎样运作的①。

5.1.2 政策环境与政策的关系

任何公共政策的制定和实施，都必须面对特定的经济、政治、文化乃至自然环境，必须在一定的机制体制下运行。在现代经济一体化、科技信息化、政治民主化进程日益加快的今天，公共政策的制定和实施，将会面临更加复杂的情况。作为政策研究的两个基本互动因素，公共政策和公共政策环境两者双向互动，辩证统一。换言之，公共政策既受公共政策环境的影响，又反过来影响公共政策环境。

5.1.2.1 公共政策环境对公共政策的影响

首先，任何公共政策都是特定环境所造就的，脱离了政策环境的前提，公共政策便没有存在的必要。公共政策的制定是为了解决某个社会问题而提出的一系列可接受的方案或计划，在政策分析与进一步论证和审查备选方案基础上，形成

① 刘圣中. 公共政策学［M］. 武汉：武汉大学出版社，2008.

正式政策的过程。这就说明了公共政策的制定具有极强的指向性与针对性。从一定意义上来说，公共政策就是公共政策主体为解决自身与特定环境的矛盾而采取的行动①。比如，当经济领域中存在社会严重不公平与收入差距不断扩大时，就必然要求政府研究制定与第二次分配和第三次分配相关的公共政策；当社会环境中生产安全问题频发时，就势必要求政府高度重视安全生产，制定遏制重大安全事故频发的监管公共政策。

其次，政策环境并非总是一成不变的，环境的发展变化必然导致公共政策的发展变化。也就是说，政策环境的改变是公共政策变革的压力和动力，公共政策要不断地适应政策环境的变化。如果政策环境发生重大变化而公共政策却保持不变，那么公共政策就会成为阻碍社会良性发展的消极因素。在这种情况下，如果要想使公共政策与公共政策环境进入一个新的平衡状态，那么就需要公共政策主体重新调整或制定出新的公共政策。环境变化—政策调整—达到平衡，这整个过程其实是一个不断循环反复的过程，因而公共政策必须不断地随着公共政策环境的变化而变化与调适，这样才能不断地达成公共政策的目标，促进社会经济的发展。

在实践中，政策环境的变化常常意味着政府面临着新的挑战和要求，此时如果不能对政策进行必要的调整，就难以有效解决政策问题，无法满足人民群众日益增长的物质文化需求，甚至会阻碍经济社会的发展。反之，政府若能根据政策环境的变化而采取恰当的应对措施，就能够获得良好的经济效益和社会效益。

最后，政策环境制约着公共政策的发展水平，公共政策不能脱离和超越其所处的政策环境。现代社会高度复杂和专业化的公共政策体系不可能存在于原始低下的生产力社会之中，而原始社会简单、笼统的公共政策体系也不可能管理好现代社会。发达国家成功的公共政策体系不能被不发达国家和发展中国家完全照搬。众所周知，西方发达国家尤其是欧美国家在长期的公共事务管理过程中，发展出一套完备的公共政策体系，在实践中显示出很多优势。结果一些发展中国家和不发达国家蜂拥而上，照搬西方国家的管理制度和公共政策，但收效甚微。

5.1.2.2 公共政策对公共政策环境的影响

公共政策对环境具有能动的反作用，能利用、控制和改造公共政策环境。如前所述，任何一项公共政策都是特定环境所造就的，它受制于各种自然和社会因

---

① 宁骚. 公共政策学［M］. 北京：高等教育出版社，2003.

素且必须适应其变化。不过，公共政策并非始终是消极的和被动的，它也能通过自身的运行及效果对政策环境产生深远的影响，从而部分地甚至极大地改变政策环境。所以，公共政策并不是消极应对政策环境的变化，而是主动适应并改变着周围的环境。公共政策适应了政策环境的要求，就能改善政策环境，推动环境的进一步良性发展。反之，就可能导致政策环境的进一步恶化，造成严重后果。

事实上，公共政策对公共政策环境在多方面都有显著影响：①公共政策影响政治环境。政府与执政党依据特定时期的目标，针对公共问题所制定和推行的政策，直接影响公共利益的分配，影响社会的结构及公平效率。在当今世界多极化的大背景下，在地区、行业和民族矛盾不断变化的情况下，国家要保持稳定的政治局面，其公共政策理念的科学性和公共政策实施的合理性将至关重要。②公共政策影响经济环境。在经济全球化背景下，经济不仅对一个国家的上层建筑起决定性作用，而且与一个国家的命运息息相关。公共政策的执行如果能化解国内经济利益的冲突，使国家得以可持续稳定发展，那么社会就会稳定，人民生存就有保障。由中国改革开放前后党的路线方针政策对中国经济发展的影响，就可以得出这一结论。③公共政策影响文化环境。当今世界各种思潮相互激荡，每个国家的传统文化和主流意识形态都受到一定程度的冲击。社会的全面发展对提升文化软实力的需要越来越迫切。有什么样的政策就有什么样的文化导向，而文化又将决定一个国家的凝聚力和发展潜力。坚持核心价值体系的构建、保持意识形态上的主导地位、正确引导社会舆论、优先发展教育和科学事业等，这些公共政策的执行将不断改善文化环境，从而为公共政策的制定创造精神条件。

5.1.3　公共政策环境的基本特征

5.1.3.1　复杂性和类属性的统一

政策环境具有难以分辨的复杂性和多样性。从范围看，既有国际的因素，也有国内的因素，二者常常相互影响；既有全局的，也有局部的，二者经常变换位置。从内容看，政策环境有政治的、经济的、文化的、社会的、心理的多个方面。从形式看，可以分为物质环境和精神环境。从时间看，有些环境是历史的，有些环境是现实的。从影响力看，有些因素影响力较强，有的因素影响力则较弱。这些多种因素的综合，使公共政策环境具有相当的复杂性。在制定公共政策时，要将政策环境置于不同层面进行考量，不能只见树木，不见森林。

当然，构成政策环境的因素虽然十分复杂，但却并不杂乱，可以把公共政策环境根据标准的不同划分为各种不同的类型。如客观的自然环境，似乎与人无关，但只要同政策主体的活动相联系，就会成为政策的环境因素。同样，政治的、经济的、文化的环境因素，则完全是通过人类自身的活动创造出来的。因此，我们可以将政策环境分类，将特定的环境与特定的领域或内容联系在一起。所以，政府在制定和实施政策时，不是将所有的环境因素不加区别地考虑，而是有选择地辨认和评估相对应的环境因素。比如，在制定和实施政治政策时，首先要考虑社会政治法治环境；在制定和执行经济政策时，首先要考虑经济环境；在制定教育科技等政策时，首先要考虑社会的文化环境，这样才能使公共政策顺利解决公共问题。

5.1.3.2 特殊性和普遍性的统一

公共政策环境的特殊性主要是指，政策环境对于具体的公共政策来说是各不相同的。一项公共政策是否有效，是否能够促使政策环境的优化和改善，关键是看该项公共政策是否适应其所处的特殊的政策环境。同一项公共政策，在一国可能是有效的，而在另一国则可能是无效甚至是起阻碍作用的。所以在制定公共政策之前，首先要考虑的就是公共政策环境的特殊性因素，考虑公共政策是否适合于当前的政策环境。切忌盲目引进、照搬照抄①。政策主体只有以科学的态度、求实的精神，认识和把握经济、政治、文化、历史、自然、社会等因素的特点，结合特定时期的社会性质、主要矛盾，分析客观环境的各种特殊性，才能制定出符合实际的公共政策。

政策环境又具有普遍性。这种普遍性是指任何国家都会面对一些一致或相类似的政策环境问题。比如，任何一个国家影响公共政策的环境因素一般都包括自然、人文、社会、政治、经济、文化等基本要素，而且它们影响政策的方式也有类似性，就算这些要素处在变化、发展的过程中，其变化的规律也可以按照类似的研究路径去探寻。

5.1.3.3 稳定性和变动性的统一

公共政策的环境因素在特定的时间和地域范围内都具有一定的稳定性。政策环境的稳定性首先通过其自然地理环境的固定性体现出来，另外也通过政治制度的稳定性和社会传统文化的连续性体现出来。事实上，公共政策环境因素的相对稳定性是人们制定和实施公共政策的基本前提。

---

① 陶学荣. 公共政策学［M］. 大连：东北财经大学出版社，2009.

但是，作为公共政策限制条件和资源条件的外在环境，在总体稳定的同时，又处在不断变化发展中，表现出变动性。这种变化主要由两方面原因引起：一方面是环境因素自身的矛盾运动。比如，生产力和生产关系的进步和改变、社会经济和文化的发展等。另一方面是政策与政策环境的相互作用。政策不仅是环境的产物，而且会反过来对产生和制约它的环境施加能动的反作用，从而引起环境的变异。这种变化在政策转型期尤为明显，由于环境的快速变化，政策因无法适应环境被淘汰，淘汰的政策又反过来进一步促进了环境的变化，从而形成了一个不断进步的循环过程。

5.1.3.4　连锁性和定向性的统一

公共政策环境与公共政策之间不是简单地表现为某一特定的公共政策和其周围有限的环境因素之间的关系，而是表现为连锁反应和交叉反应。政策环境作用的这种交叉性，使环境因素影响的方向性变得难以捉摸。

环境和政策间的连锁反应虽然具有传导性，但作用的范围是有区别的。在连锁作用因果链条的开始环节上，特定的环境因素对某一具体政策的作用力度显然是最强的。越是向后，这一环境因素作用对其他政策的作用力度就逐渐减弱①。这就使政策作用的方向具有定向性的特点。社会政治法治环境因素固然会对经济政策、文教政策产生一定的作用，但它的主要作用还是指向政治政策和法律的。同样，经济资源环境会对社会中的多种政策产生影响，但其最主要的作用还是面向经济政策的。可以说，政策系统和环境是一个有机整体，影响某一政策的诸多因素中，各因素的影响力度并不相同，而是有主次之分的。

5.1.3.5　常规性和偶发性的统一

政策的环境因素由于上述的稳定性而表现出一定的确定性。这种确定性表明，一定社会的政治、经济和文化环境，其数量、质量发展变化的趋势是政策主体在事先就能够知道或预测的，这是政策规划中人们能够利用事前掌握的信息进行方案预期效果分析的依据。因此，大多数公共政策环境因素，其发生、发展都遵循一定的规律，是符合常规的。

但是，也有相当多的环境因素的出现及其发展变化是偶发性的，往往出乎公共政策主体的预料。这些偶发性的环境因素主要有以下几种：一是特大自然灾害，虽然人们对自然的变化已经有多种方法进行预测，但诸如地震、洪水之类的

---

① 徐家良．公共政策分析引论［M］．北京：北京师范大学出版社，2009.

自然灾害仍然无法准确预测；二是国际范围的危机，虽然我们提出构建人类命运共同体，但世界格局仍处于演变的历史性进程中；三是综合性危机，人们虽然能够对个别的环境因素发展趋势有所认识，但对潜在的矛盾与综合性危机缺乏预测和预防能力。这些突发性因素往往会打乱公共政策的既定安排，造成严重后果，给人们的应对造成很大的困难。

5.2 政策环境的主要内容

公共政策不能离开政策环境而孤立存在，政策产生于环境，并从环境输入政治系统。不仅如此，政策环境的构成因素复杂多样，各种因素都体现了政策环境的某一方面。

5.2.1 一般政策环境

公共政策的一般政策环境主要包括政治环境、社会环境、文化环境、法律环境、经济环境、科技环境、生态环境，下面将一一对其进行介绍。

5.2.1.1 政治环境

政治环境是指对公共政策有重要影响的各种政治要素的总和[①]，主要包括政治体制、国家结构形式、政党制度、国家的方针政策、政治气氛等。我们可以从政治与法律两方面来理解公共政策中的政治环境。政治方面包括一般政治倾向、政治权力的集中程度、分权和国民参政的程度、政治性组织的普遍程度和职能倾向等。法制方面包括宪法的功能及地位、法律制度的性质及其有效性、国家权力的格局及其法治程度、法的制定和法治精神等。按照古德诺的行政与政治二分法，"政治是统治阶级意志的体现，行政是统治阶级意志的执行"。因此，政治环境是公共政策最直接的影响因素，公共政策的内容、对政策的监督，甚至政策主体的责任，都会受到政治的影响。

（1）政治体制。政治体制即国家政权的组织形式，它体现着一国政治生活的基本架构和公共权力的分配，因而其类型和原则会对政策的制定方式、内容、

---

① 陶学荣. 公共政策学 [M]. 大连：东北财经大学出版社，2009.

质量和稳定性等产生影响。因此，政治体制决定了政策处于何种地位和各政策之间的关系，体现了国家政治生活的基本框架和公共权力的分配及行使原则。比如，从政体类型来看，专制政体体现的只是少数权贵的智慧和意志；而在民主政体中，一切权利属于人民，人民可以通过选举和监督等来体现意志。

（2）国家结构形式。国家结构形式涉及的是如何规范国家整体及其组成部分、中央和地方之间的权限问题，它可以划分为单一制和联邦制两个大类。在单一制国家，地方权力的行使来源于中央授予，宪法是由国家一级的制宪机关或立法机关来制定和修改的，不需要各级地方的同意。中央掌握着更为宏观的基本政策的制定权，而各级地方的政策则必须以中央政策为指导，是其具体化。在联邦制国家，联邦与成员单位之间的权力划分是由宪法规定的，因此联邦的法律虽然需要得到成员单位的遵守，但联邦也不得侵犯成员单位所享有的政策权限，而且成员单位之间的政策差异也很大。

（3）政党制度。政党制度是统治阶级有组织地通过政党来开展竞争，单独或联合执政，从而维护其政治和经济利益的形式和手段。根据一国主要政党的数目和掌权方式，政党制度大致包括一党制、两党制、多党制和多党合作制等类型，每种政党制度下的政策制定都各有特点。

一党制主要有两种表现形式：法西斯主义一党制和民族主义一党制。法西斯主义一党制实行的是法西斯党的恐怖政治，其取消了代议机构并由其首领来决定内政外交的所有事项，政策依靠强大的组织宣传和高效的官僚机构来确保其贯彻实施。民族主义一党制是在亚非拉一部分民族独立国家出现的，这些国家的执政党在反殖民扩张、反帝国主义的斗争中赢得了国民的极大拥护。

两党制和多党制是资本主义国家典型的政党制度，其共性是政党的自由竞争和轮流掌权。由于存在两个或多个政党的竞争，故此每个政党都需要将不同的利益综合为备选的政策方案以供选民评判。

多党合作制是具有中国特色且适合国情的一种政党制度，它与多党制的区别是各民主党派在中国共产党领导下依法参政，而不是轮流执政。多党合作既可以避免走向专制极权，又能确保政权掌握在代表最广大人民根本利益的中国共产党手里。

5.2.1.2　社会环境

公共政策的社会环境（social environment）是指制定和实施具体政策时可能面对的社会状况，它是社会人口、群体、职业、规范等的总和，主要包括人口的规模、人口素质、人口结构、人口政策、社会秩序、社会中的权力与结构、人们的生活方式、工作方式等。当社会环境发生变化，相应的社会制度也将发生变化。

（1）人口数量和结构。一个国家的人口数量如果过多或过少，人口结构过于失调，粮食、就业、卫生、住房、教育、交通、治安等方面的问题就会凸显，政府的压力也会更大。为了解决人口增长过快带来的问题，东南亚和非洲的许多国家都制定了计划生育政策，以使人口与环境和资源相协调。当然，对地广人稀的国家来说，通常是鼓励生育的，其移民政策往往更宽松，取得国籍较为容易。年龄比例的失衡是一个更为普遍的问题，它不仅影响发展中国家，也影响发达国家。老龄化在日本和西欧已造成了众多的问题，如老年人的生活保障、医疗护理、养老金发放、心理健康等。

（2）民族和种族。民族是人们在历史上形成的有共同语言、共同地域、共同经济生活以及表现于共同的民族文化特点上的共同心理素质这四个基本特征的稳定共同体①。世界上几乎一大半国家都拥有多个民族，它们之间会因为生活方式、风俗习惯等方面的差异而产生不同的民族问题。中华人民共和国成立后，中国政府制定了多项政策以促进民族之间的团结，其中具有代表性的如实行民族区域自治制度、推动少数民族地区的社会改革、培养和使用少数民族干部、尊重和发展少数民族语言文字、放宽计划生育的要求等。

种族指在体质形态上具有某些共同遗传特征的人群，又称人种。从 19 世纪起，有些人类学家认为种族和人的智力、道德水平有很深的联系，因而不同种族的文化之间有高下之分。在种族主义思潮影响下，一些国家的统治者采取了对所谓劣等种族进行压迫和实施隔离的做法，更极端的甚至实行种族灭绝。时至今日种族隔离已被公认为是对"人类的犯罪"，各国政府也都已在法律中明确承认了所有种族的平等权利。

5.2.1.3 文化环境

公共政策的文化环境（cultural environment）是指制定与实施具体政策时面临的总的文化状况，主要包括文化水平、宗教信仰、风俗习惯、价值观、人口素质与人力资源状况、科技普及程度、文化设施等。一个教育、科技、文化程度较

---

① 斯大林. 斯大林全集［M］. 中共中央马克思恩格斯列宁斯大林著作编译局，译. 北京：人民出版社，1955.

为发达的社会，能够为公共政策系统运行的各个环节配备高素质人员，提供各种现代化的科技手段和良好的资讯条件，从而能大大提高公共政策系统运行的效率。社会风气良好，政策的制定者有正义感、执行者有责任感，目标群体成员有较高的素质，政策执行起来就较为顺畅。

（1）政治文化。文化制度是指围绕着作为观念形态的文化活动而形成的社会关系的一系列规定，是规范人们思想文化行为的组织体系和行为准则①，是"由各种不同的、表现独特的情感、幻想、思想方式和人生观构成的整个上层建筑"②。文化制度对政策的影响较多地体现为政治文化的影响，它不是一般意义上的政策环境，是政策的"精神内核"。

政治文化是公众长期形成的对政治体系的一整套相对稳定的认知、情感和评价，它通过社会化过程而世代延续，成为凝结在政治体系中的非物质"遗产"。各个国家独具特色的政治文化，常常会导致不同国家的民众有不同的政策偏好。受不同政治文化的熏陶；针对同样的政策问题，不同国家可能出台不同的政策，针对同样的政策目标，不同国家可能选取不同的政策工具。

（2）宗教信仰。宗教信仰是信仰中的一种，指信奉某种特定宗教的人群对其所信仰的神圣对象，由崇拜认同而产生的坚定不移的信念及全身心的皈依。这种思想信念和全身心的皈依表现和贯穿于特定的宗教仪式和宗教活动中，并用来指导和规范信仰者在世俗社会中的行为，属于一种特殊的社会意识形态和文化现象。③

（3）价值观。价值观涉及人的政治信仰、精神追求及喜好憎恶，是人们对某些事物进行处理、评判和抉择时的标准。由于政策过程最终是靠人来启动和参与的，因此"政策制定的目的可能反映了那些涉及政策制定过程的人的内心主观愿望和他们对过去、现在和未来的看法"。

在政策制定和运行的每个环节，我们都可以看到价值观渗透在其中：确认政策问题时，某种价值观认为它是需要政府来解决的政策问题，而另一种价值观认为它属于非政府组织该解决的问题；设定政策目标时，某种价值观希望尽最大可能地确保机会公平，而另一种价值观注重的是如何使弱势者受益更多；从事政策

---

① 张国庆．公共政策分析［M］．上海：复旦大学出版社，2004．
② 马克思，恩格斯．马克思恩格斯选集［M］．中共中央马克思恩格斯列宁斯大林著作编译局，译．北京：人民出版社，1995．
③ 罗中枢．论信、信念、信仰、宗教信仰的特征及意义［J］．宗教学研究，2007（2）．

规划时，某种价值观小心谨慎地遵从既有经验，而另一种价值观倾向于开发新方法；评估效果时，某种价值观肯定低成本的投入和高效率的产出，另一种价值观则质疑其对行政人员志愿精神的破坏。

5.2.1.4 法律环境

公共政策的法律环境（legal environment）主要包括法律规范和制度、法律执行、法律遵守和法律意识等。事实上，包括政府在内的一切人格化组织都将受到制度因素的制约和影响。公共政策制定与实施的过程也不例外，其必然受制于现实的法律、法规和规章等制度因素。

在分析法律、法规和规章等制度因素对于政策制定过程的影响时，我们可以从对政策主体的影响、对目标群体的影响以及对公共政策本身的影响三个方面展开相关分析。

首先，法律、法规和规章对公共政策制定主体存在明显的影响。一般而言，政策制定主体只能在现实的制度结构所规定的制度条件约束下进行活动。根据制度主义的研究，制度本身就是对某种权力结构的确认，在这种权力结构中，制度并不平等地对待处于制度结构和网络中的所有政策主体。

其次，法律、法规和规章也有效地影响着公共政策的目标群体。制度性要素对于政策目标群体的影响主要体现在制度结构使政策目标群体具有不同的政治资源和能力。当前各类社会矛盾与社会纠纷及其解决方法是有力的例证。在中央政府宣传号召下，地方各级政府不断创新社会管理，加强各类制度建设，构筑新型的社情民意集聚回应体系。例如，杭州市余杭区临平东湖街道实施"信访代理制"，上城区湖滨街道开设"湖滨晴雨工作室"。这种制度建设旨在畅通社情民意诉求渠道，提高公共政策目标群体，尤其是弱势群体、特殊群体在政策过程中的影响力和话语权。

最后，法律、法规和规章还对公共政策本身存在约束和限制作用。在价值选择方面，制度本身内含价值和偏好，公共政策的制定基于既有的制度结构，还要利用既有制度提供的组织基础来运行。因此公共政策在价值上不能与已有制度结构相冲突，必须要在观念、理念和话语等方面转化成与已有制度结构调性一致才可能被接受。在策略选择方面，公共政策旨在解决现实问题，但是，达到政策目标的方案有很多，要使政策方案能够有效地被采纳和执行，被选择的方案与现行制度至少是不冲突的。由此可见，最终落地方案未必是最佳方案，而往往是最合适、最可行的方案。

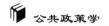

5.2.1.5 经济环境

经济环境（economic environment）是指在公共政策系统中有重要影响的各种经济要素的总和，它是政策规划的出发点，是政策实施的基本物质条件，并在很大程度上影响政策的目标和方向。经济环境是影响公共政策的最基本因素，主要包括社会经济结构、经济发展水平、经济体制、经济政策等。经济环境是人类社会生活中最基本的环境，公共政策不可能超越经济环境所提供的条件和要求。只有正确地认识经济环境，才能有效地制定和执行公共政策①。

（1）经济体制。经济体制通常指一国国民经济的管理制度及运行方式，是国家组织生产、流通和分配的具体形式，由经济制度决定并反映其要求。经济制度是指一个社会的经济基础，即在一定生产力状况基础上形成的生产关系的总和。如果说政治制度主要是决定在一个国家里有价值的东西如何分配给人民，那么经济制度主要是指决定一国有限的物质资源如何使用、如何生产、如何分配、如何消费等问题的制度②。

经济体制的不同，常常决定国家经济政策的数量及政府政策干预的范围。在计划经济体制下，所有经济活动都纳入了国家计划，经济活动的组织主要依靠行政指令来进行，国家需要制定方方面面的经济政策来确保计划的贯彻，政府的政策干预也必然深入经济生活的每个角落。与计划经济体制不同，市场经济体制下的企业很少受政府直接管理，资源配置主要依靠市场来完成，商品交易遵循等价交换原则，国家的作用限于宏观的经济调控，故此国家需要制定的经济政策数量更少，政府政策干预的范围也更狭窄。

（2）经济发展水平。经济发展水平反映的是当地的财力状况，政策的制定和实施都受财力的影响。一般来说，经济发展水平越高，公共政策的质量和公民政治参与的程度也就越高。随着经济发展水平日益提高，公共政策的主客体参与的程度也呈扩大之势。我们很难想象在一个经济不发达，甚至连温饱都难以维系的社会里，公共政策主客体能够积极有效地进行公共政策参与。

首先，经济发展水平的高低决定着政策目标的确定及政策优先性的选择。处在经济发展较低阶段的国家总是把增加人均收入、减少失业、降低通货膨胀等经济方面的目标放在更为显著的位置。与此相对照，更为富裕的国家往往注重经济

---

① 谢明. 公共政策分析概论（修订版）[M]. 北京：中国人民大学出版社，2011.

② 张国庆. 公共政策分析 [M]. 上海：复旦大学出版社，2004.

发展的品质，并对经济增长带来的生态恶化、两极分化等问题给予特别关注。

其次，经济发展水平的高低决定着政策能否保持稳定且按预期规划实施。贫困国家的决策者常常无法做出有效的特别是中长期的政策规划，制定出来的各项政策也往往因为官僚机构没能及时获得足够的资金而被延误或搁置。其原因是很明显的：这些国家的经济形势既困难又多变，不确定的因素过多，为减少贫困造成的压力，国家不得不把拨付给某项政策的资金挪作他用，于是预算亦需要反复编制。

5.2.1.6 科技环境

技术环境是指一个国家和地区的社会科技水平、社会科技力量、科技体制和科技政策等。

（1）科技政策。联合国教科文组织对科技政策的定义是科技政策是一个国家或地区为强化其科技潜力以达成其综合开发之目标和提高其地位而建立的组织、制度及执行方向的综合。[①] 科技政策可分为国家科技政策和区域科技政策。国家科技政策包括国家发展科学技术的方针、战略、步骤，有助于区域间科技资源的有效整合和优化配置。区域科技政策一般是指地区政府所制定的旨在促进本地区的科技与经济协调发展的一系列政策方针，它是相对微观和具体的，以吸引科技型人才、充分调动其创新积极性为目标。区域科技政策是科技环境的基础性构成要素，其重要性居于其他构成要素之首，主要包括科技人才政策、科技投入政策、科技成果转化及产业政策和科技奖励政策。[②]

（2）科技投入机制。它主要体现在科技投入主体、科技投入总量、科技投入结构、科技投入方向及科技投入资本来源等方面。科技投入机制的运行效果最终是通过其成果产出的数量和质量以及转化程度来反映和衡量的。良好的科技投入机制是科技活动顺利进行的强有力保障，有助于提高科技创新效率，加快区域科技进步，进而推动区域社会经济的进一步发展。而区域社会经济的进一步发展又会反过来为科技活动提供更多的资金支持。

（3）科技人才培育环境。科技人才培育环境是指影响科技型人才进行智力投资、知识积累和知识更新的软硬因素。其中，软因素是指有助于调动科技型人才或潜在科技型人才进行教育投资的政策、制度、激励机制、理念及社会氛围

① 杜宝贵. 国家利益主导下的科技政策发展趋势分析 [J]. 科学学研究，2006（24）.
② 陈尧. 重庆市科技政策效果评估与建议 [D]. 重庆：重庆大学，2005.

等；而硬因素则是指有助于科技型人才或潜在科技型人才获取、分享、交流知识的平台，如高等院校等。一般来说，科技型人才的培育环境越好，知识获取途径和知识分享、交流机会就越多，人力资本增值就越快，对科技进步的贡献也就越大。

（4）科技成果保护环境。科技成果保护环境实质上就是知识产权保护体系，主要包括知识产权保护意识、知识产权立法保障、知识产权司法保障、知识产权管理体制及知识产权执法监督机制等几个方面[1]。科技成果在产出、转让及应用过程中必然会涉及所有权、使用权和收益权等产权归属问题，如果产权问题得不到妥善解决，就会引发一系列的纠纷，使相关主体的利益受到侵害。为此，需要加强科技成果保护环境建设，健全知识产权保护体系，加大对科技成果的保护力度。这将有助于调动科技人员从事科研工作的积极性，也有助于科技成果发挥其市场占有功效。

5.2.1.7　生态环境

生态环境（natural environment）是指影响人类生存与发展的水资源、土地资源、生物资源以及气候资源数量与质量的总称，是关系到社会和经济持续发展的复合生态系统。生态环境是一个国家生存与发展的物质基础，是人类创造其辉煌文明的前提条件，也是国家经济建设的立足点和出发点。

每一项地方公共政策都根植于当地环境之中，离开了特定环境的政策就会沦为无源之水、无本之木。一项政策要取得成功，就必须与特定的政策环境达成平衡。在这个过程中，不仅特定的生态环境将显著影响地方公共政策的制定与执行，而且地方公共政策的内容与特征又将重新塑造生态环境。

（1）地理位置。地理、区位要素是自然与社会环境的重要组成内容。一般而言，相比资源、人口和社会文化、产业经济等要素，地理和区位要素更为间接地影响着地方公共政策过程。同时，公共政策的产生也必须从当地现实出发，充分考虑地理和区位环境的比较优势，只有这样，才可能达成公共政策的预期效果。在地方经济社会发展规划中，地理和区位环境是不可回避的要素，其影响集中表现在两个方面：它一定程度地影响着地方经济社会结构的内容；它直接影响了地方经济和社会要素的空间布局。

（2）资源状况。自然资源是人类生存和发展的物质基础和社会物质财富的

---

① 熊霖. 科技成果的知识产权保护研究 [D]. 武汉：武汉理工大学，2006.

源泉，是可持续发展的重要依据之一。自然资源可分类如下：生物资源、农业资源、森林资源、国土资源、矿产资源、海洋资源、气候气象、水资源等。当地的自然资源状况对地方和地区的政策是有显著影响的，例如，新西兰政府大力发展畜牧业，其畜牧业产值占农业总产值的80%左右，这是因为该国拥有非常辽阔的草原和牧场；中东国家的政府把石油开采和炼制视为国民经济的支柱，并依靠其获取了巨额的财富，这是因为它们身处世界石油资源储藏量最丰富的地区。

由于很多自然资源都是不可再生的，因此各国政府都通过立法对其加以合理开发、利用和有效保护。为促进可持续发展，中国政府制定了《矿产资源法》《对外合作开采海洋石油资源条例》《矿产资源开采登记管理办法》《探矿权采矿权转让管理办法》《矿产资源补偿费征收管理规定》《矿产资源监督管理暂行办法》等法律法规和规章制度。

[资料] 潭头村打响富硒品牌

针对赣南地区地多平原少、耕地面积小、土地资源家底不清等情况，2014年起，江西省地调院针对赣州多地开展了土壤环境质量评估，在潭头村所在的梓山镇，发现了16.6平方千米的富硒土地。2015年，中国地质调查局在潭头村实施了土地质量地球化学调查，成功在村中圈定了6000余亩的富硒土壤。2017年，赣州市于都县人民政府根据富硒土壤分布状况，启动了梓山镇潭头万亩富硒蔬菜园的建设工作。随着富硒土壤的发现、土壤改造的成功实现，一座座富硒农业产业园拔地而起，大量可口的富硒果蔬从这里"走出去"，带动潭头村形成农民增收、农村增美、企业增效的美好新局面。

2021年11月文化和旅游部推出了《体验脱贫成就·助力乡村振兴　全国乡村旅游扶贫示范案例选编》，收录了全国范围内100个典型案例，潭头村在其中被大力宣传报道。

5.2.2　具体政策环境

任何公共政策所面临的环境，实际上都可以分为两个层次：一个是社会的一般环境层次；另一个是具体的工作环境层次。对于一个时期的公共政策而言，它们可能具有大致相同的社会环境；但对于同一时期不同领域、不同内容的公共政策而言，其所面临的具体环境则是不同的。一般环境构成具体公共政策运行相对稳定的背景，但它只是政策制定和实施时可能性的条件与资源。而具体政策的制定与实施，只同社会政治、经济、文化的某一方面发生联系。因而，具体环境的含义和意义在于，将可能的资源与条件变成现实的条件和资源。

我们可以将一般环境理解为一种客观事实环境，而将具体政策环境理解为政策主体在政策制定、运行过程中已经意识到必须给予充分重视的因素。从这种意义上讲，一般环境是客观上制约公共政策的无意识的但却实在地起着影响作用的部分，其影响是一个无须提及的事实，而具体环境则是政策主体主观上清醒意识到的并充分予以考量的因素。

既然工作环境具有具体性，它就不仅是一个作为一般环境的客观存在，而且还依赖于政策主体对其的观察、识别、理解。用国人所熟知的语词就是对"国情"的认识，是一国的现实状况。只有对周围具体环境充分了解，才能做到主客观相符，制定出科学的公共政策。

能否构成政策的具体环境，要看其是否被意识到。现在环境污染问题已经成为人所共知的问题，是公共部门在进行各方面的公共决策过程中必须考虑的因素，已经成为公共政策的具体环境。充分地了解公共政策周围的具体环境，是公共政策制定过程中一件非常重要的工作。完善这一过程，就是在承认人类行动的"有限理性"的前提下，尽可能充分地掌握信息，实现决策的科学化，以增大在模糊博弈中的胜算，否则就可能导致政策制定质量的下降。

公共政策的工作环境（working condition/environment）是一般环境中的不同部分在特定时间点上的聚合，因而具有多样性、变动性、主观性和人为性等特点。一个国家现实的和历史的环境有所不同，一个国家内部各个地区、各个省份的环境也有所不同，这种差异性分别在不同的政策层面上发挥作用。因此，公共政策对于政策环境的依赖实际上体现在两个层面上：一是对公共政策一般环境的总体把握和认识；二是对公共政策当前所处的工作环境的把握和认识。只有真正认识和了解公共政策的一般环境和工作环境的全貌，才有可能制定出切实可行的正确的公共政策。

作为政策环境和政策制定之间的中介因素，政策的体制、制度状况构成公共政策的具体工作环境。所谓体制，是国家机关、企事业单位的机构设置、隶属关系和权责划分等方面的体系和制度的总称。它为公共政策提供了外部组织环境。政策的制定或实施，同体制息息相关。体制类型多种多样，政治、法律和经济体制最为重要。

体制或制度对公共政策及其过程产生多方面的影响。首先，影响公共政策的制定。体制并非对任何政策建议都能接受，一项政策是否可行及被确认，要受到体制的制约。如下级制定的政策是否可行，受上级政府所赋予的管理权限的制约。由专家和政府官员制定政策，并同各利益集团协商、谈判和讨价还价，是西方国家政策形成过程的主要特征①。其次，体制制约政策的执行。如果政出多门，政策就难以得到真正执行。体制是否具有贯彻执行某一项政策的能力，也影响政策的执行。

5.3　中国公共政策环境分析

一般地，我们将对中国公共政策环境的分析分成国际和国内两个部分，这两个部分都十分重要。

5.3.1　国际因素

世界上的每一个国家都置身于国际大背景中，一个国家的公共政策在很大程度上会受到国际环境因素的影响和制约。在此我们对中国公共政策环境进行分析，首先从国际背景入手，将其作为分析中国政策环境的宏观因素。

公共政策的全球环境（international environment）要素指的是，世界范围内政治、经济、文化演变发展的一般趋势、秩序和相应的规则，是对一个国家或地区的生存与发展产生影响的，由国家间、国际组织间的竞争、合作、冲突所形成的带有一定稳定性的政治、经济、文化关系②；是政策运行时所依据的客观存在的国际条件、状况以及影响政策过程的各种国际因素的综合。它是一个错综复杂、不断变化的大系统，其构成丰富而复杂③。

当前的国际环境有以下特征：

第一，国际环境正朝着和平与发展的方向演变，世界政治经济的多极化趋势逐渐形成。全球正处于迅速而深刻的大变革之中，过去基于意识形态的差异而形成的集团政治趋于瓦解，维护本国的实际利益在各国对外政策中的地位越来越重要，国际关系中多边关系的作用大大加强，多边国际组织的地位日益提高。各国

---

① 科斯. 财产权利和制度变迁［M］. 上海：上海三联书店，1994.
② 彭正波，赵瑞峰. 现代公共政策分析概论［M］. 北京：航空工业出版社，2009.
③ 许秀中. 刑事政策系统论［D］. 北京：中国政法大学，2004.

都在积极调整相应的政治经济政策，为在新的世界经济格局中占取有利地位而努力。

第二，全球化、信息化和市场化已经成为当代人类社会发展的三大浪潮。全球化是当代世界的一大趋势，这种趋势在 20 世纪 90 年代清楚地显露出来。现代的交通工具、信息传输手段、计算机网络和大量的跨国公司，将各国、各地区的经济、政治、军事、科技、文化等方面连接起来，世界金融、世界贸易和跨国的投资、生产使全球经济紧密地融为一体。

第三，随着国际关系的日益发展，国际社会中出现了一些需要各国政府合作解决的问题，如碳中和、碳排放问题，宇宙空间开发问题，恐怖主义袭击问题，国际难民问题等。这些问题仅靠一个国家的力量很难被处理，这就使公共政策具有了国际性特征。当然，各个国家在相互协调合作之时，也带来了主导权之争。几乎所有的国家都处在世界经济体系之中，但各国实力不同，发达国家力图主导世界经济格局，以维护其优势地位；发展中国家则不断要求在经济活动和决策过程中的平等参与权。

第四，国际组织影响越来越大，国家边界已经无法阻挡全球化的渗透，民族国家出现"主权淡化"的趋势，公共政策主体不断国际化。"全球市场"在不同程度上影响着国家独立制定政策目标的能力。国际组织的存在和发展使国家在某些领域丧失了部分决策权，人们希望它们处理或解决各国之间甚至各国内部因某种原因而无法解决的问题，并与各主权国家构成跨国领域的合作、协商和伙伴关系。国际组织能把各国政府要员召集起来，确定共同国际议题，引起世界舆论的重视，并使国际社会采取一致的行动。

[资料] OECD（经济合作与发展组织）

OECD（Organization for Economic Co-operation and Development，经济合作与发展组织），是由 38 个市场经济国家组成的政府间国际经济组织，于 1961 年 9 月 30 日成立，总部设在巴黎。OECD 旨在共同应对全球化带来的经济、社会和政府治理等方面的挑战，并把握全球化带来的机遇。

其出版物有《经合组织活动》（秘书长年度报告）、《经合组织经济调研》、《主要经济指数》、《发展援助进展及对策》、《能源平衡》、《高等教育管理》、《经合组织就业展望》、《科学、技术、工业评论》等。任何公众都可以从其网站获取覆盖多个领域的经济合作与发展组织的信息、分析和数据。由于领先经济指标具有很强的前瞻性，因而投资者和决策者喜欢追随这些指标。

OECD 是在政策和分析的基础上，提供一个思考和讨论问题的场所，以帮助各国政府制定政策，这些政策可能使成员国政府间达成正式协议，或在国内或其他国际场合实施。这一作用对于各成员国都非常重要。

　　第五，国际环境为政策的制定提供了参照，既影响政策的内容，也影响政策的价值选择。一方面，世界经济多极化趋势正加速形成，国际力量对比正发生深刻变化。新的国际力量和经济强国正登上世界经济舞台的中心，发挥着越来越重要的作用。面对这种局面，各国都在调整相应的政治经济政策，以在新的世界经济格局中占取有利地位。另一方面，世界经济发展的不平衡性进一步加剧，全球化过程中，各国经济相互依赖程度增加，但这种相互依赖是非均衡的，弱小国家对于先发展国家的依赖程度远高于先发展国家对于弱小国家的依赖。①

　　中国作为发展中国家，在制定公共政策时，既需要向先进和发达国家学习，也要选择与本国国情相适应的政策价值。

　　在国际环境变迁的背景下，在多元而复杂的价值选择中，各国公共政策呈现新的发展趋势：第一，公共政策数目、政策目标增多，不确定性增强，范围扩大。随着技术革命和管理革命的展开，社会公共问题不断呈现相互依存、错综复杂的特征，政策目标越来越多重化和复杂化。第二，公共政策的全球化和本土化趋势并存，许多全球性问题必须在公共政策中进行考虑。一方面，公共政策要同世界各国的政治价值一致；另一方面，公共政策又必须要顾及本国实际。第三，政策的应变性、短效性增强。快速多变的环境使各国在国际交往过程中难以准确地把握尺度，这就要求各国的公共政策要更加符合客观环境的变化，增强应变和协调能力。

5.3.2　社会转型

　　我国 20 世纪 70 年代末以来进行的改革开放，是中国有史以来一次最全面、最深刻的社会转型。这一转型基于对中华人民共和国成立之后计划经济体制弊端的总结，在全球化和信息化的冲击和互动中，致力于完成经济、政治和文化等领域全面性的社会变革，从传统农业社会向现代工业社会、从高度集中的计划经济体制向社会主义市场经济体制、从封闭型社会向开放型社会转变，实现中国特色

---

① 徐家良．公共政策分析引论［M］．北京：北京师范大学出版社，2009．

的现代化。这次社会转型涉及社会结构、社会运行机制以及价值观等方方面面的调整，使中国的公共政策环境从一种相对稳定的状态进入一种不断变动的状态中。这就要求转型时期的公共政策要与变化了的社会结构、体制及其运行机制相适应，以求得两者的动态平衡，并发挥其应有的政策功能。

5.3.2.1 转型期公共政策环境的特征

常态环境下人们通常关心公共政策的首尾两个状态，而当社会处于转型期时，环境中新旧因素并存，环境本身的变化速度也成了影响政策的重要因素。同常态稳定时期的政策环境相比，转型时期的政策环境具有两个基本特征：

第一，环境的过渡性。转型期新的规范、体制、观念尚未确立，同时旧的因素尚未隐退，从而导致多种乱象。这种过渡性特征，按照里格斯关于发展中国家的行政生态学观点，主要表现为以下方面：①异质性，即社会中同时存在不同的行政制度、行政行为和行政规范，既有农业社会的，也有工业社会的，从而出现不协调现象。就中国而言，由于各地区之间社会发展程度不同，城乡差别巨大，甚至有农村地区与城市地区，中小城市与大型、特大型城市，东部发达地区与中西部欠发达地区等区别，从而存在各种类型的异质性现象，难以形成具有统一适应性的公共政策。②在社会生活中起着各种约束作用的是各种类型的非正式制度。③重叠性，即组织和结构上传统与现代并存，相互重叠。公共机构不能发挥其应有功能，不得不由一些非行政组织来完成其职责，形成管理机构的重叠。这种机构重叠常常导致合法机构的权威性丧失，管理功能瘫痪，管理职责被转移给非行政组织，造成行政行为多元化，行政组织和功能混乱。

第二，环境的变动性。社会变迁是指社会的制度、结构、组织、规范、风俗习惯等突发、急剧或渐进、缓慢的变化过程①。由于公共政策环境变化过于迅速，从而给公共政策的制定、执行和改变造成一系列的混乱。在常态环境下，公共政策系统是一个相对稳定的政策体系，面对环境的变化所进行的是调整，但在转型期，公共政策面临的是一个全新的环境，并且这个环境还在迅速地改变中，所以公共政策系统需要的就不仅是调整而是重构。于是，面对变化着的政策环境，公共政策可能会反应迟钝，应对失措。还有，在转型时期，各种资源的流动速度加快、规模膨胀，使原本受到地域和时空限制而缓慢交流的各种政策环境被打破，进行急剧的交流和碰撞。科技和通信的迅速发展，劳动力资源、能源等在

---

① 谢明．公共政策导论［M］．北京：中国人民大学出版社，2004.

国际范围内的大规模流动，使一个国家内部的政策环境还具有同国际环境不可分割的整体性特征，从而构成对公共政策决策者的能力和政策本身适应性的考验。

5.3.2.2 转型期环境对公共政策的影响

（1）环境与政策之间相互影响。适宜的环境有助于政策执行，否则有碍于政策实施。公共政策处于转型期的政策环境会产生相悖的两方面：复杂多变的政策环境，一方面要求加快公共政策的反馈过程，增强政策调节的灵敏度。但这会使公共政策的周期缩短、政策的不稳定性增强、政策风险加大。另一方面它又使公共政策的执行难度增大。因为要使公共政策严密有效，就必须要有一个较长的公共政策执行周期，但环境的迅速变化却减弱了这种时效性。应对特定环境的政策刚刚出台不久，环境却变了，导致政策也不得不改变，从而使政策也常常不定型，使人们对政策的预期减弱。当环境的变迁速度与政策的执行周期发生矛盾时，公共政策就面临实效性的难题。

（2）转型期政策环境导致的政策“短期性”，还对社会心理造成消极影响，使政策执行的阻力增大。民众的环境依赖心理以及对政策代价的承受能力会随政策的变化而变化。转型期公共政策的迅速终结，民众对政策环境及价值产生疑虑，对政策前景的不信任使公众产生整体上的危机感，从而降低对于转型的欲望，并对现行政策持保留态度，不愿充分支持一项公共政策的有效实施。特别是一些政策会带来“阵痛”时，民众会认为与其为不确定承担代价，不如保持现状。

（3）转型环境中政策结构、功能的不适应，也导致了大量的政策混乱。社会转型其实也是资源配置方式、政府经济角色和经济调控模式的变更，它要求实现公共政策基础和功能上的转换。就中国而言，经济体制转型的基本含义和本质所在，就是实现资源配置方式由以行政手段为基础的计划配置方式向以市场机制为基础的市场配置方式的根本转变。它必然伴随着相应的政策机制转变，即公共政策的立足点和出发点发生根本变化。在市场经济条件下，公共政策必须尊重市场配置的内在规律，为市场机制提供政策支持，而不是限制、干扰或破坏市场的基础性配置功能。

但是，并不是每一个转型期对公共政策主体来说都是灾难，如果政策主体能敏锐地察觉到环境变化并及时给出应对政策，那么也能化险为夷，平稳着陆。

5.3.3 中国公共政策环境的重塑

中国的公共政策环境具有典型的复合性特征，即环境的复杂性、多元性、时段因素的重叠性等，导致这种情况的原因是多方面的。西方国家在不同时段完成的任务在中国却被挤压在一个时间段来完成，从而导致各地区之间发展层次的不同，更导致整个社会观念呈现非连续性的多样化，传统、现代、后现代等各种观念交织，从而导致历史时间的叠加状态。中国在政策选择上的赶超目的和行为上的模仿性，使其难以在短期找到适合自身的东西，从而出现传统和现代两个阶段的重叠。此外还存在地域的多样性和制度的统一性之间的矛盾。在中国现代社会转型的过程中，执政党扮演着制度的维护者和改革者的双重角色。而二者角色的重合造成政策制定者行为的多样化，导致制度结果的不确定性，从而影响制度预期。因此，在动态中构建中国良性的公共政策环境具有重要的意义。要塑造好中国的公共政策环境，可以从以下几个方面进行考虑：

推进文化自信，对优秀的传统文化进行继承和创造性转化，为公共政策的制定和实施创造基础条件。党的二十大报告指出："全面建设社会主义现代化国家，必须坚持中国特色社会主义文化发展道路，增强文化自信，围绕举旗帜、聚民心、育新人、兴文化、展形象建设社会主义文化强国，发展面向现代化、面向世界、面向未来的，民族的科学的大众的社会主义文化，激发全民族文化创新创造活力，增强实现中华民族伟大复兴的精神力量。"这就意味着铸就社会主义文化新辉煌，不仅有利于高质量满足人民日益增长的精神文化需求，巩固全党全国各族人民团结奋斗的共同思想基础，增强实现中华民族伟大复兴的精神力量，而且有利于讲好中国故事、传播好中国声音，展现可信、可爱、可敬的中国形象，推动中国文化更好地走向世界，不断提升国家文化软实力和中华文化影响力。

加强制度建设，完善政治、经济等各方面的体制机制，并促进制度的协调配套。要积极推进一些基础性的国家制度建设，没有这些基本制度，公共政策的有效实施就难以实现，也很难具有稳定性。党的二十大报告指出："坚持人民城市人民建、人民城市为人民，提高城市规划、建设、治理水平，加快转变特大超大城市发展方式，实施城市更新行动，加强城市基础设施建设，打造宜居、韧性、智慧城市。"要注意制度内部的自洽，使制度之间具有可操作性、可实施性和科学性。要注意提升制度的实施能力和国家机关的执行能力，也要加强和创新基层社会治理，最关键的就是要坚持和发展新时代"枫桥经验"。

充分发挥市场经济的作用，使其成为新型公共政策建构的推进性力量。习近平总书记在 2022 年 7 月 21 日召开的企业家座谈会上强调："改革开放以来，我国逐步建立和不断完善社会主义市场经济体制，市场体系不断发展，各类市场主体蓬勃成长……市场主体是经济的力量载体，保市场主体就是保社会生产力。留得青山在，不怕没柴烧。要千方百计把市场主体保护好，激发市场主体活力，弘扬企业家精神，推动企业发挥更大作用实现更大发展，为经济发展积蓄基本力量。"市场经济体制是一种建立在社会化大生产基础上的经济运行机制，它是一种以市场作为资源配置方式的经济体制，对公共政策影响巨大，使整个社会的经济活动构成一个相互联系的国民经济网络。

为了实现对社会环境的成功塑造，政府要正确处理各种利益矛盾，创新社会管理体制，加强新型公共政策的"基础设施"建设，保持环境的相对稳定和变化有序，使人口数量、质量与自然资源、环境保持可持续、同步协调发展的状态。此外，驾驭转型期公共政策环境要处理好改革、发展、稳定的关系。既要保持变革的动力，又要减少政策环境变迁对公共政策带来的影响。要保持地理环境的可持续发展，适度推动政治环境的变革，保持社会文化环境和国际环境的相对稳定，灵活机动处理工作环境，使政府在处理复杂多变的转型环境的过程中做到游刃有余。

5.4　本章小结

本章主要从公共政策环境的基本含义开始，认为公共政策环境是指影响公共政策产生、存在和发展的一切外部因素的总和。接下来，分析了公共政策环境和公共政策之间的关系，描述了公共政策环境的特点。说明了公共政策环境的内容：一方面是一般环境（general environment），包括了自然、政治、经济、文化、社会等内容；另一方面是特殊环境（special environment），包括具体场所、工作环境等内容。

分析了中国公共政策环境问题，中国公共政策环境一方面受到国际因素的影响，例如，国家环境的和平与发展方向，全球化、信息化和市场化的浪潮，主权淡化等。另一方面还受国内环境，主要集中在社会转型的维度上的影响。转型环境具有过渡性和变动性特征。面对转型期存在的问题，必须改善公共政策的环境，可以从文化转型、制度协调和配套、加强市场经济的推动力等方面着手，这样才能让环境朝向有利于政策的制定和实施的方向发展。

思考题

1. 举例说明公共政策与环境的关系。
2. 哪些环境会对公共政策造成显著影响？
3. 如何理解和认识政策环境的具体构成要素？

案例讨论

重庆市渝北区民营经济发展面临的政策环境

一、渝北区经济社会概况

渝北区位于重庆主城都市圈，总面积约 1450 平方公里，在建成区面积和常住人口方面在重庆市首位实现"双两百"。获批国家首批临空经济示范区、国家生态文明建设示范区、国家"两山"实践创新基地，将建设全市高质量发展的经济大区、高水平开放的临空大区、高能级策源的科创大区、高品质生活的城乡大区作为发展战略目标。作为全市最大的汽车制造基地和创新金融聚集地，经济总量持续位居全市首位，科创实力、"双创"指数均居全市首位，2022 年地区GDP 超过 2297 亿元，三次产业结构为 1.4：35.8：62.8。

二、渝北区民营经济面临的形势

1. 国际环境不确定性增加

目前，国际环境日益复杂，贸易保护日趋严峻，渝北区面临的国际经济发展局势愈发动荡，金融、科技、贸易、治理等格局均发生着显著变化。具体表现在外贸速度可能放缓、产业发展动力可能削弱，西方一些发达国家的内部经济环境的恶化，使渝北区产业链、供应链受到冲击。复杂的外贸环境给渝北区民营企业，尤其是对关键零部件进出口产生深远影响，也给区域服务业、制造业带来负面影响。

2. 国内经济稳中求进吐故纳新

目前我国宏观经济形势面临需求收缩，供给冲击、预期减弱等现实压力，成为发展的制约因素。这些问题在成渝地区同样明显，在一定程度上对渝北区民营经济发展带来了深层次的挑战。与此同时，新一轮产业升级深入推进，为民营经济提供了大数据智能化等科创要素支撑。目前重庆市面临着新的发展机遇，尤其是 2020 年获批国家数字经济创新发展试验区，在新基建、新能源、AI、大数据等诸多领域将渝北区作为重点发展区域。综合来看，渝北区民营经济稳中有进，机遇与挑战并存。

三、渝北区促进民营经济发展的政策环境

1. 健全民营经济政策体系，为民企发展提供制度保障

为加强体制机制保障，渝北区以改善提升营商环境促进经济发展为目标，成立主要领导挂帅的专项工作小组，切实推动《对标国际先进优化营商环境工作推进方案》各项任务落地。早在 2018 年，渝北区就制定了"1+1+1+N"制度体系，为民营企业提供制度保障，出台了《关于全面优化营商环境促进民营经济健康发展的意见》，印发实施了《渝北区推动民营企业转型发展试点工作方案》，同时收集、筛选、编制国家、市区各级关于扶持民营企业发展的政策并印发。其次，渝北区也积极做好清理审查涉企文件工作，对出台的《关于落实好支持民营经济发展政策措施的通知》等涉及民营企业发展的相关政策文件和行政规范性文件开展全面清查，确保依法依规制定实施。建立联席会议制度，按照"谁制定，谁清理"的原则，开展现行排除限制竞争政策清理工作。

2. 深化"放管服"政策执行，持续优化营商环境

首先，渝北区加快了行政审批标准化步伐，落实了事项清单制度，明确公共服务内容，将工作内容落实到街道、单位。实行首席代表制和"双章"制，发布"零跑动""最多跑一次"事项。其次，全面实施准入负面清单制度，严格按照清单进行管理工作。制定行政权力清单管理办法，对市政府调整、取消、下放的项目及时进行清理承接。最后，加强政策宣传力度，针对企业反映的政策不知晓、不配套等问题，通过政策宣传解释等方式进行全面回应。编制《政策汇编》，并在走访活动中发放。开通微信公众号平台，为民营企业专门开设"政策法规""在线教育""咨询服务"等专栏，搭建民营企业获取政策动态、反馈诉求的"直通车"，解决信息不对称问题。

3. 强化财税等政策支持力度，全方位降低民企负担

针对中小民营企业，渝北区认真落实上级税收方面增值税税率降低、个税优惠等扶持措施，确保企业应享尽享、应退尽退、应抵尽抵。其次，加快推进社会信用体系建设，印发实施《渝北区社会信用体系建设实施方案》，着力构建"1+1+N"的社会信用体系架构。同时，为着力改善民营企业融资信贷环境，构建了

"1+5+N"的服务机制。打造首贷续贷服务平台,拓展民营企业融资渠道,建立帮扶机制,着力破解民企"融资难"问题。最后,针对企业提出的融资难问题,通过精准定位企业需求、建立融资难问题台账、逐一制定融资解决方案。对遭遇抽贷、断贷或有还款压力的民营企业,组织其与30家驻区金融机构开展"一对一"帮扶。

资料来源:

[1] 2022年重庆市国民经济和社会发展统计公报 http://www.cq.gov.cn/ywdt/jrcq/202303/t20230317_11775541.html。

[2] 重庆市渝北区人民政府-政务公开-政策文件 http://www.ybq.gov.cn/zwgk_263/zcwj/qtwj/。

讨论:

1. 以上案例中,涉及哪些政策环境?

2. 结合以上案例,你认为渝北区的政策环境如何?

第6章　公共决策过程

公共政策决策过程由一系列功能活动或环节所构成。安德森认为，政策形成涉及三个方面的问题：公共问题是怎样引起决策者注意的；解决特定问题的政策意见是怎样形成的；某一建议是怎样从相互匹敌的可供选择的政策方案中被选中的。[①] 查尔斯·琼斯和迪特·马瑟斯在《政策形成》一文中认为政策形成包括了这样一些问题：政策问题来自何方、如何分清轻重缓急、问题怎样随时间变化、什么人与提案的形成有关、他们怎么做、如何支持提案、体制对方案的形成有何影响、出现了什么跨体制因素促成方案发展等。[②] 由此可见，政策决策过程包含了议程设立、方案规划和方案的合法化等功能活动环节或阶段，而设立议程是政策制定过程中起始阶段的功能活动。

6.1　政策议程

政策议程（policy agenda）是政策制定过程中的首要环节，是公共问题能否进入政策决策的关键一步。公共问题不进入政策议程，就没有通过政府来加以解决的可能。

6.1.1　政策议程概念

公共政策议程实际上也就是政治组织，尤其是国家（政府）确定政策问题的轻重缓急。社会向政府提出了大量的需要采取行动的要求，而在这成千上万的

---

① 詹姆斯·E. 安德森. 公共决策 [M]. 唐亮，译. 北京：华夏出版社，1990.

② 斯图亚特·S. 那格尔. 政策研究百科全书 [M]. 林明，等译. 北京：科学技术文献出版社，1990.

要求中，只有少量受到政策制定者的注意，那些被决策者所关注并感到必须加以处理的问题被提上议事日程。"政策议程就是将政策问题纳入政治或政策机构的行动计划的过程，它提供了一条政策问题进入政策过程的渠道和一些需要给予考虑的事项。"① 由此可见，政策议程就是将政策问题提上政府议事日程，纳入决策领域的过程。

琼斯从政策活动的功能方面将政策议程分为四类：①为使问题得到积极的、严肃的研究和认可而提出的问题确认议程；②能从确定问题进展到发现解决办法的提案议程；③协议或讨价还价的议程，使提案得到支持并能积极和严肃地发展；④持续议程，使问题得到持续的检验。② 科布和爱尔德区分了两种基本的议程，即系统议程和政府议程。③ 张金马将政策议程分为公众议程和正式议程两种类型。④我们认为谢明的分类方法比较合理，下面简要介绍这两种议程。⑤

6.1.1.1 公众议程

谢明认为，公众议程是指某个社会问题已引起社会公众和社会团体的普遍关注，他们向政府部门提出政策诉求，要求政府部门采取措施加以解决这样一种政策议程。公众议程本质上属于讨论议程，表现为众说纷纭的情形。可以从大众传播媒介甚至从平时的谈话中了解人们对国家大事和各种社会问题的意见。但这并不是说问题就进入了公众议程，因为还未受到党和政府的关注，问题基本上还处于一种社会的广泛的讨论当中。但恰恰由于这种社会的广泛讨论，才形成了一股强大的社会力量，使政策制定者注意和认识到这些问题，经过政策分析把它列入自己的议事日程。这是政策议程的第一个阶段。

一个问题要想成为或达到公众议程的程度，必须具备以下三个条件：①该问题必须在社会上广泛流传并受到广泛注意，或者至少也必须为公众所感觉。②大多数人都认为有采取行动的必要。③公众普遍认为，这个问题是某个政府机关权限范围内的事务，而且应当给予适当的关注。

---

①④ 张金马．政策科学导论［M］．北京：中国人民大学出版社，1992.

② Charles O. Jones. An Introduction to the Study of Public Policy［M］. North Scituate，Mass.：Duxbury，1977.

③ 詹姆斯·E. 安德森．公共决策［M］．唐亮，译．北京：华夏出版社，1990.

⑤ 谢明．公共政策概论（第二版）［M］．北京：中国人民大学出版社，2014.

6.1.1.2 政府议程

谢明认为，政府议程是指某些社会问题已引起决策者的深切关注，他们感到有必要对之采取一定的行动，并把这些社会问题列入政策范围这样一种政策议程。政府议程是行动的程序，是决策机关和人员对有关问题密切而又积极关注，依照特定程序予以解决的实际活动过程。它比公众的程序更具体、更明确。

张金马认为，按照其建立过程中各项功能活动的先后次序，政府议程可分为四种类型：①界定议程，由一些经过积极而且认真研究的项目组成。②规划议程，由一些已达到规划阶段的项目组成。③磋商议程，根据每一规划方案的利害得失，与政策相关的人彼此之间进行磋商。④循环议程，已进入正式议程的每一方案，都要不断接受检验，加以修正。① 按照这种分类，政府议程是政策议程的第二个阶段。

6.1.1.3 两种议程的区别

公众议程和政府议程是政策议程的两个不同阶段，二者有着本质区别。公众议程一般由一些较抽象的项目组成，其概念和范围都很模糊，仅是发现问题、提出问题，它可以不提出政策方案或解决办法。政府议程则较系统议程来得特定且具体，它是对政策问题进行界定或陈述的阶段。问题经过一定的描述，为决策系统正式接受，并采取具体方案试图解决的时候，公众议程就转入政府议程。例如，交通堵塞现象严重影响了人们生活，成为群众议论和关注的话题，但这一阶段还只属于公众议程，等到政府觉察到这一问题的严重性，针对这一问题采取一些具体措施，如控制私人轿车拥有量来减少车流量，加强道路基础设施建设来拓宽路面等，这时系统议程就成了政府议程。

在一般情况下，一个政策问题提出的过程是：某一社会问题进入公众议程，然后再进入政府议程，最后成为政策问题。但实际上，很多问题可能不经过公众议程而直接进入政府议事日程。因为政策决策者可能根据自己对社会发展变化的研究分析，主动寻找问题，把它列入自己的议事日程。当然，一个问题即使能够顺利进入政府议程，最后也会出现不同的结果。例如，可能经过决策者的研究很快制定出相应的政策；也可能由于渠道不畅、机构重叠、行政不力、效率低下，

---

① 张金马. 政策科学导论［M］. 北京：中国人民大学出版社，1992.

而不作出任何决定。

已成为公众议程的问题并不一定能成为政府议程的问题。同样，提上政府议程的问题，也并不一定是公众议程。有时，一个政策问题在群众中已普遍引起关注和讨论，甚至专家学者和研究机构已对它加以探讨，但执政党和政府并没有把它列入政府议程。在现实生活中，也可以看到，在全国和地方的人民代表大会和政治协商会议上，各级人大代表或政协委员提出许多议案、意见和建议并非都能列入政府议程。出现这种情况有多种原因：或是问题本身的性质、规模和影响尚未达到应该或能够解决的程度，或是问题的表达方式和途径不符合既定的组织体制和工作程序等。有时也会出现一个政策问题已经列入政府议程，但群众还没有注意到的情况。例如，党和国家领导人以及专家学者预见到某些政策问题、某种危机或突发事件的影响等。

6.1.2 政策议程建构

现代社会存在大量需要加以解决的问题，而政府所掌握的公共资源和输出政策的能力是有限的。因此，总有一些社会问题难以进入政策议程。那么，社会问题究竟如何才能进入政策议程呢？是通过什么途径和渠道进入政策议程的呢？安德森认为问题是通过如下途径或方式进入政府议事日程的：①政治领导人；②危机或者引人注目的事件；③抗议活动；④大众传播媒介。[1] 科布和埃尔德则认为，建立政策议程的途径可以分为内部和外部，其中内部途径为：①自然大灾难；②不可预测的人为事件；③技术变革；④民权抗议；⑤工会罢工；⑥生态变化。外部途径为：①战争行为；②武器技术革新；③国际冲突；④世界联盟变化。在琼斯看来，社会问题进入政策议程的途径有：①政治运动；②对大量人员造成威胁的事件；③大规模的宣传；④个人的努力；⑤先前政策的应用。[2] 琼斯和马瑟斯在"政策形成"一文中将这些观点概括成如表6-1所示的内容。[3]

---

① 詹姆斯·E. 安德森. 公共决策 [M]. 唐亮，译. 北京：华夏出版社，1990.

② Charles O. Jones. An Introduction to the Study of Public Policy [M]. North Scituate, Mass.：Duxbury，1977.

③ 斯图亚特·S. 那格尔. 政策研究百科全书 [M]. 林明，等译. 北京：科学技术文献出版社，1990.

表 6-1　琼斯和马瑟斯的概括

安德森 （《公共决策》）	科布和爱尔德 （《美国政治中的参与：确定议程的动因》）		琼斯 （《公共政策研究导论》）
1. 政治领导人 2. 危机/引人注目事件 3. 抗议活动 4. 大众传媒注意	内部： 1. 自然大灾难 2. 人为事件 3. 技术变革 4. 民权抗议 5. 工会罢工 6. 生态变化	外部： 1. 战争行为 2. 武器技术革新 3. 国际冲突 4. 世界联盟变化	1. 政治运动 2. 对大量人员造成威胁的事件 3. 大规模的宣传 4. 个人的努力 5. 先前政策的应用

6.1.2.1　政策议程建构的条件

社会问题要进入政策议程，既要有能够发现问题的观察机制，又要有存在于公众与政府、上级与下级之间良好的沟通机制。因此，我们认为，社会问题进入政策议程的主要途径有如下几种：

（1）政治领袖。政治领袖是决定政策议程的一个重要因素，"无论是出于政治优先权的考虑，还是因为对公众利益的关切，或者两者兼而有之，政治领导人可能会密切关注某些特定的问题，将它们告知公众，并提出解决这些问题的方案"①。政治领袖在政策议程的建立过程中所发挥的特殊政治作用是无可替代的。无论是出于公众价值观和政治使命感，还是出于个人需要和团体利益的考虑，他们都会密切关注社会中出现的各种问题，并提出对这些问题的一些解决方案，在可能的条件下将其告知公众以引起必要的回应。

（2）政治组织。政治组织是形成政策议程的基本条件。政策问题是涉及国家和社会全局的大事情，关系到人们的切身利益，因而政策议程的形成往往是一个复杂的过程。通常情况下单靠个人的力量是难以实现的，必须借助一定的组织形式（如政党、政治团体和社会组织等）。在我国，这些政治组织主要是政府、政党、工会、妇联和青年组织。通过组织来集中、归纳和反映其所代表的集团利益、要求和呼声，使之列入政策议程，以政策的形式予以满足，是这些组织的主要职能。一个社会问题一旦被某个政治组织提出来，就比较容易引起政府和全社会的关注，从而被列入政策议程。例如，近年来，我国的各民主党派积极开展区域发展规划的调查研究活动，就大政方针和建设、改革的重大问题出谋划策，提

---

① 詹姆斯·E. 安德森. 公共决策 [M]. 唐亮，译. 北京：华夏出版社，1990.

出意见和建议，这些意见和建议被列入政策议程的可能性程度高。

（3）代议制。这是形成政策议程的一个基本途径。代议制是人民群众通过选举产生代表，组成代表大会和议会（国会）等，反映各自所代表的利益、愿望和要求，就有关社会问题形成各种议案、提案、建议等，以引起政府关注或要求政府列入议程。当然，政府采纳是有条件的，通常是根据问题的重要性、迫切性以及解决问题的可能性和价值判断决定取舍的。在多数国家中，代议制是建立政策议程的最主要、最正式的途径。人民代表大会制既是我国的根本政治制度，也是广大人民群众参政议政的基本形式。不少有关国计民生、经济和社会发展的重大问题就是首先由人大或其常委提出来，而后纳入政府议程的。

（4）体制功能。一定的政府体制从制度上规定了信息的沟通渠道和利益的表达方式，从而形成了协调各种利益关系的组织机制。政府体制涉及组织结构、工作程序、代表制度、选举制度等多种因素，这些因素对政策议程的建立都有很大的影响。政策议程能否建立，很多时候取决于政府体制的开放程度。社会问题能否被政府所关注不仅依赖于社会大众的发动，还需要政府系统自身的努力。

（5）行政人员。国家行政机关的工作人员在执行政策以及处理公务的过程中，因其接触范围较广、掌握信息较多，对群众在生产和生活中遇到的实际问题也就比较了解。他们常常能在无意中发现与原有政策相关的新问题，认识到如果不解决这些新问题，就将妨碍原有政策的执行，或者对整个国家和社会公共利益产生不良影响，因而将之列入政策议程。例如，在对国有企业实行股份制改革过程中，某些企业国有资产流失严重，引起了主管部门行政人员的重视，从而将这一问题列入政策议程。

（6）利益集团。戴维·杜鲁门在《政府过程》一书中认为，各种利益团体寻求着某种合理的平衡状态，如果某一事务威胁这种合理的平衡的存在，那么，它们便会做出反应。当某一团体的平衡被严重破坏时，各种各样的行为就会出现。如果这种破坏不是太大，那么，团体的领导人将努力使先前的平衡得到恢复……这种努力将使团体求助于政府立即成为必要。如果破坏达到足以使平衡瓦解的程度，则有可能导致其他的行为。利益集团是在政治共同体中具有特殊利益的团体，它们在政治生活中的一个主要目的就是影响决策过程，以便实现自己的目的和主张。各种利益集团就与自己利益相关的问题，单独地或联合其他团体向政府提出要求，并通过游说、宣传、助选、抗议和施加压力等手段迫使政府将其列入政策议程。

（7）专家学者。在各自的研究领域中，专家学者通过对课题的分析，能够发现某些重要问题，并能凭其专业优势和特长，运用科学理论和分析技术，对社会发展的趋势和进程进行科学预测。一旦取得对经济建设和社会发展产生巨大和深远影响的成果，也能通过各种渠道，将之列入政策议程。

（8）社会公众。公众在生产和日常生活中，对于某些影响或损害其权益的问题不满，一般通过各种渠道，向政府反映，以求得到解决。在某些情况下，如果问题得不到解决，群众还会采取一些威胁性的方式，向政府施加压力，迫使政府采取行动解决问题。

（9）大众传媒。大众传播媒介被誉为"第四种力量"，具有信息量大、涉及面广、影响力强和传播迅速等特点，能形成强大的舆论压力，从而促使政策议程的建立。有的社会问题可能会引起新闻媒介的注意，通过新闻媒介的报道，它们可能成为政策日程上的事务。

（10）危机和突发事件。2003 年 SARS 的暴发、自 2019 年开始流行的 COVID-19 病毒，促使公共医疗卫生改革，建立了公共医疗预警机制。突发事件会让相关问题的解决变得迫切，促使这一问题被提上政策议程。

6.1.2.2 政策议程建构的模型

政策议程的建构既是现代政府公共政策过程的逻辑起点，又是政府决策的重要环节。不进入政策议程，社会问题就无法通过公共政策加以解决。对于政策议程的建构，较有代表性的模型有：

（1）罗杰·W. 科布的政策议程设置模型。美国学者罗杰·W. 科布在《比较政治过程的议程制定》一文中，根据政策问题的提出者在议程中的不同作用以及扩散其影响力的范围、方向和程序，把政策议程的模型划分为三种类型，即外在创始模型（mobilization model）、动员模型（mobilization model）和内在创始模型（inside initiation model）。[①]

第一种：外在创始模型。这是非政府团体创始政策问题的过程，通常先散布到系统议程，再介入政府议程。外在提出模型适用以下情况：①政策问题的察觉和提出者是执政党和政府系统以外的个人或社会团体；②表达或提出了某个要求；③企图把问题扩散到社会上其他的团体之中，使该问题获得系统议程的地

---

① Roger W. Cobb, et al. Agenda-Building as a Comparative Political Process [J]. The American Political Science Review, 1976 (70).

位；④给决策以足够的影响力，使问题能够进入正式议程，以引起决策者的慎重考虑。

该模型通常在民主和平等的社会中比较常见。根据这种模型建立的政策议程一般需要经历较长的时间，创建的政策议程只是让一个公共问题列入政府的议事日程，并不意味着就是政府的最后决定，更不能说明实际执行的政策就是提出者最初所要求的。相反，提出者的要求可能被完全否定，或者至少经过大幅度修正。

第二种：动员模型。政策议程的动员模型所描述的主要是政府部门直接提出政策问题，并把它列入政策议程的过程。这属于政府直接创始政策问题并将该问题扩散到公众议程。当政府宣布一个新政策时，就等于将这个问题列入了正式议程，而且它也可能就是政府的最后决定。在此，政策已被决定，之所以还要建立政策议程，是为了寻求社会大众的理解和支持，以便更好地贯彻实施政策。动员模型旨在说明决策者为了执行行政命令，如何将问题从正式议程扩散到公众议程的意图。因此，在该模型下，政府领导人及其有关机构的主要任务是考虑如何将政府正式议程中的政策问题提交到系统议程去获得公众的舆论支持。

该模型较多地出现在不太民主的社会中，但是在西方民主社会中也经常出现，如2016年英国脱欧公投就属于该模型。

第三种：内在创始模型。这是政府因解决纯政府内部的事务而提出政策问题且不愿将该问题扩散到公众议程当中的过程。模型的主要内容是：①政策建议或政策方案起源于执政党和政府内部的某个单位，或者起源于接近执政党和政府的某个团体。②问题扩散的对象是与这个团体或单位有关的团体或单位，而不是一般公众。③问题扩散的目的，是形成足够的压力或影响，促使政策制定者将问题列入正式议程。在整个议程建立和政策形成的过程中，社会大众的直接参与不多，这是因为提出者不希望把问题列入到公众议程中，而希望凭借自身的力量直接将问题纳入正式议程。该模型在财富和权力高度集中的社会较为流行。

以上模型是政策议程三种最典型的模型。在实际政策议程建立过程中，并非仅采用一种模型来构建其政策议程，它们往往会形成各种各样的组合。例如，一个问题可能由三个模型中任何一个模型提出，然后进入决策核心；在第二个阶段可能通过动员模型或内在创始模型，由高层次的议程再扩散到低层次的议程。研究任何一个政策议程建立的过程，都需要具体问题具体分析，寻求政策议程的不同特点。

（2）芭芭拉·尼尔森的政策议程确立过程模型。芭芭拉·尼尔森（Barbara Nelson）建立了关于议程确立过程的另外一种重要模型。她将议程的确立过程分为四个具体阶段：①议题确认（issue recognition）；②议题采纳（issue adoption）；③议题重要程度排序（issue prioritization）；④议题持续（issue maintenance）。① 在第一阶段，某一问题受到注意，并被察觉到需要政府的行动。这一问题必须达到足够重要的程度，能够引起决策者的关切。在第二阶段，政府决定对公共政策问题是否做出反应。这里主要涉及人们是否存在这样一种感觉并有适当的反应：政府具有合法的职责来针对该问题采取行动，如果人们有这样的感觉和反应，就有可能推动政府采纳该问题；否则，政府就有可能对该问题不采取任何行动。在第三阶段，一旦问题被采纳，就需要对议程做出相应调整。这种调整主要是对议程中各问题的相对重要程度进行排序。在第四阶段，议题提升到决定阶段。针对问题的建议被提出来以待决策者考虑。只要这些建议能够得到考虑，那么这一议题就保持在政府议程之内。如果议题不能够使决策者保持兴趣，那么这一议题就不再保留在政府议程中。尼尔森的模型将议程确立过程分为前后相接的四个阶段，并说明了各阶段的主要内容，然而，这个模型和上一个模型一样，没有清楚地显示出在议程建立过程中，各种因素的相互作用及其对于公共问题进入政府议程的影响。

（3）约翰·金登的多源流模型。多源流理论是由美国著名政策学家约翰·金登（John W. Kingdon）基于科恩、马齐、奥尔森的模型，借鉴了有限理性和组织理论方面的研究成果而提出来的。主要回答在公共政策领域的问题是如何引起政府官员关注的、政府官员的决策所选择的备选方案是怎样产生的、政府议程是如何建立的、为什么一种思想会适时出现这样一些被人们长期忽视的问题。他的模型建立在三种源流的基础上：问题流（problem stream）、政策流（policy stream）、政治流（political stream）。② 图 6-1 显示了该模型的基本架构。

问题源流主要是对社会问题进行识别。问题流主要关注问题的定义。它包括问题是如何被认知的，以及客观条件是如何被定义为问题的。问题通过系统指标的变化、焦点事件（如危机和灾难），或者通过程序运行的反馈，而受到人们的广泛关注。问题流还包括预算约束等。

① Barbara Nelson. Making an Issue of Child Abuse [M]. Chicago：Chicago University of Chicago Press，1984.

② John W. Kington. Agendas, Alternatives, and Public Policies [M]. Boston：Little, Brown, 1984.

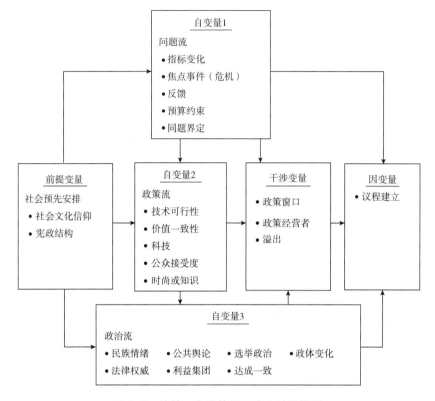

图 6-1 约翰·金登的议程确立过程模型

政策源流主要是问题解决方案的产生过程。政策流与解决问题的技术可行性、问题解决方案的公众接受度等有关。政策流的重要方面在于针对政策问题而提出的各种建议，通常以法规、讲话、文件、交谈等形式出现。各种各样的建议、解决办法相互接触并相互修订和结合，广为散播。这些建议能够存在需要满足的数项条件，如它们的技术可行性、它们与主导价值观的适合程度、它们的预算可行性以及政策制定者提出这些建议所可能遇到的支持或反对等。

政治源流主要是选举、政党或利益集团等政治因素对政策方案的影响。政治流涉及政治对于问题解决方案的影响。它包括对于民族情绪、公众舆论、选举政治、利益集团等的考虑。潜在的议程项目如果与目前的民族情绪相一致，能够得到利益集团的支持或者没有组织的反对，符合立法机构或行政机构的取向，那么它就更容易获得议程上的优势地位。

三种源流虽然彼此独立，按照自己的动态特性和规则发展，但都会通过决策系统在关键处汇合。当问题流、政策流和政治流汇合到一起，"政策窗口"（policy window）就被打开了。政策窗口是指提出公共问题及其解决办法的机会。实际上，当出现引人注目的问题或者产生强大的政治流时，政策窗口都将被打开。政策经营者（poliey entrepreneurs）是指在政策问题进入议程过程中具有重要影响的人，他们愿意利用自身的资源提出政策问题以及解决方案，负责促使重要人物关注该问题，并负责使问题及其解决办法相结合。政府议程可以受到问题流或政治流的影响而建立，但如果问题流、政策流和政治流通过政策经营者而结合，那么政策问题进入议程的机会将显著增加。另外，溢出现象（spillovers）也影响到议程的建立。溢出是指某一领域的议题有时会影响到另一问题进入议程的能力的事实。需要注意的是，政策问题进入议程的过程都在某一种价值观、政治文化、信仰、宪政结构等的背景下发生。

（4）中国公共政策议程模式。结合中国的实际情况，从议程提出者和民众参与度两个维度出发，把中国的公共政策议程模式划分为关门模式、动员模式、内参模式、借力模式、上书模式和外压模式，并认为关门模式日渐式微，其他模式日趋活跃，具体如表6-2所示。①

表6-2 中国公共政策议程的模式分类

		议程提出者		
		决策者	智囊团	民间
民众参与程度	低	Ⅰ关门模式	Ⅲ内参模式	Ⅴ上书模式
	高	Ⅱ动员模式	Ⅳ借力模式	Ⅵ外压模式

表6-2中的关门模式是最传统的议程模式，没有公众议程的位置，公众参与程度很低，主要是政府议程决策者的作用较大。动员模式则既有政府议程，有决策者的作用发挥，议程由决策者提出，同时也有公众议程，有民众的参与，决策者动员民众关注并参与有关议程。内参模式的议程不是由决策者提出，而是由体制内的政府智库提出，该议程没有或少有民众的参与和互动，只有智囊团与决策者之间的互动交流。借力模式是在内参模式基础上有关专家及智库把自己的意见公之于众，借助公众与舆论压力，提高自身建议受决策者关注的程度。上书模式是民间有关机构或人士凭借有关知识与地位优势上书有关决策者及机构影响议程

---

① 王绍光. 中国公共政策议程设置的模式 [J]. 中国社会科学，2006（5）.

设置的模式。外压模式是上书模式的升级版，有关民间机构与人士会更重视诉诸舆论与民意支持，以对决策者形成足够的压力，影响有关议程走向。

由此可以看出，政策问题的认定本身就是一项非常重要而复杂的政策制定过程。政策问题并非既定地摆在我们的面前。正是因为政策问题认定复杂，人们至今依旧缺乏成熟的公认的分析框架，将来更需要创建包含概念、假设、验证等内容在内的有效的理论分析框架。否则，政策问题的认定就很难真正为有关问题的解决铺好路。

6.2　政 策 规 划

公共问题一旦被纳入政策议程成为政策问题后，就需要规划设计一系列解决问题的备择方案，并从中优选方案并使方案合法。在公共政策过程中，叶海卡·德洛尔认为，政策规划（policy activities）就是"为达到目标所采取的手段，即对未来所采取的行动做最后决定的准备过程"。查尔斯·琼斯认为，"政策规划指发展一个计划、方法和对策，以满足某种需求，解决某项问题"。我国学者张金马认为，政策规划是指"为解决某一个政策而提出可接受的方案或计划，进而制定出政策的过程"。陈振明认为，"所谓方案规划（政策规划），指的是对政策问题进行分析研究并提出相应解决办法或方案的活动过程。它包括问题界定、目标确立、方案设计、后果预测、方案抉择五个环节"[①]。总之，政策规划就是政策规划主体为解决某项政策问题，依据一定的程序步骤，运用相关的技术方法，获得一种方案或计划的过程。政策规划包括政策规划主体、内容、程序、方法和政策产出等几个要素。

6.2.1　政策规划原则

针对公共政策规划的具体原则，中外学者分别提出了不同的观点，具体如表6-3所示。[②]

---

① 陈振明. 公共政策分析导论 [M]. 北京：中国人民大学出版社，2017.
② 麻宝斌，王庆华. 公共政策学 [M]. 北京：高等教育出版社，2016；谢明. 公共政策概论（第二版）[M]. 北京：中国人民大学出版社，2014.

表 6-3　中外学者对政策规则原则的典型观点

卡普兰	1. 公正原则：政策规划时，对社会公众应持无私无偏的态度，并予以通盘谨慎地考虑 2. 个体原则：在方案择优时，以最终受益要落实到公民个人的利益上 3. 弱势原则：尽量考虑社会上居于劣势的弱势群体及个人，使其享受最大的利益 4. 分配原则：方案选择应尽可能使受益者扩大，而非只局限于少数人 5. 持续原则：政策规划应考虑事态的延续性 6. 自治原则：政策规划时，民间既有意愿又有能力处理的政策问题最好由他们来处理 7. 紧急原则：应考虑各项政策问题的轻重缓急，对于较紧急的问题，应即刻加以处理解决
谢明	1. 信息原则：信息的收集、整理、加工和利用 2. 系统原则：从事物的整体出发，去认识、分析和处理局部性问题 3. 预测原则：凡事预则立，不预则废，要科学预测 4. 客观原则：一切从实际出发，克服政策规划过程中的主观随意性 5. 智囊原则：借助外脑，让专家参与，形成智力共振 6. 优化原则：比较和选择，追求优化是政策规划当然的目标 7. 务实原则：讲究实际，不求浮华 8. 兼听原则：在政策方案的论证过程中应注意听取不同的意见 9. 时效原则：不可优柔寡断，坐失良机；要敢于承担风险，把握决策时机
朱志宏	1. 开放性原则：政府决策部门应是一个开放系统，在进行政策规划时不能闭门造车，决策部门必须了解并把握与决策系统息息相关的环境，通过民意调查和听证会等有效途径，真正了解受众偏好与需求，以增强公共政策的回应性 2. 前瞻性原则：政策规划者要了解问题现状，并通过问题把握其发展趋势，超越性地规划公共政策 3. 策略性原则：政策规划要能够拟订出"赢的策略"，在变幻莫测的政策执行环境中化险为夷，转危为安 4. 权变性原则：政策规划要能够适应政策环境，并随着环境的变化及时调整

　　公共政策规划的原则必须体现政策过程的科学化、民主化的要求，符合公共政策分析的基本要求。因此，政策规划必须遵循以下六项基本原则：信息充分原则、系统协调原则、科学预测原则、民主参与原则、现实可行原则、灵活稳定原则。

6.2.1.1　信息充分原则

　　信息是政策规划的基础和依据。政策规划实际上就是一个与政策有关的信息的输入—处理（规划方案）—输出的过程。信息的收集、加工和处理，贯穿于方案规划的整个过程。因此，无论是问题界定、目标确立，还是方案设计、方案择优或者是方案实施过程中的补充、修正或调整，都必须进行全面、准确的信息收集，在准确的信息资料基础上对其进行加工和处理。政策的科学性是与信息的全面性、真实性成正比的。信息越全面、准确，政策规划就越具有科学性。现代社会是信息社会，信息在政策制定中的地位越来越重要。充分、及时而准确地占有信息，这是政策规划活动成功的根本保证。

6.2.1.2 系统协调原则

任何事物都处于普遍联系之中，不仅政策本身可以看成是一个系统，而且它也不是孤立存在的，总是与其他政策相联系，处于一个政策体系之中。在政策规划时，要从系统论的观点出发，进行综合的分析。既要注重单个政策的综合分析，又要注重与其他政策的协调与配合，从而使各项政策成为一个有机整体，相互支持，协调配套。将整体利益与局部利益相结合、内部条件与外部条件相结合、眼前利益与长远利益相结合、主要目标与次要目标相结合。要注意各项政策之间的相互联系、相互影响、相互制约关系，既要考虑到不同层次政策之间的纵向协调，又要考虑到相同层次政策之间的横向协调，从而使各项政策产生尽可能好的整体效应。现实生活中，新政策与老政策"打架"、此政策与彼政策撞车、小政策与大政策抵触等现象屡见不鲜，这就是方案规划缺乏系统性的明显例证。

6.2.1.3 科学预测原则

预测是政策方案规划的前提，政策规划面向未来，是未来行动的指导方针，是在事情发生之前的一种预先分析和选择，"凡事预则立，不预则废"，故具有明显的预测性。预测就是由过去和现在推知未来，由已知推知未知。对事物未来的发展趋势及其结果的正确与否做出判断，在很大程度上决定政策的成败。没有预测或预测不科学，必将导致盲目或错误的决策。所谓科学预测，就是在正确的理论指导下，按照科学的原则、程序和方法对未来情况进行估计的活动。随着现代科技进步和经济的高速发展，社会生活日益纷繁复杂、变幻莫测，方案规划中只有运用科学预测，对于未来条件变化、方案执行结果及其影响等方面进行预测分析，才有可能制定出正确的政策，避免政策失误。我国"十三五"规划的实施之所以取得重大成就，就是因为它是建立在对未来经济和社会发展趋势科学预测基础上的。

6.2.1.4 民主参与原则

民主的内涵与实质是权力的分享。我国是社会主义国家，人民当家作主，让人民充分参与管理国家事务和社会公共生活是社会主义民主的本质要求。政策规划中的民主原则首先体现在政策是否能真正反映人民的要求和愿望，是否能最终使群众获得利益和实惠。坚持民主原则，还要求政策能保障人民在国家政治、经济、文化生活等各个领域中，享有同等的权利和利益分配。其次体现在保障广大人民群众参政议政的权利，在参与政策制定的各个活动环节中，充分发挥国家主人翁的作用。特别是要重视发挥专家智囊团的作用。现代政策制定的一个重要特点就是"谋"与"断"的相对分离，科学的知识与方法已成为政策规划时不可或缺的要素。学有专长者，往往能在政策规划中担任主动积极的角色，以其客观的立场、学术的眼光、科学的手段与方法，对政策问题进行详细探讨，并提出合理建议。他们不仅为领导决策奠定了充分的理论基础，也使政策的精确度大大提高，对于促进决策的科学化、民主化，具有十分重要的意义。

6.2.1.5 现实可行原则

政策总是要付诸实施的，要实施就得具备实施的现实条件，即具有可行性。而政策问题的决策，包含了诸多复杂的因素，只有通过综合的、全面的可行性分析，才能得出方案是否可行的结论。为此，要充分占有各方面的实际材料，根据现有人力、物力、财力、时间等主客观条件以及发展过程中的种种变化，对方案进行政治、经济、技术、文化、伦理等方面的可行性分析，从而使方案建立在牢固的现实条件的基础上，使方案的实施具有可操作性并有最大成功的可能。否则，无视现实条件与可能，即使再好的政策也会因无法实施而缺乏实际价值。

6.2.1.6 灵活稳定原则

政策作为一种社会生活的指导原则，要有一定的连续性和稳定性，要考虑与原有政策的衔接或过渡，避免朝令夕改，大起大落，影响社会稳定。但是，任何方案规划系统又都是一个开放系统，总是与外界环境处于不断的物质、能量和信息的交换之中。环境变化了，政策也必然随之做出相应的调整与变动。现代社会经济文化交流日益频繁，各种社会现象之间的联系也日益紧密。一个问题的决策，往往涉及众多的相关问题。一个细节的疏忽，往往造成重大的影响。因此，在进行政策规划时要从长远出发，给政策留有余地，具有适当的可以调节的弹性，并根据对未来情况做出的预测，准备好应变措施。特别要注意执行过程中的信息反馈，一旦发现政策与客观情况不相适应，就应及时调整。在规划中应探求更多的出路，摆脱困境，力争在多种方案中择优。

6.2.2 政策规划程序

在政策规划程序中，有两个必不可少的基本要素：一是政策目标；二是方案拟订和择优。其中，政策目标是规划的基础，方案拟订是规划的手段，择优是规划的关键。因此，公共政策规划包括政策目标的确立、政策方案的设计、政策方案的选择几个基本程序。政策目标的确立是方案提出的依据和前提，只有了解了政策问题的现状和原因才能找到解决问题的目标，才能设计出切实可行的方案。政策方案的设计是规划的实质阶段，从动态的角度而言，没有设计也就没有选择，也就不会有政策方案的出台。政策方案的选择又包括政策的评估、论证和择优等具体的环节。

6.2.2.1　确立目标

政策规划的首要工作就是确定政策目标。政策目标不仅是政策方案设计和择优的基础依据，也是政策执行的指导方针，并且为政策评估提供了参考标准。

西蒙认为，政策目标包含两部分内容——价值目标和事实目标，他强调，任何一项决策都包含事实的成分和伦理的成分，即存在事实和价值两项要素。事实要素是对于客观世界中可观察事物的描述，价值要素则是关于决策偏好选择的表达。据此西蒙将政策规划分为两个阶段：第一阶段是构造决策的价值体系；第二阶段则是利用价值体系，去评价和选择备选的决策方案。"就决策导向最终目标的选取而言，我们把决策称为'价值判断'；就决策包含最终目标的实现而言，我们把它称作'事实判断'。"①

6.2.2.2　拟订方案

政策方案设计是指在政策目标明确的前提下，探索、拟订和构建实现政策目标的各种可能途径的过程。它是政策方案评估和择优的基础。迪泽科（Dryzek）认为，拟订方案必须以目标群体的需求为基本的结构逻辑，才能有解决问题的效果，因此方案设计要考虑七个要素：政策效果、目标群体、执行机构、具体法规、政策工具、已有规则、方案假设。政策效果是指方案设计时我们所预期的效果以及政策实际产生的效果。目标群体是指公共政策最期望影响的对象，所拟订方案必须通过这些群体的行为才能获得预期目的。执行机构是指在设计方案时，还要考虑执行方案的机构和部门，它们的人力、物力、专业知识、组织功效都是需要考虑的。具体法规是指政策方案必须依据的法令基础，方案的设计必须在现有的法规框架内进行。政策工具是指政策方案实现的一些手段和办法，也是方案在设计时要思考的重要问题；已有规则是无论任何政策参与者，包括制定者、执

---

① 赫伯特·西蒙. 管理行为——管理组织决策过程的研究 [M]. 杨原，韩春立，译. 北京：北京经济学院出版社，1988.

行者，甚至目标群体都要遵循的一些现有规则，设计方案时不能忽略这些规则的影响。方案假设是指对于公共政策因果关系的陈述，包括技术假设、行为假设和规范假设等。①

政策方案的拟订一般包括两个步骤：首先是方案构想，根据具体政策目标、任务、时间、要求，建构多个政策方案；其次是细节探究，寻找实现政策的具体途径、路线、措施和手段，落实人力、物力、财力，要把政策方案的每个细节考虑得仔细、周到，具体的方案密切结合实际，政策手段必须是能够具体操作的硬件措施和具体的工作程序。在拟订政策方案时，需要重视方案的目的性，看是否能够实现预定的政策目标；重视方案的多样性，尽可能多拟订方案和开拓思路；重视方案的独立性，每种方案都应该是不同的思路或工具；重视方案的细致性，方方面面考虑周全；重视方案的适用性，适应政策的执行环境和执行主体；重视方案的可行性，保证方案提出的措施和办法都是具体可操作的。

6.2.2.3　方案评估

政策方案的评估，就是围绕政策目标，运用定性和定量相结合的分析方法，对政策方案实际上是否可行的问题进行系统的分析和研究。政策方案的择优是政策规划分析的关键性环节。

帕顿和沙维奇认为，政策方案评估主要集中在四个方面：①技术评估，是指政策目标在现有技术水平下实现的可能性，即是否具备实施拟订方案的技术手段，使目标的实现成为可能。②经济评估，是指执行政策方案所需各种资源（人、财、物和信息等）的获取难易程度，以及所花费的成本和取得的收益之比是否划算。③政治评估，即某项政策获得合法地位和被政策执行机构接受的可能性。如果一项政策得不到决策者、政府官员、利益团体或者普通公众的支持，那么该项政策被采纳的可能性就很小。④行政评估。假如一个方案在技术、经济、政治上都是可行的，但在管理中却不能够贯彻实施或执行，那这个方案也就无法通过。行政评估的具体内容是权威、制度约定、能力、组织支持等。技术可行性、经济可行性、政治可行性、行政可行性，这几方面的评估是相互联系、相互制约的，其中任何一种可行性不成立，都可能降低其他的可行性，因而成功的政

---

① J. S. Dryzek. Discursive Democracy：Politics, Policy and Political Science ［M］. England：Cambridge University Press, 1990.

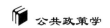
策往往要充分考虑到各方面的因素，找出一个最佳结合点。①

威廉·N. 邓恩则认为方案评估应集中在如下六个方面：①效益，是指某一特定方案能否实现所期望的目标。常常按产品或者服务的数量或者它们的货币价值来计算。②效率，是指为产生特定水平的效益所付出努力的数量，用最低成本来实现最大效益的方案就是有效率的。③充分性，是指方案实施的成本和效益之间的关系。如果方案的成本固定，则力求效益最大；反之，效益固定，则力求成本最低。④公平性，是指效果和努力在社会不同群体中分配的公平程度。通常，关于收入、教育机会或者重新分配公共服务的政策要重点评估这一标准。⑤回应性，是指政策满足特定群体的需要、偏好或者价值观的程度。这个标准的重要之处在于分析人员可能满足其他一些要求，却唯独不能对可能从政策中获益的某个群体实际需要做出足够的回应。⑥适当性，是指一项计划的目标和支持这些目标的前提是否站得住脚。有些政策方案虽然符合以上几个标准，但仍需考虑它们对社会是否适宜的问题。②

6.2.2.4 方案择优

方案拟订和评估结束后，要进行方案的择优选择。最终确立的方案未必是最优秀的或最合适的，选择的过程不仅受多元主体的干扰，还受诸多决策标准的干扰，以及决策类型的影响。

（1）选择标准。影响方案选择有多个标准，包括价值观、政党联盟、选民利益、公众意见、依从、公共利益、决策规则等。在决策者选择方案的过程中，他们的思想或者价值观起着重要的甚至是决定作用，包括组织价值观、专业价值观、个人价值观、政策价值观以及意识形态价值观。对于决策者来说，政党忠诚也是一项重要的甚至是唯一的选择标准。选民利益、公众意见也是决策者在方案选择时所要考虑的公众视角或者观点，公共政策的大体边界以及大致方向会受到两者的影响。有决策任务的官员，在选择方案时往往还会考虑依从他人的判断，这个"他人"在很大程度上是他的上级，或者是其他使他信服其判断能力的人。公共利益是官方选择方案时的最常用标准之一。

（2）决策类型。为了使决策简化和规范，承担很多决策任务时，人们会制定一些基本规则或指南，这些规则一般可归结为三种：讨价还价、说服和命令。

---

① 卡尔·帕顿，大卫·沙维奇. 政策分析和规划的初步方法 [M]. 孙兰芝，胡启生，等译. 北京：华夏出版社，2001：205-206.

② 威廉·N. 邓恩. 公共政策分析导论（第四版）[M]. 谢明，等译. 北京：中国人民大学出版社，2011.

讨价还价。在西方许多国家的政治体系中，最常见的一种决策类型就是讨价还价。在讨价还价这一过程中，两个或两个以上的拥有权力或权威的人对存在不一致的目标进行调整，以便形成即使不够理想但能让参与者接受的行动方案。讨价还价的沟通涉及谈判、交换以及妥协，目的是达成某种彼此都能接受的方案。讨价还价的三种常见形式是互投赞成票、一方付款和妥协。

　　说服。说服包括对事实、数据以及信息的整理，对论点进行有技巧的自圆其说，以及运用逻辑和推理使别人相信自己观点的正确和明智。说服者在寻求对其所希望方案的支持时并不改变自己的立场，它可能还包括试图使他人相信接受方案后会增进自身的利益，其要素包括准确的信息、推理、逻辑和有效的辩论。简言之，说服就是尽力引导别人按照他们希望的方式同意某种方案。

　　命令。命令是处于更高地位的那些人有能力做出决定并使其管辖的下级服从他们的决定，从而进行方案选择，因此，这种决策规则更多地出现在带有专制性质而非民主特征的社会。

　　安德森认为，方案择优的典型内容并不是从若干成熟的政策方案中进行选择，而是针对某一政策可选方案所采取的行动，这些行动的支持者所要做的就是使方案获得通过，即使方案不能提供他们所期待的一切。当政策过程由方案提出阶段迈向方案选择阶段时，一些政策建议会被否决，一些建议会被接受，还有一些建议会被修改，分歧将慢慢减少，妥协也将达成。最后，在某些情况下，最终的方案确定可能只是一种形式上的东西，在很多情况下，问题的分歧在投票结果出来前或者最终方案公布前后都会一直存在。①

　　在这一过程中，决策者容易导致一些利益上的或者技术上的决策错误。学者胡宁生认为利益上的错误包括：政策获利化，决策者只选择那些能使自己或自己所属集团获得特殊利益的政策方案；政策廉价化，决策者只选择那些使特定团体或个人能够以最小的代价最大限度地满足他们利益需求的方案；政策优惠化，决策者在最终优选方案时，有意选择那些能给某些个人或团体一定优惠的政策方案；政策分割化，决策者最终采用的是将利益在几个团体间按一定比例分割的方案。美国学者菲利克斯·A. 尼格罗和劳埃德·G. 尼格罗认为技术上的错误包括：只着眼于眼前，选择上短视；把未来仅看作对过去或现在的重复；对问题采取过分简单的解决办法；过分依赖于某个人的自身经验；决策者先入为主的看

---

①　詹姆斯·E. 安德森. 公共政策制定［M］. 谢明，等译. 北京：中国人民大学出版社，2009.

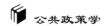

法；不愿做谨慎的实验工作：决策者逃避决断。①

6.2.3　政策规划模型

公共政策规划模型是政策研究者在对公共政策的研究中，抽象出的各种规律性的模式。这些模型既体现了政策思考的不同角度，同时也为公共政策规划分析提供了各项措施和途径。比较典型的与公共政策规划相关的模型包括理性模型、有限理性模型、渐进模型、精英模型和垃圾桶模型。

6.2.3.1　理性模型

理性模型假定决策者都是"经济人""理性人"，决策者依据完整而综合的信息做出理性的决策，即遵循以最小的投入获得最大产出的原则，做出价值最大化的选择，选择达到目标的最优方案。理性模型所要求的最优选择应具备如下条件：把决策行为视为整体行为而非群体行为，决策者具有绝对理性，决策目标单一、明确和绝对，决策者在决策过程中具备一以贯之的价值偏好，在决策过程中可以不考虑时间和其他政策资源的消耗等。

理性模型提出的是一种理性假设，但在现实社会中会遇到许多限制条件和障碍，政策实践中的许多现象难以解释和说明。原因在于，理性模型假定的"理性人"是缺乏经验支持的，因为决策者很难做到公正、客观、理智，也很难做到全知全能，其拥有的知识、获得的信息都是有限的，投入产出、成本收益的计算也不可能是完全精准的。同时，人们在利益上无法达成一致，只能在对于某一个特定团体或个人的利益上达成共识，而这些团体和个人的利益又往往是相互冲突的，这些冲突的收益和成本不能相互比较和衡量。在决策者的决策过程中，其动机并不是单纯追求社会收益的最大化，而是试图让他们自己的所得得以最大化，包括权力、地位等。在信息收集方面存在数不清的障碍，而收集信息的目的是了解所有其他替代政策及其后果。不论是社会科学、行为科学，还是物理学和生物学，其预测能力还不能帮助决策者完全理解每一个政策选项的成本和收益。即使拥有最先进的计算机分析技术，当面临大量分化的政治、社会、经济和文化价值时，决策者也没有足够的智力水平来准确计算成本和收益。②

6.2.3.2　有限理性模型

20世纪50年代后，人们认识到完全理性决策理论只是一种理想模式，不可

---

① 陈庆云. 公共政策分析（第二版）[M]. 北京：北京大学出版社，2011.
② 托马斯·R. 戴伊. 理解公共政策 [M]. 彰勃，等译. 北京：华夏出版社，2004.

能指导实际中的决策，赫伯特·西蒙提出了满意标准和有限理性标准，用"社会人"取代"经济人"，大大拓展了决策理论的研究领域，产生了新的理论——有限理性决策理论。

西蒙认为，组织本身存在决策的无序特质，组织决策是根据价值前提和事实前提建立决策目标，而后进行信息搜寻和整理，确立备选方案，选择合适方案的过程，这一过程中的组织目标、成员认同、信息传递、效率准则、个人决策能力等都存在理性限度，无法实现"绝对理性"，组织决策至多实现介于理性与非理性之间的"有限理性"。有限理性模型的主要观点是：决策者追求理性，但又不是最大限度地追求理性，他只要求有限理性，决策者在决策中追求满意标准，而非最优标准。

西蒙决策理论的主体部分就是对决策过程的研究。他认为每个组织还是试图用制度和规则来保证决策结果的最优，尽量实现解决不同问题的程序决策和非程序决策。但是，理性制度的完全应用，截至目前还是过于理想化的。在现实的决策过程中，决策者总是喜欢通过经验和直觉（这些经验和直觉可能会蕴藏大量的理性和智慧），来评价自身的搜寻行为或是选择行为是否达到了自己的满意水平，并因此做出取舍和判断，而不是耗费大量的时间和精力去考虑各种可能出现的结果。所以，组织成员在决策过程中简化程序才是常态行为。若简化程序，其遵循的准则就必然是满意而非最优标准。

6.2.3.3　渐进模型

渐进模型是查尔斯·E. 林德布洛姆（C. E. Lindblom）在批评理性决策模型时提出的"渐进调适的科学"（the science of muddling through）。渐进主义将公共政策看作政府过去行为的延续，只有一些增量型的改动。在林德布洛姆看来：

第一，渐进主义将现有项目、政策和开支作为思考问题的基础，对新项目和新政策关注的焦点是对现有项目进行哪些改动，决策者一般都认同既有项目的合理性，同时同意延续原来的政策。

第二，决策者接受过去政策的合理性，是因为全新政策或者不同的政策其后果具有很大的不确定性。当新政策的后果无法预计时，更好的做法就是坚持那些已经知道的项目。

第三，在已有政策中可能已经有很大的投入，这就预先排除了真正的锐意变革。这些投入可能是金钱、建筑或者其他，也可能是心理倾向、行政实践或组织结构上的准备。

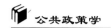

第四，渐进也是政治上的权宜之计，如果决策集中于一些重要的政策转变，涉及很大的得与失，或者"要么全有，要么全无"即"是或否"的政策选择，决策中的冲突就会被强化。因此，渐进决策是减少冲突、保持稳定、保护政治体系自身的重要手法。

第五，决策者自身的特点也对渐进模式有影响，很少有人能依据价值最大化准则来行事。由于在社会或价值目标上缺乏共识，多元社会中的政府更容易延续现存计划，而不是介入一些为了达到具体社会目标而进行的全面政策规划。

渐进模型很多时候应用于稳定发展的时代，不符合大的社会变革需要。在战争爆发、社会动乱、资源匮乏等政策特殊时期，渐进模式就会有些墨守成规，不求改革与创新。所以，渐进理论被广泛应用于缓和党派权力斗争、利益重新分配等决策过程中。

6.2.3.4　精英模型[①]

精英模型认为，民众对于公共政策的态度比较冷漠和缺乏了解。在公共政策的问题上更加常见的情形是，精英在事实上塑造了大众舆论，而不是大众塑造精英舆论。因此，公共政策的规划最终会受精英偏好的影响。公共事务官员和管理者来具体执行和实施由精英规划和制定的政策，政策从精英流向大众，它们不是反映来自大众的需求。精英理论的主要观点是：

第一，社会被分成两个部分，少数人掌握权力，而其他多数人则没有权力。只有很少的人为社会分配价值，大众不能够决定公共政策。

第二，少数行使统治权的人，在被统治的大众中并没有代表性；精英是从社会经济上层体系中不成比例地抽取出来的。

第三，从非精英演变为精英的过程很漫长，同时可以持续不断地维持社会稳定和防止革命。在非精英的大众中，只有那些接受基本的精英共识的人才能被统治圈所容纳。

第四，精英的共识代表社会系统的基本价值以及如何维护这一系统的理念。

第五，公共政策所反映的不是大众的要求，而是精英的最主流价值观。

第六，冷漠的大众对精英的直接影响相对较少，精英影响大众要甚于大众影响精英。

基于此模型分析，公共政策中的变迁和创新更多的是精英对自己的利益、价

---

①　托马斯·R. 戴伊. 理解公共政策 [M]. 彭勃，等译. 北京：华夏出版社，2004.

值观以及偏好重新调整的结果，因此，更多的公共政策规划不是变革性的，而是渐进式的调整，修改的多，完全替代的少。精英在关于社会体系的根本规范中拥有共识，精英同意基本的游戏规则以及社会体系自身的延续。系统之所以能够保持稳定，或者继续生存，是因为精英的共识代表了体系的根本价值，政策的选择只有限制在这个共识之中，才会得到认真的考虑。[1]

6.2.3.5 垃圾桶模型

垃圾桶模型从组织的一系列决策制定中产生，这一模型最早由马奇（March）、科恩（Cohen）、奥尔森（Olsen）等于 20 世纪 70 年代提出。

垃圾桶模型首先有这样一种假定：决策原本是不理性的，充满了混乱、不确定性以及相互冲突的目标、选择和世界观。当出现这种现象时，决策就会成为一个表达的论坛。在这里，决策参与者不必然是一群在某时某地开会和参与讨论的人员或官员，有可能是学术界、舆论界成员，或者是民间团体、老百姓。这时，决策的特征表现为：只有在做决定的时候，才进行目标和政策的界定；出现解决方法寻找问题（而不是问题寻找解决方法）的局面；把政策当成已发生事件的理论基础。因此，垃圾桶决策常常取决于四股力量，即问题、解决方案、参与人员和决策的机会，最终往往呈现为"无组织的混乱状态"。①偏好有问题，即政策本身要实现的目标并不具体、明确，对各种政策目标的优先顺序也不是很清楚。②技术不明确，即不像理性决策模型所主张的依据逻辑思考的决策步骤来解决问题，而是根本不知道达成目标的手段或方法。③参与流动性强，即在决策的过程中，参与决策的人员具有相当程度的流动性。

垃圾桶模型尽管能够为政策规划者提供一定的方案支撑，但如何准确寻找到与问题相契合的解决方案，存在一定的未知性和随机性。决策过程就如同在垃圾桶里翻搅一般，一个良好的决策仅是现存的解决方案恰巧适用于某一问题而已，而做出决策的机会取决于"一个被参与者倾倒各种各样问题及其解决方法的垃圾桶，每个桶里所装的混合垃圾是什么部分取决于桶上贴的标签，同时也取决于正在产生的垃圾种类，取决于现有的各种桶的混合情况以及现场收集和清除垃圾的速度"[2]。

① 托马斯·R. 戴伊. 理解公共政策 [M]. 彭勃，等译. 北京：华夏出版社，2004.

② 保罗·A. 萨巴蒂尔. 政策过程理论 [M]. 彭宗超，等译. 北京：生活·读书·新知三联书店，2004.

6.3 政策合法化

公共政策决策要科学前瞻，更要合理合法，客观上要求政策的制定主体、制定程序、操作过程都要依法行事。

6.3.1 政策合法化概述

在任何政治系统中，都存在两种层次的政策合法化：一是政治系统统治的合法化；二是统治系统所发布的政策合法化，两者相互依存，缺一不可。① 德国学者哈贝马斯从政治角度出发，认为合法化"意味着某种政治秩序被认可的价值……统治秩序的稳定性也依赖于自身（至少）在事实上的被承认"②。

我国学者大多数从政策制定与发布的角度提出政策合法观点。张金马认为，"政策的合法化是指经政策规划得到的政策方案上升为法律或获得合法地位的过程。它由国家有关政权机关依照法定权限和程序所实施的一系列立法活动与审查活动所构成"③。陈振明认为，"政策合法化是指法定主体为使政策方案获得合法地位而依照法定权限和程序所实施的一系列审查、通过、批准、签署和颁布政策的行为过程"④。宁骚认为，"政策合法化是有关政策抉择主体依据有关法律，按照法定程序对政策方案加以审查、通过或批准、签署及发布的过程"⑤。

综合各种观点可以看出，学者除对政策合法化的目的认识比较一致外，对于其他一些问题如政策合法化的主体、对象范围、所适用的程序或采取的活动，理解差异很大，有些解释本身前后也不一致。广义的公共政策合法化指政策过程的每一个阶段和政策内容都要符合法律规范。狭义的公共政策合法化主要偏重于从法律角度来解释公共政策合法化这一概念，它包括决策主体合法、决策程度合

① Alka Sapoot, Devolution and Innovation. The Adoption of State Environmental Policy Innovation by Administrative Agencies [J]. Public Administrative Review, 2004 (2); C. O. Jones. An Innovation to the Study of Public Policy [M]. North Scituate, Mass.: Duxbury Press, 1977.
② 哈贝马斯. 交往与社会进化 [M]. 张博树，译. 重庆：重庆出版社，1993.
③ 张金马. 政策科学导论 [M]. 北京：中国人民大学出版社，1992.
④ 陈振明. 政策科学 [M]. 北京：中国人民大学出版社，1998.
⑤ 宁骚. 公共政策学（第三版）[M]. 北京：高等教育出版社，2018.

法、政策内容合法等内容。①

我们认为，所谓的公共政策合法化（the legalization of public policy）是指法定主体为使政策方案获得合法地位而依照法定权限和程序所实施的一系列审查、通过、批准、签署和颁布政策的行为过程。政策合法化使政策方案具备合法性的过程。即合法化的对象是决策者最后抉择的方案，合法化由拥有特定权威主体进行，合法化要遵循一定的程序，合法化的结果是使政策方案获得实施的效力，合法化的政策有升华为法律的可能性。这个概念的外延和内涵可以从如下几个方面来把握：

第一，所有的政策，包括中央政策和地方政策、法律和其他形式的政策，都有其合法化过程。政策合法化并不只限于中央政策或全国性政策的合法化，也不等同于政策法律化。地方政策也要合法化，政策法律化只不过是政策合法化的一种重要而又特殊的形式。

第二，政策合法化是有目的的活动。其目的就是使政策方案获得合法地位，转化为合法有效的政策，具有合法性、权威性和约束性，获得人们的认可、接受和遵照执行的效力，从而使政策有效地发挥规范和指导人们行为的作用，最终实现政策目标，解决政策问题。

第三，政策合法化是法定主体依照法定权限所实施的活动。《宪法》和《组织法》对国家机关的权限做了划分，国家机关必须依照法律规定，在各自的权限范围内使相应的政策方案合法化。公共政策具有法定的权威性，对社会具有普遍约束力，只能由法定的国家机关依照法定的权限制定。不具有法定的公共政策制定权力或超越法定权限，都不能使政策合法化。

第四，政策合法化是主体依照法定程序所实施的一系列行为过程。政策的内容、形式和效力范围等不同，政策合法化的主体和程序也就不完全相同，如限制公民人身自由的政策，必须由全国人大依照立法程序使之合法化，而立法机关强调公平、民主，其政策合法化的程序就表现得烦琐、复杂。相对而言，行政机关更强调效率，其政策合法化程序就比较简单。同一国家机关，不同的政策也可能有不同的合法化程序，如国务院制定重大政策，应由国务院常务会议或全体会议讨论决定后由国务院总理签署发布。而一般性政策，国务院总理有权直接签署发布，政策合法化的程序，虽然不尽一致，但都有共同的标准，即要符合法律规

---

① 谢明. 公共政策概论［M］. 北京：中国人民大学出版社，2010.

定；都有基本的步骤，即包括审查、通过、批准、签署和颁布政策等一系列行为过程。

6.3.2 政策合法化过程

政策合法化过程是指政策方案获得合法地位的步骤、程序和方式。从理论上说，政策规划阶段结束后才进入合法化过程。实际上，合法化过程往往又包含政策规划的行为性质。不同的政策方案、不同的合法化主体，往往导致不同的合法化程序。

6.3.2.1 立法机关公共政策合法化过程

立法机关的职能分为两大类：一类是立法职能；另一类是公共政策合法化。现如今，大多数国家的立法机关既行使立法职能又行使其他职能，如批准或通过政府提出的计划、预算、决算、质询、罢免和弹劾有关人员，对政府提出不信任案等。议会、国会、人民代表大会等，因其主要职权是立法，所以人们往往把它们看作立法机关的同义语。在我国，人民代表大会是国家权力机关，人大常委会是它的常设机构。国家权力机关包括最高国家权力机关即全国人大和地方各级国家权力机关即地方各级人大。地方人大只有一部分享有地方立法权，如省级、省会市、国务院批准的直辖市的人大等，但地方各级人大都享有本行政区域内的重大事项决定权，如批准本级政府的重要报告或计划等。立法机关或权力机关的政策合法化程序，不可能完全一致，但基本上包括提出议案、审议议案、表决和通过议案、公布政策。

（1）提出议案。议案是各种议事提案的总称，包括立法议案、预算案、质询案、罢免案等。不能把议案都叫作立法议案。从立法机关或权力机关的议事规则讲，提出议案的同时不一定要提出法律或政策等的具体草案。但政策合法化是将已经过政策规划而获得的政策方案提交审议批准，因此，提出议案的同时也就提出了相应的政策方案。

（2）审议议案。即由有权机关对议案行使审议权，决定其是否列入议事日程、是否需要修改以及对其加以修改的专门活动。对列入议事日程的政策方案的审议，主要围绕下列内容进行：是否符合政治、经济、文化和社会发展等的需要；是否具有必要性和可行性；是否符合法律和公共利益；征询和协调有关方面的意见和利益；名称、体系、逻辑结构、语言表述等具体问题。

（3）表决和通过议案。经过表决，政策方案如果获得法定数目以上人员的赞成、肯定、同意，即为通过。议案一般采取过半数通过原则，有关国家宪法的议案一般要 2/3 以上的多数通过。有些国家在某些情况下，对议案还要进行全民公决，我国没有这种制度。

（4）公布政策。政策方案经表决获通过后，有的又经过其他机关或其他形式的批准、认可后，即成为正式的政策。但此时的政策还不能执行，还得经过公布程序。公布权不一定都属于立法机关或权力机关，如在多数国家，法律由国家元首公布。在我国，国家主席根据全国人大及其常委会的决定签署主席令公布法律。有些地方国家权力机关如省会市、国务院批准的较大市的国家权力机关制定的地方性法规，还要经上级国家权力机关批准后公布。

6.3.2.2　行政系统的政策合法化过程

政策合法化过程是与政策决策的领导体制紧密相连的。领导体制的不同往往会导致政策合法化过程的不同。领导体制从不同的角度可以进行不同的划分，如首长制与委员会制、职能制与层级制、集权制与分权制、一体制与分离制等。首长制与委员会制是一种常见的划分。首长制也叫首长负责制或一长制，其法定最高决策权由行政首长一人执掌，其他成员只有建议权，没有决定权。美国总统制就是一种最典型的首长制。委员会制的最高决策权由委员会各成员共同执掌，各成员权力平等，采取少数服从多数的原则决定政策。

新中国成立以后，我国在一大段时间基本上是实行委员会制。1982 年《宪法》则明确规定，从中央到地方的各级行政机关实行首长负责制。我国的行政首长负责制是建立在民主集中制基础上的。在政策决策的过程中，这一点体现得尤为明显。因此，在当代中国，行政决策一般实行的是行政首长负责制。这项制度把决策权主要赋予行政首长，但同时又要求行政首长应在行政领导会议集体讨论决定的基础上行使决策权，具体的行政决策程序如下：

（1）法制部门的审查。中国县以上各级行政机关及其职能部门都设有专门的法制机构，它们的主要职责之一就是审查各项政策方案的合法性。

（2）领导会议的讨论决定。据有关法律规定，县以上各级人民政府工作中的重大问题，需经政府常务会议或全体会议讨论决定。行政首长召集和主持这两种会议，对于会议所讨论的结果和应做出的决定，行政首长拥有最终的决定权。即这两种会议都不实行委员会制下的一人一票和少数服从多数的原则，而是以集体讨论来集思广益，最终还是由行政首长拍板定案。行政领导会议的形式除了上述两种以外，还有行政首长办公会议。该会议是行政首长处理日常决策事务的一种会议形式，可以由行政首长根据工作需要随时召集，有些政策特别是政府职能部门制定的许多政策，就是由首长办公会议讨论决定的。

（3）行政首长的签署发布。行政首长在整个行政决策中处于核心位置。拥有最高决策权和领导权。其最主要的表现就是行政首长对有关决策有最后的决定权、签署权和发布权。当然，在中国行政实践中，还存在分管决策制度。即在行政首长之下的各副职领导人对自己分管的日常事务有决策权，这是对行政首长决策制度的一种有效的补充。

6.4　本章小结

公共政策议程是整个公共政策过程的初始环节，本章介绍了政策议程类型的系统议程与政府议程及其之间的区别、政策议程的建构及理论模型。政策问题被纳入议事日程之后，便进入了政策规划阶段。政策规划包含四个步骤：确定目标、拟订方案、方案评估、方案择优。在实际的公共政策规划过程中，充满了各种混乱和矛盾，也充斥着许多规律和惯性，专家用各种模型进行解释，主要包括理性模型、有限理性模型、渐进模型、精英模型和垃圾桶模型。

公共政策合法化是政策过程的关键环节，是政策方案转化为政策执行实践的前提条件。合法化既是决策民主化、法制化的集中体现，又是民主政治改革的重要内容，是实现公平、正义的重要渠道。政策实践中的合法化过程，主要体现为：作为职能机构的立法机关、行政机关和司法机关的合法化过程，以及社会力量对合法化过程的影响。中国的公共政策合法化实践，始终坚持中国共产党的领导、人民当家作主和依法治国的原则。

思考题

1. 什么是政策议程？社会问题是如何进入政府议事日程的？

2. 方案规划有哪些基本原则？

3. 如何看待政策合法化的地位、作用与程序？

4. 简述中国政策制定过程的特点及基本经验。

案例讨论

生态综合补偿试点方案

近年来，我国生态补偿资金渠道不断拓宽，资金规模有所增加，但在资金来源及使用、激励机制建设等方面仍需进一步完善。例如，江西 2019 年统筹安排 2700 万元，用于补偿鄱阳湖湿地周边因候鸟保护造成损失的湖区群众、社区及相关保护区，比 2018 年多出 700 万元，破解鄱阳湖"人鸟争食"问题。海南试点市县按照"谁获益，谁补偿""谁污染，谁赔偿"的原则，对试点断面水质进行季度考核和年度考核，市县政府之间的补偿按照考核结果及补偿协议约定进行"季度核算、年终结算"，补偿标准由上下游市县按照 30 万~360 万元/季度的最低标准进行自主协商确定，对断面水质监测值达到季度考核目标的，由下游市县政府补偿给上游市县政府；对未达到季度考核目标的，由上游市县政府赔偿给下游市县政府。省级财政根据年度考核结果对达标上游市县给予奖励。安徽和浙江联合推动的中国首个跨省流域生态补偿机制试点颇有成效，黄山市累计投入 126 亿元，完成新安江上游 16 条主要河道综合整治，疏浚和治理河道 123 千米；治理水土流失面积 540 多平方千米；实现村级保洁、河面打捞、网箱退养、规模化畜禽养殖整治、沿河排污口整治等"十个全覆盖"；关停淘汰污染企业 170 多家，整体搬迁工业企业 90 多家，拒绝污染项目 180 多个，优化升级项目 510 多个。

为进一步健全生态保护补偿机制，提高资金使用效益，国家发展改革委 2019 年 11 月 15 日印发《生态综合补偿试点方案》（以下简称《方案》），将在安徽、福建、江西、海南、四川、贵州、云南、西藏、甘肃、青海各选 5 个县（市、区）开展生态综合补偿试点。试点县应在全国重点生态功能区范围内。试点工作的重点任务分别是开展创新森林生态效益补偿制度、推进建立流域上下游生态补偿制度、发展生态优势特色产业、推动生态保护补偿工作制度化。

《方案》要求，多渠道筹集资金加大对试点工作的支持，生态保护与建设中央预算内投资要将试点县作为安排重点，与相关领域生态补偿资金配合使用，共同支持试点县提升生态保护能力和水平。加强与国开行、农发行、亚行、世行等国内、国际金融机构的沟通与对接，推广产业链金融模式，加大对特色产业发展的信贷支持。目标是到 2022 年，生态综合补偿试点工作取得阶段性进展，资金使用效益有效提升，生态保护地区"造血"能力得到增强，生态保护者的主动参与度明显提升，与地方经济发展水平相适应的生态保护补偿机制基本建立。

资料来源：

[1] 杨碧玉. 真金白银护候鸟 [EB/OL]. http. jiangxi. gov. cn/art/2019/8/28/art_393_727069. html.

[2] 周晓梦. 上游护清水 下游给补偿 [N]. 海南日报，2019-08-31（1）.

[3] 中国新闻网. 中国首个跨省流域生态补偿机制试点成效显著 [EB/OL]. https：//baijiahao. baidu. com/s？id=1632310872522019120.

讨论：

1. 生态综合补偿试点方案有着怎样的价值取向？如何理解公共政策规划的合理性与合法化？

2. 试分析具有中国特色的公共政策决策过程模式及其特点。

第7章 公共政策执行

政策执行是政策过程的中介环节，是将政策目标（理想）转化为政策现实的唯一途径。政策执行的有效与否事关政策的成败。因此，政策执行是整个政策过程的又一个重要阶段。本章将讨论政策执行的一系列基本概念、原理及方法问题。

7.1 政策执行概述

政策方案一旦经合法化过程并公布之后，便进入政策执行阶段。政策执行是在政策制定完成之后，将政策所规定的内容变为现实的过程，是为实现政策目标而重新调整行为模式的动态过程。

7.1.1 政策执行的内涵

何谓政策执行？政策科学学者从不同角度来进行界定，较有代表性的有普雷斯曼（Jeffrey L. Pressman）和韦达夫斯基（Aaron B. Widavsky）：可以将执行看作在目标的确立与适应于取得这些目标的行动之间的一种相互作用过程。① 琼斯（Charles O. Jones）：执行是将一项政策付诸实施的各项活动，其中尤以组织（资源、机构和使项目生效的方法的建立或重新安排）、解释（将项目语言转变成可接受和可行的计划和指示）和应用（服务、款项、工具等的日常供应）三种活

---

① Jeffrey L. Pressman，Aaron B. Widavsky. Implemetation ［M］. Berkeley：University of California Press，1979.

动为要。①

林水波和张世贤认为，政策执行可谓为一种动态的过程，在整个过程中，负责执行的机关与人员组合各种必要的要素，采取各项行动，扮演管理的角色，进行适当的裁量，建立合理可行的规则，培塑目标共识与激励士气，应用协商化解冲突，冀以成就某特殊的政策目标。② 陈庆云认为，政策执行是将政策理想转化为政策现实、政策目标转化为政策效益的唯一途径。政策执行的有效性事关公共政策的成败。③ 谢明认为，政策执行是政策实施的具体过程，包括使政策作用于目标群体以及政策目标得以实现。④

综合上述各家的观点，我们把政策执行（policy implementation）界定为：在政策方案出台后，政策执行主体围绕政策目标，运用各种政策资源，采取解释、宣传、实验、实施、协调与监控等各种行动，将政策方案转化为现实效果，从而使既定的政策目标得以实现的活动过程。

7.1.2 政策执行的研究

在政策科学发展的相当长时期，政策执行并没有引起政策学者的应有重视，其主要原因在于，人们将政策执行看作政策过程中的一个不重要阶段，认为只要政策一出台，便自然地得到贯彻执行。米德和霍恩（Van Meter and Van Horn）将政策执行研究被忽视的原因归结为四个方面：①一个天真的假定。执行过程是简单且人所共知的，并没有什么值得学者关注的大问题。②以计划—项目—预算（PPB）为焦点。强调权威决策者的作用而排除了"低层次"官员对执行过程的负责。③任务的困难。从方法论上看，执行过程涉及严重的边界问题，往往难以界定相关的行动者。④时间和资源的巨大消耗。⑤

政策执行研究兴起于 1973 年普雷斯曼（T. L. Pressman）和韦达夫斯基（A. Wildavsky）对美国联邦政府创造就业机会的政策项目——"奥克兰计划"执

① Charles O. Jones. An Introduction to the Study of Public Policy [M]. Monterey, California: Brooks/Coles Publishing Company, 1984.

② 林水波，张世贤. 公共政策 [M]. 台北：五南图书出版公司，1982.

③ 陈庆云. 公共政策分析（第二版）[M]. 北京：北京大学出版社，2011.

④ 谢明. 公共政策概论（第二版）[M]. 北京：中国人民大学出版社，2014.

⑤ D. S. Van Meter, C. E. Van Horn. The Policy Implementation Process: A Cenceptual Framework [J]. Administration and Society, 1975 (4).

行的跟踪研究而写成的《执行》（*Implementation*）一书的出版作为标志。① 尽管在 20 世纪 60 年代，有一些组织理论家（如 Kaufman、Derthick、Bailey and Mosher）的著作已涉及公共机构如何运作政策的问题，但是真正以政策执行作为主题，并进行全面案例跟踪研究的开创性著作则是《执行》这本书（该书后来成为政策执行领域的经典，是政策科学或政策分析的学者和学生必读之书）。普雷斯曼和韦达夫斯基的研究表明，由约翰逊政府发起的"伟大社会"改革的许多政策项目并未取得预期结果。美国联邦政府的创造就业机会的政策项目（奥克兰计划）并不是按政策制定者所设想的那样被执行的，它并没有取得预定的效果，问题就出在它被执行的方式上，尤其是"联合行动"的困难上。《执行》导致了政策执行研究的兴起，形成了声势浩大的"执行运动"（Implementation Movement）。

政策执行研究的兴起并不是偶然的，而是有着深刻的理论与实践上的原因。从理论上看，美国 20 世纪 60 年代末 70 年代初政策科学取得突飞猛进的发展，政策科学研究的视野拓宽，要求对政策系统和政策过程的各种因素和环节做全面深入的研究。过去人们偏重于政策制定或规划的研究，而忽视了对政策执行、评估和终结的研究，这制约着政策科学的发展，必须加以纠正。从政策实践上看，20 世纪 60 年代由约翰逊政府所发起的"伟大社会"改革的许多政策项目并没有取得预期的结果，这在客观上向人们提出这样一个问题，即为什么好的或比较理想的政策方案及项目也不能取得预期的结果？ 这促使人们去评估政策，并寻找政策执行方面的原因。正是在理论与实践的双重作用下，政策执行在 20 世纪 70 年代初以后成为美国及西方政策科学研究的一个焦点或热门话题。

政策科学家在西方的"执行运动"中，写下了大量的论著以及作了大量的实证案例分析，提出了种种关于政策执行研究的途径、模式或理论，拓展了政策科学的研究范围，丰富了政策科学的理论内容。纵观这一时期的执行研究文献，其提出的政策执行研究的途径主要有如下几种：

一是"自上而下"（top-bottom 或 top-down）途径，或称为"以政策为中心的途径"或"政策制定者透视"途径。这种途径假定，政策是由上层规划或制定的，然后，它们被翻译或具体化为各种指示，以便由下层的行政官员或

---

① T. L. Pressman, A. Wildavsky. Implementation ［M］. Berkeley：University of California Press, Berkeley, 1973.

职员执行。依照这种途径，政策过程被看作一种指挥链条，其中，政治领导人形成政策偏好，而这种偏好随行政层次的降低而不断被具体化，为下层行政官员所执行。这种途径关注的焦点是政策制定者，要考察他们做什么以及如何将政策付之于实践而生效。普雷斯曼和韦达夫斯基的《执行》一书所采取的正是这种途径。

纳卡木拉和斯摩伍德的观点：政策制定与执行是有界限、分离、连续的，存在界限的原因是政策执行过程必然是在政策制定之后的连续过程上，涉及政策执行的决定，本质上是非政治性与技术性的，执行者的责任是中立的、客观的、理性的与科学的。我国学者张金马、丁煌认为，政策执行研究基点在于解释为什么政策过程出现或没有出现成功的结果；从高层政策制定者的角度来看问题；政策制定与政策执行二分法；研究途径的知识基础是韦伯的官僚科层制理论；政府行政效率的提高和政策执行问题的解决，出路在于组织的管理与控制。

"自上而下"的研究途径为政策执行研究提供了清晰的路线。所受的批判是过多关注中央或高层决策者的目标与策略，执行者的重要角色被忽略了，无自由裁量权；其执行的必要条件在现实生活中不可能具备；政策制定与政策执行的理论区分在执行过程中无法维持，因为政策是在执行过程中制定和修正的，制定中有执行，执行中有制定；带有个案研究的局限性；只适用于管制性政策与再分配政策。

二是"自下而上"（bottom-top 或 bottom-up）途径。"自下而上"途径以组织中的个人（参与政策过程的所有行动者）作为出发点，政策链条中的较低及最低层次被当作政策执行的基础；它强调政策或项目的成功与否依赖于参与执行项目的行动者的承诺与技巧。理查德·爱尔莫尔的基层官员权力观：公共政策要有效地执行，取决于执行机构间的过程与产出，而非政策制定者的意图与雄心；是多元行动者复杂的互动结果，而非单一机构贯彻政策目标的结果；基于基层官员或地方政府的自由裁量权，而非层级结构的指挥命令；它必然涉及妥协、交易等活动，因此互惠性比监督性功能重要。戴维·波特的执行结构研究：政策执行的核心包含多元组织的执行结构，政策执行以计划理性为取向，政策执行包含多元的目标与动机，执行结构的权威关系以专业地位、协调能力、潜在或实际的权力及资源控制为焦点，具有地方自主性，并且执行结构内部包括许多的次级结构。

自下而上研究途径能够正视执行过程中执行机构间的互惠性与裁量权，重视彼此间意见与利益的沟通交流，对自我管制政策与分配政策有良好的效果。但其过分强调基层官员的自由裁量权，只适用于分权的政策环境，在集权的条件下不适用，而且对自上而下研究途径的批判有失公允。

三是"政策/行动连续统"（ploicy/action continum）途径，该途径或多或少有"自上而下"和"自下而上"两种途径综合的意味。按巴雷特和富奇（S. Barrett and C. Fudge）的说法，应该将执行"当作一种政策/行动的连续统"，在其中寻求将政策执行付之于实践者与那些采取行动者之间随时发生相互作用和谈判的过程。[①] 从这个意义上说，这一过程既可以看作"自上而下"，也可以看作"自下而上"，政策制定者将作出限制其他行动者权力的决策，而行动者将作出规避决策者权力的决策，因而这一途径也可以说是以权力作为焦点的。

四是工具选择途径（instrument-choice）。这种途径从这样一个观察开始——政策执行在很大程度上包含了将一个或更多的政府的基本工具应用到政策问题上，这些基本工具被称为政策工具（policy instruments 或 policy tools）。不管我们是以"自上而下"设计的方式，还是以"自下而上"的更传统的行政管理方式来研究政策过程，给予政策决策的实质或形式的过程总是包含着在可利用的政府工具箱中选择一种或几种工具。这种途径处理为什么政府从许多可供利用的工具中选择特定的工具，以及是否可以在政策执行过程中探明工具选择的模式或风格等问题。

"执行运动"的倡导者和追随者提出了各种执行理论。较有影响的有如下七种：①行动理论——政策执行被视为对某项公共政策所要采取的广泛行动。②组织理论——强调组织在政策执行中的地位，认为只有了解组织是怎样工作的，才能理解所要执行的政策以及它在执行中是如何被调整和塑造的。③因果理论——将政策看作一种假设，将政策执行看作引导人们到达目的地的地图，关心政策过程中的因果关系。④管理理论——强调政策执行是一个管理过程。⑤交易理论——认为政策执行是一个政治上讨价还价的过程。⑥系统理论——将政策执行理解为政策行动者与环境的相互作用。⑦演化理论——主张在政策执行中重新设计目标和修改方案，政策的制定与执行是一个演化的过程。

---

① S. Barrett, C. Fudye. Policy and Action ［M］. London：Methuen, 1981.

7.2 政策执行模型

公共政策执行本质上是由一系列环节以及多元行动者构成的动态调整过程。20 世纪 70 年代中期以后，政策学者从不同的角度研究影响政策执行的因素，形成了种种政策执行的理论模型，比较有影响的、具有一定代表性的政策执行模型主要有史密斯的政策执行过程模型、麦克拉夫林的互动理论模型、尤金·巴达克的博弈模型、马丁·雷恩（M. Rein）和弗朗希·F. 拉宾挪维茨的执行循环理论模型、麦尔科姆·L. 高金在 1990 年提出的府际政策执行沟通模型、范·米特和范·霍恩的系统模型、萨巴蒂尔和马兹曼尼安的执行综合模型以及爱德华的政策执行模型。

7.2.1 过程模型

史密斯（T. B. Smith）是最早建构影响政策执行因素及其过程模型的学者，他在《政策执行过程》（1973）一文中提出了一个描述政策执行过程的模型，具体如图 7-1 所示。

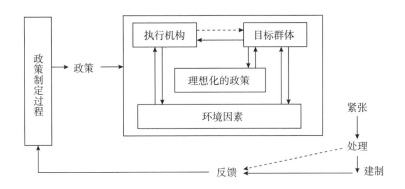

图 7-1　史密斯的政策执行过程模式

史密斯认为，政策执行过程中所涉及的重大因素有四个方面：第一，理想化的政策，指合理、正确的政策。第二，执行机构，指政府机构中负责政策执行的单位。第三，目标群体，即政策对象——政策的直接影响者。第四，环境因素，指政治、经济、文化等环境中那些影响政策执行的、受政策执行影响的因素。"具体地说，政策的形式、类型、渊源、范围及受支持度、社会对政策的印象；执行机关的结构与人员，主管领导的方式和技巧、执行的能力与信心；目标群体的组织或制度化程度、接受领导的情形以及先前的政策经验、文化、社会经济与政策环境的不同，凡此等等均是政策执行过程中影响其成败所需考虑和认定的因素。"①

7.2.2 互适模型

这一理论模式的提倡者是麦克拉夫林（M. Mclaughlin），其主要代表作是《互相调适的政策实施》（1976）。麦克拉夫林认为，政策执行过程是执行组织和受影响者之间就目标手段做相互调适的互动过程，政策执行的有效与否取决于二者相互调适的程度。麦克拉夫林的这一理论模式主要包含以下几点：第一，政策执行者与受影响者之间彼此的需要和观点并不一致，基于双方在政策上的利益，彼此必须放弃或修正其立场，寻求一个双方皆可接受的政策执行方式。第二，政策执行者的目标与手段富有弹性，可因环境因素或受影响者需求和观点的改变而变化。第三，这一相互调适的过程是彼此处于平等地位的双向交流过程，并非传统理论者所说的"上令下行"的单向流程。第四，受影响者的利益价值与观点仍将反馈到政策上，以致左右政策执行者的利益、价值与观点。这种互动关系可用图 7-2 来表示：②

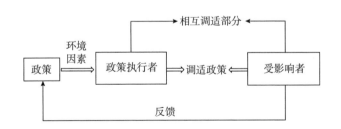

图 7-2　政策执行相互调适过程

---

① T. B. Smith. The Policy Implementation Process［J］. Policy Sciences，1973（2）.
② 桑玉成，刘百鸣. 公共政策学导论［M］. 上海：复旦大学出版社，1991.

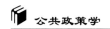

7.2.3 博弈模型

这一模型是以近代政治学中"博弈"的概念观察执行过程中相关参与者就政策目标的达成所做的谈判、评价与妥协的互动情形。博弈论认为,在冲突和竞争的情况下,每个参加者都寻求得到最大的收获,并把损失减少到最低程度。美国公共政策学者尤金·巴达克(E. Bardach)是用"博弈"概念来分析政策执行过程的主要代表。他把政策执行过程视为一种赛局,其间包括下列因素:①政策执行人员,即竞赛者;②利害关系;③策略与技术;④竞赛的资源;⑤竞赛规范(取胜的条件);⑥公平竞赛的规则(不得作弊);⑦竞赛者之间信息沟通的状况;⑧所得结果的不稳定程度。巴达克认为,政策执行是一个政治上讨价还价的交易过程,政策执行的有效与否,取决于各方参加者的"战略"选择。博弈模型如图7-3所示。

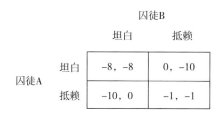

图7-3 博弈模式(尤金·巴达克)

7.2.4 循环模型

当代美国公共政策学者马丁·雷恩(M. Rein)和弗朗希·F. 拉宾挪维茨(F. F. Rabinovitz)于1978年提出了执行循环的理论。他们把政策执行过程分为三个不同的阶段:①纲领发展阶段;②资源分配阶段;③监督阶段。他们认为这三个阶段是相互循环而非直线单向的过程。同时,循环过程亦必受到环境条件的冲击与影响。他们还强调每一阶段必须奉行如下三项政策执行的原则:①合法原则;②理性官僚原则;③共识原则。具体如图7-4所示。①

---

① 桑玉成,刘百鸣. 公共政策学导论[M]. 上海:复旦大学出版社,1991.

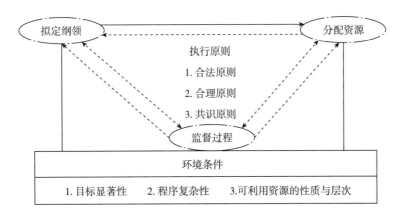

图 7-4　政策执行循环理论模式

政策执行循环理论侧重分析政策执行要素的重复影响力，并强调环境因素对政策执行过程的影响也是具有重复性的。

7.2.5　沟通模型

麦尔科姆·L. 高金在 1990 年提出了府际政策执行沟通模型。他主张政策执行研究不应忽略各种层次中执行动态面的探讨，此模型着重探讨政策执行的动态过程。在这一模型中，政策执行的影响因素包括三类：事先存在的独立的自变量，包括联邦政府的诱导和约束、地方政府的诱导和约束；半独立的中介变量，由中央政府决策与地方政府决定共同影响，地方政策能力与地方政府输出的决定是两个重要的中间变量；受中介变量影响的因变量，即地方政府政策执行，而地方政府政策执行情况又反馈回联邦政府和地方政府作为其诱导和约束因素，具体如图 7-5 所示。

府际政策执行沟通模式的重点在于政府间关系对政策执行的影响。模型强调了地方政府的相对独立性。同时，该模式区分了影响因素之间的相互作用，即政策执行是通过府际或组织间网络来实现政策目标的。

7.2.6　系统模型

这是范·米特（D. S. Van Meter）和范·霍恩（C. E. Van Horn）于 1975 年提出的模型。米特和霍恩提供了一个系统模型说明执行过程中影响政策产生的几个相关因素：①政策标准与目标；②政策资源；③组织间的沟通与强化行动；

④执行机构的特性；⑤经济与政治环境；⑥执行人员的意向。系统模型如图7-6所示。①

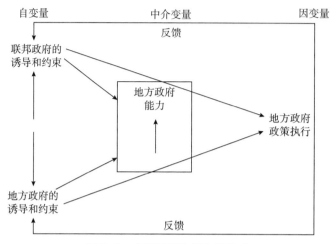

图7-5　府际政策执行沟通模式

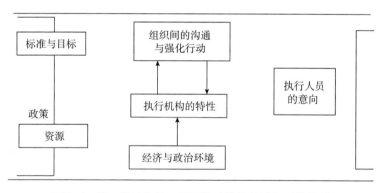

图7-6　范·米特和范·霍恩的政策执行过程系统模型

政策在付诸实施时应该已具有清晰的目标，可供执行人员遵循。政策标准作为衡量政策目标达成程度的指标，是政策目标的具体体现。政策目标是否明晰、可行，政策标准是否能敏感地标示政策目标的达成程度，这些都将影响组织间的沟通和强制行为，并间接影响政策执行者的偏好。

政策执行系统模型吸收了众多政策执行模型的优点，将影响政策执行的主要

---

① D. S. Van Meter，C. E. Van Horn. The Policy Implementation Process：A Conceptual Framework ［J］. Administration and Society，1975（4）.

因素纳入了模型中。强调政策执行的好坏取决于执行机构的沟通有效性；认为公共政策质量的高低反映政府的能力，公共政策及其执行的效能构成行政能力的重要组成部分；政策执行的成功与否在很大程度上受到执行人员政策认同的影响。但它最大的缺点是相关的六个因素间的互动关系不够明确。

7.2.7　综合模型

这是萨巴蒂尔（P. Sabatier）和马兹曼尼安（D. Mazmania）于 1979 年提出的模型。他们建构一个完整的理论模型，姑且称之为综合模型。他们认为影响政策执行各个阶段的因素，最主要可分成三大类：①政策问题的可办性；②政策本身的规制能力；③政策本身以外的变数。每一大类又可细分成几个小类，具体如图 7-7 所示。①

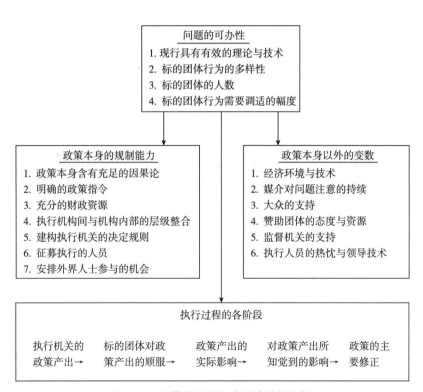

图 7-7　政策执行过程中所涉及的变数

---

①　P. Sabatier, D. Mazmanian. The Implementation of Public Policy：A Framework of Analysis ［J］. Policy Studies Journal, 1979（4）.

7.2.8 执行模型

G. 爱德华三世于 1979 年提出了政策执行模型，认为四项主要因素的互动关系，直接或间接地影响了政策的执行状况：沟通、资源、执行者偏好和官僚组织结构。[①] 具体如图 7-8 所示。

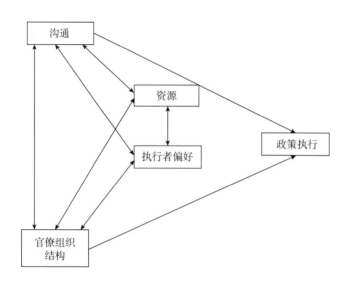

图 7-8 爱德华政策执行模式

7.2.8.1 沟通

政策内容及执行方法如果能清晰地传达给政策执行人员，则能够以整齐划一的步伐，促进政策执行的成功。但在执行命令缺乏清晰性或执行命令缺乏一致性时会发生传达错误或沟通不良的状况。

7.2.8.2 资源

充分的资源供给是保证政策有效执行的必要条件之一。政策执行所涉及的资源包括四项：人员、信息、设备和权威。

7.2.8.3 执行者偏好

政策执行人员对政策的态度将很大程度地影响政策执行效果。首先，各机构

① George C. Edwards. Implementing Public Policy [M]. Wadhington, D. C.: Congressional Quarterly Press, 1980.

政策执行人员对同一政策所持的态度可能会有很大差异，这是因为各机构都在一定程度上具有本位主义的倾向。其次，政策执行者由于竞争性的政策兴趣，由于对政策指令做出了选择性的解释，表现在政策执行行动中就是公然抗拒、阳奉阴违、敷衍塞责等，导致政策不能有效执行。

7.2.8.4　官僚组织结构

官僚组织在结构和动作上的两项特性，会影响政策执行的成败。

（1）标准作业程序。指官僚组织为有效处理复杂的日常事务所发展出来的一套例行公事的惯例规则。执行机构订立的标准作业程序可以节省处理时间，实现公平服务的要求，有利于政策执行。但也可能对政策执行产生不利影响：其一，限制执行人员执行能力的发挥，导致执行行为缺乏弹性，无法适应客观环境变化。其二，可能产生目标转换的弊端，即政策执行人员将手段性的标准作业程序当作主要行为目标，为严格遵守标准作业程序，以致放弃了达成政策目标的任务。其三，执行人员可能会以遵守标准作业程序为借口，抵制创新与变迁，导致政策执行难以适应变革的政策环境的需要。

（2）执行权责分散化。执行权力分散到不同的机构，因事权不专所带来的协调困难、资源浪费等，往往造成政策执行不力。

总之，爱德华的执行模型抓住了影响政策执行的最为关键的几个因素，但未讨论目标群体、各种环境因素对政策执行的影响。

7.3　公共政策执行要件

一些现实的政策实践表明，某些政策付诸实施之后，并不能取得政策效果。这是因为在执行过程中会遇到各种各样因素的干扰和影响。因此，必须研究影响政策有效执行的因素，分析这些因素对于政策执行的影响方式和作用结果。这有助于在实际的政策执行过程中排除干扰，消除不利因素，保证政策得到有效执行。

7.3.1　公共政策执行过程的要素

一是政策执行的准备阶段。二是政策执行的实施阶段，包括政策、实验、全面推广、指挥协调和监督控制等活动环节。三是政策执行的总结阶段，包括政策执行的效果评估、追踪决策等活动环节。

7.3.1.1　执行过程

政策执行过程非常复杂，为确保政策执行有序开展，执行过程一般都要具备一定的环节。公共政策执行包含三个阶段——准备阶段、实施阶段和总结阶段。

（1）准备阶段。是为正式实施政策提供必要的信息、能力、物力和氛围的阶段。包括进行政策宣传、加强政策认知、制定执行计划、进行物资准备和做好组织准备等。政策宣传是政策执行过程的初始环节，是指向社会公众宣布和传播公共政策的意图和内容。促使和引导政策执行者和政策目标群体的行为向着宣传者所希望的方向发展。政策宣传贯穿于政策实施过程的始终，既是政策执行的先导，又是政策执行的手段。要善于运用各种手段和宣传工具，宣传政策、意义、目标，努力营造普遍的社会认知。制定计划是实现政策目标的必要步骤，目的是使政策总体目标进一步细化分解，从而使行动者按照分工任务展开执行活动。制定政策执行计划时，必须遵循客观原则、弹性原则、统筹原则。物质和组织准备是政策有效执行的保障，目的是为执行活动预先筹集必要的各种资源，包括交通工具、通信器材、办公用品、资金等有形物资，也包括组建执行机构、招募工作人员、确立领导方式、制定规章制度等无形的组织体系。

（2）实施阶段。是正式开始推进政策落实的具体阶段，它是实现政策目标、提高政策效益的关键阶段。包括政策试验、全面推广、指挥协调和监督控制等内容。政策试验是一项新政策在正式推广之前，根据政策目标群体和政策适用范围的实际情况，选择具有代表性的局部地区、范围或群体，使用较少的成本和较短的时间，试行政策的办法。它不是政策执行的必备阶段，但通过一些试验的方法可以对政策进行检验，发现存在的偏差并及时调整政策方案，是科学执行的重要形式。特别是那些涉及全局的重要政策，在实施中最好进行小范围的政策试验。政策的全面推广是协调和调动各种因素，严格遵循政策执行原则和既定方案的过程，是执行中操作性、程序性最强的环节。协调与监控贯穿于政策执行全过程，协调是否有效直接决定着执行是否顺畅，监控有力是保障政策执行不偏离目标的重要措施。

（3）总结阶段。政策执行后需要及时进行总结评价。一是对政策实施的效果进行绩效评估，以确定政策的真实结果。公共政策执行完毕以后，需要对政策的方案及其执行绩效进行科学、客观、系统、全面的评估。政策执行绩效评估对于改进政策制定系统、克服政策执行中的弊端和障碍、提高公共政策的质量和效益具有重要的作用。首先，它是检验政策执行效率、效益和公平性的基本途径；其次，它是决定政策去向的重要依据；最后，它是进行追踪决策的必要前提。二是进行追踪决策。对政策执行中出现的问题进行修正，或者制定新的政策方案。政策、绩效评估和追踪决策是现代公共政策执行过程中的重要环节。科学、民主的政策执行过程一般都需要进行适当的效果评价。即使执行效果非常理想，总结并决定是否跟进新的政策，也是良好执行的必要环节。

7.3.1.2 执行主体

执行主体是负责政策执行的组织和人员的统称。政策执行的主体包括行政机关、立法机关、司法机关、政党、公众和利益集团等。在我国，行政机关和政党是尤为重要的两个执行主体。

（1）执行性。执行性是政策执行机关最主要、最核心的特性。"一般而言，政策制定后，执行政策的机关往往不是原先制定政策的机关。而是另行设立的机关，或是将原机关改组而成立的机关，专司政策执行之功能。"[①] 相对决策机关的决策功能而言，政策执行机关的主要职能是负责执行决策机关作出的决策方案，实现政策目标，具有很强的执行性。同时，政策执行机关的执行性决定了其政策执行活动的开展必须遵循决策者的意志，政策执行的方向、内容以及采取何种方式都受到决策方案的制约。然而，由于多数政策属于宏观政策，政策制定者往往着眼于整体和全局，带有战略性，一般不会涉及操作层面的具体细节。

（2）服务性。公共政策是为了满足社会公众的利益需求而采取的措施和行动，任何公共政策，说到底都是为了实现社会公众的利益。政策执行机关作为公共政策的执行者，必然要为人民服务、为社会公共利益服务、为国家利益服务。并且政策执行机关作为公共组织，产生于社会，又高于社会，服务于社会。其基本功能就是为公共利益服务，为人民办事。

（3）权威性。政策执行机关必须具有权威性，否则政策将无法执行，政策目标更得不到实现。政策执行机关代表国家履行政策执行的职能，依法对社会组织和公民以及广泛的社会生活实施领导和管理，政策执行机关所作出的一切合法的规定、命令都具有约束力，任何个人和组织都必须服从。这种权威性以强制力量为后盾。如果政策执行机关发出的指令遭到抵制、权威受到挑战，就将以国家

---

① 朱志宏. 公共政策［M］. 台北：三民书局，1992.

的强制力量进行制裁。

（4）法制性。政策执行机关自身建设具有法制性。其机构的建立、人员编制、职能的确定、权力的划分等都必须符合宪法、法律和行政法规的有关规定，并按法律程序经过有关机构的严格审批。未经主管部门批准、没有履行法定程序，就不得擅自增加和撤销。在政策执行过程中，政策执行机关的管理行为、管理内容和方式必须符合宪法和法律原则及规定，必须接受国家权力主体和社会公众的监督。

7.3.1.3 执行资源

政策执行是社会资源流动的过程，其本身需要消耗一部分公共资源。

（1）财务资源。政策执行需要有必要的财务资源的投入，政策执行越来越依赖于经费的支持。公共政策执行经费直接来自国家预算，充足的经费和优良的物质设备供给是政策执行的重要条件。然而，财务资源的供给调配必须以国民经济发展水平和国库供给能力为基础。

（2）人力资源。人力资源主要是指公共政策执行人员的配置，包括人力资源供给的结构建设，人力输入、输出和素质优化等问题。人力资源供给根据政策的具体执行情况而定，一般注意以下几个方面：第一，政策执行的专业技术程度。专业性很强，就应录用与专业匹配的、适合政策技术的人才。如果专业不匹配、技术层次不配套，就不能做到人尽其才。第二，政策执行组织的机构要求。组织成员的年龄、性别、专业、能力、性格、气质要优良，能够取长补短，相得益彰。第三，政策执行人员一般素质，包括政治态度、知识、能力、心理等方面。

（3）信息资源。充足的信息资源、科学的信息加工、畅通的传播渠道、完全的信息产出，是公共政策有效执行的重要保证。充足的信息资源指的是执行主体获得的政策信息以及与执行相关的信息的充足性。准确的信息加工是指执行主体对政策认知的准确性。畅通的传播渠道指的是政策宣传的方式、手段、途径等的畅通和有效性。

（4）制度资源。制度是政策执行程序化的基本保证，是对执行主体的权利予以保障和对其行为责任依法追究的基本依据。执行制度建设至少包括对执行者的人格保障、身份保障、职务保障、执行公务保障、行政裁量、自由申辩等规定。这些保障是与执行者的政治、行政责任相联系的。

7.3.2 公共政策执行过程的障碍因素

英国斯特拉斯克莱德大学政治学系的霍格伍德和冈恩基于对政策执行案例的研究和分析，提出政策有效执行应具备十项条件：一是没有无法克服的外在限制；二是充分的时间与足够的资源；三是有效整合所有必要的资源；四是政策需要有效的理论支撑；五是直接而清晰的因果关系；六是最低限度的依赖关系；七是对政策目标具有充分共识和正确理解；八是任务的清晰陈述及正确的行动序列；九是有效沟通与协调；十是权力与服从。[①] 然而，公共政策执行是在复杂的社会系统中进行的活动。其有效性经常会受到各种各样因素的影响，使公共政策付诸实施后并不能完全取得预期的政策效果，反而会造成政策执行走样，甚至导致政策执行失败。因而，只有找出并分析影响公共政策有效执行的障碍因素，才能克服其不利影响，促进政策有效执行。

7.3.2.1 政策目标障碍

在公共管理领域，许多政策不能达到预期效果，执行中困难重重，在很大程度上与政策本身的缺陷有关，因此，分析政策本身是如何影响政策执行的，有助于制定更加科学、合理的政策，使政策得以有效执行。

（1）政策的正确性。政策的正确性是政策有效执行的根本前提。正确的政策符合社会发展的客观规律，代表人民的根本利益，能够促进社会发展，给人民带来利益，能被执行者所认同，被政策对象所拥护，因而能得到有效的执行。反之，政策执行必然会在政策执行者、政策对象的消极应付和抵制中搁置。政策的正确性，首先要求的是内容的正确、方向的正确；其次要求政策制定具有科学的理论基础、严密的逻辑关系、科学的规划程序。

（2）政策的具体明确性。政策目标的具体明确性是政策有效执行的关键所在，是政策执行者行动的依据，也是对政策执行进行评估和控制的基础。一项政策要能够顺利执行，从操作上和技术上来说，它必须具体明确，即政策方案和目标具体明确、政策措施和行动步骤明确。同时，政策的具体明确性还要求政策目标是切合实际并可以达到的，是可以进行比较和衡量的，政策目标的完成必须是政策执行者职权范围的事；政策方案应该指出所期待的结果，并要明确规定完成的期限。在实际政策执行中，模棱两可、含混不清的政策自然令人无法执行，也

---

① B. Hogwood, L. Gunn. Policy Analysis for the Real World [M]. Oxford：Oxford University Press，1984.

容易引起政策界限不清和导致政策随意变通。

（3）政策资源的充足性。无论政策制定得多么具体明确，如果负责执行政策的机构和人员缺乏必要的、充足的用于政策执行的资源，那么，执行结果也不能达到预期的政策目标。因此，政策方案要涉及政策资源的具体规定。一般来说，政策资源主要有经费资源、人力资源、信息资源和权威资源。

必要的经费和人力是政策执行的物质基础，许多政策对此都有相应的规定。"巧妇难为无米之炊"，任何政策的执行，都需要投入一定的人力、物力和财力。应遵循以最小的投入获得最大的产出原则，投入多并不一定产出多，因为其中还有许多管理问题需要解决。因此，在政策执行活动中投入的经费和人力资源都要适量，只有这样才能有助于政策的有效执行。

信息是政策执行活动的必要条件。政策方案要保证政策执行者有畅通的信息渠道和足够的信息来源，否则，执行者就无法制定出切实可行的行动计划，也无法对政策执行过程实施必要的控制。实践证明，政策执行中的某些失误或困难，常常是因执行者缺乏必要的信息而造成的。

权威是政策执行的根本保证，是政策有效执行的又一项特殊而重要的资源。政策执行活动的基本特点是，需要很多人的共同活动，而共同"活动的首要条件也是要有一个能正确处理一切所属问题的起支配作用的意志"。这个意志就是权威。没有权威，政策无法执行，或在执行过程中走样。如"上有政策，下有对策"的现象，就是政策权威性不够的一种表现。

7.3.2.2 执行人员障碍

执行人员的素质和工作态度。任何一项政策最终都要靠执行者来实施。执行者对政策的认同、对政策执行行为的投入、创新精神、对工作的负责、较高的政策水平和管理水平是政策得以有效执行的重要条件。现实中的政策变形走样在一定程度上是政策执行者的素质不高和思想观念上的错误所导致的。政策执行者缺乏必要的知识和能力，对某项政策理解不透，把握不准其精神实质，就导致政策在传达、宣传、执行中的失真、失当、失误。特别是在社会变革时期，如果政策执行者拜金主义、功利主义、本位主义思想严重，就会使政策的执行大打折扣，甚至搞出各种各样的"对策"，阻碍政策的顺利实施。当政策执行者兼政策对象和执行者的双重角色时，为了局部或个人利益，钻政策空子，搞"上有政策，下有对策"，对上面的政策或是硬顶，或是软拖，或是执行起来马马虎虎。另外，政策执行者的政策水平和管理水平直接影响政策任务的完成。如果执行者尤其是领导者没有对政策实质的把握能力，就很难争取到政策执行所需的种种资源，不能做好政策实施的宣传指导工作和制定正确的实施方案，不能沟通和协调各种关系，从而难以有效地执行政策。可见，提高政策执行者的素养是至关重要的。

7.3.2.3　目标群体障碍

目标群体对政策执行的影响。目标群体是指政策直接作用、影响的对象。政策能否达到预期目的，不是政策制定者一厢情愿的事情，也不是政策执行者能够完全决定的事情，它在很大程度上取决于目标群体的态度。目标群体顺从、接受政策，政策执行就成功了一半；目标群体不顺从，拒不接受政策，政策执行就会失败；目标群体只部分接受，也会加大政策执行的难度。可见，目标群体对政策的顺从和接受程度是影响政策能否有效执行的关键性因素之一。

政策目标是多种多样的，但它总要表现为对一部分人的利益进行分配和调整，对一部分人的行为进行制约或改变。一般情况下，目标群体对政策的顺从接受程度既与目标群体衡量政策的成本利益有关，也与政策对目标群体行为的调适量有关。一项政策出台，如果目标团体认为是能够增加自身利益的，或对行为的调适量较小的，就容易被接受。反之，如果目标群体认为是无益的，甚至是对自身利益的剥夺，或对行为的调适量过大，就容易被拒绝。这就要求政策制定必须要符合社会发展的客观规律，要代表人民群众的根本利益，或者政策对目标群体行为的调适量要适当，以利于人们服从和接受政策。

7.3.2.4　组织协调障碍

霍恩和米特在他们的政策执行模型中明确地指出了组织之间的沟通是影响政策执行绩效的一个因素。在对美国 1976 年颁布的联邦法律《资源保护和恢复法案》执行情况的分析中，詹姆斯莱斯特与小约瑟夫斯图尔特发现，在该法案的执行上存在问题的各州都存在州政府部门与联邦政府部门信息沟通困难的情况。

组织理论认为，政策执行是由各种要素有机组合而完成的，由于政府既是政策制定的主体又是政策执行的主体，因此，其中最为重要的就是政府各部门间的有机组合。但由于政府各部门的复杂性、规模的庞大以及对专业知识的需求不同，使各部门实现协调一致并非易事，这严重制约着政策的有效执行。克服这些缺陷的有效途径，就是在保障信息交流的畅通无阻的前提下做好协调工作。主要是：一是执行机构内部的协调；二是执行机构之间的协调，包括上下级执行机构之间的协调和平级执行机构之间的协调；三是执行机构与其他机构之间的协调，为了保证国家和政府制定的政策能顺利推进，政策执行机构就必须与社会团体、企事业单位建立密切联系，紧密配合，良性互动。

7.3.2.5　政策资源障碍

无论政策目标多么明确、政策规划多么科学、政策方案多么具体，如果负责执行政策的机构及其人员缺乏足够的用于政策执行的资源，执行的结果就不可能达到政策规定的要求，也就不可能实现政策的既定目标。一定的资源是政策成功不可或缺的条件。公共政策执行所需要的资源条件主要有：一是财力资源。"政策的执行越来越需要仰赖经费。"① 经费是政策执行的基础性物质资源。钱不是万能的，但没有钱却是万万不能的。政策执行需要有经费方面的保证，充足的经费和适用的物质设备供给是政策执行的重要条件，但财力资源的供给必须与国民经济的发展相适应。二是人力资源。政策执行是由人来进行的，人员保证是政策执行的必要前提，但人力资源的利用要讲求效率。三是信息资源。信息是影响政策执行的一个重要变量。政策执行人员不仅需要具备获取信息的能力，而且需要具备处理信息的能力。如果收集了一大堆信息而不加以分类整理，不进行分析判断，不去做去粗取精、去伪存真的工作，即使信息再全面、再丰富，也起不到应有的作用。四是权威资源。权威是执行工作任务的权力来源，它作为政策执行的一种特殊资源，对政策的有效执行具有非常重要的作用。资源不足，政策目标就不得不被搁浅，从而导致政策执行不力或失败。比如，政府提出的退耕还林、以粮代证的有关政策及界定目标能否实现，主要取决于支撑其执行的资源条件充足与否。

7.3.2.6　外部环境障碍

任何一项政策的执行都要受所处社会环境的影响和制约。适宜的环境当然有助于政策的有效进行；不适宜的环境必将妨碍政策的顺利实施。影响政策执行的环境因素主要有政治环境、经济环境、文化环境、社会心理环境及生态环境。这部分在第5章已有所论及，此处不再赘述。

---

① 张世贤．公共政策析论［M］．台北：五南图书出版公司，1986．

7.4　具有中国特色政策执行的基本经验

7.4.1　注重政策宣传，加强疏导

中国共产党人历来重视政策宣传工作。在革命和建设中，我们党非常强调做好党的路线、方针、政策的宣传教育工作。

进入新时代，我们党同样高度重视政策宣传工作。一项政策制定之后，除了运用报纸、杂志、广播、电视等大众传播媒介进行政策宣传外，为了使有关政策迅速、准确地到达执行者和各阶层群众那里，还通过党政组织系统层层向下传达。为了宣传政策、提高党政干部和广大群众理解、执行政策的水平，经常举办各类政策培训班，召开宣传会议等。政府机关、学校、企事业单位和街道等，通过宣传橱窗、黑板报、张贴标语、印发宣传提纲、制作宣传教育片以及利用网络媒体等形式，宣传党和政府的各项路线、方针、政策。通过各个方面、多种形式的强化宣传，形成强大的社会舆论，创造了一个极为有利的政策执行氛围和环境。

通过强化政策宣传的途径让各级干部和广大群众充分了解和深刻认识党的各项方针政策，是党的方针政策得以正确、顺利贯彻实施的重要前提和行之有效的方法。注重强化政策宣传是具有中国特色的政策执行的一个基本经验。

7.4.2　重视政策试验，避免损失

重要政策在全面实施之前都要在局部或试点地区进行试验，以取得经验，再全面铺开。这是具有中国特色的政策执行的另一基本经验。

重视政策试验是马克思主义认识论在政策执行过程中的具体体现。政策试验既是认识的一种基本来源，也是检验政策是否正确的一个标准。"一切真知都是从直接经验发源的。"认识正确地反映客观事物的本质和规律是一个过程，在特定阶段的认识常常受各种主客观条件的限制，所以，出现不全面、不完善，甚至出现一些偏差的情况在所难免。政策制定和执行也是这样的一种认识过程，因而制定出的新政策也不可能完全符合客观事物的实际情况。同时，任何事物都是在

发展变化着的，新情况、新问题和新经验会不断涌现出来，要纠正政策中的失误，跟上形势发展变化的要求，就得选择试点深入实施。在试验中检验新的政策是否正确，搞清楚新的政策中哪些是符合客观实际的，哪些是与客观实际不一致的、需要补充修改的，这样既可以完善政策，又可以创造新的经验，提供新的方法。

重视政策实验还可以避免损失，少走弯路。总结和落实上级方针政策，需要有正确的方法和得力的措施。这种方法和措施不是从头脑中产生出来的，而是通过反复实践，在工作中总结出来的。因此，在推行一项新的政策之前，一定要先在某些地区、部门、单位进行试验，以便取得具体的经验，为有效贯彻落实政策做好准备。如果不试验，就贸然推广，必然给工作造成困难和损失。有的事情不该办，由于盲目去办，违反了客观规律，当然不会成功；就是该办的事情，由于没有实践经验，不掌握操作方法，也不容易办好，也会导致失败。我国改革开放的历程，就是一个不断进行政策实验的历程。

总之，重视政策实验，一切经过试验，是一切从实际出发在政策执行中的体现，是探索新生事物的重要步骤，是推行改革创新的正确方针，是尊重群众、教育群众的重要方法。不经过试验就推广，那是蛮干；不经过试验就否定，那是武断。敢于试验、重视试验，既避免了改革的失误，又使中国进入了一个新的里程。事实证明，重视政策试验是一条成功的政策执行经验。

7.4.3 采取灵活策略，软硬兼施

政策执行活动涉及面广、对象多，是一项复杂的活动，仅有说服教育或仅有强制性执行手段都是不够的。

党和国家正确、合理的政策是代表人民群众的根本利益的。在政策对一部分人的利益进行分配或调整时，人们难免会在思想、行动上产生这样或那样的问题。为了保证政策的顺利实施，首先就要解决人们的思想问题，做深入细致的说服教育工作。因为人的思想问题的产生，通常与其所处的环境条件、认识角度及能力等诸多因素有关，是日积月累、由量变到质变的过程，要解决思想问题也要有相应的过程。只能依据其发展规律，采取循序渐进、耐心说服的方法。

但是，在政策执行过程中，单靠说服教育是不够的，还必须伴之以强制性执行手段。因为说服教育不是万能的，也不是对人对事都有效的，不是所有问题都能通过说服教育方法去解决的。在政策执行过程中，特别是执行控制性和限制性

政策时，总有一些人会以身试法，不服从、不执行党和国家的政策，对于这些人只能加强管理，依法制裁。因此，采用法律、行政和经济等强制性手段也是政策执行活动所必需的。强制性执行手段发挥着约束、规范人们的言论行为，统一人们的思想，促使人们向着政策目标前进的作用。

强制性执行手段与说服教育相结合，是马克思主义唯物史观和辩证法在党的政策执行中的创造性运用和发展。它把工作的立足点和落脚点确立在相信群众、依靠群众、尊重群众的首创精神上，找准了人的思想发展变化的客观规律，准确地把握了启发人的自觉性与坚持党纪、国法的辩证关系。坚持强制手段与说服教育相结合，既能有效防止片面强调思想教育，而造成放任自流、过分迁就的不良倾向，又能避免不做耐心说服教育工作，而滥发命令、胡施惩罚的不良倾向。只有坚持强制性手段与说服教育有机结合的方法，才能化消极因素为积极因素，带领广大人民群众为保证党的各项方针、政策的贯彻落实而竭尽全力。

7.4.4　聚焦中心工作，以点带面

这是中国共产党人在长期的政策执行中所形成的又一个特色。抓中心工作，就是要善于从纷繁复杂的工作头绪中找到并紧紧抓住最能影响全局、可以带动整个工作链条前进的中心环节，也就是抓住主要矛盾。党的十一届三中全会以来，以邓小平为代表的党中央，紧紧抓住经济建设这个中心，带领全国人民集中力量进行社会主义现代化建设，取得举世瞩目的成就，开辟了我国历史新纪元。新时代创新是引领发展的第一动力，抓住了创新，就抓住了牵动经济社会发展全局的"牛鼻子"，不断推进理论创新、制度创新、科技创新、文化创新等各方面创新，中华民族的伟大复兴就指日可待。实践证明，抓主要矛盾、抓中心工作的方法是一种行之有效的方法。

在政策执行活动中，聚焦中心工作的同时，还要做到"以点带面"。所谓的以点带面，就是发现、培养和树立典型，以典型示范促进和推动面上工作发展的一种工作方法。实施政策需要典型示范。为了完成中心任务，为了对面上的工作加以精心指导，政策执行者必须深入实际抓好典型示范，以一种物质的、形象的东西进行说服教育。典型示范有两个方面的作用：第一，它在干部和群众中建立某种信心。新的方针政策公布以后，能否行得通、如何执行，人们心中无数，没有底。仅有一般号召是不够的。俗话说："喊破嗓子，不如做出样子。"有了典型示范，群众对党的方针政策建立起了信心，能进一步消除对方针政策的各种疑

虑，容易接受和执行政策。第二，典型示范有突破一点的作用。新的方针政策制定以后，在实践中要大力推行就需要有典型的带动。一个好的典型能带动一大片，使面上的工作突破一点，取得经验，全面展开，更有力地推动面上工作的开展，起到带头开路的作用。

聚中心工作、以点带面是我党的重要的领导方法。党和国家的政策是多层次、多方面的，作为下级机关都应该认真地、全面地实施。从政策本身来看，各项政策是一个有机整体，它们之间既有区别又有联系，相互制约。如果孤立地执行一项政策，不仅难以收到预期的效果，而且会顾此失彼，使许多政策不能落实。如果面对各项政策不分轻重缓急，只按上级指示来一件做一件，就会丧失工作的主动性，使工作陷入杂乱无章的状态。因此，领导机关对于各项政策的实施应当实行统一领导，按照党在一定时期内总的战略部署，分不同情况，统筹兼顾、妥善安排，正确地确定工作重心和工作秩序。同时要总结和推广典型经验，推动整个面上政策的落实。抓中心环节、以点带面的工作方法也是具有中国特色的政策执行活动中的一个基本方法。

7.5　本章小结

公共政策执行是在政策方案出台后，不同政策主体围绕政策目标的实现、变更或改进，通过互动交往，将政策计划转化为现实结果的过程，具有管理性、行政性和政治性。对政策执行研究的途径主要有自上而下研究途径、自下而上研究途径、"政策/行动连续统"研究途径及工具选择研究途径。

本章介绍了史密斯提出的过程模型、麦克拉夫林的互动理论模型、尤金·巴达克的博弈模型、马丁·雷恩和弗朗希·F.拉宾挪维茨的循环模型、麦尔科姆·L.高金的府际政策执行沟通模型、范·米特和范·霍恩的系统模型、萨巴蒂尔和马兹曼尼安的综合模型、爱德华的政策执行模型八大模型。公共政策执行过程的障碍有政策目标障碍、执行人员障碍、目标群体障碍、组织协调障碍、政策资源障碍及外部环境障碍。

公共政策执行分析是运用理论知识或者实证经验对政策执行主体、活动、体制、制度等进行的分析，是对具体问题的解释和判断。中国的公共政策执行注重政策宣传，重视政策试验，强制执行与说服教育相统一，具有抓中心工作、以点带面的领导方法。

思考题

1. 什么是政策执行？它在政策过程中有哪些作用？
2. 政策执行包含哪些基本功能活动环节？
3. 如何理解政策执行中的原则性与灵活性相统一要求？
4. 简述影响政策有效执行的基本因素。

案例讨论

家庭医生"签而不约"——刚性下压政策的应付执行

家庭医生签约服务是我国医改的一项重要内容，这项政策旨在通过医疗资源下沉，引导市民犯病先到社区首诊，从而推动"小病进社区、大病进医院、康复再回社区"的分级诊疗模式。2016年，国家医改办印发《关于推进家庭医生签约服务的指导意见》。意见提出，实现到2017年底重点人群60%和全部人群30%以上的家庭医生签约覆盖率。

作为家庭医生签约服务的先头部队，J省自2015年底就开始了首批家庭医生试点，T社区卫生服务中心便是首批四个试点单位之一。按照计划，2017年底，T社区重点人群达到70%的家庭医生签约覆盖率，到2020年，全区家庭医生覆盖人群达到80%。2016年初，T社区家庭医生签约工作就已经开始，但真正签约高潮的到来是2017年。不过，在家庭医生签约政策的试点过程中，在T社区服务中心签约人数和比例数字不断上升的同时，伴随着签约服务不实、签约居民获得感不强等问题，家庭医生"签而不约"成为这项政策面临的一大瓶颈。

在医疗服务领域，推广家庭医生签约服务是政府引导医疗机构为普通民众提供优质基础医疗服务的一项举措。"签而不约"情况的产生不是一方的责任，家庭医生签约服务的"三元主体"（政府、医生、居民）都有可能存在问题。除了直接签约双方的原因，也有政府的责任。当时家庭医生签约服务只是由卫计部门牵头，由卫生系统实施考核与评估，其他政府部门并未参与。T社区卫生服务中心是区卫生局的垂直管理单位，与其属地街道的政绩考核并不挂钩，条块分割明显。从国家卫计委、省卫计委、市卫计委再到区卫计委，四级卫计部门牵出一条长链。家庭医生签约服务是在三级医疗体系中的一级卫生机构中所开展的初级医疗服务，是居民最基本的健康保障。既然属于基层，那政策执行空间弹性很大的同时，政策指标的压力也很大。中央卫计委的指标要求是2017年重点人群覆盖率达到60%，T社区卫计委的指标计划则增加到了70%。根据压力型体制理论，行政系统底层的区级部门承受着来自市、省和中央一层又一层的指标压力，原本自愿的签约原则可能由于加码的指标压力逐渐演化成变相强制。基础政府部门只需负责统计政策覆盖率的指标，而不需要实际确保居民与家庭医生之间形成良好的契约服务关系，因而区卫计委的主要任务便在于政策宣传与鼓动，并向基层医疗机构施压，完成签约率指标。家庭医生签约服务在执行过程中表现出明显的指标倾向，签约率指标在推动家庭医生签约政策上指出了努力方向，但也同时绊住了家庭医生签约服务的纵深发展，出现了"一张废纸的签约"，导致家庭医生签约服务的"只签不约"。①

资料来源：
摘自中国专业学位案例中心，并进行了部分修改。
讨论：
从政策制定和执行角度探讨家庭医生"签而不约"问题的应对措施。

---

① 2018年废除卫计委，改为卫健委。

第8章 公共政策工具

公共政策工具不仅对公共政策目标的达成具有十分重要的作用，而且对包括公共政策方案的设计、制定、执行、监督等各环节在内的整个公共政策运作过程具有不可或缺的作用。如果公共政策运行过程中缺乏公共政策工具，整个公共政策运行过程就要中断或停止，公共政策的目标也就根本不可能实现。因此，研究分析公共政策工具是公共政策研究领域的重要内容，具有十分重要的价值和意义。

8.1 政策工具概述

政策工具也称治理工具。20世纪80年代以来，政策工具逐渐成为政策研究的焦点问题，其原因是多方面的。这其中既有对过往失败的反思，也有基于实际对政策工具知识体系化的需要；既有政治意识的支持，也有学科本身领域的扩展。

8.1.1 政策工具研究的兴起

对政策工具的研究，最早起源于社会科学领域。随着传统公共管理理论的陈旧和新治理理论的盛行，越来越多的学者开始思考个人或公共组织通过什么样的方式和途径来有目的地影响和作用于社会进步。以此为基础，政策工具的研究大量存在于社会科学的各个领域。

随着全球化、信息化时代的来临，各种技术层出不穷，对政府管理提出了严峻的挑战。新的变化创造了新的机遇，这一发展变化使诸多政府机构和非政府机构都可以参与到满足公共需求的事业中来。虽然这些主体有时会单独行动，但更多时候需要依靠它们之间的合作伙伴关系。但是，这也使公共管理的任务更为复杂。公共管理者不再采用单一形式的行动，而必须掌握不同的公共行动的"工具"，每种工具都有其自身的决策规则、规律、代理方和挑战。正是因为有着这样或那样政策执行的现实需要，使政策工具研究越来越盛行。与此同时，政策工具研究途径的倡导者长期以来得到政治和意识形态方面的支持也是其盛行的原因之一。

8.1.2 公共政策工具的定义

关于公共政策工具（policy instrument）是什么，不同的学者从各个角度进行了不同的定义。尼达姆是最早对公共政策工具下定义的学者，他认为，公共政策工具是相对于公共主体的、可用的、具有合法性的治理[1]。萨拉蒙和龙德认为，公共政策工具是"政府为追求目标所使用的方法"[2]。这些定义就把非官方的、非正式的治理排除在公共政策工具之外。英国学者胡德在《政府工具》一书中认为，"工具"可以分为"客体"和"活动"，行政工具可以作为"客体"那部分，也就是把政策目标转化为具体行动的制度或机制，指的是形成法律和法规的一整套命令和规定。[3] 欧文·E. 休斯在《公共管理导论》中将公共政策工具定义为政府的行为方式，以及通过某种途径用以调节政府行为的机制[4]。在这里，公共政策工具就完全归政府所有了。我国学者对公共政策工具的定义似乎更加宽泛，张成福和党秀云将其定义为："政府将其实质目标转化为具体行动的路径和机制。"[5] 陈振明提出，公共政策工具是人们为解决某一社会问题或者达成一定的政策目标而采用的具体手段和方式。它包括在政策目标的整个动态过程中所采用的措施和方法的总和。[6] 从国内学者的定义上看，公共政策工具就不仅是政府的工具，只要是在解决社会问题过程中起作用的手段或措施都可以被涵盖在公共

---

① D. Barrie Needham. Choosing the Right Policy Instruments, an Investigation of Two Types of Instruments, Physical and Financial, and a Study of Their Application to Local Problems of Unemployment [M]. Aldershot: Gower, 1982: 98.

② Lester M. Salamon, Odus V. Elliot. Tools of Government: A Guide to the New Governance [M]. Oxford: Oxford University Press, 2002: 123.

③ Christopher C. Hood. The Tools of Government [M]. London: Macmillan, 1983.

④ 欧文·E. 休斯. 公共管理导论（第二版）[M]. 张成福, 等译. 北京: 中国人民大学出版社, 2001.

⑤ 张成福, 党秀云. 公共管理 [M]. 北京: 中国人民大学出版社, 2001.

⑥ 陈振明. 公共政策分析 [M]. 北京: 中国人民大学出版社, 2009.

政策工具这个大家庭里。

我们认为，公共政策工具作为公共政策目标和结果之间的桥梁，从手段和目标实现的角度去界定它较为合适。由此，其定义应具备以下特点：①运用公共政策工具的目的是促进政策目标的达成或者解决相应的社会问题；②公共政策工具的实施主体是多元的，不局限于政府部门；③公共政策工具范围广泛，实现目标的措施、策略、方法、技术、机制以及相配置的人力、物力、财力、资源等都是工具的范畴。在实际运用过程中对工具的选择是灵活的，同一目标在不同的时间和空间下所选择的工具可以不同。综上所述，我们将公共政策工具定义为：政府或其他部门为达成政策目标而采取的多元措施。

8.1.3　公共政策工具的分类

政策工具种类繁多，由于分类标准不同，学者们对政策工具的分类结果也不一样，至今没有一个权威、穷尽的分类模式得到学术界的共同认同。

我国学者陈振明在《政策科学》中将政策工具分成三类：①市场化工具，即政府利用市场这一资源有效配置手段来达到提供公共物品和服务的目的，其工具包括民营化、用者付费、管制和放松管制、合同外包、内部市场等。②工商管理技术，即从企业的管理理念中借鉴经验来达成政府的政策目标，这些技术包括战略管理技术、绩效管理技术、顾客导向技术、目标管理技术、全面质量管理技术、标杆管理技术和企业流程再造技术等。③社会化手段，是指政府更多地利用社会资源在一种互动的基础上实现政策目标，手段包括社区治理、个人与家庭、志愿者组织、公私伙伴关系、公众参与听证会等①。

学者迈克尔·豪利特和拉米什在《公共政策研究：政策循环与政策子系统》一书中将政策工具分成三类：①自愿性工具（voluntary tool），指在自愿的基础上达成政策目标，很少甚至没有政府的参与。工具包括家庭与社区、志愿者组织和市场等。②强制性工具（mandatory tool），即由政府对活动进行控制和指导，没有给其他群体留下自由裁定的空间，其手段包括管制、公共企业或直接提供。③混合性工具（mixed tool），混合性工具结合自愿性工具和强制性工具的特征，虽然仍由私人做出决策，但政府可以对其他主体进行不同程度的干预，符合这种

---

① 陈振明．政策科学［M］．北京：中国人民大学出版社，1998．

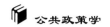

类型的工具有信息与规劝、补贴、产权拍卖、税收与使用者付费①。

麦克唐纳和艾莫尔将政策工具分为四类：①命令型工具，如法律法规。②激励型工具，政府用经费或资源去激励某种能力，使其得到充分的运用和发展。③能力建设型工具，如提供知识、能力和技巧的培训。④系统变迁型工具，一般在现行制度和机制已经无法达成政策目标的情况下使用此工具②。

戴维·L. 韦默和艾丹·R. 瓦伊宁在《政策分析：理论与实践》一书中将政策工具分为以下几类：①解放市场、推动市场、模拟市场。解放市场包括取消管制、合法化、私有化；推动市场的方法包括通过产权进行分配、创造新的适当物品；模拟市场，如拍卖。②利用税收和补贴来改变激励。税收和补贴的类型一般包括产出税、关税、配套拨款、税收优惠（贸易减免和贷款）、物品税和使用费、非现金补贴、优惠购物券、税收优惠（个人减免与信用）。③建立规则。两位学者把这里的规则分为两类：一类是以民法（特别是责任性法规）和刑法为主的框架性规则；另一类是以价格管制、数量管制、直接信息提供（公告和贴标签）和间接信息提供（注册、认证和颁发许可证）为主的管制。④通过非市场机制提供物品。如国防、印钞等物品则必须由政府部门提供，一般地，政府会通过下属部门来直接供应，也可以通过国有企业、专区等供应，还可以通过直接承包和间接承包（非营利性）来供应。⑤提供保险与缓冲。政府部门的作用除了以上种种外，还有作为保障的兜底作用。在这里，保险分为强制性保险及补贴性保险。书中所谓的缓冲实际上指的是储备、过渡性援助（掏空存货、不追溯）及现金补贴③。

彼得斯和冯尼斯潘将政策工具划分为七大类型：命令条款、财政补助、管制、课税、劝告、权威、契约。④ 胡德认为，政策工具分为探索性功能和影响性功能，而这两种功能的运用离不开以下四种"政府资源"，即信息、权威、财力和可利用的正式组织，两种功能和四种资源两两搭配，就划分成了八种工具类型。⑤

① 迈克尔·豪利特，M·拉米什. 公共政策研究：政策循环与政策子系统 [M]. 庞诗，等译. 北京：生活·读书·新知三联书店，2006.

② Lorraine M. McDonnell, Richard F. Elmore. Getting the Job Done: Alternative Policy Instruments [J]. Educational Evaluation and Policy Analysis, 1987 (2).

③ 戴维·L. 韦默，艾丹·R. 瓦伊宁. 政策分析：理论与实践 [M]. 上海：上海译文出版社，2004.

④ 盖伊·彼得斯，弗兰斯·冯尼斯潘. 公共政策工具：对公共管理工具的评价 [M]. 顾建光，译. 北京：中国人民大学出版社，2007.

⑤ Christopher C. Hood. The Tools of Government [M]. London: Macmillan, 1983.

张成福和党秀云划分了十类政策工具：政府部门直接提供财货与服务、政府部门委托其他部门提供、签约外包、补助或补贴、抵用券、经营特许权、政府贩售特定服务、自我协助、志愿服务和市场运作。① 萨拉蒙将政策工具归为 13 种：直接行政、社会管制、经济管制、合同、拨款、直接付款、贷款保证、保险、税式支出、费用和用者付费、债务法、政府公司、凭单制。② 最早也是划分出最多类型的学者是荷兰经济学家科臣，他整理出 64 种政策工具，但只是简单罗列没有加以系统划分。③

8.2　公共政策工具类型

首先我们要认识到，对政策工具的分类并非是相互排斥、非此即彼的，工具本身丰富的内涵就决定了其必然会存在模糊的"灰色地带"，也必然会存在不同类型里难舍难分的相互交叉性。就现有的政策工具分类来看，没有一种分类方式是能够完全穷尽所有的工具且相互排斥的。但这并不意味着对政策工具进行分类的努力完全是徒劳的④，这些基于不同情境、不同标准划分出的工具类型，为我们从多重维度理解政策工具提供了丰富的视角。

每项政策都是针对特定的社会领域、为解决特定的社会问题而制定的，因此，每项政策都有其特定的社会内容。依据政策内容社会领域的不同，我们将公共政策划分成如下的基本类型：政治性工具（political tool）、经济性工具（economic tool）、管理性工具（managerial tool）和社会性工具（social tool）。

8.2.1　政治性工具

我们可以将政治性工具（political tool）一分为二地分成政治管理工具和行政管理工具。政治管理是指公共权力机关和政府官员通过公共权力体系实现社会资

① 张成福，党秀云 . 公共管理学（第三版）[M]. 北京：中国人民大学出版社，2020.

② 萨拉蒙 . 政府工具 [M]. 北京：北京大学出版社，2016.

③ 陈振明 . 政府工具导论 [M]. 北京：北京大学出版社，2009.

④ 盖伊·彼得斯，弗兰斯·冯尼斯潘 . 公共政策工具：对公共管理工具的评价 [M]. 顾建光，译 . 北京：中国人民大学出版社，2007.

源管理的全部活动。表现为政府制定资源管理和分配规则，并加以组织监督和实施。方式是自上而下地、自觉地进行约束或协调。主要途径有投票、集会、游行示威、请愿、发表言论、游说、政治冷漠。行政管理工具是政府利用公共权力和权威，采用行政命令、批示、规定及规章制度等行政方式，按照行政系统、行政层次和行政区划来实施政策的方法，包括行政干预、行政法律、行政奖惩、行政诱导等。

8.2.1.1 建立规则

"不以规矩，不能成方圆"道出了规则的真谛，世界上根本没有什么不受管制的体系，所有的体系都由成套的规章制度组成。亚当·斯密指出当同行业的人聚集在一起时，他们最想做的事就是相互勾结并扰乱竞争性市场的运作，由此他推论出了规则的必要性。[①] 宪法、法律、行政法规、地方性法规、自治条例、单行条例等都可以被看作规则。

建立规则这一工具具有以下作用：①明示作用，政府建立规则，明确告知人们，何者可为何者不可为，何者合规何者非法。②矫正作用，这一作用主要是通过法律的强制执行力来机械地校正社会行为中所出现的一些偏离了法律轨道的不法行为。像对一些触犯了法律的违法犯罪分子所进行的强制性的法律改造，使其违法行为得到强制性矫正。③维护社会秩序，保障社会群众的人身安全与利益。

建立规则的目的之一就是尽量减少信息不对称造成的影响，例如，《保险法》就规定："保险公司有如实告知义务，当订立保险合同时，保险人就保险标的或者被保险人的有关情况提出询问的，投保人应当如实告知""投保人故意或者因重大过失未履行前款规定的如实告知义务，足以影响保险人决定是否同意承保或者提高保险费率的，保险人有权解除合同"。《中华人民共和国合同法》也规定："采用格式条款[②]订立合同的，提供格式条款的一方应当遵循公平原则确定当事人之间的权利和义务，并采取合理的方式提请对方注意免除或者限制其责任的条款，按照对方的要求，对该条款予以说明。"

8.2.1.2 管制、放松管制和解除管制

管制是政府对个人或组织的行为作出要求或规定的活动，通常由特别指定的管制机构来执行。目标组织或个人必须遵守和服从这些要求和规定，政府机构将

---

① 亚当·斯密. 国富论［M］. 郭大力，王亚南，译. 南京：译林出版社，2010.
② 格式条款是当事人为了重复使用而预先拟定，并在订立合同时未与对方协商的条款。

会给出指令，监督遵循情况并惩罚不遵守者。管制一般可分为经济性管制和社会性管制。经济性管制是指在自然垄断和存在信息偏差的领域，为了防止资源配置效率低下和确保资源的公平利用，政府机关利用法律权限，通过许可和不认可等手段，对企业的进入和退出、价格、服务的数量和质量、投资、财务会计等有关行为加以管制[①]。社会性管制是以保障劳动者和消费者的安全、健康、卫生等为目的，对产品和服务的质量以及伴随着提供它们而产生的各种活动制定一定标准，并禁止、限制特定行为的管制[②]。常见的管制类型有进出口管制、药品管制、价格管制、交通管制、数量管制等。还有在要求信息公开方面的管制：家电能效标签、营养和成分标签、衣物保养标志以及烟草包装上的健康警告等。例如，我国对麻醉药品实行特殊管理办法，制定了国家管制麻醉药品目录，对麻醉药品和精神药品实行定点经营制度。

放松管制，包括放松市场管制、行业管制和社会管制等，即在市场机制可以发挥作用的行业或者在社会环境发生改变时完全或部分取消、放开对价格和市场的管制。审批管理是管制刀具管理的手段之一，《公安部对部分刀具实行管制的暂行规定》（1983）中关于刀具生产、销售和携带的行政许可在 2002 年被列入国务院第一批取消的审批项目，显然计划经济时代制定的暂行规定已难以适应当时的管理现状，这意味着政策工具的运用必须与时俱进。

一般来说，政府失灵时或许市场资本的注入会激发新的潜力。《国务院关于创新重点领域投融资机制鼓励社会投资的指导意见》的发布就是为了进一步激发市场主体活力和发展潜力。要解除对某些行业的不当政策管制，吸引更多社会资本加大投资力度，推动投资主体的多元化，这将明显提升资源分配效率，改善国民经济的运转效率和民生水平。

8.2.1.3 产权交易

无论是公共物品还是准公共物品，随着需求的增长，除非能够建立起全面并有效的产权，否则都难以逃离"公地悲剧"。科斯定理告诉我们，只要产权是明确的，并且交易成本为零或者很小，那么无论在开始时将产权赋予谁，市场均衡的最终结果都是有效率的，能够实现资源配置的帕累托最优。这一定理表明政府只要对特定的资源确定产权，价格机制就会自然而然地起作用。

---

① 植草益. 微观规制经济学 [M]. 朱绍文，等译. 北京：中国发展出版社，1992.
② 王俊豪. 政府管制经济学导论：基本理论及其在政府管制实践中的应用 [M]. 北京：商务印书馆，2017.

我国的碳排放交易政策就是一个典型的运用了产权交易这个政策工具的政策。碳排放交易即国家层面规定某时期的碳排放总量并下发给各排放体相应的碳排放上限，积极实施减排的公司可以将剩余配额在金融市场进行出售，未能完成减排目标的需要通过较高的成本去购买其他企业的配额或从政府处拍卖竞价获得，从而实现总体排放量降低的目标。根据国家总体安排，全国碳排放权交易于2021 年 7 月 16 日在上海环境能源交易所开市。

不可否认的是，确定产权和分配产权的成本可能极高，从而导致其不具有可行性，但从制度本身看，这不失为一个好的政策工具。当分配对象众多而无法穷尽时，无论对何者进行取舍都会导致地下交易等不合法、不合规的行为。另外，一个好的分配方案也是这个政策工具发挥作用的关键，如果分配的依据是支付能力而不是需要，则容易产生支付能力不足而又确实有强烈需求的情况。

8.2.2 经济性工具

经济性工具（economic tool）实则可以分为三大类型：第一类是财政性工具，如课税、补贴等。第二类是非市场机制的工具，即直接运用政府公共权力来实现，如政府直接供给的国防、教育、社保等。第三类是以市场为核心的工具，利用人们的趋利性，在市场机制的运作下解决公共问题和实现政策目标。主要的方式有补贴、民营化、合同出租、公私合作、分权化、使用者付费、内部市场等。

8.2.2.1 税收及用者付费

税收是政府为了向社会提供公共产品、满足社会共同需要，按照法律的规定，强制、无偿取得财政收入的一种形式，是一种非常重要的政策工具。用者付费是税收的创新应用形式，政府通过设定收费的目标群体间接地限制其消费规模和消费行为。"遗产税"是学界一直在呼吁尽快落实的一个税种，其是以被继承人去世后所遗留的财产为征税对象，向遗产的继承人和受遗赠人征收的税。理论上讲，遗产税如果征收得当，对于调节社会成员的财富分配、增加政府和社会公益事业的财力有一定的意义。

税收与使用者付费作为政策工具有以下优点：①比较容易确立。②是一种灵活的政策工具。③可以提供持久的财政激励。④创新，税收在一定程度上会激励企业进行合理的创新，直到新技术的边际成本等于不缴税的边际收益。⑤保护，国内企业有了关税的保护，就有机会形成规模效应。⑥关税的征收根据国内外供给和需求的大小而定，如果一个国家接收了另一个国家某种物品供给的大部分份额,那么这个国家或许可以通过调整关税对其进行制裁。

8.2.2.2 补贴

补贴是一种灵活的政策工具,是指政府(或其代理)给个人或组织的各种形式的财政转移,促使其采取政府期望的行为。一般来说,补贴可以提供给供给者也可以提供给需求者,低于市场利息的贷款也是补贴的一种形式。增加物品供给量的方法之一就是对物品供给者进行直接补贴。中央政府使用配套拨款这一手段来促使地方政府提供更多的公共物品或服务。对私营企业最常见的补贴形式则是税收优惠,如对小微企业的部分税收减免,对科技型企业直接或间接地提供研发援助。需求方补贴则是通过降低消费者的购买价格,来提高特定物品的消费量。例如,我国的廉租住房制度;2019 年 1 月 1 日起施行的《中华人民共和国个人所得税法》规定的子女教育、继续教育、大病医疗、住房贷款利息、住房租金和赡养老人六项专项附加扣除;新冠肺炎疫情防控期间政府发放的大量消费券等。

我们需要考虑的是,作为一项政策工具,补贴这一形式仍然存在一些问题:①地方政府获得的配套拨款在使用时会向其他物品外溢,即产生外溢效果,也就是专项拨款在一定程度上会被非专项化。②在政府对企业进行补贴时,企业可能会为了获取补贴而做出与政府预期相反的活动。③收集关于补贴的相关信息的成本较高,政策制定者很难拥有完备的信息,因此难以设计出公平高效的方案。④部分税收减免方案或许并不公平,高收入人群比低收入人群更能享受到税收优惠。⑤从事件发生到政策出台中间的耗时过长,滞后性使这项工具并不适用危机情况的处理。

[资料] 中国"廉租房"政策

廉租房是指政府以租金补贴或实物配租的方式,向符合城镇居民最低生活保障标准且住房困难的家庭提供社会保障性质的住房。廉租房的分配形式以租金补贴为主,以实物配租和租金减免为辅。货币补贴是指县级以上地方人民政府向申请廉租住房保障的城市低收入住房困难家庭发放租赁住房补贴,由其自行承租住房。实物配租是指县级以上地方人民政府向申请廉租住房保障的城市低收入住房困难家庭提供住房,并按照规定标准收取租金。廉租住房紧缺的城市,应当通过新建和收购等方式,增加廉租住房实物配租的房源。根据《住房城乡建设部 财政部 国家发展改革委关于公共租赁住房和廉租住房并轨运行的通知》(建保〔2013〕178 号)的规定,从 2014 年起,各地公共租赁住房和廉租住房并轨运行,并轨后统称为公共租赁住房。

8.2.2.3 政府直接提供

由公共财政拨款并由政府直接提供物品和服务，是一个最为常见的政策工具，此工具提供的大多为公共物品。大部分政府职能通过此政策工具来完成，如国防、社会保障、义务教育、人口普查等。中国古代由集权部门兴修水利、造桥修路等或许被认为是最早出现的政策工具了。

直接提供的缺点也是显而易见的：①政府无法打破科层制的刻板和僵化，所以其提供的服务往往显得不近人情。②由于竞争的缺乏，官员及经办人没有足够的成本意识，容易造成浪费，也容易造成物品或服务的质量不佳，效率低下。③政府内部之间的冲突和矛盾会损害物品和服务的直接提供。④政府直接提供并不能包治百病，有些物品和服务也并非一定需要政府提供。

8.2.2.4 强制保险

所谓强制保险，是指根据国家颁布的有关法律和法规，凡是在规定范围内的单位或个人，不管愿意与否都必须参加的保险。比如，世界各国一般都将机动车第三者责任险规定为强制保险的险种。由于强制保险在某种意义上表现为国家对个人意愿的干预，所以强制保险的范围是受严格限制的。保险是经营风险的行业，其所特有的补偿保障功能，对消除或减轻自然灾害、突发事件和重大事故造成的损失，促进社会安定有序，具有不可替代的作用。例如，在发生的矿难事故中，一些遇难人员亲属往往因经济补偿问题争议不休，影响当地社会稳定。虽然有商业保险的存在，但由于信息不对称，人们并不总能根据保险责任范围和适用程度来做出最佳决定，所以，在一些保险市场，政府的干预是必须的。

在保险领域，政府强行干预的目的在于：①利用其权威来强制全民参与保险计划，从而防止产生逆向选择。②降低成本，这里的成本既包括经济成本，也包括管理成本。例如，很多交通肇事者的个人资产不足以补偿他们在严重交通事故中给他人造成的身体伤害和财产损坏的成本，交强险不仅能减轻肇事者的赔偿压力，也能防止因赔偿问题引起的社会问题。③社会保险的兜底作用，通俗来说，养老保险制度确保人们不会因缺乏远见、信息错误、运气不济或只是因为懒惰而在退休后没有足够的储蓄。

8.2.2.5 战略储备

战略储备是指国家为了应付战争和其他意外情况，保障国民经济正常运行和国防需求，而在平时有计划地建立的一定数量的物资、货币、能源、人力等方面的储存或积蓄，主要包括物资储备、财力储备和能源储备等几个方面，主要是对对国计民生、经济安全和国防建设具有关键作用的重要物资进行储备管理。例如，众所周知的石油储备，就被许多国家当作重要的战略储备。当然储备也不仅是为了防止资源短缺，如在粮食过量时，政府从农民那里购买剩余的农作物，以帮助维持价格。

战略性资源储备包括许多内容，如对油田、气田、煤田、森林的限制性、保护性开采和做必要的战略性储备。建立资源性战略储备的重要性是不言而喻的。它可以保证战时的国家安全需要，也可以保证平时的经济安全需要，更重要的是可以在尖端科技研发领域抢先占据优势领先地位。同在重要军事工业领域一样，尖端科技研发领域对稀有金属或稀有矿产的需求也是与日俱增的，更有一种发展趋势，即将资源储备管理与环境保护和生态建设有机结合起来。许多国家基于国防目的的战略资源储备并未停止，基于经济安全和科技领先目的的储备则在很大程度上有所加强。

从现实情况来看，我国人口众多，人均资源占有率很低，资源相对短缺，对外依存度日益增大，随着经济的快速发展，水、粮、石油、稀有金属等战略性资源短缺对我国经济安全与经济发展构成的威胁越来越现实，资源安全已成为 21 世纪影响国家安全的重要内容。为维护国家安全和实现经济可持续发展，避免其他国家利用资源牌对我国进行打压和控制，除了挖掘国内资源潜力、提高资源利用效率，完全有必要建立我国的战略资源储备体系，这可以说是维护我国国家安全、促进经济发展的客观需要①。

[资料] 国家粮食和物资储备局

我国的国家物资储备体系始建于 1953 年，经过 50 多年的发展，建设了完善的储备仓库体系，储备了一定规模的国家物资。2018 年 3 月，为加强国家储备的统筹规划，构建统一的国家物资储备体系，强化中央储备粮棉的监督管理，提升国家储备应对突发事件的能力，提出将国家粮食局的职责，国家发展和改革委员会的组织实施国家战略物资收储、轮换和管理，管理国家粮食、棉花和食糖储备等职责，以及民政部、商务部、国家能源局等部门的组织实施战略和应急储备物资收储、轮换和日常管理职责整合，组建国家粮食和物资储备局，由国家发展和改革委员会管理。

50 多年来，国家物资储备在支持国防建设、经济建设、抗灾救灾等方面做

---

① 王波. 我国铁矿石战略储备物流基地问题研究［D］. 北京：中国地质大学，2010.

出了积极贡献。可以说，国家物资储备是国家直接建立和掌握的战略后备力量，是保障国家军事安全和经济安全的重要手段。

8.2.2.6 市场

市场在提供大部分私人物品上是富有效率的手段，是资源配置的有效工具。但是，政府不可能通过简单地允许私人交易而建立起具有活力的市场。在市场运行的过程中，政府必须扮演一种更积极的角色。也就是说，市场作为解决社会、政治和经济问题等的基础手段，意味着政府对经济的放松管制，在所有的经济领域和环节大步推进各类市场的发展，形成完整的市场机制，通过市场运行中的各种经济组织和所有制改革，完善市场基础。通过市场化，实现资源和要素优化配置，从而提高社会效率。

市场这一政策工具的缺点十分明显：①市场满足那些有支付能力的人的需求。②当一个有效的市场被预期会重新出现时，政府就应该考虑解放被管制的市场。但需要注意的是，一旦现有的政府干预被消除，或许会出现相对重大的意外或分配上的损失。③一些行为主体出于对超额利益的追求会产生不正当的行为，如生产和销售假冒伪劣产品、不讲职业道德等。④价值规律的自发调节很容易引起社会各阶层的分化，由此而产生的矛盾将不利于经济和社会的健康发展。

8.2.2.7 国有企业

国有企业，在国际惯例中仅指一个国家的中央政府或联邦政府投资或参与控制的企业。在我国，国有企业还包括由地方政府投资或参与控制的企业。政府对其有一定程度的控制和管理权，其意志也决定了企业的发展方向。国有企业一般靠自己的收益来维持运行，营业执照使它们在日常运营可独立于政府部门干预之外，也要求它们以超出运营成本并考虑到发展空间的最低价格运营。其营利性体现为追求国有资产的保值和增值，其公益性体现为国有企业的设立通常是为了实现国家调节经济的目标，起着调和国民经济各个方面发展的作用。

国有企业在众多行业挑大梁，是因为其作为政策工具有以下突出优点：①在因投入大于或等于收益导致私人企业不愿提供社会需要的物品和服务的条件下，国有企业是一项有效率的经济政策工具。②国有企业的利润能积累公共资金以用于公共支出。③特别是在一些高精端领域，核心技术掌握在有着官方背景国有企业手里能更好地防止资源外流。

8.2.2.8 政府服务外包

政府服务外包也称合同出租、竞争招标，是指政府把机关的后勤性服务、技术服务，为公民和组织提供的公共性服务等，以政府机关或部门作为发包方，明确条件资质的准入制度，按照一定程序公开竞标的方式，通过签订报酬与服务数量、质量、效率相挂钩且与规范考核评价结果相联系的合同办法，承包给市场主体或非营利组织的行为。这是一种"政府承担、定项委托、合同管理、评估兑现"的新型政府提供公共服务方式。

通过服务外包，能够改变政府提供服务的模式，改变政府部门做一件事情就要建立一个服务机构或事业单位的习惯。政府服务外包有利于创新公共服务的体制机制，建设服务型政府，提高公共服务的品质。研究表明，承包出让的成本往往低于政府供应，有利于实现改善民生与扩内需保增长的统筹。推进政府服务外包，可以让服务对象得到更多、更好、更满意的服务。不仅如此，该工具减少了政府的直接行为，使政府可以专注于政策制定，更有效地配置了公共资源和能力。

但是，服务外包这一工具也可能出现来自以下几个方面的问题：①政府失去控制权，只有监督权，且监督管理代价高昂。②员工归属感不强，对于外包员工来说，他们与公司存在人事关系，却长期被派到政府部门工作，他们与公司其他员工并不熟悉，也融入不了政府部门，这就导致无论是对政府还是对公司，员工都没有很强的归属感，其工作热情和工作业绩可能会降低。③企业的短视行为会导致它们忽视所提供的公共服务将产生的长期社会效益以及附加社会正效益。④服务外包后，政府在经济发展方面的功能和角色有所消退。

8.2.3 管理性工具

8.2.3.1 树立标杆

标杆是一种标准，这种标准可能是组织为达到某个目标或期望的水准，或出于其他各种原因而订立的。标杆一旦树立，将给其他公共部门或公民提供准确的信息，为其指明进步和发展的方向。向标杆学习是组织不断思考标杆是如何达到那种水准，以便将高水准的做法和程序应用到自己的机构中来的过程。在这里应说明的是：标杆管理并不是简单地抄袭，它是公民或机构之间彼此合作、信息分享的过程。

[资料] 2021 年感动中国人物和 2021 年全国优秀党员、党组织

中国中央电视台每年举办"感动中国"年度人物评选活动，其相关人物的经历或行为，无一不体现了他们的良知、爱心、奉献和责任感，体现中国传统美德和良好社会风尚，代表了社会发展方向、社会价值观取向及时代精神，他们是我们的标杆。感动中国 2021 年度人物为彭士禄、杨振宁、顾诵芬、吴天一、朱彦夫、中国航天人、苏炳添、陈贝儿、张顺东与李国秀、江梦南。

为表彰先进、弘扬正气，激励广大党员和各级党组织奋勇争先、建功立业，党中央 2021 年 6 月发布了《中共中央关于表彰全国优秀共产党员、全国优秀党务工作者和全国先进基层党组织的决定》，授予吴良镛等 384 名同志、追授李献忠等 16 名同志"全国优秀共产党员"称号，授予陈炎顺等 298 名同志、追授蒙汉等 2 名同志"全国优秀党务工作者"称号，授予北京冬奥组委延庆运行中心党支部等 499 个基层党组织"全国先进基层党组织"称号。

8.2.3.2 顾客导向

将顾客作为政府服务的导向是新公共管理理论的主要观点，在新公共管理看来，政府是负责任的"企业家"，而公民是其尊贵的"顾客"。政府其实是负责提供社会服务的管理者。因此，社会服务的对象正是民众，所以对于公共行政部门而言，不能与民争利，而是应该以服务为主要目的，将资源从效率较低的地方转移到效率较高的地方。对公共服务的评价，应以"顾客"的参与为主体，给公民提供以脚投票即自由选择服务机构的机会，通过"顾客"参与，保证公共服务的提供符合顾客偏好。

如今，政府活动不仅是提供公共物品和服务，还必须及时了解公民的需求并作出回应。这里需要说明一点，顾客导向并不是把公民当作顾客，而是借用企业中对顾客的服务态度，向为顾客提供服务一样为公民提供服务。顾客导向的政府是自下而上提出要求并实施的，这就意味着政府的行政和改革都是以顾客为中心，以顾客满意作为政府职能的考察标准。

8.2.3.3 绩效

绩效管理分为四个步骤，即绩效计划、绩效实施与管理、绩效评估、绩效反馈等。所谓政府绩效管理，就是通常说的"政绩考察"和"政绩评估"，即"看政绩用干部"的管理制度。绩效的设置，其一是为了对个人能力进行评估；其二是为了有效推进个人的行为表现，引导组织其他人员、其他部门共同朝着组织整体战略目标迈进。

绩效与每个人的利益密切相关，所以可以充分激发其积极性和主动性。对管理的事务多为可量化的工作的部门而言，设置绩效的效果立竿见影。但问题在于，对于事务不可量化的部门，绩效这一政策工具能否很好地发挥作用是值得商椎的。我们还应看到的是，在国家层面和部委层面出台"破五唯"有关文件后，大部分部门特别是高校在职称评定、绩效考核等情境中，推行职称改革、绩效改革，明确提出以人才培养为核心，以品德、能力和业绩为导向，使不可量化的指标也参与到考评范围中来。

8.2.4　社会性工具

8.2.4.1　个人及家庭

无论在何种社会，个人及家庭都在各自的程度上提供了物品和服务，这些行为既是自发产生的，又离不开政府的倡导或转嫁。家庭自备医药箱、安装烟雾报警器、安装家庭监控等既是个人为自己提供的保护自己人身财产安全的工具，也为卫生、公安、司法等部门减轻了压力。

作为处理复杂社会问题的辅助工具，个人及家庭这一政策几乎不会花费政府的财政资金，政府在其中起到的更多的是倡导和引导作用。例如，在官方发声渠道为个人及家庭提建议、树典型、做科普等。政府只需不断保持并提升自己的公信力即可将导向作用发挥明显。与其他工具相比，个人及家庭作为一种公共政策工具的另一优点在于：家庭为其成员在住房、教育、照料、陪伴等方面提供了长久而又有效的服务。这不仅是作为一项政策工具的需要，也是中华民族传统美德的体现，更符合当今的社会主义核心价值观。

当然，个人及家庭的效能极其有限，其无法保证服务需求者在获得上的平等性，也无力解决涉及多方面、多层次的复杂问题。

8.2.4.2　志愿者及非营利组织

人类社会已经进入了全球化时代，民众的公共权利责任意识也逐步觉醒，单纯讲究经济效率已经不能满足民众的需求。志愿者和非营利组织在新时代中积极参与公共事务，并跻身于国家事务当中，试图为全球的和平与发展做出贡献。凭着自身的各种优势，目前非营利组织已经成为国家甚至联合国的重要合作伙伴。

志愿者及非营利组织作为一项致力于帮助弱势群体的政策工具，为社会提供了大量的物品和服务。由于志愿者和非营利组织的人员构成本就是广大人民群众，他们更能想群众之所想，急群众之所急，能够第一时间提供物品和服务。此外，这一政策工具还有弥补社会保险不足、保障社会救济从而促进社会公平、调节收入分配等作用。

但是，这一政策工具受制因素太多，资金来源不足、组织绩效和服务产品质

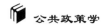

量不受控等情况极易导致志愿失灵。不仅如此，在金融、科技等领域出现问题时，也似乎不太有志愿者及非营利组织发挥作用的空间。

[资料] 河南特大暴雨灾害

2021年7月17~23日，河南省遭遇历史罕见特大暴雨，河南省应急响应从Ⅳ级一路上调至Ⅰ级。据国务院河南郑州"7·20"特大暴雨灾害调查组报告统计，这次特大暴雨灾害共造成河南全省16个市150个县（市、区）1478.6万人受灾，直接经济损失1200.6亿元，全省因灾死亡失踪398人。

据不完全统计，截至2021年7月22日中午12点，全国各界向河南捐款已将近20亿元。在河南各地市，有64支义务救援队伍被《人民日报》等权威媒体发布救援负责人电话供群众拨打，超过1000支民间救援队在转移受灾群众外，还参与了物资发放、消杀防疫等工作，他们都在救灾抢险过程中起到了十分重要的作用。

8.2.4.3 提供信息和呼吁规劝

政府向个人和组织提供信息并期待它们的行为发生预计的变化。这一行为的有效发生基础是个人及组织一旦获得相关问题的知识或信息，就能做出明智的选择。例如，政府发布经济社会统计方面的信息，公司及个人可以由此形成关于经济社会状况的结论并采取相应的行动。但是，信息传播并不具有强制性，公众并没有义务做出特定的回应。

呼吁比提供信息的意图更明显，呼吁是政府试图说服人们去做或不做某事，力求改变人们的偏好和行动，而不是只向人们提供信息并期待其行为发生预期变化，但是呼吁并不运用奖励或惩罚手段。例如，政府呼吁人们积极锻炼、节约用水、乘用公共交通工具等。规劝则主要针对非违法行为或者违法行为中危害较轻的行为，是以预防、改善为目的的手段，具有灵活性、非正式性的特点。通过利益诱导、教育说服、沟通商讨等多种方式，获得规劝对象或其他利益相关者的认同，使其在利益权衡的基础上自愿选择服从或合作。

这类工具的优点是：①几乎不需要财政支出，更像是顺手而为。②进入和退出方便，当问题尚没有明确的解决办法时，规劝是较好的首选工具。③这一政策与强调自由和个人责任的民主理念相一致。然而，这类工具是一个非强制的、自愿性质的政策工具，效果往往十分有限。

8.2.4.4 社区治理

中国社区建设工作开展以来，社区治理已成为当前政府和社区居委会所面对的重要工作。居委会和村委会是居民（村民）自我管理、自我教育、自我服务的基层群众性自治组织，是中国人民民主专政和城市基层政权的重要基础，也是党和政府联系人民群众的桥梁和纽带之一。就目前社会治理大趋势而言，居委会在社区建设中更多的是担任协调者角色，协调各方资源进入社区，更好地开展社区服务。

在我国大力发展社区建设和社区服务的实践中，社区治理是一项重要的政策工具。相关部门鼓励在社区设立便利店、早餐店和快递收发点等，积极吸引邮政等公用事业单位在社区设点并提供相应的服务，加强社区志愿服务站建设，发挥社区居民的作用，充分利用阳光民主议事功能，提高社区居民对重大事件、核心问题决策的参与程度。

8.3　政策工具的选择和应用

正如许多学者对政策工具研究初衷所表述的那样，绝大多数工具在一定程度上都是可替代的。也就是说，同一政策目标可以通过不同的政策工具来实现。所以政策工具研究的一个重要领域就是政策工具的选择问题。

8.3.1　工具选择的重要性和原则

虽然政府要解决的问题很多，但归根结底它们也只是从"工具箱"有限的工具中选择一个趁手的而已。一旦选择了一种工具，便决定了哪种主体将要参与到项目启动后最重要的实施阶段，也决定了这些参与者在项目中的作用[1]。因为工具的选择决定了参与者，又因为这些参与者有着各自不同的理念、动机、技能、标准操作程序，所以对工具的选择实际上会影响到最终的结果。正因如此，工具的选择不仅是技术层面的决策，更多的是政治层面的决策，工具的选择决定了这项权利将如何行使、政策将以何种方式实施，以及哪些利益将得到优先考虑。

胡德很早就给出了工具选择的四项原则。它们分别是：第一，只有在充分考

---

① 莱斯特·M. 萨拉蒙. 政府工具：新治理指南［M］. 肖娜，译. 北京：北京大学出版社，2016.

虑到其他可替代方案时，才确定被选择方案。第二，工具必须与工作内容相匹配。第三，工具选择必须符合一定的伦理。第四，有效性并不是唯一追求目标，理想结果的达成必须以最小代价来换取。林德和彼得斯认为，政策工具的特征，如资源密集度、目标、政治风险和对国家行为的约束对于选择来说是重要的，国家政策风格和政治文化以及社会分类的程度对工具选择有决定性影响，工具选择受限于相关机构的组织文化及其与客户和其他机构的联系①。

8.3.2 影响政策工具选择的因素

8.3.2.1 政策目标

政策目标是政策决策者运用政策工具所要达成的效果。或者说，政策目标就是需要利用政策工具解决的问题。只有明确问题是什么、来源何处、因何产生等，才能找到一个与之适配的解决办法，即选择有效的政策工具。

首先需要考虑目标是单一的还是多元的。如果目标是单一的，则需明确目标的具体内容。改革开放以来，我们坚持以经济建设为中心，推动我国快速发展。但在这个过程中，一些地方、领域出现了"唯GDP"的现象，把发展简单等同于增加生产总值，一味在增长率上进行攀比，追求过快的速度，违背了经济发展的客观规律，衍生出不少问题。GDP只能反映经济发展状况，经济与社会发展是否协调以及所引致的一系列社会问题都无从体现。所以，在进入经济发展新常态的大背景下，我国的潜在增长率、资源环境的承载能力，都不容许再盲目追求高速度，而是要时刻牢记"绿水青山就是金山银山"，把增速调整到合适的"挡位"，留下余地和空间。

如果目标是动态多元的，则要明确目标的构成。从纵向上来看，要看其是否有总分、远近之分；从横向上来说，是否有政治、经济、社会等方面或更多并列的目标。有的政策问题是多重目标的有机结合，有的政策问题的利益相关者非常复杂，而有的政策目标甚至是相互冲突的。因此，在选择政策工具时，政府应分清轻重缓急，明晰总目标、基本目标、具体目标、象征目标等的不同之处。

[资料] 党的二十大报告中关于推进健康中国建设的措施摘录

优化人口发展战略，建立生育支持政策体系，降低生育、养育、教育成本。

---

① 迈克尔·豪利特，M. 拉米什. 公共政策研究：政策循环与政策子系统 [M]. 庞诗，等译. 北京：生活·读书·新知三联书店，2006.

实施积极应对人口老龄化国家战略，发展养老事业和养老产业，优化孤寡老人服务，推动实现全体老年人享有基本养老服务。深化医药卫生体制改革，促进医保、医疗、医药协同发展和治理。促进优质医疗资源扩容和区域均衡布局，坚持预防为主，加强重大慢性病健康管理，提高基层防病治病和健康管理能力。深化以公益性为导向的公立医院改革，规范民营医院发展。发展壮大医疗卫生队伍，把工作重点放在农村和社区。重视心理健康和精神卫生。促进中医药传承创新发展。创新医防协同、医防融合机制，健全公共卫生体系，提高重大疫情早发现能力，加强重大疫情防控救治体系和应急能力建设，有效遏制重大传染性疾病传播。深入开展健康中国行动和爱国卫生运动，倡导文明健康生活方式。

其次需要考虑政策目标的性质。有些事件虽然是同类事件，但由于其性质不同，所运用的工具则不同。比如，处理人民内部矛盾的方法不适于处理敌我矛盾，打击恐怖主义活动的方法不能用来处理偶发的群体事件。另外，事件的严重性、复杂性、紧迫性不同，所运用的工具也不同。许多政策问题既不严重也不复杂，政府在日常的行政管理活动中使用一般政策工具就可以解决；有些政策问题具有严重性但并不那么复杂，如台风、洪水、泥石流等，政府必须紧急动员和调配人力、物力、财力，使问题尽快缓解和得到妥当处置；有些政策问题在"放一放"的过程中自然消失了，有些问题则必须立竿见影、立见成效。

最后需要考虑目标是否发展变化。如果在一段时间后政策目标发生了变化，那么政策工具也需要做出相应的变化。用旧的目标来评价工具的有效性是没有意义的。政策工具在选择和运用时就需要有预见性地对社会环境变化、人们价值观念变化等问题进行考虑，这种提前预判更适合未来发展的需要。实践中经常出现的问题就是，政策目标已经实现或转变，原来的政策工具却因惯性长期存在。

8.3.2.2　背景环境

政策工具的选择远远不是从工具箱中挑选工具这么简单，其选择深深地嵌入在一定的环境背景之中，面对同样的困境，在不同的环境背景下选择的工具可能完全不同。在考虑背景环境时，一般需要注意以下几点。

首先是路径偏好与依赖。政策工具的选择也具有路径偏好和依赖，过去做出的选择影响甚至限制人们对未来的选择。政府也是一样的。从政府偏好来看，当它已经习惯选择某一类政策工具去解决政策问题时，它对这一类工具的使用得心应手、驾轻就熟，因此就轻易不愿意选择其他类型的政策工具，尽管新的政策工具可能更便捷、更有成效。从政策稳定性的角度来看，每一个政策都是以当前社会发展为目标制定的，社会发展是个循序渐进的过程，在同一时期，政策工具是相对稳定的。换言之，针对同一个政策目标，前一个政策工具和后一个政策工具之间要保持连续性和继承性。如果缺乏政策工具间的联系和过渡，则会引发社会动荡和信任危机。

其次是政府在选择政策工具时不仅要考虑其效果，而且还受传统、路线等因素的支配。尽管某种政策工具并不是达成既定目标的最有效的工具，但是，这一工具却依然被频繁地使用，因为行动者能够达成一致，使冲突最小化。总体来说，政策工具的选择会受到之前工具选择的限制。过去的努力固然无法绝对决定未来，却能在一定程度上规定和限制未来行动的方向，更何况沿着已有的路线和方向总比另辟蹊径要更方便些。新的政策选择不可能彻底地、轻易地摆脱旧政策的约束，这种约束既包含现存政策和制度不会轻易地退出原有的路径，也包含主张新政策和新制度的人们在设计新政策和新制度时仍然受到原有政策和制度的认知和思维束缚。

最后是任何行为都受逻辑引导，工具选择也不例外。人们会根据传统惯例、风俗、道德、价值和伦理准则做出政策工具的选择。传统文化的影响使同一社会中的公民显示出价值观或思想信仰方面的趋同性，这种趋同性不仅指导社会集体行动，同时还会约束个体行为。儒家的"修身、齐家、治国、平天下"、道家的"道法自然"、佛家的"渡人渡己"等，这些中国传统文化从政治思想到伦理思想乃至人生哲学都形成了一整套人们在社会生活各个领域所恪守的准则，影响着世世代代中华民族的生活方式和行为仪表。

8.3.2.3　工具自身特性

每种工具都有其特性、前提条件、适用范围及优缺点。学界一般认为，各种工具之间有重要的区别，没有哪一类工具具有普遍的适应性。每种政策工具都有它的适用情景，被用于解决不同问题，运用于不同组织环境，这是由不同政策工具的影响程度、效果、公平性等差异决定的①。安德森就认为，"在试图确定某一项公共政策有没有可能有效时，政策分析家们不仅关切政策的主要目的，以及这些目的有没有可能实现；而且还要关注可获取的政策实施技术，以及这些政策实施技术是否适合于政策的有效实施"。

---

① Salamon L. M. Beyond Privatization: The Tools of Government Action [M]. Washington, D. C.: Urban Institute Press, 1989.

以保护环境为例，我国在发展的不同阶段所运用的政策工具是不同的。随着经济社会的快速发展，我国环境保护政策持续完善，先后经历了启蒙初创、探索发展、开拓成型、深化完善四个阶段。在 1973 年国务院召开的首次全国环境保护会议上，制定了中国第一部环境保护的综合性法规——《关于保护与改善环境的若干规定（试行草案）》。在这一阶段，政府主要采取"命令—控制手段为主，经济手段为辅"的环境治理政策工具。在可持续发展阶段，我国颁发了一系列与环境保护相关的报告、计划、决定、规划、意见、防治法等，政府将经济手段运用到环保制度当中，将竞争机制引入环境影响评价市场，全面推行排污许可证制度、环境标志制度等。在开拓成型阶段，政府着力实施污染物排放总量控制工作，开展主体功能区和生态保护红线的探索工作。除了修订出台环境保护法律法规，环境经济政策也进入了集中设计和推广阶段。在深化完善阶段，政府构建了中央环保督察制度和生态文明建设评价考核办法，深化环境经济政策改革，完善了以市场为基础的经济激励型政策工具。

8.3.2.4　执行机构

"选择"这一动作，总归是需要具体的人和机构来执行的，不管是政府机构还是领导者个人，其行为是受一系列主观和客观因素制约及影响的，所以政策工具的选择必然受执行机构和执行人员的影响。这些因素可能包括以下几个方面：

工具对执行机构或执行者的影响。如果某个工具的实施会对执行组织产生影响，在选择政策工具时，执行组织会考虑这些影响。如果选择某个政策工具能使执行组织受益，执行组织或执行人员可能会积极支持或推动该项政策工具。如果某种工具的选择会降低执行机构的地位，影响组织成员的利益，这种工具就不会是首先考虑的对象。此外，执行者特别是主要领导人自身的主观偏好、知识结构、政治素养、经验以及行事风格直接关系到他对政策问题的理解和政策实施效果，对政策工具的选择往往起到决定性作用。

政府能力。施雪华和陈国权从政府职能的角度出发将政府能力定义为：为完成政府职能规范的目标和任务，政府在管理社会的过程中所实际拥有的能量和能力。政府在工具选择上，会受到能力高低、资源多少等因素的影响。例如，自2009 年中央政府启动"新医改"以来，全国各地开展了长达十余年之久的改革实践，各地根据自身情况所选择的工具也并不相同。福建省三明市和厦门市就是两个十分明显的例子。三明市是一个典型的老工业城市，年龄结构偏向老年型，在面对"医疗改革"时，三明市选择的是"存量医改"，即在不主要增加财政投入的前提下，通过一系列体制机制创新，把医药费用增长的趋势控制住，使之与既有的医保财务状况相匹配，从而最终确保医保基金的安全运行。反观厦门，该市财政实力雄厚，人口结构相对年轻化，当地政府采取的则是"增量医改"，即不断增加财政对医保基金的支持力度，相应地提高参保对象的筹资标准。

相关机构。面对复杂的政策问题，常常是许多机构共同负责推动一项政策，这些执行机构相互沟通、彼此整合的程度，也是决定政策执行成败的一个重要因素。因此，在选择政策工具时，应该重视相关机构之间的协商与整合。

8.4 中国政策工具分析

从实践上看，在我国，随着行政体制改革的深化和管理方式的现代化，各级政府一直在不断地运用政策工具解决实际问题。

8.4.1 我国"放管服"改革

"放管服"改革是"简政放权、放管结合和优化服务"的简称。"放"的核心是政府角色定位问题，"简政放权"意味着政府减少对资源的直接配置和对经济活动的直接干预。"管"的核心是政府管理转型问题，"放管结合"意味着转变监管理念，加强事中事后监管。"服"的核心是在"放"与"管"全面深刻变化基础上形成的治理理念[①]，"优化服务"意味着创新服务方式、优化服务意识，为企业和公众提供高效的便民服务，建设人民满意的服务型政府。自党的十八大以来，为加快深入推进"放管服"改革、加快政府职能转变，政府采取了一系列工具。

8.4.1.1 政治性工具

为更好更快地促进事项和组织的发展，政府从深化行政体制改革开始，出台了一系列相关法律法规；取消了一批行政审批事项和行政审批中介服务事项，下放部分自主权给高校和科研院所等；简化了一些审批事项和层级，减少一系列资格许可证，减少重复评审、重复勘查等，减少一系列企业登记注册和办事程序，放宽市场准入门槛等。

---

① 张定安. 关于深化"放管服"改革工作的几点思考 [J]. 体制改革，2016（7）.

8.4.1.2 经济性工具

政府相关部门取消、停征了一系列行政事业性收费。为优化营商环境，落实了外资准入负面清单制度，推动了市场高质量发展。不仅如此，政府还放开了服务市场，在市场中为民间资本的进入扫除障碍，打破地方保护等。

8.4.1.3 管理性工具

为满足人民群众的多样化需求，政府不断优化政务服务，建设政务服务平台。为提高政府监管能力，建立了一套有序且标准的程序或方案，明确了确需保留中介服务事项清单、政府财政资金支持目录清单、基本公共服务事项清单、限制类或区域限制类投资项目清单等；确定了直接监管事项，严厉打击非法集资、传销、诈骗、制售假冒伪劣产品，全面推开"双随机—公开"监管等。

8.4.1.4 社会性工具

政府部门更大力度地开放了政府信息数据，还建立了"放管服"改革举报投诉平台。同时，为"双创"提供服务，为教学科研人员从事兼职创业创造宽松条件，激励其充分发挥创造精神等。

8.4.2 "放管服"改革中政策工具运用的特征

"放管服"改革是从中央到地方整体推进的系统性改革，在政策文件中可以把握"放管服"改革的目标、进程、措施等内容。通过整理我国"放管服"改革的相关政策文件，我们发现在我国"放管服"改革实践中，政策工具的应用主要有以下特征：

8.4.2.1 工具的使用呈多元化

党的十八大以来，"放管服"改革已成为我国提高行政效能和转变政府职能的重要手段，在我国经济社会发展中起的作用不言而喻。从政策工具的角度看，"放管服"改革的措施实质上就是多元化政策工具的排列组合，政策工具的运用类型丰富且多样。

在政治性工具的使用上，通过法律法规、命令等方式推行行政体制改革，主要体现为取消和下放行政审批项目事项、加强对行政审批权运行的监督等措施。在经济性工具和社会性工具的使用上，政府通过加大对信息、技术和资金的投入力度，为"放管服"改革提供有力的信息、技术和财政支持。

8.4.2.2 工具的使用呈多层次化

从时间维度上看，政策工具的使用随着"放管服"改革的推进，类型不断丰富，形式呈现多样化趋势。我国的"放管服"改革是从高度集中的、全能型、管制型的行政管理体制改革开始的。改革开放后，便开始了面向市场经济转型的"放管服"改革。行政审批制度改革、商事制度改革和监管制度的组合应用丰富了政策工具的工具箱，政策工具的工具类型不断发展。

在"放管服"改革中，政策工具的应用主要体现在优化服务方面。国务院办公厅在 2014 年发布《国务院办公厅关于进一步加强涉企收费管理减轻企业负担的通知》，要求从严审批涉企行政事业性收费和政府性基金项目，为企业发展减税减负。2015 年，《国务院办公厅关于加快推进"三证合一"登记制度改革的意见》要求要充分利用统一的信用信息共享交换平台，推动政府部门间企业信息的共享应用。2018 年，国务院发布《国务院关于加快推进全国一体化在线政务服务平台建设的指导意见》，充分肯定了政务服务平台的重要功能，一方面为群众办事提供了便利条件；另一方面对优化营商环境，提高政务服务质量，为企业减税降费、提供平台综合服务等提供了有力支撑。

8.4.2.3　工具的使用呈差异化

在改革初期，浙江省的"最多跑一次"被各地争先效仿。以此为契机，在党中央和国务院的顶层设计和统一部署下，我国"放管服"改革在各地如火如荼地开展起来。各级政府在开展"放管服"改革的过程中进行了有益探索，涌现出一批创新性做法和典型模式，形成了适合自己本地发展的政策工具箱，从横向比较来看，各级地方的政策工具使用呈现差异化特征。

我国不同地区、不同行业及城乡之间的经济发展程度不同，在政策工具的选择和运用上应从本地的实际情况出发，选择适合本地发展的政策工具。因此，不同地区的经济社会发展状况从根本上决定了我国地区"放管服"改革中政策工具存在差异性。

8.5　本章小结

本章着重探讨了公共政策工具的含义、类型及选择应用。第一节主要探讨公共政策的研究兴起、含义，对各相关学者对公共政策的定义和分类做了介绍。第二节着重分析公共政策工具的类型，介绍了政治性工具、经济性工具、管理性工具以及社会性工具四类政策工具，并详细分析了各工具的优缺点及适用范围。第三节主要介绍了政府在选择政策工具时的考虑，分析了选择政策工具的原则，解释了政策工具的影响因素。第四节举例分析了我国政策工具。第五节为总结。

思考题

1. 简述政策工具的基本含义。
2. 结合实际谈谈影响公共政策工具的因素。
3. 试论述中国政策工具的主要缺陷。

案例讨论

地方政府"人才争夺战"

创新是引领高质量发展的第一动力，人才是驱动创新的第一资源。我国已进入以创新驱动为核心动力的高质量发展阶段，要适应高质量发展要求，关键在于人才特别是领军人才所发挥的巨大引擎作用。近些年，国内人才竞争愈演愈烈，各地政府不断迭代升级"人才新政"，提升"政策红利"。目前，几乎所有地级以上城市都出台了"人才新政"，地方人才政策创新加速扩散，"人才争夺战"逐渐演变为"政策大战"。"人才争夺战"中地方政府的政策工具选择和运用呈现出以下显著特点：

1."引才为主"的政策工具指向

首先，从政策工具聚焦的重点来看，"引才"是当前各地"人才新政"关注的首要议题。一方面，在地方"人才新政"的高频词汇中，"引进"是排位前10的高频词汇，而诸如"培养""使用""激励"等涉及人才开发其他环节的词汇则不在前30位高频词汇范畴之内；另一方面，"给予""支持""奖励""补贴""资助"等具有"引才"含义的词汇也是各地人才政策高频词汇，从中可以凸显地方政府引进集聚人才的强烈意愿及进取态度。

其次，从政策工具聚焦的政策客体来看，各地主要是针对"人才"来设计实施优惠政策。样本城市的数据分析显示，"人才"是排位第一的高频词汇，各地"人才新政"中70%以上的内容都是直接针对"人才"的政策条款。在次级政策工具的选择上，"放宽落户条件""提供购房或生活补贴""给予创新或创业项目资助"等是各地运用最为普遍、最受关注的政策工具，这些次级工具均直接面向"人才"实施，由此产生的经费支出也占了属地财政性人才经费的"大头"。当然，也必须看到，"企业""单位""机构"等也是高频词汇，这说明各地政府除了针对"人才"制定优惠政策以外，还针对用人单位、第三方服务机构等进行了政策工具设计，以期能激发市场、社会等多元主体的积极性。

最后，从政策工具聚焦的目标人才群体来看，引才指向趋同化趋势明显。一方面，各个城市"人才新政"聚焦群体大致相同，主要集中于高层次创新创业人才和优秀青年人才两类，中部城市、西部城市与东部城市均强调对这两类人才的争夺，且都为此进行了一系列的政策工具设计。另一方面，针对目标人才群体的评价标准也基本一致，基本上都是学习借鉴国家级"引才计划"的评价方法，对人才的学历、职称、年龄、从业经历或标志性业绩等有一定要求。

2. "优惠竞赛"式的政策工具实施策略选择

首先，以供给"优惠待遇"为主要内容的政策工具实施力度的比拼非常激烈。从现实情况来看，当前各地围绕"补贴""落户"类政策工具展开的"对标竞争"最为激烈。比如，在"创业补贴"方面，对于符合条件的人才创业项目，各地普遍给予较大额度的资金资助。以苏州、湖州、绍兴为例，这些城市的"人才新政"均已迭代升级至4.0版，三地对人才团队创业项目资助最高分别达到5000万元、10000万元、2000万元。在"放宽落户条件"方面，各地"人才新政"均有相关的政策设计，西安甚至在一段时间内规定在校大学生仅凭学生证和身份证就可在线落户。

其次，政策工具实施力度呈现出非常态化的空间差异性。在传统的人才竞争实践中，以供给"优惠待遇"为主要内容的政策工具实施力度基本上都是沿着由东到西、由南到北的方向逐渐递减，呈现出与城市经济发展水平正相关的趋势和规律。但在这轮"人才争夺战"中，面对高质量发展的全新要求，一些相对欠发达的中西部城市或北方城市也不断加大"人才新政"的优惠强度，政策工具的实施力度甚至超过了经济较为发达的东南沿海城市。之所以会出现这样的非常态现象，主要是因为一些发展水平相对滞后的城市迫切需要通过出台更积极的人才政策来弥补城市经济发展的相对劣势，从而形成差异化的竞争优势。部分城市青年人才（博士、硕士、本科）补贴政策对比如表1所示。

表 1　部分城市青年人才（博士、硕士、本科）补贴政策对比

城市	生活补贴或安家补助	购房补贴或租房补贴
西安（西部）	博士 15 万元	租房补贴：本科 0.72 万元、硕士 0.72 万元
重庆（西部）	本科 1.2 万元、硕士 2 万元、博士 3 万元	租房补贴：本科 1.2 万元、硕士 2 万元、博士 3 万元
		购房补贴：硕士 3 万元、博士 6 万元
郑州（中部）	本科 1.8 万元、硕士 3.6 万元、博士 5.4 万元	购房补贴：本科 2 万元、硕士 5 万元、博士 10 万元
南昌（中部）	本科 2 万元、硕士 3 万元、博士 5 万元	购房补贴：硕士 6 万元、博士 10 万元
杭州（东部）	本科 1 万元、硕士 3 万元、博士 5 万元	租房补贴：本科、硕士、博士均为 3 万元
无锡（东部）	本科 1 万元、硕士 2 万元、博士 3 万元	租房补贴：本科 2 万元、硕士 3 万元、博士 4 万元
		购房补贴：本科 10 万元、硕士 20 万元、博士 30 万元
深圳（华南）	本科 1.5 万元、硕士 2 万元、博士 3 万元	租房补贴：本科 0.6 万元、硕士 0.9 万元、博士 1.2 万元
太原（华北）	本科 9 万元、硕士 18 万元、博士 30 万元	租房补贴：本科 2.4 万元、硕士 2.88 万元
		购房补贴：本科 5 万元、硕士 10 万元、博士 20 万元
沈阳（东北）	本科 2.16 万元、硕士 4.32 万元、博士 9 万元	购房补贴：本科 2 万元、硕士 4 万元、博士 7 万元
哈尔滨（东北）	本科 5.4 万元、硕士 10.2 万元、博士 20.8 万元	购房补贴：本科 3 万元、硕士 5 万元、博士 10 万元

资料来源：

赵全军，林雄斌，季浩. 地方政府参与人才竞争的政策工具选择研究——基于"人才争夺战"的分析［J］. 浙江学刊，2022（6）.

讨论：

1. 本案例中运用了哪些政策工具？

2. 在地方政府的"人才争夺战"中，还能运用哪些政策工具？

第9章　公共政策评估

政策评估是通过科学的评估活动，对政策执行之后的效果进行判断，以确定某项政策的价值，从而决定一项政策的调整、继续或终止。同时，通过对政策的执行结果所带来的价值进行判断，还可以对政策过程的诸个阶段进行考察研究，总结经验，吸取教训，为以后的政策制定提供良好的实践基础。只有通过政策评估，人们才能判断一项政策是否收到了预期效果，从而决定这项政策是应该继续、调整还是终结。同时，通过政策评估，能够发现公共政策过程中存在的问题，从而及时总结经验、纠正错误，为延续、革新或终结公共政策提供依据。

9.1　政策评估概述

政策评估是政策分析的重要方面，是一种具有特定标准、方法和程序的专门研究活动。公共政策的功能就是提取性、分配性、管制性和象征性，通过这些功能手段，公众获得了福利、安全、秩序和自由等方面的公共政策产品。[①] 可见公共政策直接关系到社会公众的利益、社会的稳定及发展，因此对公共政策进行评估，以保证其功能的正常发挥就尤为必要。

9.1.1　政策评估的概念

目前，学术界对政策评估（policy evaluation）大致有以下几种观点[②]：

第一种观点认为，政策评估的着眼点应是政策效果；是针对政策方案进行的

[①] 加布里埃尔·A. 阿尔蒙德，小 G. 宾厄姆·鲍威尔. 比较政治学：体系、过程和政策 ［M］. 曹沛霖，等译. 上海：上海译文出版社，1987.

[②] 谢明. 政策分析概论 ［M］. 北京：中国人民大学出版社，2004.

评估，评估的焦点集中在政策的预期结果，即事前评估。以安德森为代表，认为政策评估主要是对其所要解决的问题、产生的影响的研究，它的任务是判断政策方案的优劣。安德森说："如果把政策过程看作某种有序的活动的话，那么，它的最后一个阶段便是政策评价。总的说来，政策评价与政策（包括它的内容、实施及后果）的估计、评价和鉴定相关。作为某种功能活动，政策评价能够而且确定发生在整个政策过程中，而不能简单地将其作为最后的阶段。"① 依这种看法，政策评估的目的是评价人们所执行的政策在实现其预定目标上的效果、该政策在多大程度上解决了政策所指向的问题，以及该效果的取得是政策本身的作用还是政策以外其他因素所造就的等。

第二种观点认为，政策评估是政策执行后对政策效果的研究，即事后评估。张金马在其《政策科学导论》中提到："政策评估就是对政策的效果进行的研究。政策评估所要回答的基本问题包括政策执行以后，是否达到了政策制定者预期的目标？该政策给国家及社会带来了什么样的影响？政策的去向如何？是继续执行，进行革新，还是马上终止？"②

第三种观点认为，政策评估是对政策环节的评估，主要侧重政策内容的阶段性分析，即阶段评估。如朱志宏："就一项公共政策而言，发现误差、修正误差就是政策评估，换言之，政策评估的工作就是发现并修正政策的误差。"③ 按照朱志宏等的观点，公共政策过程是未来取向的，评估者凭借自己已具备的知识和经验，对公共政策全程跟踪观察，发现问题并随时纠正。

第四种观点认为，政策评估不仅包括事前对政策方案的评估、事后对政策效果的评估，还应包括对政策过程的评估，对政策评估应贯穿于整个政策过程的各个环节，即过程评估。以色列学者叶海卡·德洛尔在《公共政策制定的再审查》中把评估活动划分为：①重新评价与设计决策体系；②对优化方案进行全面评价；③政策执行评价。④ 那格尔认为，政策评价"主要关心的是解析和预测，它依靠经验性证据和分析，强调建立和检验中期理论，关心是否对政策有用，而主要关心的是把评价看成一种科学研究活动"。⑤ 在这里，政策评估被看作一种分

① 詹姆斯·E. 安德森. 公共决策 ［M］. 北京：华夏出版社，1990.

② 张金马. 政策科学导论 ［M］. 北京：中国人民大学出版社，1992.

③ 朱志宏. 公共政策 ［M］. 台北：三民书局股份有限公司，1995.

④ 肖远军，李春玲. 政策评价探析 ［J］. 理论探讨，1995（2）.

⑤ S·S. 那格尔. 政策研究百科全书 ［M］. 林明，等译. 北京：科学技术文献出版社，1990.

析的过程，评估者通过收集相关信息，运用定性与定量分析方法和技术，对各政策方案进行分析，确定各种方案的现实可行性及优缺点，以供决策者参考。林水波和张世贤认为，政策评价是"有系统地应用各种社会研究程序，收集有关资讯，用以论断政策概念与设计是否周全完整，知悉政策实际执行情形、遭遇的困难、有无偏离既定的政策方向；指明社会干预政策的效用"[①]。在他们看来，政策评估不仅是对政策方案的评估，而且包括对执行情况和政策结果的评估。政策评估被看作是一种着眼于整个公共政策全过程的广博的收集资料、论证评价的过程。

9.1.2 政策评估的类型

在国外评估研究的文献中，有不少关于政策评估的分类方法：美国评估研究协会根据工作程式把方案评估分为六类，即前端分析、评估性测定、过程评价、效力评估或称影响力评估、方案和问题监控以及元评估（或称综合评估），这六种评估类型构成了方案评估的日常内容。美国社区服务管理局曾提出三种类型：方案影响评估、方案策略评估和方案监控。而学者 R. M. 克朗赞同 R. 施赖德的看法，认为评估是一种循环的问题过程，并将评估分为五类：系统评估、投入评估、过程评估、总结评估和测评。德尔金斯（D. N. T. Derkins）则根据政策发展过程提出了六种评估类别，分别是策略评估、顺服评估、政策设计评估、管理评估、干预效果评估和影响评估。

在国内评估研究的文献中，政策评估的分类表现为两个大的趋势：一是认为政策评估应分为三类，即正式评估和非正式评估；内部评估与外部评估；事前、执行和事后评估。二是赞同从政策影响的角度对政策评估做诸如效益、效率、效果等方面的分类。中国台湾学者林水波和张世贤则把政策评估分为四类：第一类是政策执行评估，包括内容摘要、政策的背景环境、原定政策主要特征总述、执行评价描述、总结与考虑；第二类是影响评估；第三类是经济效率分析；第四类是推测评估。

从不同的角度，依据不同的标准，也可将多样化的政策评估分为不同的种类。从评估组织活动形式上看，可分为正式评估和非正式评估；从评估机构的地位看，可分为内部评估和外部评估；从政策评估在政策过程所处的阶段来看，政

① 林水波，张世贤. 公共政策 [M]. 台北：五南图书出版公司，1982.

策评估又可分为事前评估、执行评估和事后评估。

9.1.2.1　事前评估、事后评估和过程评估

根据政策评估在政策过程所处的阶段可分为事前评估、事后评估和过程评估。事前评估是在政策执行前所进行的一种带有预测性质的评估，它的任务是判断政策方案的优劣。事前评估的内容包含三方面：对政策实施对象发展趋势的预测、对政策可行性的评估、对政策效果进行评估。执行评估就是对在执行过程中的政策实施情况的评估，就是具体分析政策在实际执行过程中的情况，以确认政策是否得到严格的贯彻执行。事后评估是政策执行完成后对政策效果的评估，旨在鉴定人们执行的政策对所确认问题确定达到的解决程度和影响程度，辨识政策效果成因，以求通过优化政策运行机制的方式，强化和扩大政策效果。它在政策执行完成以后发生，是最主要的一种评估方式。过程评估是对政策执行过程的评估，以及时发现政策执行中出现的问题和原因，从而对政策进行修正，达到对政策的控制和管理。

9.1.2.2　内部评估和外部评估

根据政策评估的主体可分为内部评估和外部评估。内部评估是由行政机构内部的评估者所完成的评估，包括政策执行者自己对其政策的评估和专业评估人员对政策的评估。外部评估主要是由行政机构外的评估者所完成的评估。评估者可以是由专业的人员组成，如学术团体、行政机构委托营利性或非营利性的研究机构、大专院校的专家学者等，也可以是自发组织的报纸、电视、民间团体等。内部评估和外部评估各有利弊，因此，在实践中，应把内、外评估结合起来，取长补短。

9.1.2.3　正式评估和非正式评估

根据评估组织的活动形式可分为正式评估和非正式评估。正式评估是指事先制定完整的评估方案，并严格按规定的程序和内容执行，并由确定的评估者进行的评估。它在政策评估中占据主导地位，其结论是政府部门考察政策的主要依据。非正式评估是指对评估者、评估形式、评估内容没有严格规定，对评估的最后结论也不做严格要求，人们根据自己掌握的情况对政策做出评估①。

9.1.3　政策评估的功能和意义

公共政策直接关系到社会公众的利益、社会的稳定及发展，因此对公共政策

①　谢明. 政策分析概论［M］. 北京：中国人民大学出版社，2004.

进行评估有重大功能和意义。① 概括地讲，主要表现在以下几个方面：

9.1.3.1 政策评估是政策延续、调整和终结的重要依据

一项构思精良、经多方论证认定是无懈可击的政策投入运行以后，究竟有没有达到预期目标、产生预期效果，或产生了哪些非预期的连带的效果，这需要我们进行科学的评估工作。在政策的执行过程中，有些政策符合客观情况，运作顺利，则可以继续执行；有些政策因制定者思想认识水平局限或科学依据不足，与实际情况不符合，若要继续执行则需要对其进行调整；而有些政策严重违背客观实际或者因环境变化无助于问题的解决，或者所针对解决的问题已经化解，则需要终止。然而，对政策的变更需要依赖于对政策进行全面和科学的评估。评估人员要密切关注政策执行的动向，收集相关的资料和信息，再加以科学的分析、论证，得出可靠的结论，以确定该项政策是否有好的效果、执行过程是否效率很高以及其效益所在。比如，城乡居民基本养老保险这一全国性政策在执行过程中，就需要我们密切关注它的发展状况，以便了解该项政策执行的情况。我们可以通过定期的检查以及年度的人口统计资料来确定，通过实行城乡居民基本养老保险政策，我国几年内城乡居民参与率是否上升；与原始参与数据进行对比，从而可以判定城乡居民养老保险政策是否被有效执行、哪些地区执行得较好、哪些地区稍差一些。

9.1.3.2 政策评估是决定政策去向的重要依据

政策评估是检验政策效果的基本途径。一项政策在付诸实施后究竟有没有产生预期效果，很难轻易得出正确的结论以判断政策执行的预期效果是否达到，需要在客观现实的基础上收集政策效果信息，并在此基础上加以全面的分析和科学的阐释，进行科学和全面的评估，从而判断这一政策是否达到了预期的效果。

随着政策目标实现程度的不断推进，该项政策是应该继续、调整、革新还是终止，都必须依据一定的客观资料。能够提供这种客观资料的有效活动，只有政策评估。政策的走向一般分为三种情况：第一，政策继续，即通过科学的评估，发现该政策所指向的问题还未得到解决，其政策环境也没有发生大的变化。基于这种情况，还适宜用原来的政策继续指导这个问题的解决。如生态环境保护政策，目前我国确定该项政策的执行已经取得了显著效果，仍要继续执行该项政策。第二，政策调整，或称政策革新。如果一项政策在执行过程中，遇到了新情

---

① 谢明. 政策分析概论［M］. 北京：中国人民大学出版社，2004.

况、新变化，原来的政策已明显不适应新的政策情况，那我们必须对原有政策进行调整或者革新，以适应新变化，更好地实现政策目标。如新冠肺炎疫情防控政策。第三，政策终结，也就是完全终止原来的政策。政策终结分为两种情况：一种情况是政策目标已经实现，原有政策的存在已经没有意义，完成了一个政策周期，自然终结；另一种情况是政策环境或问题本身发生了非常大的变化，原有政策已明显不能解决问题，甚至会使问题变得更为严重，而且通过调整已无济于事，这时就需要终结旧政策，代之以新的、更为有效的政策。为了避免终结旧政策带来的混乱，最好是旧政策的终结与新政策的出台能够同步。由此可见，无论是政策的继续、调整还是终结，都必须建立在科学、系统、全面的政策评估基础上。

9.1.3.3　政策评估是合理配置资源的有效手段

政策评估是有效配置资源的基础。在政策实践中，政府的政策资源是有限的，但政府部门却要同时执行多项政策，如经济政策、政治政策、环境政策、教育政策等。那么，究竟某项政策该投入多少政策资源，也就是说政策资源要怎样配置才最为合理呢？只有通过政策评估，才能确认每项政策的价值，并决定投入各项政策的资源的优先顺序和比例，以寻求最佳的整体效果，以便有效推动政府各个方面的活动。同时，通过政策评估，也可以对照以往的政策资源分配情况，看其是否合理，总结经验，吸取教训，使政策活动优质高效进行。因此有效配置政策资源，一方面可以使公共政策制定者站在整体利益的高度，使有限的资源发挥出最大的效益；另一方面可以防止政策执行人员出于局部利益的考虑进行不适当的投入。而要实现有效配置资源，就要通过评估，从而确定每项政策价值，并决定投入各项政策的资源的优先顺序和比例，以寻求最佳的整体效果。同时，通过评估，分析资源配置是否合理、有效，找出其存在的问题，吸取教训，完善政策。

9.1.3.4　政策评估是公共决策科学化、民主化的必由之路

政策评估是政策科学化的重要保证。现代社会由于信息急剧膨胀，各种新情况和新变化层出不穷，公共政策日益复杂化，单靠传统的经验来决策已经不能应付日益复杂的决策问题。传统的经验型政策决策迫切需要向科学化决策转变，而政策评估正是使决策科学化的重要保证。通过政策评估，不仅可以与时俱进，根据情况的变化对政策做出继续、调整或终止的决定，还可以判明每项政策的效率，更合理地配置资源，从而了解政策存在问题，改进政策，提高政策的科

学性。

在现代社会，国家管理活动中重要的一环就是政府利用政策来调整、组织社会生产和社会生活。实践证明，经验决策必须向科学决策转变；而政策评估正是使决策迈向科学化的必由之路。通过政策评估，不仅可以检验政策的效果、效益和效率，更合理地配置政策资源，形成一种优先顺序和比例，而且可以随时根据情况的变化，对政策做出不同的决定。从另一个角度来看，通过评估得出的结论体现了科学性，为下一步的民主决策奠定了坚实的基础。因此，政策评估对于公共决策的科学化、民主化是不可或缺的。

9.1.3.5 政策评估是公共部门构建良好社会形象的有效途径

政策评估活动通过非正式评估的方式有利于给政策评估对象提供一个交流信息与发表建议的场所，从而营造政府、公民、大众传播媒介与投资者之间的良好环境氛围。同时通过政策评估有利于提高政策的科学性和有效性，从而使广大人民群众受益，又利于政策得到群众的拥护，从而有利于评估主体与社会公众关系的改善，使政策评估成为公共部门构建良好社会形象的有效策略，进而提高公众对政府所制定政策的认同感，提高政策的执行效率。

政策评估有利于提高公共部门政策水平。把评估信息全面、科学地描述并且公之于众，可以降低政策失误的频率，同时也有利于广大群众了解、监督和参与政府的工作，从而提高公共部门政策制定和执行的能力与水平。同时，政策评估也使参与政策制定和执行的相关人员在今后的工作中提高运用各种定性与定量评估方法的灵活程度，向其灌输了政策人员要对政策后果负责的理念，从而促使其在平时不断地学习以提高自身的能力从而推动整体政策水平不断地提高。

9.2 政策评估的标准

政策评估是整个政策分析过程中不可或缺的一步。学者对公共政策评估标准看法不一致。威廉·N. 邓恩将评估标准分为六类：效果、效率、充足性、公平性、回应性和适宜性[①]。P. 狄辛将人类社会所追求的五种理性作为政策评价的标

---

① 威廉·N. 邓恩. 公共政策分析导论（第四版）［M］. 谢明，等译. 北京：中国人民大学出版社，2002.

准，即技术理性、经济理性、法律理性、社会理性、实质理性。张国庆将政策评估的标准分为基本标准和次级标准，其认为"评估政策过程最直截了当的方式，是以'净输出值'（即输出减去输入值）作为评估的基本标准。以净输出确定公共政策的品质并不理想，必须发展成一套次级标准，借以确定公共政策的品质"[①]。陈振明认为，政策评估有五个标准：生产力标准、效益标准、效率标准、公正标准和政策回应度。[②] 帕顿和沙维奇说："我们将运用巴尔达奇的类型学方法来组织我们对通常使用的评估标准进行一次回顾。巴尔达奇界定了对政策设计目标会产生较大影响并会如期发挥作用的四种主要制约因素：技术可行性、政治可行性、经济和财政可能性以及行政可操作性。我们相信，大部分的评估标准都可归入这四种综合类型，而且分析人员应当在每一种类型中为每一个政策问题确定相关标准。"[③]

我国台湾学者林水波和张世贤则把评估标准分为十个方面[④]：第一，投入工作量。在政策执行过程中所投入的各项资源的质与量以及分配状况。第二，绩效。依据具体明确的目标，分析政策对客观事物与政策环境所造成的实际影响。绩效既包括政策推动的结果，又包括民众心目中认定的满意程度。第三，效率。投入工作量与绩效之间的比例关系。第四，生产力。第五，充分性。满足人们需求、价值或机会的有效程度，反映了绩效的高低。第六，公平性。政策所投入的工作量，以及产生的绩效在社会不同群体间公平分配的程度。政策的类型不一样，所反映的公平性的角度与观点也不一样。第七，适当性。政策目标和所表现的价值偏好，以及所依据的假设是否合适。第八，回应程度。探求影响政策成败的原因，进而导致因果模型性的构建。第九，过程。第十，社会发展总指标。对社会状态与发展的数量描述与分析。既反映过去的动向，又可作为社会现状的说明，其特征是以描述性指标为主。张国庆在从一个较独特的视角提出了评估的首要标准和次要标准的概念。他认为，对于一项政策的整体评估是建立在若干单元评估基础上的。所以，他把用于整体评估的标准称为首要标准，把用于单元评估的标准称为次要标准。在这个意义上，他得出的结论是：总量评估和首要标准是

---

① 张国庆. 公共政策分析 [M]. 上海：复旦大学出版社，2004.

② 陈振明. 公共政策分析 [M]. 北京：中国人民大学出版社，2009.

③ 卡尔·帕顿，大卫·沙维奇. 公共政策分析和规划的初步方法（第 2 版）[M]. 孙兰芝，等译. 北京：华夏出版社，2001.

④ 林水波，张世贤. 公共政策 [M]. 台北：五南图书出版有限公司，1982.

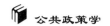

自变量，而单元评估和次要标准就成了因变量。但他对首要标准和次要标准的具体内容没有进行阐释。这样，他就从立体的角度构建了一个评估标准的架构。①朱志宏也提出了"次级标准"的概念。②

在进行政策评估的实践过程中，要寻求一种近乎完美的、放之四海而皆准的评估标准也是相当困难的。因为"选择什么样的评估标准，不仅取决于评估目的、评价者，而且还决定于评价的技术与方法"③。因此，在大多数的情况下，人们在评估实践中所依据的也只是一种在此时此地较为满意的评估标准。

上述观点都有其合理性，本书将政策评估的标准分为生产力标准、效率标准、效益标准、效果标准、公正标准和政策回应度。

9.2.1 生产力标准

生产力标准是政策评估的首要标准。解放生产力、发展生产力是社会主义的一个本质要求，因此，我们评价一项政策好与坏、正确与错误、进步与落后，关键是看它有无或在多大程度上解放生产力，促进生产力的发展。

9.2.2 效率标准

政策的效率标准是指所取得的政策效果所消耗的政策资源，通常体现为政策投入与政策效果、成本与收益之间的比率和关系。效率标准有两种基本评估形式：一是单位成本所能产生的最大价值；二是既定目标所需要的最小成本。它所研究的是一项政策的投入量是多少、有无产出、产出多少、投入产出的比率是多少、有无其他一些最有效而成本又最小的途径和方法等这样一些问题。其目的是寻求能以最小的投入获得最大产出的政策。效率标准和效益标准不同。一个最有效率的政策并不一定能够取得最高效益。同样，一个效益很高的政策也未必就是最有效率的政策，二者很难同时出现。

政策效率的高低往往反映出政策本身的优劣和政策的执行状况。政策的效率标准主要包括三个层次：政策的成本层次、单项政策的投入和产出层次、政策的全部成本与总体产出层次。政策成本包括资金的来源与支出、物资和信息的调配与使用、决策者和执行者的数量与工作时间等。在单项政策的投入和产出层次

---

① 张国庆．现代公共政策学导论［M］．北京：北京大学出版社，1997．
② 朱志宏．公共政策［M］．台北：三民书局，1995．
③ 陈庆云．公共政策分析（第二版）［M］．北京：中国经济出版社，2011．

上，政策效率强调以较少的投入，较快、较好、高质量地实现政策目标，即在最小的政策成本下达到和实现最大的政策目标。在政策的全部成本与总体产出层次上，应该注意除了直接用于政策过程的资源外，只用于该项政策，而不能用于其他方面，由此造成的机会成本有多大；该项政策实施后所产生的直接效果以外的附加效果、象征效果、非预想效果等间接效果有多大。①

9.2.3 效益标准

以实现政策目标的程度作为衡量政策效果的尺度。它所关注的是政策的实际效果是否与预定目标相符合，在什么程度上完成了预定目标、还存在哪些距离和偏差。在运用这个标准时，必须注意几个因素：一是政策目标必须明确具体，评估效果才有所依据；二是要分析绩效的充分性，才能衡量政策是否充分地实现了目标要求；三是要分析政策的总体效应，即政策实施之后，给社会带来了什么影响，造成了什么后果；四是要注意政策的全部效益，以便进行客观而全面的评估。

9.2.4 效果标准

以实现政策的目标作为衡量政策的标准，包括社会健康标准和社会安全标准。

［资料］

曾经有人用"1000000000000"来比喻人的一生，其中"1"代表健康，各个"0"代表人的生命中的事业、金钱、权力、快乐、家庭、地位、爱情、房子、车子等，一旦"1"倒了，再多的零也起不了作用。试想，躺在病床上奄奄一息的富豪，纵使他拥有亿万家财也无福消受。健康是人自身发展的基础，心理健康同样重要。正如美国心理学家特尔曼对800名男性进行了30年的跟踪试验，结果证明成就最大的20%和成就最小的20%之间，他们的差别不是智力水平的差异，而是是否有良好的心理素质。心理素质良好的人能不断调节自己，保持良好的心态去战胜工作、生活中的困难与挫折，发挥出自己的最大潜能，拥有成功和幸福的人生。因此，公共政策评估也应把公共政策对人健康的影响纳入评估体系，将其设为评估标准的内容之一。

---

① 吴勇. 公共政策评估标准初探［J］. 科技管理研究，2007（3）.

社会安全标准是指居民安全感指数，旨在调查的基础上，根据居民的主观感受，了解社会治安和公共安全状况，测度居民安全感程度。因此，各国在对公共政策进行评估时应把安全标准列为评估标准，提高公共安全、居民的安全感指数。社会安全包括社会治安（用每万人刑事犯罪率衡量）、交通安全（用每百万人交通事故死亡率衡量）、生活安全（用每百万人火灾事故死亡率衡量）和生产安全（用每百万人工伤事故死亡率衡量）。

9.2.5 公正标准

公正标准指在政策执行后，与该政策有关的社会资源、利益及成本在社会不同群体间公平分配的程度。公正是衡量政策的一个重要标准。一项好的政策应该是努力实现公平、合理分配的政策。一项政策很有效率，又能取得较高的效益，但却不一定是一项好的政策，其原因有可能是造成了不公平的利益分配。一项好的政策必须兼顾公平与效率，只有建立在公平基础上的效率才是真正的效率。公平是人类不断追求的理想，是基本的社会理念和价值基础。社会公平是现代社会的本质要求，是社会发展的价值基础，是衡量社会进步的重要尺度。社会公平不仅包括财富分配的合理，还应包括公民的社会地位、司法公正、公共服务、社会福利、文化教育等，以及在政治利益、经济利益和其他利益分配上权利的平等。

[资料]

诺贝尔经济学奖得主缪尔达尔于 1985 年在对南亚和东南亚国家的社会经济发展状况进行实地考察后，得出以下结论：在不发达国家，不平等及其加剧的趋势不但没有促使社会发展，而且事实上已成为对社会发展的限制①。因此要加速发展的条件就需要创造更大的公平，在以服务为导向的公共政策中，社会公平的追求已经不再只是公共福利事业、公共税收部门等少数几个机构所追求的目标了，而是所有公共政策的制定者所共同关注的，对社会公平的要求摆在越来越重要的地位，因此公共政策越来越注重对公平效应的评估，以能够调动人们的积极性，起码要让绝大多数人愿意接受，从而提高效率、实现公平，增进整个社会的福利。

9.2.6 政策回应度

政策回应度指政策实施后对特定团体需求的满足程度。以政策回应度为评估

---

① 何清涟. 经济学与人类关怀 [M]. 广州：广东教育出版社，1998.

标准，其目的是从总体上衡量政策对社会的宏观影响。一项政策，只要政策对象认为满足了自己的利益要求，焕发出较高的热情和积极性来促进社会进步，那么政策的回应度就高；反之，政策的回应度就低。

9.3　中国公共政策评估

如何通过保证公共政策的发展推动社会的安定、繁荣与发展，这就需要对公共政策进行评估以保证公共政策的效果。在我国，随着社会主义市场经济体制框架的确立、政府改革的不断深入、公民民主意识的增强，公共政策评估在理论界和实践上都得到了很大重视，并取得了良好效果。

9.3.1　中国公共政策评估的现状

改革开放以后，公共事业部门日益重视对公共政策的评估，公共政策评估内容已从单一的绩效评估发展到对一些社会效益的评估，形成了对公共政策的事前、事中和事后的全程评估，同时也建立了一些评估专家队伍，不断探索评估的方法，从而有效地提高了公共政策效益、效率和科学性。但是在对公共政策的评估过程中还存在一些问题，具体表现为：

9.3.1.1　评估内容不全面，较少综合评估

目前公共政策评估中，过分重视绩效评估而对社会效益的评估较少，或不够全面；过分注重效率原则而忽视满意度原则，没有将公共信任和公众满意作为政府绩效评估的根本标准，从而大大地降低了公共政策服务于公民的作用。

9.3.1.2　政策评估的方法亟待提高

在评估的方法上，定性分析与定量分析的方法没能很好地结合起来，严重影响了评估的实效。以公共政策绩效评估来说，大部分公共管理部门在绩效评估方法上存在重视定性评价、忽视定量评价的误区。对一个单位的评价主观随意性大，而缺乏有效的数据支持和科学的分析测评；或者是只注重从总体上对公共政策的绩效进行把握和审视，而忽视具体的细节和效益；或忽视了对公共政策的提供者提供的服务质量、服务效果的衡量，从而使工作的效度和信度多流于形式。

从所采用的具体方法来看，公共政策评估一般采用专家判断法和自我评定法

相结合的方法，这种方法虽然有其优点，如专家判断法提高了公共政策评估活动的客观性，自我评定法使公共政策评估活动经常化，但是其仍然存在不足之处，专家判断法的实施在很大程度上依赖于专家的专业素质和职业道德，然而我国沿袭已久的传统习惯、独特的人文环境和复杂的人际关系无疑都对专家判断法得出的评估结果的客观性、准确性具有影响。而自我评定法在评估过程中也有不足，由于评估者都是本部门内部的人员，评估效果的好坏直接影响其声誉和工作，因而为了维护其部门及个人的利益和声誉，评估者较易出现文过饰非、隐恶扬善的情况。总之，由于评估方法本身及我国独特的本土色彩的影响，使评估结果的准确性有待质疑，评估的方法有待进一步改善。

9.3.1.3　有效的公共政策评估信息系统尚未建立起来

评估依赖于充分的信息和各种数据，否则评估活动的科学性、可靠性无从谈起。然而，我国公共政策评估还未建立有效的信息系统，评估还存在大量的信息失真现象。同时，信息收集系统未能形成，公共政策评估者对获得的信息和数据缺乏审核和监督，从而形成了获取信息到信息失真再到评估失效这样一个怪圈，使评估失去基础和依托而难以进行或评估失效。

9.3.2　中国公共政策评估存在的问题

我国公共政策评估存在一些问题，致使政策评估的作用未能充分发挥出来。突出表现在以下几个方面：

9.3.2.1　公共政策评估主体单一，评估队伍比较薄弱

我国公共政策评估主体以官方为主且多是上级机关对下级机关的监督，社会组织和社会公众的参与不够。使大多数公共政策评估只是以系统为一体，通过自下而上的总结报告等形式对本部门或本系统工作进行汇总，结果是由官方对公共政策效果的评估和评价只重视自身评价，忽视了社会组织和社会公众的评价，导致进行意愿表达及利益诉求的公共政策评估主体单一化。另外，作为公共政策相对人的社会组织和公众，它们亲身感受到公共政策给自己经济、社会生活带来的影响，对公共政策的效果最有发言权。评估主体中社会组织和公众代表的缺位，导致公共政策评估过程中相关利益群体和个人话语权的缺失，使评估结论所涵盖的观点不够全面。此外，在公共政策评估主体中，专业评估组织的缺乏，也使公共政策评估结论受评估主体自身专业知识、素质和理论水平及参与评估能力的局限。且评估专家组的学术结构不合理，专家组成员的年龄结构不合理，中青年专

家比例过少，专家组成员的工作背景结构不合理。

9.3.2.2 评估人员的寻租行为和被评估对象的抵制

公共政策的评估中评估人员对评估信息具有垄断地位，这使重要信息非透明化，评估工作者的权力扩大化，对公共政策的评估除了一些具体的评估指标外更大程度上取决于评估工作人员的主观判断。而评估的结果又与其管理部门的利益及声誉息息相关，关系到其生存状况和未来的发展前景，为了本部门能在评估中取得优异的成绩，往往采取一些非正常手段让评估工作组的人员得到一些利益。

由于公共政策评估的结果必然会对评估对象产生一定的影响，这种评判可能有利于与公共政策相关的人员，也可能产生不利影响，从而危及他们的工作生活或社会评价。因此，各有关人员会基于自身的利益而阻挠或反对政策评估的进行，他们倾向于尽可能避免评估行为的发生，而这种阻碍力量的大小往往成为公共政策评估成败的关键。

9.3.2.3 公众未能广泛参与政策评估

人民群众参与政策评估的热情高涨，他们通过各种途径对公共政策进行评议，主要方式有：一是通过“领导接待日”“市长电话”“来信来访”等信访渠道；二是通过上访渠道；三是通过街头巷尾的议论；四是通过网络媒介。人民群众是政策的直接作用对象，他们对政策执行效果有着最真实、最深刻的体会。公众参与政策评估，不仅意味着政府治理理念的重大转变，更是社会民主、公平、公正的重要体现。鼓励公民积极参与政策评估，不仅可以方便政府与民众之间的直接对话和有效交流，也将有助于强化公民对公共政策的认同感，进而提升公共部门的服务质量和管理水平。但现实中，中国公民参与政策评估的积极性不高，一是公民参与政策评估的专业性知识缺乏，导致其评估不具有影响力和可操作性；二是公民参与的成本较大或过程复杂将会导致实际操作性不强；三是当公民参与的形式不当或者规模较大时将会导致政策评估达不到预期的结果；四是政府部门可能只注重自身对政策的评估，忽视或是低估了公民参与政策评估的重要性等。

9.3.3 中国公共政策评估的发展

在公共政策评估中不仅要注意对其绩效的评估，还要注重对公共政策的政策产出对个人、社会、自然环境的影响，给经济和社会发展带来的后果的评估，包括对个人的健康、安全、寿命、生活质量、平等机会的影响，对社会公平和生态环境的影响等的评估，使公共政策能够更科学合理，达到使公民利益最大化的善治的社会管理，从多层面推动公共政策评估工作的开展。

9.3.3.1 扩大公共政策评估主体，加强评估专家队伍建设

在公共政策评估过程中，要重视社会组织和公众代表的参与，公共政策评估主体应该包括所有公共政策相关人利益的代表，不论是持正面评价还是负面的看法的公众或组织。同时，建立健全评估中介机构，建立专业化的公共政策评估机构，以高校教学评估工作为例，社会中介机构承担评估工作，有利于使评估工作走上科学化、专业化、规范化和制度化的道路，保证评估的公正性，树立评估的权威性，从而更好地处理好政府、高校与社会三者之间的关系。同时，社会中介机构对高等教育教学的评估，也是世界高等教育评估的惯例。当前，要从我国实际出发，发挥社会中介机构在质量评估中的影响力，从而更好地实现由政府组织评估向由中介机构评估的过渡。

评估人员个人的观点直接影响公共政策评估的质量，评估者的素质对一项公共政策的评估质量有着举足轻重的影响，因此要加大评估专家队伍建设力度。首先要提高公共政策评估人员的素质，注重评估人员的经验、个人的道德修养、专业知识结构、运用评价技术的熟练程度、对问题的敏锐力和分析力等素质的提高。其次对专家组的结构进行调整，建立合理的学术结构、专家组成员的年龄结构、专家组成员的工作背景结构等。①

9.3.3.2 运用科学的评估理论、方法和技术

在公共政策评估过程中，应采用科学的评估理论、合适的评估方法和有效的评估策略才能事半功倍地完成评估。长期以来，我国的政策评估工作主要是判断政策实施后的效果是否与制定政策时的目标相一致，缺乏先进的评估理论、方法和技术。要克服这一问题，应该掌握先进的评估理论，多借鉴国外先进的技术和案例，运用科学的评估方法和技术，才能不断地积累评估经验，有利于公共政策评估的发展。

公共政策评估要改变单一的评估方法，运用现代科学决策以及运筹学等有效方法对公共政策进行事前评估，同时在事后对公共政策的效果也要进行定量的研究，如在绩效管理中采用平衡计分卡技术对公共政策的绩效进行评估，从而使公共政策评估更加科学完善。与此同时采用定量与定性相结合的方法，不仅要对公

---

① 张小明，彭鹏. 当前高等教育评估中政府行为存在的问题及对策［J］. 科教文汇，2006（10）.

共政策的实际效果进行数据分析，也要从公共政策对社会的价值来判断和衡量，对其社会效应进行综合评估。采用先进的技术与方法还要注意适用性，从而有效地达到预期效果。

9.3.3.3　健全公共政策评估的信息系统，确保评估信息来源的可靠性

没有足够质量的信息，不能进行科学决策；同样，也无法进行科学评估。但是由于政策资源的多元性、政策重叠现象的存在、政策影响的广泛性，要全面收集政策信息又是一件复杂而困难的事。因此，要在政策过程的开始阶段就建立政策信息系统，对政策信息的收集、加工、交流和使用进行理论研究和总体设计，以便改进评估系统，使评估活动更科学有效。政策信息系统的核心任务是系统地记录有关政策问题，政策投入、产出和外部环境变化等方面的信息资料。因此，必须建立覆盖全社会的、快速的信息反馈网络，充分利用电子计算机和现代通信技术，以实现评估信息系统的现代化、评估信息传递的网络化，把公共政策评估的结果尽快反馈和扩散给有关部门，使评估信息得到广泛使用。政府部门除了法律规定应予以保密的信息之外，其他一切有关公共政策制度背景、执行情况、评估结论等信息均应该通过网络及时向社会传播，最大限度地避免信息截留、失真。建立信息网络系统可以最大限度地实现决策中心、评估组织和社会公众之间的有效沟通，加快决策的科学化与民主化。同时要对评估本身进行再评估，加强对评估结果的科学分析和鉴定，提高评估结果的客观性。

9.3.3.4　加强公共政策评估的制度建设及对评估工作的监督

要真正有效地进行公共政策评估，制度是保障。实现公共政策评估工作的程序化，防止公共政策评估过程中的随意性，要求评估人员在评估结束后应及时撰写评估报告，并将评估结论公布于众。加强对公共政策评估的监督，建立公共政策评估的反馈机制，不应该把事后的评估看成是终结性程序，而应从评估中发现公共政策中的薄弱环节和存在的主要问题，从中吸取经验教训。加强各个部门对评估工作的监督，推动公共政策评估向更科学、更有利于国家公共政策发展的方向发展。

9.4　本章小结

政策评估，就是依据一定的标准和程序，对政策的效益、效率、效果等价值

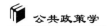
进行判断的一种政治行为，目的在于取得有关这些方面的信息，作为决定政策变化、政策改进和制定新政策的依据。

政策评估的标准分为效率标准和社会效应标准两大方面。效率标准是指所取得的政策效果所消耗的政策资源，通常体现为政策投入与政策效果、成本与收益之间的比率和关系。社会效应标准包括社会公平标准、社会健康标准和社会安全标准。

我国公共政策评估存在许多问题，因此要进一步完善公共政策评估事业，对公共政策进行全面综合评估。采取定性与定量方法相结合的方法；健全公共政策评估的信息系统，确保评估信息来源的可靠性；扩大公共政策评估主体，加强评估专家队伍建设；加强公共政策评估的制度建设及对评估工作的监督；加大对公共政策评估的投入和宣传力度等，从而保障公民享有平等的公共服务，推动公共政策的发展，保证公共政策的发展能推动社会的安定、繁荣与发展。

思考题

1. 什么是政策评估？政策评估的意义何在？
2. 政策评估有哪些基本类型？如何看待评估标准？
3. 政策评估有哪些基本模式？
4. 中国公共政策评估存在哪些问题？该如何改进？

案例讨论

如何检验公共政策？

改善民生、不断增加人民福祉是党和国家一切工作的出发点和落脚点。党和国家政策的好坏、落实得如何，最终只有人民说了算，人民是最好的鉴别者，也是最终的评判者。习近平总书记指出，"人民对美好生活的向往就是我们的奋斗目标""检验我们一切工作的成效，最终都要看人民是否真正得到了实惠，人民生活是否真正得到了改善"。

习近平总书记还将政策措施的检验标准具体化为"两个是否"的新标准，在中央全面深化改革领导小组第二十一次会议上，习近平总书记指出，"把是否促进经济社会发展、是否给人民群众带来实实在在的获得感，作为改革成效的评价标准"。

经济社会发展是检验政策客观效果的重要标准。党的十八届三中全会《中共中央关于全面深化改革若干重大问题的决定》提出，"完善发展成果考核评价体系，纠正单纯以经济增长速度评定政绩的偏向，加大资源消耗、环境损害、生态效益、产能过剩、科技创新、安全生产、新增债务等指标的权重，更加重视劳动就业、居民收入、社会保障、人民健康状况"。

人民群众实实在在的获得感是政策客观效果的重要标准。获得感，其内涵丰富，既包含物质方面的得到感、拥有感、满足感等，又包含精神方面的幸福感、成就感、荣誉感等，它是人民物质和精神双丰收的喜悦感、自豪感和幸福感等的综合感。习近平总书记在中央全面深化改革领导小组第十次会议上说："把改革方案的含金量充分展示出来，让人民群众有更多获得感。"人民群众心里有秤、眼中有镜，政策的好与坏，人民群众感受得最真实、看得最真切。2015 年 6 月，习近平总书记在贵州遵义考察时说："党中央制定的政策好不好，要看乡亲们是哭还是笑。要是笑，就说明政策好。要是有人哭，我们就要注意，需要改正的就要改正，需要完善的就要完善。"习近平在中共中央政治局第二次集体学习时强调："改革发展稳定任务越繁重，我们越要加强和改善党的领导，越要保持党同人民群众的血肉联系，善于通过提出和贯彻正确的路线方针政策带领人民前进，善于从人民的实践创造和发展要求中完善政策主张，使改革发展成果更多更公平惠及全体人民，不断为深化改革开放夯实群众基础。"

政策观事关事业观、政绩观、群众观、发展观，推进中国特色社会主义事业离不开科学政策观的指导。

资料来源：

http：//www. gov. cn/zhengce/zc_flfg. htm。

讨论：

如何把握习近平总书记的政策观，科学制定政策、切实执行政策、认真检验政策？

第 10 章　公共政策变迁

公共政策理论必须有效解释与指导现实政策实践的发展。随着时代的发展，社会不确定性因素日益增加，公共政策运作的政治社会环境处于持续的变化之中，这迫切要求决策系统对现行政策进行调整以适应实践需要。由此，政策变迁成为一种常态现象。正如霍格伍德（Brian Hogwood）和彼得斯（Guy Peters）所言，在某种意义上，"所有政策本身就是一种变迁"[①]。因此，公共政策理论需要重视对变迁的研究。

10.1　公共政策变迁的概念与类型

一个或多个现有公共政策被新的政策所替代，或者现有政策某些方面被修改，这是政策系统的一种常态表现，是政策系统对内外部环境变化所作出的一种适应性变革。

10.1.1　政策变迁的含义

政策变迁（policy change），又称政策变化、政策变动、政策演变或政策变革等，是对公共政策内容或形式所发生的客观变化的一种描述。安德森（James Anderson）曾对政策变迁做过经典的定义："政策变迁是现有政策为一个或多个政策所取代的现象，它包括新政策的采纳和现有政策的修正或废止。一般而言，政策变迁有三种形式：一是现有政策的渐进改变；二是特定政策领域内新法规的颁布；三是重新选举后导致的重大政策转变。"这种概念界定具有概括性，同时

---

① 　Brian Hogwood，Guy Peters. Policy Dynamics ［M］. New York：ST. Martins Press，1983.

・ 238 ・

指出了政策变迁的几种主要表现形态，对于我们理解政策变迁现象具有重要的借鉴价值。

　　更多学者对政策变化现象进行一种客观的描述，而非对政策变化的效果进行价值判断。具体而言，现实中的政策变迁可能表现为一种"正面绩效"的变化，即新政策相对于旧政策而言能够更好地实现预期政策目标；可能表现为一种"负面绩效"的变化，即新政策是对旧政策的扭曲，政策变迁后更加不利于既定政策目标的实现。当前一些学者在考察政策变迁现象时所用的诸如"政策调整""政策创新"等概念，事实上主要是指具有"正面绩效"的政策变迁。例如，张国庆选择"政策调整"来描述政策变迁时指出："政策调整是政策过程中不可缺少的环节。任何一项政策都需要做出一定的调整以适应情况的变化。人们在制定政策时，对影响政策的因素及政策产生的可能结果都不可能认识得很全面，因此，随着人们对政策问题认识的深化，对政策本身做出相应的调整亦是必然。"① 陈潭在谈到"政策创新"概念时指出："在一般常用语境中，我们常常把政策变迁等同于政策创新，可见政策创新在政策变迁理论中的重要地位。实际上，政策创新和政策变迁具有不同的含义，它们两者之间的关系是一种包含与被包含的关系。政策变迁包含着政策创新，政策创新只不过是政策变迁过程的一个方面和环节而已……政策创新就是基于旧政策老化失效的情况下，寻求新的政策组合方式，选择成本小、收效快的组合路径，探索良性的政策替代方案，从而摆脱政策困境，使适应相关制度环境的、新型的公共政策回到常态社会当中来。"②

　　由此可见，政策变迁往往与"政策失效"（poliey failure）概念联系在一起。所谓失效，一般是指丧失效力、丧失作用。当某项政策"本身已经缺乏对社会发展的推动力和协调并满足人们利益的能力、政策的收益已经不足以补偿其成本的支出"③时，表明该项政策进入了失效状态。政策失效的原因是多方面的：政策自身的原因，如政策目标设定不合理或政策工具不配套等；政策环境的变化，如政治或经济危机的冲击等；特殊利益集团的干扰导致政策实施受阻等。在很多情况下，正是由于政策的失效才诱发政策的演化和变迁。

　　也有学者从"过程"的角度来对政策变迁的概念进行界定，认为政策变迁"本身是一个过程，这个过程的主题是变革现行不合理政策"④。国内学者王骚和

　　①　张国庆．公共政策分析［M］．上海：复旦大学出版社，2004.

　　②③　陈潭．单位身份的松动——中国人事档案制度研究［M］．南京：南京大学出版社，2007.

　　④　张亲培．新编公共政策基础［M］．长春：吉林大学出版社，2009.

靳晓熙指出："所谓政策变迁是指不同政策间的替代与转换过程。从动态均衡的角度来看，可以将政策变迁过程分为政策失衡、政策创新、政策均衡三个阶段。通过这三个环节揭示出政策变迁过程中，政策从原有均衡状态演变为失衡状态，再通过创新变革向新的均衡状态转变这一规律。"①

从政策过程的角度看，政策方案被采纳之后就将付诸实施，然而这并不是政策过程的终结，政策实施是否能够解决既有的公共问题、实现预期的政策目标，需要经由政策评估环节进行检验与考量。在决策者对现有政策进行评估之后，将对该项政策的去向做出判断和选择。现实中极少有某些公共政策能够在内容与形式上保持长期的稳定而不发生变化，更多的可能则是包括政策补充、政策修正或政策终止等在内的政策变迁。② 因此，对政策变迁的研究具有重大的现实意义。

10.1.2 政策变迁的主要类型

为了进一步把握政策变迁的概念，有必要对政策变迁的类型进行详细的区分和界定。就现有的政策变迁研究来看，不同研究者从不同的角度、按照不同的标准区分出了不同的政策变迁类型。

10.1.2.1 按照政策变迁的方式划分

按照政策变迁的方式进行分类是最常见的做法，最具代表性的是霍格伍德和彼得斯的研究③，他们认为任何政策变迁实践都包含四种政策变迁理想类型中的一种或多种要素：政策创新（poyinnovation）、政策接续（policy succession）、政策维持（policy maintenance）、政策终结（policy termination）。其中，政策创新是指政府决策机构进入一个以前从未涉及过的政策领域进行决策活动；政策接续是指政府决策机构在当前的政策领域内对现有政策的有意识替代行为；政策维持是指政府决策机构在当前的政策领域内延续之前的政策取向的行为；政策终结是指政府决策机构对先前政策的终止行为，包括解散组织机构、撤销相关法案、停止财政开支等行为。就政策变迁的实践来看，完全的政策创新、政策维持和政策终结较为少见，更多的是政策接续现象。因此霍格伍德和彼得斯对政策接续进行了更深入的研究，进一步将其区分为线性延续、政策巩固、政策分解、部分终结、

---

① 王骚，靳晓熙. 动态均衡视角下的政策变迁规律研究［J］. 公共管理学报，2005（4）.
② 陈庆云. 公共政策分析（第二版）［M］. 北京：北京大学出版社，2011.
③ Brian Hogwood, Guy Petees. Policy Dynamics ［M］. New York：ST. Martins Press, 1983.

非线性延续、附带延续等多种形式。

彼得斯对政策变迁的类型进行了更简明的划分：线性变迁、合并、分解和非线性变迁。其中，线性变迁涉及用某一项目、政策或组织直接取代另一项目、政策或组织；合并是指将几项分散的政策项目合并到一个政策项目中；分解是指将一个政策项目分解成两个或更多的政策项目；非线性变迁较为复杂，包括了一些其他类型的政策变迁。①

国内学者陈庆云也对政策变迁的方式进行了分类，将其分为政策补充、政策修正和政策终止三种类型。其中，政策补充是指在被认为继续可行的政策中增加新的内容，拓展政策的规范空间，以适应内外政策因素变化的需要。政策修正是指改正政策中那些已经被实践证明是错误的内容，同时根据新的政策环境修订已经过时的内容，进一步增强与保证政策实施的可行性。政策终止是指取消失误的政策并制定新政策。②

此外，中国台湾学者林水波和王崇赋将政策变迁视为一个"建构—解构—再建构"的动态过程。其中，建构是指原本政策所建立起来的一套系统化原则，解构是指原本政策所代表的系统化原则的崩解，再建构是指建立新的系统化原则来取代原本政策的系统化原则。在政策的演变过程中，建构与解构的交互作用会呈现出四种形式的政策变迁（见表10-1）。如果只有解构的过程，而在原本政策的系统化原则崩解之后并没有通过再建构的过程建立新的系统化原则，那么就会出现政策终结。如果政策变迁过程中没有解构的出现，而是在保持现有政策秩序的前提下另行建构一套新的政策原则，并与原本的政策共同发挥作用，这种变迁形式被称为政策成长。如果解构和重构均未出现，现行的政策只是依照适应性的逻辑变迁，则被视为政策演化。如果解构和重构的过程均依次出现于政策变迁的过程中，在变迁过程完整发展的情境下，一个先前的政策由新政策来取代，但其所要解决的是同样的问题，这种变迁形式则被称为政策接续。③

①　盖伊·彼得斯. 美国的公共政策——承诺与执行［M］. 顾丽梅，等译. 上海：复旦大学出版社，2008.

②　陈庆云. 公共政策分析（第二版）［M］. 北京：北京大学出版社，2011.

③　林水波，王崇赋. 政策论述与政策变迁的关联性——批判取向的分析［J］. 台湾政治学刊，1998（3）.

表 10-1　基于建构—解构的政策变迁类型①

重构情形＼解构情形	有	无
有	政策接续	政策成长
无	政策终结	政策演化

10.1.2.2　按照政策变迁的程度划分

政策变迁存在程度上的区分，有的是小规模的修补，有的则是大幅度的改革甚至整体性的变更。许多政策研究者按照程度标准对政策变迁进行了分类。美国学者萨巴蒂尔（Paul Sabatier）对主要的政策变迁和次要的政策变迁进行了区分，前者是指一个政府计划的政策核心方面的变化，后者则是指某些细节性方面的改变。②

彼得·霍尔（Peter Hall）受库恩（Thomas Kuhn）的"范式"（paradigm）理论启发而提出分类。范式一般是指一个科学流派或学科据以形成其理论、规律和结论，以及进行相关实验的哲学理论框架。霍尔据此提出了"政策范式"的概念，它是指影响决策者界定问题性质与政策目标、选择政策工具的观念与标准。根据政策变迁是否改变了政策范式，霍尔区分出常规政策变迁和非常规政策变迁两种类型："没有改变政策范式的政策变迁可以称为常规政策变迁；改变了政策范式的政策变迁则必然是一种激进的非常规政策变迁。"③ 霍尔更进一步区分出了三个"序列"的政策变迁：基本政策工具的程度或设置的变化被称为第一序列的变迁；据以实现政策目标的基本技术（工具）的变化被称为第二序列的变迁；政策目标的改变则被称为第三序列的变迁。总体而言，第一、第二序列的变迁还处于常规政策变迁范围，第三序列的变迁则属于政策范式的改变。

我国学者宁骚将其分为断裂型和渐变型。断裂型的政策变迁，即政策终结意味着原政策的中断或终止，它可能被废止，也可能通过创新使原政策的原则和精神在新政策中得到体现，它是原政策的部分或全部终结。渐变型政策变迁，即政

---

① 林水波，王崇赋. 政策论述与政策变迁的关联性——批判取向的分析 [J]. 台湾政治学刊，1998 (3).

② 保罗·萨巴蒂尔. 政策过程理论 [M]. 彭宗超，等译. 北京：生活·读书·新知三联书店，2004.

③ Peter Hall. Policy Paradigms, Social Learning, and the State: The Case of Economie Policymaking in Britain [J]. Comparative Polites, 1993, 25 (3).

策调整是根据政策评估的结果对实施中的政策采取渐进的方式，进行补充、删减和修正。①

10.1.2.3 按政策变迁的模式和速度划分

政策学者豪利特和拉米什按照政策变迁的模式将其区分为范式性政策变迁和渐进性政策变迁两种类型，同时按照政策变迁的速度将其区分为快速的政策变迁和慢速的政策变迁两种类型。在此基础上，结合模式和速度两个标准，将政策变迁进而区分为快速的范式性政策变迁、慢速的范式性政策变迁、快速的渐进性政策变迁和慢速的渐进性政策变迁四种类型（见表 10-2）。

表 10-2　豪利特和拉米什对政策变迁的分类②

政策变迁的模式	政策变迁的速度	
	快	慢
范式性	快速的范式性政策变迁	慢速的范式性政策变迁
渐进性	快速的渐进性政策变迁	慢速的渐进性政策变迁

10.1.3　政策变迁的影响因素

政策变迁往往是多重因素共同作用的结果，对这些因素的识别是政策变迁研究的重要内容。许多研究者界定了多个政策变迁的影响因素，如张亲培教授列举了政策主体主观认识的变化、政策自身缺陷的显现、政策问题的变化、政策目标的变化、政策环境的变化、政策失效以及为了避免政策终结等多个因素。③ 赵德余将影响和决定政策变迁的变量因子归纳为价值观（信念系统）、利益集团、政治周期环境（换届）、大众传媒和国民情绪、政治成本收益结构（财政预算约束）、寻租、外部冲击因素、异质（重大）事件、资源禀赋等。④ 宁骚认为，政策变动的主要原因是决策者的变动、政策环境的变化、政策资源的限制和政策工具的不足、政策的失效或低效及政策的合法性受到质疑。⑤我们认为，影响政策

①⑤　宁骚. 公共政策学（第三版）[M]. 北京：高等教育出版社，2018.

②　Michael Howlett，M. Ramesh. Policy Subsystem Configurations and Policy Change：Opertionalizing the Post-positivist of the Politics of the Policy Process [J]. Policy Studies Journal，1998（3）.

③　张亲培. 新编公共政策基础 [M]. 长春：吉林大学出版社，2009.

④　赵德余. 主流观念与政策变迁的政治经济学 [M]. 上海：复旦大学出版社，2008.

变迁发生的最重要因素包括以下几个方面：

10.1.3.1 决策权属

拥有直接决策权的政府机构及其领导者是影响政策变迁的最重要因素之一。随着选举换届、职务晋升或重新调配而产生的决策权归属的变化往往会引发公共政策的重要改变。在中国，因决策权归属变更而导致的政策变迁十分常见，例如，地方政府领导者在任期内基于政绩追求的考虑会实施一系列惠民政策、政情工程，但在任期结束或异地任职后，新任的领导者可能会搁置原有的政策并实施一系列新的惠民政策。

10.1.3.2 利益团体

尽管公共决策是有决策权的政府机构的专属活动，但在现实的政策实践中，不同类型的利益团体也扮演了重要的角色。这里的利益团体是一个宽泛的概念，它可能是一个组织严密的共同体，也可能是一个十分松散的象征性组织，甚至可能是某些个体行动者。同时，这些组织或个人所追求的利益可能是狭隘的个人私利，也有可能是公共利益；可能是经济利益，也可能是政治收益、社会声望等其他利益，甚至只为了个人心理上的满足。按照博弈论的解释，"作为集体行动的政策变迁是一个由众多局中人参与的互动博弈过程……由于有着不同的显示偏好、预期利益、知识水平、技术信息等，政策参与者之间的博弈铸造了政策变迁的人为动力，政策变迁实际上就是一种动态的政策博弈"①。对于那些力量强大的利益集团而言，它们可以借助拥有的政治、组织、经济与知识资源左右公共政策走向。

10.1.3.3 资源约束

公共政策在制定过程中需要考虑实施该政策所需的各种资源约束条件，包括组织资源、政治资源、经济资源、信息资源等。"无论政策本身制定得多么理想，如果缺乏必要的资源，那么政策实施的结果肯定难以达到预期的目标，因此政策资源是政策成功的必备条件。"② 以经济资源为例，可支配财政资金的匮乏往往成为限制某些公共政策制定或实施的重要原因。例如，随着中国老龄化社会的到来，养老问题日益凸显。面对庞大的老龄人口，政府财政资金难以支撑，养老资金的缺口不断扩大。正是这样的资源约束促成了一系列新政策的出台，包括渐进式延迟退休年龄政策、"以房养老"政策等。需指出的是，资源约束条件作

---

① 陈潭. 公共政策变迁的理论命题及其阐释［J］. 中国软科学，2004（12）.
② 张亲培. 新编公共政策基础［M］. 长春：吉林大学出版社，2009.

为公共政策的外部环境因素，具有较强的变动性。随着政治、社会、经济环境的演变，特定公共政策所面临的资源约束也在不断变化，这成为引发新政策变迁的重要契机。

10.1.3.4 价值观念

资源约束是影响公共政策制定或变迁的外在客观因素，而包括信念、意识形态、价值观、思维模式等在内的观念性因素则是影响公共政策制定或变迁的内在主观因素。价值观念会影响人们对于个人利益、行为选择以及社会问题性质的认知，从而决定公共政策的未来走向。美国学者戈尔茨坦（Judith Goldstein）和基欧汉（Robert Keohane）认为，观念通过三种途径影响政策："在对自己的利益不明确时，观念起着路线图的作用；当存在多种选择或存在多种观念的竞争时，占主流的观念能够起到聚焦和黏合剂的作用，使持不同选择倾向的各方形成合作共识和联盟；观念可以植根于制度之中，形成长久性的影响。"[1] 在外交政策领域，研究观念作用的建构主义流派是最重要的理论途径之一。而在社会政策领域中，价值观念因素同样发挥着重要的作用。例如，许多关照弱势群体福利的社会保障政策的制定，就与人权观念的演变密不可分。中国近年来实施的高考加分政策的变迁，也与整个社会特别是政府决策机构对于平等、公平等价值观念的认识变化有着重要的关系。

10.1.3.5 政策学习

政策学习（policy learning）是一项基于政策评估的实践活动，其基本目的是经由持续性的知识汲取与创新活动来完善公共政策。许多研究者都注意到了学习在政策实践中的作用，并对此做出了界定。霍尔（Peter Hall）认为，学习是一种根据过去政策的结果和新的信息来调整政策的目标和技术的刻意尝试，以更好地实现政策的最终目标。赫克罗（Hugh Heclo）认为，学习是一种较无意识的行为，经常是政府对于某些种类的社会或环境激励而做出的反应。[2] 本尼特（Colin Bennet）和豪利特（Howlett）的研究指出，过去对于政策变迁的解释多以政治或社会冲突理论为主，而有关新知识的获得与应用可以对政策变迁提供更好的解释。他们总结了政策学习的各种类型并对应产生不同类型的政策变迁（见表10-3）。政策学习最重要的结果在于它会改变决策者对于某些政策问题的认知，

① 朱迪斯·戈尔茨坦，罗伯特·基欧汉. 观念与外交政策：信念、制度与政治变迁［M］. 刘东国，译. 北京：北京大学出版社，2005.

② 迈克尔·豪利特，M. 拉米什. 公共政策研究：政策循环与政策子系统［M］. 庞诗，等译. 北京：生活·读书·新知三联书店，2006.

并能够提升相关行动者解决社会问题的能力。我国中央最高决策层近年来逐渐确立的领导集体学习制度就是一种典型的政策学习形式，通过学习，在很大程度上提升了决策者应对复杂政策问题的能力，为许多政策领域积极的政策变迁奠定了基础。

表 10-3　三种类型的政策学习与政策变迁①

学习类型	学习主体	学习内容	学习效果
政府学习	国家官员	与过程相关	组织变迁
教训吸取	政策网络	工具	项目变革
社会学习	政策共同体	理念	范式转换

10.1.3.6　社会舆论

随着公共政策民主化进程的加深，公共政策的制定应切实反映社会公众的意愿与诉求，而社会舆论将对政策变迁产生重要的影响。所谓舆论，是指"社会大众或者强势阶级、利益集团、精英人物等对某一社会问题的看法、判断、意见、批评、建议等的总和，通过某种媒介形成的利益诉求或者在此基础上所做出的一系列的行为"②。在诸如报刊、广播、电视、网络等大众传播媒介兴起之后，社会公众对公共事务与公共问题的态度和看法能够较顺畅地表达和汇集，进而形成强大的力量对政府公共政策产生影响。正如有研究者所指出的："大众媒体在政策过程中的角色实际上是，在报道问题时他们是消极报道者和积极分析者角色的结合，同时又是解决方案的鼓吹者。"③特别是近些年随着互联网、微博、手机移动通信设备的迅速发展，普通公众能够十分便利、即时地发表对政策问题的看法，给政府决策部门增加了舆论压力，在很大程度上主导着政策的选择与变迁。

10.1.3.7　异质事件

异质事件是指某些突发性重大事件，它们会对既有的政策系统造成冲击，反映出现有公共政策的巨大缺陷，迫使决策者做出应对。异质事件的发生可能是随

---

① Colin Bennett, Michael Howlett. The Lessons of Leaning：Reconciling Theories of Policy Leaning and Policy Change ［J］. Policy Sciences, 1992 （3）．

② 马玉春. 社会舆论与公共政策运行研究 ［D］. 合肥：安徽大学, 2011.

③ 迈克尔·豪利特, M. 拉米什. 公共政策研究：政策循环与政策子系统 ［M］. 庞诗，等译. 北京：生活·读书·新知三联书店, 2006.

机性的，如地震、海啸等自然灾害的发生；也可能是潜在累积性的结果，如因建筑物质量不达标而导致的坍塌事故等。异质事件发生所引发的政治、社会危机会对决策者带来巨大的压力，这也要求他们打破常规，在短时间内迅速做出新的政策选择。因此，异质事件往往成为某一政策领域中政策变迁的导火索。例如，2019 年底暴发新型冠状病毒肺炎（Corona Virus Disease 2019，COVID-19）疫情，中国在短期内迅速建立起了一套较完备的公共卫生突发事件应对体制，始终坚持科学统筹疫情防控和经济社会发展，成效巨大。在抗击新冠肺炎疫情过程中，中国政府的疫情防控理念是人民至上、生命至上，最重视的始终是民众的生命权和健康权。

10.2 公共政策变迁的理论模型

公共政策学界对于政策变迁的认识始于 20 世纪 50 年代由林德布洛姆（Charles Lindblom）提出的"渐进主义"模型。该模型认为政策过程是一个不断调试、改错与渐进变化的过程，政策变迁是一个累积性的过程。然而，该模型对政策变迁的解释并不为很多学者所认同，例如，霍格伍德和彼得斯认为渐进式政策变迁模型不足以描述和解释所有的政策变迁现象，因此需要有更细致的讨论。[①] 真正将政策变迁作为一个明确的研究主题始于 20 世纪 70 年代末。从实践来看，该时期对政策变迁的研究开始集中出现的原因之一在于"自 20 世纪 70 年代以来社会的不确定性增加，政府政策运作的社会经济环境发生急剧的变化，迫切要求政策系统改变现行政策以适应现实的要求，于是导致了多种政策的变迁"[②]。

莱斯特（James Lester）与斯图尔特（Joseph Stewart）将政策变迁研究的历程划分为四个阶段（见表 10-4），由此可见政策变迁研究的大致轮廓。

表 10-4　政策变迁的研究现况

政策循环的阶段	概念发展	模型建立	模型验证	整合与修正
政策变迁	已完成	已完成	目前的工作	未来的工作

① Brian Hogwood, Guy Peters. Policy Dynamics [M]. New York: ST. Martions Press, 1983.

② 杨代福. 西方政策变迁研究：三十年回顾 [J]. 国家行政学院学报，2007（4）.

在政策变迁的研究中，一个重要的研究内容在于探究引发政策变迁的因果机制，由此出现了大量的理论模型，如循环模型、共识模型、学习模型、设计模型、演化模型等。① 在众多的政策变迁解释模型中，根据理论模型的科学性、完善程度、应用广泛性等标准，本书着重介绍五个最具解释力的理论模型。

10.2.1 周期型理论②

这是美国学者亚瑟·施莱辛格（Arthur Schlesinger）在研究美国政治历史后提出来的。他认为国家事务存在一种在公共目的和私人利益之间的持续变动，美国政治一直遵循一个相当有规律的周期在运行，即国家的态度总是在自由主义和保守主义之间来回摆动。也就是说，一段时间国家承诺私人利益是解决问题的最好手段，另一段时间又承诺公共目的是解决问题的最好手段。他发现这个周期间隔大约是 30 年。施莱辛格认为，这个周期之所以是 30 年并没有什么神秘之处，因为 30 年是一代人的跨度。人们的政治倾向一般在年轻时受到主流意识形态的影响而得以确立，当他们在 30 年之后执掌政权时，年轻时培养的政治觉悟就开始发挥作用。随着时间的推移，每个方面都要经历它的自然进程。施莱辛格由此得出结论说，在过去一百多年中，美国的公共政策在按照一个相当可预见的模式发展：一个主张私有疗法（最小的政策干预）的时期总是紧接着一个重大的政策干预和改革时期。公共政策正是在自由主义和保守主义的交替登台中循环往复的。

10.2.2 "Z" 字形理论

同样是基于对美国政策历史的考察，埃德文·阿曼达（Edwin Amenta）和特达·斯考克坡（Theda Skocpol）则认为，在美国的公共政策历史上存在一个反复无常的模式，它的一大特征是刺激和反应的交替作用，或者叫作"Z 形效应"。③在他们两位看来，与其说政策是在自由和保守之间变换，不如说政策是在从有利于一个群体转变为有利于另一个群体，两者之间是一种反作用的关系。"阶级斗争"或者说竞争性的社会联盟的概念有助于解释这种变化。比如，19 世纪末期，

---

① 杨代福. 西方政策变迁研究：三十年回顾［J］. 国家行政学院学报，20007（4）.

② Arthur M. Schlesinger. The Cycles of American History［M］. Boston：Houghton Miffin，1986.

③ Edwin Amenta，Theda Skocpol. Taking Exception：Explaining the Distinctiveness of American Publie Policies in the Last Century，in：Francis G. Castles（Hrsg.），the Comparative History of Public Policy［M］. New Yurk：Oxford University Press，1989.

美国政策基本上由"激进的共和党人"把持，像内战抚恤金这样的利益是按照党派来分配的，主要流入北方人的手里，以便他们能够维护合众国的存在。与共和党人的关系成了利益分配的首要标准。联邦政府的职位也主要向北部和中西部的共和党人开放。这些都引起了南方各州对激进的共和党人的反抗。随之而来的是"大进步时代"（1900~1930 年），人们试图清除前一时期遗留下来的政治机器和政治关系。政府大力推行公务员制度改革，开始在政府雇员中实行功绩制。此外还通过了保护童工和限制妇女劳动时间以及各种有关公共卫生和安全的法律。由此，以南部和西部为基础的民主党人逐步扩大了权力，他们与工人运动联盟把其支持建立在社会开支上，基本上变成了一个"社会民主"党。这种状况一直延续到"新政"时期（1930~1950 年）。民主党人继续在公共政策论辩中占上风，他们创立了许多社会保障和福利方面的计划。"凯恩斯主义"被采纳了，联邦政府也被当作进行大规模社会开支和福利分配以及直接干预经济的机构。就社会开支政策来说，第二次世界大战的老兵和那些靠工资为生的退休人员相对于其他社会群体来说受益更多。两位作者发现在"战后"时期（1950~1980 年）；前一时期民主党的自由开支方式具有反作用，尤其是 20 世纪 70 年代和 80 年代的"新联邦主义"代表了对大规模联邦福利计划的反对。新的经济政策建立在财政刺激而不是"新政"自由主义之上，即通过减税而不是开支来刺激经济。但在军事上的投入却有增无减（军事方面的工作就像 19 世纪末的公务员职位一样）。如今的资助主要落在军事领域和老龄人补助上。因此，阿曼达和斯考克坡认为，在过去一百年里，美国的公共政策形成一个"Z"字形模型，一个时期的政策成为下一时期政策的刺激因素，后者是对前者的反应或反作用。政策并不总是在自由和保守之间转换，而是从有利于一个群体向有利于另一群体转变。

10.2.3　间断—平衡理论

间断—平衡理论（punctuated-equilibrium theory）是由美国政策学者鲍姆加特纳（Frank Baumgartner）和琼斯（Bryan Jones）共同提出的。该理论致力于解释："政治过程通常由一种稳定和渐进主义逻辑所驱动，但是偶尔也会出现不同于过去的重大变迁。大多数政策领域的特点是停滞而非危机，但是，危机也经常发生……观察表明，稳定性和变迁都是政策过程中的重要因素。"① 一般的政策理论要么侧重对政策变迁的解释，要么侧重对政策稳定性的解释，而间断—平衡理论对两者都可以解释。

鲍姆加特纳和琼斯通过一系列研究发现，政策制定同时存在跳跃和几乎停滞的时期。对于子系统政治和宏观政治的区分，成为间断—平衡理论的重要基础。"问题不可能永远都在子系统范围内考虑，偶尔宏观政治力量也会干预。正是政策子系统的并行处理能力和宏观政治系统的串行处理需要的结合，才产生了我们经常在很多政策领域中观察到的非渐进性突变的动力现象。政治中的间断—平衡来源于这样的政治要求：政治家们不能同时处理所有重要的问题，而政府则必须这么做。"② 子系统政治的运行建立在一系列政策子系统的基础之上，对于政治问题的讨论通常可以分散到一系列以问题为导向的政策子系统中。这些子系统可能是由单一利益所主导的，也可能处于多种利益的斗争之中，可能在一段时间之后解体，也可能建立起它们不同于其他子系统的独立性。政策子系统的存在允许政治系统并行处理许多同时发生的问题，即许多问题可以同时在不同的专家团体（子系统）中得到考虑。子系统中的问题处理过程，可能因环境的变化而产生渐进性变迁，但问题的并行处理机制会对大规模的政策变迁造成阻碍。

间断—平衡理论将九个政策变迁动力因素分为外部动力因素与内部动力因素两类，构建了政策变迁动力分析框架（见图10-1）。前一类因素包括经济形势的变化、政治形势的变化、社会形势的变化和其他政策领域的影响四个因素，它们位于政策子系统之外。后一类因素包括问题及其严重性的变化、政策制定者关注度的提高、解决方案可行性的增强、负面政策效果的反馈、目标群体观念的变化五个因素，它们位于政策子系统之内。问题、决策者的重视与可行的方案三者在内部某一因素的作用或多种因素的同时作用下实现结合，政策变迁得以形成。政策变迁的内部动力因素如下：

（1）问题及其严重性变化时的结合。新问题的出现或者原有问题的恶化，很可能引起决策者的重视。如果决策者同时能找到具有可行性的解决方案，那么，问题、决策者的重视与可行的方案便可以实现结合，相应地，新的政策得以制定，政策的变迁得以发生。

①② 保罗·萨巴蒂尔.政策过程理论［M］.彭宗超，等译.北京：生活·读书·新知三联书店，2004.

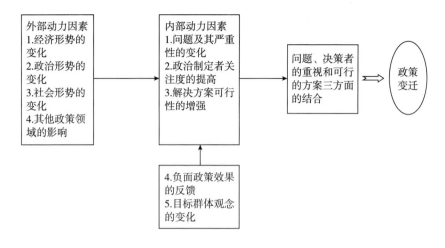

图 10-1　间断—平衡模型

（2）政策制定者关注度提高时的结合。当政策制定者的关注度提高时，原来不受重视的问题被提上了议事日程，如果决策者同时也能获得解决问题的可行方案，那么在这种情况下，问题、决策者的重视与可行的方案三者就能实现结合，政策变迁因而得以发生。

（3）解决方案可行性增强时的结合。方案可行性的增强促进决策者对问题采取新的解决措施，从而实现问题、决策者的重视与可行的方案三者的结合，政策的变迁得以发生。负面政策效果的反馈这一内部因素可能对问题及其严重性的变化、政策制定者关注度的提高和解决方案可行性的增强这三个因素产生影响，从而作用于政策的变迁，同样，目标群体观念的变化也可以作用于问题及其严重性的变化、政策制定者关注度的提高和解决方案可行性的增强这三个因素，从而影响到政策的变迁。如目标群体观念的变化可能会使某些问题得以显现，也可能会使原来不具有可行性的方案具有可行性。

外部动力因素对政策变迁的影响是间接的，它们对政策变迁的影响作用要通过内部动力因素的传导，因而外部动力因素首先作用于内部动力因素，并通过内部动力因素进而影响到政策的变迁。经济形势的变化可能会影响到问题及其严重性程度。如经济形势的变化导致某些问题的产生，政策形势的变化也可能会使一些问题得以显现。如由于某些政治禁锢被破除，以前被掩盖着的问题可能会得以显现，社会形势的变化如同经济形势的变化和政治形势的变化一样，也可能会对问题及其严重性的变化、政策制定者关注度的提高、解决方案可行性的增强这三个因素产生影响。其他政策领域的影响作为一个中观因素，也能作用于我们所要研究的政策领域或政策子系统之内的一系列因素。

研究者对间断—平衡理论的考察和应用表明，该理论具有一定的解释力，可以用于解释稳定的和渐进的变化时期，也可以用于解释剧列变革以及大规模变化的时期。但是，从对该模型的既有应用来看，它更适合解释相对开放的民主政体国家中的政策实践。该理论最初用来解释美国立法的变迁，后来又被扩大用来解释包括联邦政府预算在内的长期性政策变迁问题。① 与其他理论模型相比，间断—平衡理论在解释长期的政策变迁上具有较强的解释力，然而它也存在一些不足。该理论对政策变迁研究的起点有着特定的选择，分析者必须避开政策变迁的间断期，而选择从政策变迁的平衡期开始研究。而且，该理论长于解释而短于预测，它只能解释已经发生的政策变迁，以及确定政策变迁的间断或平衡形式，而无法预测政策间断出现的时间以及间断所产生的后果。②

10.2.4 倡导联盟理论

倡导联盟理论最初是由美国政策学者萨巴蒂尔（Paul Sabatier）于 20 世纪 80 年代提出的。该理论框架的初衷在于弥补既有政策过程研究"阶段启发法"的不足，并对政策执行研究中的自上而下与自下而上两种途径进行整合，同时旨在将科学技术信息的作用引入政策过程的分析中。③ 后来通过与詹金斯－史密斯（Hank Jenkins-Smith）、威伯勒（Christopher Weible）等学者合作，构建了一个较完善的分析政策过程特别是政策变迁的理论框架。

倡导联盟理论对于政策过程的解释可以简单地表述为：在某一政策领域内，一群政策相关者（个人或团体）针对某一政策问题各自展开行动以期实现政策目标；这些行动者以共同的信念体系（belief system）为基础结成倡导联盟而展开竞争互动，目的在于维持政策子系统内政策的稳定或者将自己联盟的共享信念转化为实际的政策产出，从而实现政策变迁。倡导联盟的基本逻辑流程如图 10-2 所示。

---

① 张亲培. 新编公共政策基础 ［M］. 长春：吉林大学出版社，2009.
② 杨涛. 间断—平衡模型：长期政策变迁的非线性标解释 ［J］. 甘肃行政学院学报，2011（2）.
③ 保罗·萨巴蒂尔. 政策过程理论 ［M］. 彭宗超，等译. 北京：生活·读书·新知三联书店，2004.

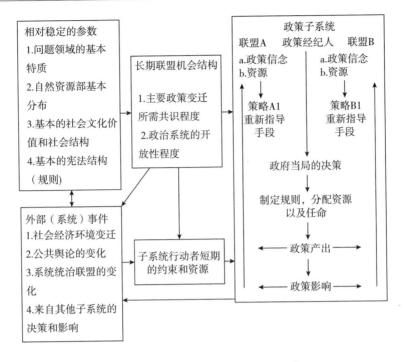

图 10-2 倡导联盟的基本逻辑流程①

　　学习可以提高对那些重要变量的状态认知，也可以提升对信念体系内在逻辑和因果关系的理解，还可以确认并回应对信念体系的挑战。政策学习就是这种想要认识和实现核心政策信念而不断探寻和调适的过程。它将政策过程置于宏观政治社会环境中，根据政策子系统与外界环境的"输入—转化—输出—反馈"的互动来体现政策发展及变迁过程，对政策过程的分析集中于政策子系统内部。此外，倡导联盟理论详细描述了政策变迁所发生的"背景环境"，并将其分为"相对稳定参数"与易变的"外部（系统）事件"两部分。在界定了政策子系统存在的外部环境之后，就需要深入分析子系统的内部结构。萨巴蒂尔和威伯勒将政策子系统的特征界定为：在特定的地域范围内，关心某一特定政策议题的大量政策参与者的集合。② 子系统内参与者主要分为两种类型：一种是谋求影响政策的直接利益相关者所组成的以共享信念为基础的倡导联盟；另一种是政策经纪人

　　① Paul Sabatier. Theories of the Palicy Process ［M］. Secence Edition. Boulder：Westview Press, 2007.

　　② Christopher Weible, Paul Sabatier. Coalitions, Science, and Belief Change：Comparing Adversarial and Collaborative Policy Subsystems ［J］. The Policy Studies Journal, 2009（2）.

（policy broker）角色，他们主要关注将联盟间的冲突维持在一个缓和的、可以接受的程度上，同时寻求协调联盟达成和解并谋求政策问题的合理解决途径。现实中该角色主要由一些政治家或高级政府领导人来担任。

倡导联盟理论将政策变迁的类型区分为主要方面的变迁和次要方面的变迁。前者是指政府政策核心内容的变化，后者指政策体系边缘性内容的变化，二者的划分标准是政策变迁的主题和范围。

除了政策变迁类型的区分，倡导联盟理论的核心在于明确界定了引发政策变迁的因果机制，包括如下几个方面：

第一，政策取向学习的作用。在学习过程中，突出体现了政策分析与技术信息的作用，它们共同发挥启发功能，改变着政策参与者的政策信念。由于信念体系中只有次要方面的信念易于变化，所以主要的政策学习也发生在该层面，结果是学习一般只能影响政策中次要方面的变化。不过，威伯勒与萨巴蒂尔于2008年的一项研究也表明，如果经历的时期足够长的话，政策学习也有可能导致重大的政策变迁。

第二，子系统外部事件的影响。子系统的外部因素既包括相对稳定参数也包括易变的外部事件。不同的是前者的改变一般要经过漫长的时间，而后者在短期内就经常发生。因此，推动外部事件的发生往往成为倡导联盟谋求政策变迁的策略之一。外部事件往往导致迅速的、主要方面的政策变迁。

第三，子系统内部事件的影响。子系统内部事件的界定是相对于外部事件而言的。如在中国生态保护政策子系统中，美国出现的破坏生态环境事件对它的影响是外部事件，而国内出现的污染事件对政策的影响属于内部事件。就内部事件对政策变迁的影响而言，首先，内部与外部事件都可以影响联盟可能利用的资源（资金、公众支持等），从而为相关联盟提供了改变政策的机会。其次，内部事件的发生表明了现存政策的巨大失败，一方面挑战了原主导联盟的政策信念，另一方面增强了次要联盟的核心信念，从而能够推动主要政策的变迁。

第四，联盟间通过谈判达成妥协。倡导联盟理论认为在不存在子系统内外部事件时，如果出现政策僵局（policy stalemate），联盟间通过谈判达成妥协也可以导致主要的政策变迁发生。政策僵局的特征表现为子系统内的所有联盟都对当前的政策感到不满，但是每个联盟自身用尽了所有的手段、渠道都无法改变现状。此时虽然它们的政策核心信念仍存在冲突，却有必要通过协商、妥协以谋求现状的改善。

总的来看，倡导联盟理论作为研究政策过程特别是政策变迁的一种理论，具有许多优势：它界定了清晰的个人模型与因果关系，提出了大量可证伪的假设，将信息与分析的作用纳入其中，关注了多层级行动者的互动循环，因此是传统政策过程理论（尤其是阶段分析法）的有益补充甚至替代。它高度关注了政治冲突的范围与本质，将其主要归结于政策信念的差异，是对传统过于关注利益因素的补充。它对研究者与政策分析人员在政策过程中的作用进行了突出强调，指出他们并非中立者而是致力于政策倡导行动的人。它具有十分广泛的应用性，能够解释不同政治、经济、社会、文化环境中的不同类型政策领域问题。但学习型也存在一些不足，例如，对于信念与利益关系的处理不够清楚，对倡导联盟内成员间关系的界定也不够完善等。

10.3　中国社会转型与公共政策变迁

　　政策变迁是政策过程中普遍存在的政策现象，无论是在公共服务方面还是在政策制度方面，经济社会的发展都离不开彼此之间的相互学习和借鉴。政策变迁已成为提高国家政策制定水平的路径之一，通过学习他国政策经验、吸取他国政策教训，可以促进国家治理能力和政策创新能力的提升。处于社会转型期的中国，转型过程中涌现的政策问题，可以借鉴先进国家的成功经验和方法，节省政策制定成本和学习政策制定思路。但是，政策学习过程中也要注意政治制度、文化传统等的差异，避免盲目照搬照抄，并注意结合中国国情进行政策的本土化和政策创新，进而提升中国转型期的政策水平。

10.3.1　公共政策变迁的基本阶段

　　中国改革开放的 40 多年，是中国经济增长和制度成长的 40 多年。党的十一届三中全会开始了中国从"以阶级斗争为纲"到以经济建设为中心，从僵化半僵化到全面改革、从封闭半封闭到对外开放的历史性转变。这种社会主义变革和转型，主要体现为计划经济体制走向市场经济体制的转轨，展示了一个发展中大国的治理逻辑，凸显了体制转轨与政策变迁中的中国模式和独特经验。考察当代中国社会转型和制度演变历程，中国改革开放以来的公共政策变迁，大致经历了四个阶段。

第一阶段，公共政策动员化阶段（1978～1992 年）。这一阶段开始"实践是检验真理的唯一标准"的思想解放运动以及党的十一届三中全会提出的改革开放宏观政策，一直到 1992 年党的十四大提出建立社会主义市场经济体制。这个阶段是一个政策动员、政策试错和政策学习的阶段，是传统的公共政策体制遭遇困境和走向突破的阶段，也是中国公共政策宏观环境下的内在要求与外在刺激形成的模仿和借鉴过程，更是公共政策获取经验和新知的演变历程。中国改革是从农村率先突破的，中国公共政策变迁毫无疑问离不开农村政策的突破和创造。1978年安徽凤阳小岗村农民首创农业"大包干"，开启了中国农村的改革，由此引发了以建立社会主义市场经济体制为主要目标的体制改革和创新。1982 年元旦，中共中央批转《全国农村工作会议纪要》，1991 年举行的党的十三届八中全会，通过了《中共中央关于进一步加强农业和农村工作的决定》，提出把以家庭联产承包为主的责任制、统分结合的双层经营体制作为我国乡村集体经济组织的一项基本制度长期稳定下来，并不断充实完善。1984 年 10 月党的十二届三中全会一致通过的《中共中央关于经济体制改革的决定》明确提出进一步贯彻执行对内搞活经济、对外实行开放的方针，加快以城市为重点的整个经济体制改革的步伐，建立起具有中国特色的充满生机和活力的社会主义经济体制。1986 年 12 月，国务院发布了《国务院关于深化企业改革增强企业活力的若干规定》，提出全民所有制小型企业可积极试行租赁、承包经营，全民所有制大中型企业要实行多种形式的经营责任制，各地可以选择少数有条件的全民所有制大中型企业进行股份制试点。

第二阶段，公共政策调试化阶段（1992～2002 年）。这个阶段开始于 1992 年市场经济体制的确立，直到中国加入 WTO 和党的十六大的召开。这个阶段是一个政策变通、政策调试和政策更替的阶段，是中国公共政策不断扬弃传统计划经济体制、突破"双轨制"瓶颈的阶段，也是一个涉及范围最广、调整力度最强、影响最为深远的重大制度创新阶段。1992 年，党的十四大确立中国经济体制改革的目标是建立社会主义市场经济体制，从而促使中国公共政策建设逐渐进入市场化设计的轨道。1994 年，进行了分税制财政体制改革和制定《国务院关于进一步深化对外贸易体制改革的决定》以及《国务院关于深化城镇住房制度改革的决定》，从 1995 年开始对政府间财政转移支付制度进行了改革，逐步建立了较为规范的政府间财政转移支付体系。1996 年，中国开始接受国际货币基金组织协定第八条款，实行人民币经常项目下的可兑换，标志着中国外汇管理体制改革取得重大进展。1998 年，国务院下发了《国务院关于进一步深化城镇住房制度改革加快住房建设的通知》，正式废除了住房实物分配的制度，确立了商品房的市场主体地位。可以说，调试化阶段是中国公共政策不断适应市场经济体制要求而开展政策创新和政策更替的演变历程，是落实"发展是硬道理"这一政策战略的具体政策实施。

第三阶段，公共政策的制度化阶段（2002~2012 年）。这一阶段开始于中国加入 WTO 以及党的十六大的召开。这个阶段是一个政策接轨、政策定型和政策治理的阶段，是运用完全状态下的政策工具进行政策管理的阶段，也是政策演进进入政策均衡状态的常规阶段。它标志着中国公共政策进入一个完全"创新替代"时段和逐步制度化阶段。2001 年 11 月 10 日，在多哈举行的 WTO 第四届部长级会议通过了中国加入世贸组织法律文件，"入世"更加促使中国公共政策在全球化、市场化的框架下不断地与国际接轨。2002 年，党的十六大立足于中国已经解决温饱、人民生活总体达到小康水平的国情基础上，进一步提出了全面建设小康社会的构想，中国公共政策不断进入符合市场经济体制的文本建设时代。2002 年，所得税收入分享改革基本上建立起了适应社会主义市场经济要求的财政体制框架。2004 年，通过《国务院关于推进资本市场改革开放和稳定发展的若干意见》。2005 年，《全国人民代表大会常务委员会关于废止〈中华人民共和国农业税条例〉的决定》出台。2007 年，《国务院关于解决城市低收入家庭住房困难的若干意见》首次明确廉租房取代经济适用房作为住房保障体系的中心，《中华人民共和国物权法》也正式实施。经过改革开放的不断推进和市场经济的纵深发展，进入 21 世纪的中国公共政策开始逐步走向制度化的阶段，从而不断地按照科学发展观与和谐社会建构的要求阔步前行。

第四阶段，公共政策的科学化阶段（2012 年以后）。这个阶段将决策的科学性、民主性与效率性有机结合起来，制定了更多具有全局性、战略性、前瞻性的行动纲领同时又符合群众愿望和要求的公共政策。党的十八大以来，我们党领导人民统筹推进"五位一体"总体布局，协调推进"四个全面"战略布局，推动中国特色社会主义制度更加完善、国家治理体系和治理能力现代化水平明显提高，为政治稳定、经济发展、文化繁荣、民族团结、人民幸福、社会安宁、国家统一提供了有力保障。"一带一路"建设是顺应国际形势、统筹国际国内两个大局作出的重要部署，供给侧结构性改革是适应经济新常态、应对我国供需关系变化作出的重大决策。党的十九大提出了中国特色社会主义进入新时代，开启了全面建设社会主义现代化国家新征程。仅 2021 年，中共中央、国务院就出台了一系列重大方针政策，推出了一系列重大举措，推进了一系列重大工作，解决了许多长期想解决而没有解决的难题。例如，为推进国家治理体系和治理能力现代化，制定了《国家标准化发展纲要》《法治政府建设实施纲要（2021—2025年）》；为建设美丽中国，印发了《关于进一步加强生物多样性保护的意见》《中共中央　国务院关于深入打好污染防治攻坚战的意见》《关于推动城乡建设绿色发展的意见》等。党中央认为，从容应对百年变局，推动经济社会平稳健康发展，必须着眼国家重大战略需要，稳住农业基本盘，做好"三农"工作，接续全面推进乡村振兴，确保农业稳产增产、农民稳步增收、农村稳定安宁。2022年 1 月 4 日，中共中央、国务院下发《中共中央　国务院关于做好 2022 年全面推进乡村振兴重点工作的意见》。习近平总书记于 2022 年 10 月 16 日在中国共产党第二十次全国代表大会上所作的报告《高举中国特色社会主义伟大旗帜　为全面建设社会主义现代化国家而团结奋斗》，体现了中国政策方案更加科学。

10.3.2　中国公共政策变迁的基本特征

中国公共政策变革和社会转型是在社会主义宪政制度和具体国情的基础上展开的，是计划经济体制走向市场经济体制的增量演进。当代中国社会转型最重要的特征和最深刻的意义在于，它把市场化、工业化和社会主义制度的改革浓缩在了同一个历史时代，因而中国的公共政策变迁不断演绎着中国特色和中国奇迹。

（1）从摸索到创新。中国改革是在一个没有前人经验可供借鉴的前提下进行的一次伟大社会试验，因而"政策试错"成为政策创新的"典型试验"与"形式逻辑"。让典型说话、让事实证明、在摸索中前行，作为典型试验法的"摸着石头过河"成为中国公共政策制定的重要方法论。于是，"大包干"的摸索成为中国农村政策改革的先行，特区的设立成为中国城市政策改革的试验室。

（2）从试点到普及。中国公共政策变迁方式基本上采用循序渐进的策略模式，这是由公共政策变革的风险性、改革相关人的利益博弈和改革心理承受力等因素所决定的。纵观改革开放的历程，中国对外开放政策呈现出"点线面"的演绎轨迹。1979 年，决定在深圳、珠海、汕头和厦门试办特区，给予相当优惠的特区政策，从而形成早期改革开放的"点"状格局。1984 年，中央开放十四个沿海城市。1990 年正式公布了开发开放浦东新区的重大决策。到 1993 年经过十多年的对外开放的实践，不断总结经验和完善政策，中国的对外开放由南到北、由东到西层层推进，基本上形成了"经济特区—沿海开放城市—沿海经济开放区—沿江和内陆开放城市"这样一个多领域、多层次、有重点、点线面结合的全方位的对外开放新格局。1999 年，《国务院关于进一步推进西部大开发的若干意见》提出了进一步推进西部大开发十条意见。2003 年，国务院常务会议研究实施东北地区等老工业基地振兴战略，提出了振兴东北的指导思想、原则、任务和政策措施。于是，西部大开发、东北老工业基地振兴、中部崛起的政策战略连同东部沿海地区，形成了改革开放的全面格局。2021 年，《中共中央　国务院关于支持浙江高质量发展建设共同富裕示范区的意见》，支持浙江高质量发展建设共同富裕示范区。这种由点到线到面的政策格局的形成，是一个历史的、自然的逻辑推演过程，是梯度发展理论实践的典型中国方案。显然，从具体政策实施的过程层面而言，点是试验，线乃推广，面为普及。

（3）从协调到一致。由于生产的连续性、转轨过程的深刻继承性、社会生活准则和思想观念调整的缓慢性决定了政策变迁的渐进性和相对长期性，因而中国公共政策变迁呈现出明显的二元结构模式，政策变迁轨迹已显现出平滑滚动的鲜明特点。中国改革的一个突出特征就是市场化过程中的双轨制模式。该模式首先出现于价格改革领域，即所谓"价格双轨制"。在计划边界之外允许价格自由浮动，使定价制度从单一价格控制过渡到计划控制与市场控制共同共存的双轨价格制度。后来，这种双轨制模式逐步延伸到经济、法律、社会等许多政策领域，此所谓"老人老办法，新人新办法"。实际上，双轨制所反映的是旧政策与新政策在一定时期内的利益妥协，是中国公共政策变革因具体的中国国情所作出的渐进策略。

（4）从效率到公平。中国公共政策变革要求必须正确处理效率和公平的关系，中国公共政策文本的变迁反映了从"效率优先"到"注重公平"的收入分配政策的演变过程。党的十四届三中全会提出，收入分配要"体现效率优先、兼顾公平的原则"。党的十五大和党的十六大都明确提出要坚持"效率优先、兼顾公平"，党的十六大还提出"初次分配注重效率，再分配注重公平"。党的十六届五中全会提出要"注重社会公平，特别要关注就业机会和分配过程的公平"。党的十六届六中全会进一步指出，要"在经济发展的基础上，更加注重社会公平"。党的十七大进一步提出"初次分配和再分配都要处理好效率和公平的关系，再分配更加注重公平"。党的十九大报告对效率与公平的关系作了创新性调整，没有把效率与公平的关系作为分配制度内的关系，因为效率的高低包括劳动效率、生产效率，是生产领域的范畴，分配领域讲的是公平不公平、合理不合理，不存在分配效率高低问题。生产重效率，分配重公平。报告强调促进收入分配更合理、更公平，鼓励勤劳守法致富。动员化阶段和调试化阶段的"效率优先"就是发挥生产要素供给者的主动性和积极性，"允许一部分人、一部分地区先富起来"，自由参与市场竞争，打破原有分配制度中的平均主义。制度化阶段注重公平的目标是最终实现共同富裕。目的在于保证全体社会成员都能平等地享有教育、工作、就业、劳动创造和社会福利的权利，享有社会政治生活的权利和法律保护的权利。科学化阶段，先富起来的个人和地区，通过个人所得税、财政转移支付等政策，逐步支持和帮助后富的个人和地区，从而使全体人民共享改革发展的成果。

（5）从服从到参与。一个国家公共政策的制定和执行状况从来就离不开所在国家公民的顺服程度和参与精神。虽然，中国许多的公共政策来自人民群众的倡议和表达。但总体上仍然摆脱不了"重服从、轻参与"的事实。正因为如此，许多公共政策的科学性大打折扣，"上有政策、下有对策"的政策博弈现象随处可见，这在20世纪八九十年代表现得较为充分。然而，中国公共政策和法律法规不断趋向多元化。政策制定的参与者也应多元化，尤为可喜的是进入21世纪，中国公共政策公民参与的"开门立法"活动在价格听证中体现出来。2001年，原国家发展计划委员会发布实施的《政府价格决策听证暂行办法》和《价格听证目录》为价格听证提供了政策依据和制度保证。2002年，由原铁道部作为申请人、原国家发展计划委员会主持的、首次公开的国家级价格听证会。公民对于公共政策的态度已经不只是服从了，而且更多地落实到参与过程当中。

2016年11月15日，国务院办公厅印发《〈关于全面推进政务公开工作的意见〉实施细则》，要求扩大公众参与，国务院部门和省级政府要在经济社会发展规划、法规规章、重大建设项目等方面，让公众更大程度参与政策制定、执行和监督。涉及重大公共利益和公众权益的重要决策，除依法应当保密的外，须通过征求意见、听证座谈、咨询协商、列席会议等方式扩大公众参与。探索公众参与新模式，不断拓展政府网站的民意征集、网民留言办理等互动功能，积极利用新媒体搭建公众参与新平台。真正体现了党的二十大报告中所指出的"发展全过程人民民主，保障人民当家作主"。

10.3.3 公共政策变迁的基本经验

中国改革开放政策的实施，创造了令世人称道的中国奇迹，形成了中国现代化过程中宝贵的物质财富和精神财富，也形成了中国公共政策变迁的基本经验。

第一，公共政策的制定和实施必须坚持科学发展观。公共政策的发展观必然是以人为本的科学发展观。以人民为中心的政策制定和执行，必须要求尊重人、解放人、依靠人、为了人和塑造人，必须关注人的生活世界，对人的生存和发展给予关怀。同时，科学的发展观是全面的、协调的、可持续的发展观。因而，公共政策的制定必须考虑立足中国国情，既要考虑中国人口政策、能源政策、环境政策等各方面具体政策的配套协作，又要考虑城乡、区域等各方面的统筹协调。既要考虑当前发展的需要，又要考虑未来发展的要求。既要考虑当代能力，又要顾及后代人的发展。中国公共政策制定与执行，始终坚持满足多数、保护少数的利益诉求和公平原则。中国公共政策创新始终强调以民为本，为民着想、为民服务，拓宽了不同利益群体、不同社会阶层的政治参与渠道，使其政治愿望、经济诉求、社会权益都能通过合法的渠道输入政治系统，从而使政策创新更加民主、更加科学、更加合理。

第二，公共政策创新必须培养政策学习的能力和政策执行的能力。在从计划经济转向市场经济的过程中，探索精神固然重要，但个人和组织都离不开政策学习，个人要学习如何对市场信号做出反应，社会要学习哪种制度更有效，组织要学习如何适应环境。中国公共政策和制度建设，不断地学习和吸收了人类优秀的政治文明成果，循序渐进，正在逐步地构建和谐社会的政治均衡。在公共政策实施方面，各级政府不断地强化政策的执行能力，不断地转变职能、理顺关系、优化结构、提高效能，努力克服"上有政策、下有对策"等不良现象，从而逐步形成权责一致、分工合理、决策科学、执行顺畅、监督有力的行政管理体制。

第三，面对社会转型和复杂多变的政治环境，必须做出适时的、策略性的政策创新回应。公共政策创新的环境回应能力主要表现为政策对外界的反应能力，对来自政策环境及基层民众的信息反馈速度，对公共问题、突发性事件的应急处理水平。如今，公共政策的周期不断缩短，政策风险不断加大。中国所面临转型期复杂多变的政策环境和公共事务，要求加快政府的反馈过程，提高公共政策对环境的灵敏程度。我们看到，中国公共政策应对复杂多变的环境能力和抗风险能力不断增强。基本上具备了高瞻远瞩的预见力、临危不乱的沉着力、准确无误的判断力、科学有效的应变力、有条不紊的组织力、振奋人心的鼓动力、英明果断的决策力、快捷高效的执行力。此外，循序渐进的变革策略是使政策改革顺利达到目的的有效途径，是中国公共政策变迁宝贵的历史经验。

第四，开展有效的公共治理，必须加强制度化建设和充分体现公民参与的精神。公共政策的制定和执行要落实听证、咨询、公示、监督制度，要倾听人民群众的意见，要让广大人民群众都能充分参与。公民参与不仅有助于政治稳定，为构建社会主义和谐社会奠定基础，还对我国的民主政治发展具有重要意义，积极的公民参与有利于收集信息，制定优良政策，减少政策实施阻力，保障公民广泛持续参与可以为民主政治发展不断注入新动力。实际上，中国许多的公共政策制定来自民间，来自人民的诉求，来自群众的首创精神。从"大包干"到乡镇企业的异军突起，都能看到公共政策、公民创造和公民参与的历史印记。中国公共政策变迁，充分展示了利用社会智力资源、推动公民参与，对于国家的富强和民族的复兴具有的重大历史意义。

10.4 本章小结

本章介绍了公共政策变迁这一重要的政治社会常态现象。政策变迁是指现有政策为一个或多个政策所取代的现象。按照不同的标准，它可以被划分为多种类型。政策变迁是决策权归属、利益团体、资源约束、价值观念、政策学习、社会舆论、异质事件等多种因素共同影响下的结果。为了更好地理解政策变迁现象及其因果机制，不同研究者提供了各种解释政策变迁的理论或框架。本章主要介绍了其中具有代表性的三种：多源流理论、间断—平衡理论和倡导联盟框架。这些理论框架在用于解释中国的政策变迁实践时，要注意它们的适用性问题。对于理解中国公共政策的变迁而言，首先是要认识到社会转型所带来的影响，现实政策变迁总是会或多或少地呈现出转型的痕迹。公共政策变迁涉及许多理论与现实问题，本章初步探讨了政策变革阻碍的化解、政策稳定与政策创新的关系以及利益与观念冲突的协调问题，更多的问题则有待于研究者进一步的观察与思考。

思考题

1. 政策变迁包括哪些基本类型？
2. 影响政策变迁的主要因素包括哪些？
3. 如何有效处理政策稳定与政策变迁的关系？

案例讨论

"节能减排"政策的发展变迁

我国减少碳排放相关的政策长期以来着力于节约能源和减少污染物排放，其主题从"节能减排"逐渐演变为"低碳"发展并过渡到如今的"双碳"时代。四十多年来，我国"节能减排"政策体系不断进行改革和完善，在坚持节能优先的前提下，调整能源战略，并采取措施防治污染，从采取单一的行政命令控制手段到重视市场化调节机制的重要作用，在降低能耗、治理环境污染等方面取得了一定的成效。

1. 初始形成阶段（1980～1994 年），以行政手段为主，重点关注节约能源

20 世纪 80 年代起，国家开始重视能源的节约和管理，并采取政策措施促进能源的合理开发和利用，同时关注环境污染的治理。

1980 年，《关于加强节约能源工作的报告》的颁布，标志着我国节能政策体系初步形成，强调把能源的节约放在优先地位，加强能源管理。1980～1982 年，为实现年均节能量 4000 万吨标准煤的目标，国务院先后发布了压缩工业锅炉和工业窑炉烧油、节约用电、节约成品油、节约工业锅炉用煤、发展煤炭洗选加工合理用能 5 个节能指令，开始在行政法规层面规制节约能源。在国家宏观政策的引导下，上海、浙江、辽宁等地也制定了相应的节能管理办法，对不合理利用能源的行为进行限制。1981 年，《超定额耗用燃料加价收费实施办法》规定，对燃料消耗超过定额的企业收取 50% 的加价费用，作为节能措施费用的补充。1984 年，出台《中国节能技术政策大纲》，提出依靠技术进步来降低能源消耗，将大力开展节能技术改造作为长期途径。1986 年，国务院发布了《节约能源管理暂行条例》，对我国的节能工作做出了全方位的指导。国家出台的一系列有关节能

的政策法规，对企业的节能水平制定了综合性的考核标准，并实施能源利用状况的监督，推进了节能管理法规体系的建设。1989 年，国家环境保护局发布了《中华人民共和国水污染防治法实施细则》，对超过国家或地方规定的污染物排放标准的企业事业单位，在限期治理后给予排污许可证。

国务院相继发布了《中华人民共和国水污染防治法实施细则》《中华人民共和国大气污染防治实施细则》《征收排污费暂行办法》等文件，在污染治理方面初步建立了配套的政策体系。1994 年，颁布了《中国 21 世纪议程——中国 21 世纪人口、环境与发展白皮书》。我国节能减排政策的发展变革阶段以 1995 年《新能源和可再生能源发展纲要》为开端，鼓励开发风能、太阳能和地热能等清洁能源，积极发展可再生能源事业，促进了能源结构的优化。

2. 发展变革阶段（1995~2006 年），坚持节能优先，开始重视能源结构调整

发展变革阶段，节能减排成为基本国策，坚持节能优先，开始将能源作为经济发展的战略重点，重视能源结构的调整。我国形成了以节能法律法规为主体、以相关能源单行法和节能措施为支撑的节约能源法律框架体系。1997 年，通过了《中华人民共和国节约能源法》（以下简称《节能法》），明确节约能源是国家经济发展的一项长远战略方针，要求加强节能工作，合理调整产业结构和能源消费结构，挖掘节能的市场效益。1999 年，颁布《重点用能单位节能管理办法》，要求省级节能主管部门加强对年耗能 5000 吨标准煤以上重点用能单位的节能监管，对节能考核结果为未完成等级的重点用能单位，应当责令其实施能源审计、报送能源审计报告、提出整改措施并限期整改。2002 年的《中华人民共和国清洁生产促进法》鼓励企业参与研发和推广清洁生产技术的工作，提高清洁生产水平和技术改造能力，达到减少污染排放的效果。2003 年，《排污费征收使用管理条例》指出，加强对排污费征收、使用工作的指导、管理和监督。此阶段的《征收排污费暂行办法》指出，所有排污企业都需缴纳一定数额的排污费，排污费的征收、使用必须严格实行收支两条线。2004 年的《能源中长期发展规划纲要（2004—2020 年）》（草案）是我国能源领域的第一个中长期规划，强调必须坚持把能源作为经济发展的战略重点，以能源的可持续发展和有效利用支持我国经济社会的可持续发展。2005 年，启动了以节能降耗为起点的产业新政策体系，明确下达了淘汰落后产能的任务，强制公布淘汰落后产能企业名单，严控高耗能高排放和产能过剩行业扩大产能项目。同时，加强对淘汰落后产能的核查，对未按期完成淘汰落后产能任务的企业，依法吊销排污许可证、生产许可证、安全生

产许可证,不予审批和核准新的投资项目。2006 年,《国务院关于加强节能工作的决定》对各地区的节能任务进行了部署,落实节能减排目标责任制,要求将单位 GDP 能耗下降指标纳入各地经济社会发展综合考核体系,对地方各级人民政府实行节能工作问责制。

3. 深化改革阶段(2007~2016 年),全面完善节能政策体系,调整能源战略,倡导低碳减排

加大节能体系的改革力度,开发利用可再生能源以进一步优化能源结构,鼓励利用低碳技术提高减排效率。2007 年,政府发布了《中国应对气候变化国家方案》,将严格控制温室气体排放作为重要任务,国家十分重视低碳发展。2008 年,修订后的新《节能法》规定了节能管理的一系列具体化方针,进一步明确了节能执法主体和重点用能单位的节能义务,强化了节能法律责任。2008 年,《可再生能源发展"十一五"规划》指出,要加强清洁可再生能源的研发和推广。2011 年《"十二五"控制温室气体排放工作方案》明确了我国控制温室气体排放的总体要求和重点任务,指出要综合运用各种手段加强低碳技术的研发,推广一批具有良好减排效果的低碳技术和产品,大力推进节能降耗。2014 年底,国务院颁布的《能源发展战略行动计划(2014—2020 年)》提出,以电力为中心的能源消费结构调整,降低煤炭消费比重,提高天然气消费比重,重视和大力发展风电、太阳能、地热能等可再生能源。

4. "双碳"时代(2017 年以后)

我国首次明确提出碳达峰和碳中和的目标是在 2020 年 9 月的第七十五届联合国大会一般性辩论上。国家主席向全世界表示我国将采取更加有力的政策和措施,并且承诺力争于 2030 年前达到峰值,2030 年单位国内生产总值二氧化碳排放将比 2005 年下降 60%~65%,2060 年前实现碳中和的宏远目标。随后再多次在重大工作会议和对外问答过程中提到碳达峰和碳中和目标。2020 年 12 月,颁布《新时代的中国能源发展》,提出积极适应国内国际形势的新发展新要求,坚定不移地走高质量发展新道路,更好服务经济社会发展,更好服务美丽中国、健康中国建设,更好推动建设清洁美丽世界。提出新时代的中国能源发展,贯彻"四个革命、一个合作"能源安全新战略。

2021 年,提出了生态环境、碳量进一步改善,单位国内生产总值能耗降低 3% 左右,主要污染物排放量继续下降,主要预期目标以及扎实做好碳达峰、碳中和各项工作的要求。2021 年,《国务院关于加强加快建立健全绿色低碳循环发

展经济体系的指导意见》提出，全方位、全过程推行绿色规划、绿色设计、绿色投资、绿色建设、绿色生产、绿色交通、绿色生活、绿色消费。将发展建立在高效利用资源、严格保护生态环境、有效控制温室气体排放的基础上，统筹推进高质量发展和高水平保护，建立健全绿色低碳循环发展的经济体系。确保实现碳达峰碳中和目标，推动我国绿色发展迈上新台阶。2021年的政府工作报告提出，扎实做好碳达峰碳中和各项工作，制订2030年碳排放行动方案，优化产业结构和能源结构。推动煤炭清洁高效利用，在安全前提下，积极有序发展核电等重点工作任务。2021年3月，《中华人民共和国国民经济和社会发展第十四个五年规划和2035年远景目标纲要》在建设现代化基础体系、深入实施制造强国战略等多个方面提出绿色发展。

2022年1月24日，国务院印发《"十四五"节能减排综合工作方案》（以下简称《方案》），对"十四五"期间节能减排目标做出部署。《方案》明确，到2025年，全国单位国内生产总值能源消耗比2020年下降13.5%，能源消费总量得到合理控制，化学需氧量、氨氮、氮氧化物、挥发性有机物排放总量比2020年分别下降8%、8%、10%以上、10%以上。节能减排政策机制更加健全，十大重点行业能源利用效率和主要污染物排放控制水平基本达到国际先进水平，经济社会发展绿色转型取得显著成效。

资料来源：

http：//www.gov.cn/zhengce/zc_flfg.htm。

讨论：

通过"节能减排"政策变迁的过程，谈谈影响不同时期政策调整的因素有哪些。

第 11 章　公共政策终结

公共政策终结（policy termination）是决策者通过对政策的审慎评价后，终止那些错误的、过时的、多余的或无效的政策的一种行为。政策终结既是公共政策过程的结束，也是公共政策过程的开始，是承上启下的重要一环。

11.1　公共政策终结概述

决策者在政策评估获得政策结果的信息后，必须对政策的去向做出判断和选择：是继续、调整这项政策，还是终止该政策？如果决定终止，这就意味着该政策生命的结束。及时地终止一项多余的、无效的或已完成使命的政策，有助于提高政策的绩效。

11.1.1　政策终结理论的研究

政策终结研究起步较晚，直到20世纪90年代初，政策终结的研究在政策科学的发源地美国都是很少的。其根本的原因是政策终结同决策、政策分析、政策评价、政策执行等相比不是频繁发生的，是例外的和非正常的现象。由于其案例本身不是普遍发生的，因而在学术上难以一般化。随着美国1994年国会大选使民主党凭借一篇关于精简政府的竞选纲领获得了两院的控制权以及其后美国再造政府运动的推展，需要终结的机构和过时的政策法规的增多，美国的研究者和政府官员都认识到了终结在美国政策研究和实践中的重要地位。① 政策终结的研究

---

① Mark R. Daniels. Terminating Public Programs：An American Political Paradox［M］. New York：M. E. Sharp，1997.

在美国开始受到人们的重视。大致经历三个阶段：

第一阶段：20 世纪 70 年代中后期至 20 世纪 90 年代初，是政策终结研究的起始时期。其研究成果主要集中在对政策终结的概念、发展、影响因素和建议等基础知识的探讨，形成了研究政策终结的基础理论，许多学者都建构起关于政策终结的理论框架与模型，帮助进一步理解与探索政策终结相关内容。1976 年，《政策科学》杂志出版了关于政策终结的一期特刊。作为这一特刊的编辑，巴达克（Eugene Bardach）在导言中首次力图对政策终结为什么出现、如何出现以及会遇到何种障碍等问题做出概括。他的《作为一种政治过程的政策终结》一文，对政策终结出现的原因和阻碍因素做出详细阐述。① 该文对"终结的形式，由谁支持终结，为什么终结很少被接受，怎样减轻终结的困难"等问题作了分析，他将终结看作政策采纳的一种特殊场合——采纳政策 A，就意味着终结政策 B。

同时期，考夫曼、德利翁等都对政策终结做出定义，对影响政策终结的因素及终结方式提出自己的看法和分析。在政策终结研究领域颇有影响的人物还有考夫曼（Herbert Kaufman）和狄龙（P. Deleon）等。考夫曼在他的《政府组织是不朽的吗？》和《时间、机遇和组织》② 两本著作中，考察了组织的活动，通过对大量政府机构的数据分析和整理，他发现组织并不像有机体一样经历"年轻—成熟—变老—死亡"的生命过程，组织在现实中生成和壮大，但是很少死亡。而公共组织比私营组织更难以在现实中终结。他认为，这是因为组织在发展中不断壮大，使组织自身抵抗终结的能力不断增强，而这正是组织难以终结的根本原因。只有在组织保持活动的能量和其他必要的资源流失以至于组织不再能适应环境时，组织才会死亡。考夫曼在组织死亡的研究领域里建构起基本的理论框架。德利翁在 *Public Policy Termination：An End and a Beginning* 一文中提出了一个关于政策终结障碍的理论框架（termination obstacles framework），它包括六种障碍：①心理上的抵触；②机构的持久性；③组织和机构对环境的适应性；④反终结的联盟；⑤法律程序上的障碍；⑥终结的高成本。③ 这些理论和框架都对政策终结的各个方面做出详细又较为精准的概括。这一阶段还有不少理论与实践相结合的

① Eugene Bardach. Policy Termination as a Political Process［J］. Policy Sciences, 1976（7）.

② Herbert Kaufman. Are Governmental Organizations Immortal?［M］. Washington, D. C.：Brookings,1976; Herbert Kaufman. Time, Chance and Organizations：Natural Selection in a Perilous Environment［M］. Chatham, Nj：Chatham House, 1987.

③ Peter Delcon. Public Policy Termination：An End and a Beginning［J］. Policy Analydid, 1978（3）.

学术成果，如本恩（Robert Behn）提出了关于政策和组织终结的 12 点建议。①

第二阶段：20 世纪 90 年代至 21 世纪初。这一时期是政策终结的发展阶段，标志性事件是 1997 年《国际公共行政学杂志》第 12 期"公共政策和组织终结"的专刊上，收入了 5 篇论政策终结的论文，它们全部在先前论述政策终结的文献特别是考夫曼和德利翁的著作的基础上分析了现实生活中的具体案例，包括贾斯汀·格林伍德、塞缪尔·贝斯特、保罗·特斯克和迈克尔·米特洛等的文章。由于受到《13 号提议》《日落法案》和缩减政府规模的影响，政策终结方面的研究成果大量涌现，研究成果逐渐走向微观层面，更多运用了实践分析模式，关于政策终结的探讨也走向具体化和完善化。对于第一阶段学者提出来的理论，更多人通过对实践案例的分析验证了其合理性与可行性，并不断加以改进和优化。

这一时期研究方法主要是从微观视角出发，采取个案分析或案例比较，将政策终结作为一个动态过程进行分析，如缪勒（Keith Mueller）等应用了考夫曼的组织生命周期模型分析联邦卫生计划案例和地方政府重组的案例。诺里斯-蒂雷尔（Norris-Tirrell）则应用了德利翁的政策终结障碍的理论框架分析非营利机构的组织终结——儿童伤残服务机构的解体。琼内特·E. 弗兰兹于 1992 年在 *Reviving and Revising a Termination Mode* 一文中对德利翁的政策终结模型进行修改后运用至美国国家麻风病疾病中心案例中②。1995 年丹尼尔斯（Mark R. Daniels）在 *Organizational Termination and Policy Continuation：Closing the Oklahoma Public Training Schools* 一文中，对美国俄克拉荷马州一个公共培训学校进行个案分析，得出即使组织终结，政策还可能继续的结论。③ 在验证已有理论的基础上，构建出许多新的分析模型和框架。

第三阶段：21 世纪至今，是政策多元化研究时期。以 2001 年第三次关于公共政策和组织终结的讨论会为标志，会议结束后根据讨论结果出版了第三部论文集，包括德利翁的 *The Case of the National Solidarity Program In Mexico：A Study In Comparative Policy Termination* 等文章，这些文章都不再局限于政策终结的概念、方式等基本理论。学者在第二阶段案例分析的基础上，开始采用不同

① Robert D. Behn. How to Terminate a Public Policy a Dozen Hints for the Would-be Terminator [J]. Policy Analysis，1978（3）.

② Janet. E. Frantz. Reviving and Revising a Termination Mode [J]. Policy Sciences，1992（2）.

③ M. R. Daniels. Organizational Termination and Policy Continuation：Closing the Oklahoma Public Training Schools [J]. Policy Sciences，1995（3）.

视角和不同学科知识对政策终结进行研究。这一时期对政策终结的研究更加具体化，应用领域更加广泛，分析也更为细致，研究层次重点转到微观领域的具体问题上，结合案例从触发原因、障碍因素或者建议等方面进行较为详细的论述。比如，丹尼尔斯针对第三次讨论会议的精华，结合最新理论成果在其文章 *Policy and Organization* 中分析出政策终结容易被忽视的原因。① 2008 年，格雷迪和叶通过研究加利福尼亚地区公共医院的数据和资料，提出了政策终结的两步决策模型。② 还有 2009 年李斯特·蒂尔朗特的 *The Rise and Fall of a Policy：Policy Succession and the Attempted Termination of Ecological Corridors Policy in the Netherlands* 和 2012 年蕾妮·谢伦的 *The Never - Ending Drug War：Obstacles to Drug War Policy Termination* 等文章。这一时期的文章更多采取跨学科的方式，引入许多新的概念与分析模型进行多角度论证，提出更为完善的政策终结分析框架。

11.1.2　政策终结的概念

拉斯韦尔认为，政策终结是关于取消政策方案，以及研究有关相信某种政策必须继续而采取某种行动，或因政策终结而丧失价值的人们的主张的活动。布鲁尔德的观点：政策终结是"政策与计划的调试，大凡政策与计划无法发生功能或已成为多余或过时，甚至不必要时，则将政策与计划予以终止或结束"。对政策终结理论做出重大贡献的德利翁给出了一个较为广义的概念，政策终结是"政府当局对某一特殊功能、计划、政策或组织，经过深入评估而加以结束或终止的过程"③。丹尼尔斯认为，德利翁的定义没有考虑组织自身终结不合适政策的主动性，也不能适用于政策精简、削减预算的终结行为。因此，丹尼尔斯认为，政策终结是对政策项目、政策组织的终结，也是组织为削减预算对自身的调试和政府服务民营化而产生的削减。关于终结与政策过程，他进一步指出，政策终结位于政策过程的末端，对一项政策的终结意味着一项新的政策的开始，所以政策终结

① M. R. Daniels. Policy and Organizational Terminating ［J］. International Journal of Public Administration，2001（3）.

② Elizabeth A. Graddy，Kc Ye. When Do We "Just Say No"? Policy Termination Decisions in Local Hospital Services ［J］. The Policy Studies Journal，2008（2）.

③ 行政管理大词典编写组. 行政管理大词典 ［M］. 北京：中国社会科学出版社，1989.

也是一个发展的概念。① 还有西方学者将政策终结简要地界定为"对政府特定的职能、计划或组织的故意的结束或终止"。

综合学者的观点，可以将政策终结的概念界定为：政策终结是指经过由政府组织或社会自发的政策评估之后，政策决策者或制定者采取一定措施，将过时的、无效的或多余的政策、计划、功能或组织进行终止或结束，包括以下几方面的内涵：一是政策终结的主体应该是政府中政策的决策者或制定者，其他人和组织或个人无权终结公共政策。二是政策终结的客体或政策终结的对象除过时的、无效的或多余的政策外，还包括过时的、无效的或多余的计划、功能和组织。三是政策终结的依据是政策评估。因为判断政策是否有效、过时或多余的标准就是政策评估的结果。所以，从某种意义上来说，没有科学有效的政策评估，也就没有科学有效的政策终结。宁骚指出："政策终结就是政策的决策者通过对政策进行审慎的评估后，采取必要的措施，以终止那些错误的、过时的、多余的或无效的政策、政策功能、政策工具或政策组织的一种行为。"② 因此，政策的终结，既是一个政策的终点，也是一个政策的起点。政策终结过程是一个节约政策资源、优化政策资源结构、提高行政效率和政策质量的过程。政策终结既要剔除不合时宜、存有瑕疵的政策，也要对品质不高、不合时宜的政策资源进行淘汰。对那些错误的、过时的、多余的、不必要的或无效的政策、政策功能、政策工具或政策组织等进行终结。

政策终结有三个特征：①强制性。一项政策的终结总是会损害一些相关的人、团体和机构的利益，遇到强烈的反抗。因此，往往靠强制力来进行。②更替性。政策终结意味着新旧政策的更替，是政策连续性的特殊表现。③灵活性。政策终结是一个复杂而又困难的工作，必须采取审慎而又灵活的态度，处理好各种动因和关系。

政策终结在政策过程中占有重要的地位。政策分析学者对政策过程的阶段、功能活动环节做出了不同的划分。尽管他们所划分出的阶段或环节的多少不同，但多数学者将政策终结放在政策过程的末端，即最后的一个环节或阶段，将之视为理性化的政策过程的最后结果，或政策（政治过程）的一个有机组成部分。然而，终结也往往被当作过程的开端而不只是末尾，即纠正一项错误的政策或一

① Mark R. Daniels. Terminating Public Programs：An American Political Paradox ［M］. New York：M. E. Sharp，1997.

② 宁骚 . 公共政策学（第三版）［M］. 北京：高等教育出版社，2018.

系列项目、修正项目的假定或构成成分的开始。因此，终结不只是对一项政策的了结，还意味着修正或调整。

11.1.3 政策终结的意义

公共政策终结发挥着承上启下的作用，是一个完整的政策过程中不可或缺的一部分，也是政策自我调整的重要手段。可以说，政策终结是一种政策的淘汰机制，是一种积极的政策选择行为。它是将无效的或已过时的公共政策予以废除，其目标是提升政府管理水平与管理能力，促进政策的科学性及合理性，实现社会与政府和谐发展。及时地终结一项错误的或是已完成历史使命的政策意义重大。从政策终结的结果上看，政策终结的基本作用表现在以下四个方面：

（1）节省资源。因为政策终结意味着政策活动的结束，某种机构、规划、惯例的终止，以及有关人员的裁减。因此，政策终结可以减少人力、物力、财力的无效消耗，从而节省有限的政策资源。

（2）提高绩效。当一项政策在实施中失败，无法解决所面临的政策问题时，旧政策的终结就意味着新政策的启动、新规划的诞生以及相关机构和人员的更新与发展，这无疑有利于更好地解决问题，促进政策绩效的提高。不终结那些失败或失效的政策，就会给其他政策的执行带来负面影响，破坏政策执行的整个大环境。

（3）避免僵化。所谓政策僵化，指的是一项长期存在，没有及时予以终结的政策，在发展变化的环境下，继续执行该政策，不仅不能解决问题，反而成为解决问题的阻力与障碍，带来严重的不良后果。政策终结可以避免政策僵化，这对政策过程各个环节的工作改善和公共政策内容质量的提高都是非常有益的。

（4）优化政策。政策终结有助于促进政策优化，表现在两个方面：一是政策人员的优化；二是政策组织的优化。政策组织的优化是公共政策优化的核心内容，优化的政策人员只有在优化的组织机构中才能制定和执行优化的政策。

在当前我国，推进政策终结事业的意义重大。我国正处于转轨时期，许多不适宜新体制的旧政策应该予以终结。在机构改革和政企分开的过程中，一些不适应改革需要的机构需要终结；在政治体制进一步深化改革的过程中，在致力于塑造一个服务型政府的过程中，政府的一些机构、功能、政策需要裁撤或者更新。例如，行政审批的改革和政府一站式办公的推行都需要在政府部门内部对一些机构、规章命令进行必要的终结。如果不能及时地进行终结，将有碍于我国的改革开放和社会经济发展进程。终结过时的、失效的政策可以节省我国有限的资源，促进政策的更新。

改革开放以来，党和国家重视政策终结工作。改革开放之初，各地不同程度地遇到一些政策和法规上的障碍，原有的许多具体政策已不适应变化了的新情况，不适应新时期社会经济发展的需要，但又没有宣布作废，及时终止，而新的政策措施也没有及时制定出台，许多应该办、能够办且应抓紧办的事情却办不成，贻误了时机，制约了我国改革开放和经济建设的发展。有鉴于此，国务院和地方各级政府及时进行政策清理，废止了大量的"红头文件"，为改革开绿灯。我国加入 WTO 之后，为了与 WTO 的法律框架相适应，国务院和地方各级政府又进行了一次大规模的清理"红头文件"的工作，废止了一大批过时的或与 WTO 规定相抵触的政策。这种政策终结工作优化了相关政策，并提高了政策绩效。

11.1.4　政策终结的对象

根据政策终结目标的不同，可以将政策终结对象分为权力责任、政策功能、组织机构、政策本身与政策项目五种基本类型。

（1）权力的终结。政策执行首先表现为权力的履行和责任的承担，而政策终结则预示着相应权力的丧失和相关责任的放弃。权力的行使必然牵扯到利益关系。就政策执行机构而言，那些与政策有着切身利益关系的人，对自有权力的消失和相关利益的受损会产生强烈的抵触情绪。

（2）功能的终结。政策功能主要表现为政策执行机构所提供的服务或管制。政策终结则预示着相应服务的停止或相关管制的撤销，即终止由政策执行所带来的某种或某些服务。在政策终结的所有内容中，功能的终结最难。因为，一方面，功能的履行或承担，是政府满足人民需要的结果，若予取消，势必引起各方面的反对；另一方面，某项功能往往不是由某项政策单独承担的，而是由许多不同政策和机构共同承担的，要予终止往往需要做大量的组织和协调工作。

（3）机构的终结。政策执行活动是组织活动，必须通过一定的组织机构来完成。伴随着政策终结进行的机构缩减或撤销，就是机构终结。有些机构是专门为某项政策而设立的，随着政策的终止，机构也随之撤销。有些机构，往往同时承担着多项政策和功能，某项政策的终止不足以导致机构的撤销。因此，通常的做法是通过缩小规模、减少经费等办法对机构进行缩减。机构终结的困难也比较大，因为它关系到有关人员的切身利益，在实施时难免遭到有关人员的强烈抵制，使机构终结无法顺利进行。这就是为什么我们会在现实生活中看到许多本该随着某项政策历史使命结束而应裁撤的机构仍然存在。

（4）政策本身的终结。与前两种终结相比，政策本身的终结所遇到的阻力较小。这是因为，就某项具体政策而言，其目标比较单纯，如教育政策、社会福利政策等，容易进行评估并决定取舍。另外，政策更改的成本远比功能转变、组织调整要少得多，因而容易得到实际部门的认可。再加上政策的可选择性较大，也使政策本身的终结在操作上比较容易实现，不像机构终结那样受到多方面的牵制和约束，不容易操作，实行起来步履维艰。

（5）项目的终结。即政策的具体项目以及执行措施的终结。在所有终结内容中，项目的终结是最容易达成的。因为具体项目以及执行措施与实际问题连接，结果好坏或影响怎样有目共睹，容易达成共识。

11.1.5 政策终结的方式

丹尼尔斯在《公共项目的终结》一书中认为，政策终结的方式有两种：一是政策效力减弱的自然老化；二是与强烈抵制政策终结的力量博弈，使其终结，这一过程需要运用终结的策略，也需要强有力的终结执行者。总之，这一过程困难重重。[①]一般而言，政策终结的主要形式有如下六种：

（1）政策废止。废止就是彻底结束旧的政策，完全取消其相关的功能，即直截了当宣布一项政策的废止。政府根据政治、经济和社会经济形势的发展变化，不定期地清理、废止一些不合时宜、过时了的政策。对于科学评估后认定已经失去续存环境的政策，应该及时予以废止，否则，政策执行时间越长，其负面影响越大。政策废止可以说是政策终结最为彻底的一种形式，属于政策在体系中的消逝。政策废止一般都是完全过时和完全失效的政策，完全过时是指政策所要解决的社会问题已经得到妥善解决，政策环境也不复存在，政策失去继续存在的必要性；完全失效被废止的政策既可能是过时的，也可能是错误的。例如，我国加入世贸组织后，全国人大常委会和国务院当即宣布废止了830余项与WTO规则不相符的国家法律、法规和政策。

（2）政策替代。指的是新政策代替旧政策，但所面对的政策问题和政策目

---

① Mark R. Daniels，Terminating Public Programs：An American Political Paradox ［M］. New York：M. E. Sharp，1997.

标基本上不变，所要满足的要求也不变。新的政策往往是在方式方法和操作程序方面做了较大变动，在这里，新政策是对旧政策的补充、修正，其目的是更好地解决旧的政策没有解决好或根本解决不了的问题，以满足目标群体的政策需求，充分实现原定的政策目标。

（3）政策合并。指的是旧政策虽然被终止了，但政策要实现的功能并没有取消，而是将其合并到其他的政策中去。合并政策有两种情况：一是将原有的政策内容合并到现有政策中，作为现有政策的一部分；二是将多个旧政策经过调整，合并成一个新的政策。比如，国务院将原来由各部委分别颁布的一些有关联的单行规章或条例合并成一部完整的行政法规，由国务院来颁布实施，这样就具有了更高的政策权威，也便于各地更好地执行。

[资料] 城乡居民养老保险

1986年，"全国农村基层社会保障工作座谈会"召开后，一些经济较发达的地区开始了农村社会养老保险制度的试点。1991年6月，原民政部农村养老办公室制定了《县级农村社会养老保险基本方案（试行）》，并从1992年1月3日起在全国公布实施。从此，农民参加养老保险的人数不断上升，到1997年底，已有8000多万农民参加养老保险。但是，由于当时我国农村尚不具备普遍实行社会养老保险的条件，所以随着推广范围的扩大，相当多地区农村社会养老保险工作出现了参保人数下降、基金运行难度加大等问题，一些地区的农村社会养老保险工作甚至陷入停顿状态。2003年以后，各地开始了新型农村养老保险试点，许多地方通过加大政府引导和支持力度，扩大覆盖范围，创新制度模式，在探索新的农村养老保险模式方面取得了一定的突破和进展。到2007年底，全国已有31个省区市的近2000个县（市、区、旗）不同程度地开展了新型农村养老保险试点工作，有5000多万农民参保，积累保险基金300多亿元，有300多万参保农民领取了养老金。

2009年9月4日，国务院颁发《国务院关于开展新型农村社会养老保险试点的指导意见》（国发〔2009〕32号）决定，从2009年起开展新型农村社会养老保险（以下简称新农保）试点，"新农保"替代了之前的"老农保"，针对农民设立，参保人数达到4亿多人，而"城居保"则建立于2011年，针对城市18~60岁处于工作年龄但没有工作的居民，这个群体人数不多，全国仅几千万人，参保人数很少。新农保和城居保制度分别于2009年和2011年启动试点，2012年基本实现制度全覆盖。截至2013年底，全国新农保、城居保参保人数已达 4.98 亿人。新农保和城居保两种制度极为类似，又是先后设立，由于城居保制度的参保人数很少，有些省份在 2011 年城居保起步之初直接就将两种保险制度合二为一。在总结新农保和城居保试点经验的基础上，国务院决定，将新农保和城居保两项制度合并实施，在全国范围内建立统一的城乡居民基本养老保险。2014 年 2 月 26 日，国务院颁布《国务院关于建立统一的城乡居民基本养老保险制度的意见》（国发〔2014〕8 号）。

（4）政策分解。指的是将旧政策的内容按照一定的原则分解成几个部分，每个部分各自形成一项新政策。分解作为政策终结的形式之一，虽然从形式上终结了原有政策，但其实质性内容却通过各个新的政策的形成而被保留了下来，当原有的政策过于庞杂、目标众多以致影响到该政策的有效执行时，常常采用分解的办法，将原政策按主要的目标分解成几个较小的政策，这样有利于执行者明确政策目标，提高执行效率。

［资料］户籍政策渐进改革

2013 年 1 月 7 日，在全国政法工作电视电话会议上，户籍制度改革被列为 2013 年四项重点工作之一。2013 年 11 月 15 日，十八届中央委员会第三次全体会议上通过了《中共中央关于全面深化改革若干重大问题的决定》，明确指出"创新人口管理，加快户籍制度改革"。2014 年 3 月 16 日，新华社发布中共中央、国务院印发的《国家新型城镇化规划（2014—2020 年）》，为我国城镇化发展提供了指导和目标，为我国户籍政策的改革提供了宏观指导意见。2014 年 7 月 24 日，《国务院关于进一步推进户籍制度改革的意见》下发，规定建立城乡统一的户口登记制度，正式取消了农业户口与非农业户口性质区分和由此衍生的蓝印户口等户口类型，统一登记为居民户口，这一举措开启了户籍政策终结的大门。

自此，中央先后印发许多文件以指导户籍政策终结的落实。2015 年 10 月，《居住证暂行条例》发布，该条例结合各地已出台的居住证制度的政策，不但为居住证持有者提供了享有基本公共服务的权利，而且鼓励各地政府为居民提供更为便利的服务。2015 年 12 月 31 日，国务院办公厅下发并实施《国务院办公厅关于解决无户口人员登记户口问题的意见》，要求全国公安机关根据党中央部署积极会同有关部门深入开展户口登记管理清理整顿工作，切实落实无户人口落户工作。2016 年 9 月，为贯彻落实 1 亿左右农业转移人口和其他常住人口等非户籍人口的城市落户，国务院办公厅印发了《推动 1 亿非户籍人口在城市落户方案》，大力促进有能力在城镇稳定就业和生活的农村转移人口举家进城落户。

（5）政策缩减。指的是采用渐进的方式对政策进行终结，以缓冲终结所带来的巨大冲击，逐步协调好各方关系，减少损失。主要表现形式有：减少对政策的资源投入，缩小实施范围，放松对政策执行的控制等。政策缩减的另外一种方式是，把政策中过时的不合时宜部分废除，而保留了原来政策中合理的部分。比如，我国的户籍制度改革就体现了缩减的政策终结形式，中小城市放开，特大城市慎行，一步步减少户籍制度对社会生活和经济领域的影响。还有近年来的生育政策的重大调整的决定。

（6）政策立法。也称政策的法律化，指的是一些经过长期实行，确实有显著效果的政策，为了提高其权威性和强制力，经过立法机关或授权立法的行政机关的审议通过，上升为法律或行政法规。这是另一种意义上的政策终结。

11.2 公共政策终结的障碍

政策终结是一个人为的政治过程，这不是一种自然的消亡过程，其涉及人员、机构、心理、利益等复杂因素，这些因素会给政策终结制造许多困难和障碍。研究政策终结的障碍和困难，有助于采取合适的方法和策略。

对于致使政策终结难以实现的因素，德利翁于 1978 年就做过系统的整理。他揭示了五个原因：①心理上的和知识上的抵制；②组织和政策本身的连续性；③动态的保守主义；④反终结联合体的形成和活动；⑤法律上的障碍和高成本的执行等。1983 年，德利翁进一步完善了自己的上述观点，认为阻碍政策终结的因素有：①制度和结构性因素（组织、政策的持续性等）；②政治性方面（反对联合等）；③经济上的考虑（沉没费用等）；④心理上的抵制（关于终结的否定心理或观点等）；⑤伦理道德上的问题（终结被认为是对现存制度和政策的攻击或不正常行为等）；⑥理念和信念上的问题（在社会上占统治地位的理念或组织内部的价值问题等）；⑦法律上的制约（要通过法律上的修改等）。德利翁对政策终结的阻碍因素的概括是经典的，他指出了政策终结的心理、道德、伦理等问题；认识到了政策终结所受经济、法律、制度上的制约以及理念和政治障碍。所有这些因素都汇集在一起，形成一股无形的阻力，阻止政策终结的完成，下面对这些障碍因素进行详细考察。

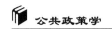

11.2.1　组织机构的惯性

组织机构的惯性之所以是一大障碍，是因为组织机构绝不会因遭受新问题或情境变迁的妥协而轻易崩溃。组织具有成长性、适应性和持久性，而这些特征正是抵制终结或裁撤的利器。如果要修正某些方面或让其停下来，必须借助外力的作用方可做到，这是因为组织机构所固有的惯性，使它本能地反对任何的变故。此外，组织机构具有很强的生命力，当政策的终结危及组织的生存时，它会千方百计地减轻所面临的压力，或改变策略或调整结构，想方设法地延缓政策终结的进程，这给政策及时终结带来消极的影响。

从社会有机体论的角度来看，政策执行机构与其他社会组织一样，都具有寻求生存和自我扩张的本性，即使它已经没有再存在的必要，也要想方设法延续自己的生命。组织机构的这种持久生命力表现在以下三个方面：

（1）组织机构的功能性。如果说个人是社会的细胞，组织则是社会的器官。对于公共政策来说，组织机构是政策过程的重要载体，是政策得以实施的重要途径。没有组织保障的政策很可能是一纸空文。同样，对于组织机构来说，没有政策功能的公共机构只是一个浪费资源的摆设。因此，一旦社会还或多或少需要某项政策功能，与此相关的组织机构就难以彻底终结。

（2）组织机构的保守性。政策的实施具有相对的稳定性，包括执行机构的稳定，但这种稳定也会使组织逐步走向保守。一方面，组织拥有维持自身生存的强大意愿和能力。"某一机构存在的时间越长，它被终结的可能性就越小，经过一定的时间，会形成对它继续存在的条件和支持。"① 当组织感受到终结的威胁时，它会千方百计减轻所面临的压力，解决所面对的问题，争取支持，以便能够生存下去。另一方面，组织机构从一开始就具有一种惯性。由于政策功能实现的长期性，或是组织拥有大量投入和预算能够维持它的相对独立性，或是组织所具有的保密性，这些都使组织机构一旦上了轨道就很难停下来。

（3）组织机构的适应性。组织作为一个有机体并不是一成不变的，它不仅能够随着环境和需要的变化而适时地调整自己，而且对环境和政策目标具有能动性。因此，原定目标的实现并不能简单地作为裁减机构的理由，组织通常会创造出新的目标来证明自己继续存在的必要。同样，达不到目标也不是组织终结的充

---

① 詹姆斯·E. 安德森. 公共决策［M］. 唐亮，译. 北京：华夏出版社，1990.

足理由，原有机构会通过改头换面以一种崭新的形象让自己得以维持。只要有必要，组织就能够也将会改变它的保护人、受保护人、政策以及目标，这就使终结更加困难。

11.2.2 利益聚合的程度

利益的分化与聚合要素是引发公共政策终结的根源和驱动力。一个社会处于常态运行的情况下，既定的公共政策已经对社会各个领域和各个层面上成员的利益结构作了安排，并由现有体制和组织结构维护这种既定的利益结构不断地被复制出来。但到了社会过渡时期，就出现了在原有体制和公共政策框架内的利益分化现象，这导致原有的利益结构出现松动。其首先表现为某些个体可以为谋求自己更多的独享的预期利益进行盘算，并将这种预期化成利益表达，随之产生公共政策松动和公共政策创新活动。利益聚合是与利益分化同时进行、方向相反，又相互促进的过程，一旦个体通过突破旧的行为规则获得了比原先规则下更多的个人独享的利益，具有这种相同行为的个体就会联合起来，以增强抗拒旧的规则和公共政策，维护新的规则和公共政策以及保护新的利益的能力。在行为相近的个体的聚合中，人们可以从形成的群体中获取更多的在群体或集团内分享的利益。当某种利益分化和聚合进行到一定的程度时，就会形成较稳固的利益集团和群体，就会出现社会阶层的分化。而当新的利益集团或新阶层出现时，他们就会向政府公共政策制定者施压，要求改变或废止不利于其利益的旧公共政策，从而促成了某些旧公共政策的终结。当集团自身的利益因为即将到来的政策终结而受到威胁时，反对政策终结的力量就会自觉或不自觉地联合起来，使政策终结难以进行。那些反对政策终结的行政组织，一方面通常会要求它的内部成员同心协力共同抵制；另一方面则会想尽一切办法，通过拉拢、接近等各种办法，以影响政府外的重要人士和政策支持者，形成一股强大的反对势力，对政策的终结造成威胁。同样，在政策终结前获得利益的行政组织之外的团体和个人也一样，会自动结成联盟，形成利益团体，通过抗议、游说、游行示威等不断向政府机关施加压力，强烈要求阻止政策终结。

11.2.3 法律程序上的障碍

任何政策的制定、实施以及组织机构的建立，都必须通过一定的法律程序进行。同样，政策的终止和组织机构的撤销，也必须按照法定的程序来办理，这一过程不仅耗时费力，而且操作起来十分复杂，甚至还会延误政策终结的时机。特别是一些上升为法律的政策，要使其终结往往要大费周折。由此可见，法律程序上的麻烦也是影响或制约终结的一个重要因素。同时，失效政策的终结对于立法机关来说，在某种程度上意味着它的立法活动本身缺乏相应的科学性和有效性。因此，基于自身利益的考虑，立法机关在考虑终止某项政策或法律时，往往摇摆不定、顾虑重重，这无疑会增加政策终结的难度。因此，许多政策终结行为常常受阻于法律的滞后性。

11.2.4 政策终结的代价

政策终结的代价包括两个方面：

第一，情感和政治上的代价。政治家和政治分析家之所以常常规避政策终结所带来的冲突，一方面是因为他们知道政府官员总是不太情愿承认过去的失误，因而在心理上存在着顾虑和抵触的情绪。另一方面是由于担心这种强制的做法会激起反对者的强烈情感，导致功败垂成甚至野蛮暴力的发生。对政策的原制定者来说，该项政策是他们费尽心思、精心制定出来的，只要还有合理之处，在心理上就难以割舍。再者，他们也不愿意把政策终结与政策的缺陷或失败联系起来，担心它会损害到自己的名利和地位。政策执行者也不愿承认政策的失败，毕竟政策的实施同样凝聚着他们的智慧和劳动，耗费着他们的心血和精力，而且他们的权利是在政策的实施过程中获得的，他们的利益也是在政策的实施过程中实现的。因此，如果某项政策的终结可能危及他们的权益时，他们的抵触情绪就更为强烈。再就是那些从拟终结的政策中受益的目标群体因为担心他们的既得利益会因此丧失而对政策终结产生逆反心理。这些个体或团体往往会在政策面临终结时结成反对联盟，利用个人的影响力、利益集团的活动以及制造公共舆论等方式，齐心协力共同抵制政策的终结，有时甚至会做出暴力行动。

第二，政策的财政代价。一是拟终结政策的沉没成本；二是终结行为本身所要付出的代价。现行的政策或组织机构由于已投入了巨额成本，但没有得到预期的回报。政策决策者面对投入的沉淀成本，往往会陷入一种进退两难的境地：一方面，现行政策已经被证明是无效或是失败的，如果继续追加投入，肯定会造成更大的损失；另一方面，如果不继续投入，则会使已投入的资金由于政策终结而彻底落空。通常而言，决策者在现行政策已投入高昂成本面前是很难下定决心终止政策的。此外，政策终结本身也需要付出高昂的代价，不仅需要相应的费用以制定和执行新的政策、组建新的机构，而且，为了照顾各方的利益和关系，有时还要对有关单位和个人进行补偿。在这些高昂代价的压力下，决策者很有可能改变初衷，放弃政策终结。

［资料］沉没成本与心理效应①

沉没成本是指由于过去的决策已经发生了的，而不能由现在或将来的任何决策改变的成本。人们在决定是否去做一件事情的时候，不仅是看这件事对自己有没有好处，而且也看过去是不是已经在这件事情上有过投入。我们把这些已经发生的不可收回的支出，如时间、金钱、精力等，称为"沉没成本"。在经济学等决策过程中经常会用到"沉没成本"的概念，代指已经付出且不可回收的成本。沉没成本常用来和可变成本作比较，可变成本可以被改变，而沉没成本则不能被改变。

在政策终结过程中，由沉没成本导致的心理效应表现得尤为强烈。由于需要进行政策终结，因而势必直接或间接地引起与政策有关人员的心理反应，给政策终结带来种种不利因素。政策终结无疑会引发相关人员的复杂情感，一些人会有命运相系的心理反应，"一荣皆荣，一损皆损"，因而容易失去理性的判断标准和公正的客观尺度，导致盲目、偏激等情绪化行为。政策执行实际上就是一个成本沉没的过程，然而，沉浸的不光是金钱，也包括利益。政策终结会使一些人挣扎于既有利害关系的漩涡当中，他们在心理上产生的不安与骚动被称为政策终结的心理效应。

11.2.5　公共舆论的压力

社会公共舆论的压力也是影响和阻碍政策终结的一个因素。公共舆论因素是与公共政策过程紧密相连的，它既是影响和阻碍公共政策终结的要素，也是促使公共政策得以终结的要素。反对公共政策终结的人借助媒体制造出的公共舆论就是阻碍公共政策终结的要素；反之，赞同公共政策终结的人借助媒体制造出的公共舆论就是推动公共政策终结的要素。因此，公共舆论是公共政策得以终结的催化剂，无论在资本主义社会还是在社会主义社会，公共舆论在政治生活中都有着极其重要的作用。詹姆斯·E. 安德森说过："公共舆论确定了公共政策的基本范

———————————
①　谢明. 公共政策概论（第二版）［M］. 北京：中国人民大学出版社，2014.

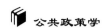
围和方向。"① 国内外许多政策实践都表明，当公共舆论对政策终结持积极态度时，政策终结就显得比较容易；相反，当公共舆论对政策终结持消极态度时，就会阻碍政策终结的进程。在西方，公共舆论因为它在政治生活中的特殊作用而被誉为"第四种权利"。

公共舆论是由媒体制造出来的，因此媒体就被赋予了重要作用：它一方面直接影响着政府官员，另一方面影响着民众的观念。托马斯·R.戴伊在其著作《自上而下的公共政策制定》中肯定了媒体在美国自上而下的公共政策制定模式中发挥的重大作用。他说："当华盛顿的政治家们必须回答记者的问题，必须对新闻报道做出反应，必须对编辑意见做出回应时，媒体就在直接施加影响于政府的决策。通过呼唤民众关注各种各样的社会'问题'和'危机'，媒体就在间接地影响着公共政策制定者。"② 在戴伊看来，精英依靠媒体来界定"社会问题"，进而制造"问题"，使政府和民众做好准备，"迎接"解决问题的答案的出台，即或者是新制定的公共政策，或者是重新修订的公共政策的颁布。在此，戴伊将媒体制造出来的公共舆论作为新公共政策制定和旧公共政策终结的必要条件。公共舆论因人们对由媒体"制造"出的问题的广泛关注和议论，从而对政府官员施加着巨大的要求解决问题的压力，这就最终迫使政府决策者不得不面对这些问题并采取措施来解决它们。因此，可以说公共舆论直接引导着政府决策者，指示他们必须关注哪些问题，进而解决问题。故要促使那些过时的、无效的公共政策得以终结，就必须发动或借助媒体，使媒体首先关注那些过时的、无效的公共政策，关注对这些公共政策的评估结果，关注这些公共政策的弊端和危害，进而引起公众的广泛关注，形成强大的公共舆论。因此，为促进政策的顺利终结，做好社会公众的舆论导向工作，营造良好的舆论环境是至关重要的。

11.2.6 理念和信念上的问题

政策终结的另一大困难表现为在社会上占统治地位的理念或组织内部的价值观问题。当公共政策已经完成了自身使命的时候，由社会治理者的认识来决定是否要终结一项政策。如果社会治理者意识不到这一点，旧的政策就会滞留在政策工具体系中，就会与新的政策发生冲突，而新旧政策冲突的现实以及结果就不可

---

① 詹姆斯·E.安德森.公共决策 [M].唐亮，译.北京：华夏出版社，1990.
② 托马斯·R.戴伊.自上而下的公共政策制定 [M].鞠方安，等译.北京：中国人民大学出版社，2002.

避免了。对旧政策的依赖心理以及固有的习以为常的理念和价值观使过时的、失效的政策难以终结。

公共政策系统的发展在很大程度上取决于人的认识水平，而人的认识却是具有局限性的，由于人的认识水平和认识能力是有限的，对已经出现的社会问题能否认识或认识的状况，都决定了这一社会问题向政策问题转化的可能性，即使已经转化为政策问题了，人的理念也决定了政策的制定，即决定了方案的选择。同样，在政策执行的过程中，人的理念上的差异性也决定了人们对一项政策的理解状况，理解上出现了偏差就会影响公共政策问题的有效解决。公共政策处于一个复杂的社会系统之中，它所要解决的问题也是复杂的，政策的执行会受到诸多因素的影响。而且，在一项政策被制定出来付诸执行时，可能又有新的社会问题出现，从而使人的注意力发生转移，影响政策执行的力度。所有这些，构成了政策系统运行和发展的复杂性。如何解决这一问题，是需要通过政策分析来加以确定的。如果我们能够对政策系统自身加以梳理，去发现那些已经失去生命力的政策并加以终止，就会大大降低政策系统的复杂性程度。或者说，可以根据政策的效价而对政策进行分类，制定一个政策终结的时间表，依次终止那些效价最低的公共政策，这样就会大大增强政策系统的活力。①

11.3　公共政策终结的策略

政策终结要求政策决策者运用高度的智慧和技巧，采取灵活的策略，加以妥善处理。所谓政策终结的策略是指在政策终止过程中智慧和艺术的运用，实质上它也是一种政治过程。

在政策终结时应注意三个方面：①改变对终结负面意义的理解，使人们认识到政策的终止不是结束而是开始。②政策分析家在政策评估阶段就要找出政策终止的可行策略和手段。③要充分利用政治行政人事变动的有利时机进行终结行动。

斯皮勒的终止执行策略是：①对政策终止过程中将会发生的问题进行分类。

---

① 张康之，范绍庆. 政策终结：政策过程中的重要环节 [J]. 福建行政学院学报，2009（2）.

问题大体上可以分为情绪性问题和知识性问题，再把情绪性问题划分为执行者的问题和受益者的问题，并制定好相关的管理策略。②处理执行者的情绪性问题。可以通过为他们确立新的目标、赋予归属感、频繁地开会、管理者进行巡视以及合理裁减人员等方法来消除执行者的抵触情绪。③给受益者提供参与利益，从而解决受益者的情绪问题。④针对因政策终止产生的各种具体问题，按各政策的性质从知识问题的观点出发予以处理，从而使政策终止更加有效。

罗伯特·比勒认为应该从两个方面减少政策终结的困难：①设立矩阵组织模型促进终结。比勒认为矩阵组织模型提供了一种全新的组织工作的方式，利用这种方式，高度稳定的官僚组织可以通过增加充满活力的以项目为定位的组织单元，以增加组织的突破能力，而且这种方式可以稳定永久组织和暂时组织的联合，从而使组织和政策的终结变得更加灵活。②采用外部机制等手段促成终结。这主要是指政府应该利用诸如储蓄银行、保险制度、托管制度、信托办事处以及代管经纪人等外部手段促成政策或组织的终结。

巴达克提出了促成政策终结的五项条件：①利用行政上的变更。②改变原政策所根植的思想理念。③造成使人们对未来生活失去乐观期望的混乱时期。④采取渐进的方式温和地终结政策。⑤要在终结之前进行政策设计。

在这些提出终结策略的学者中，最具代表性的是美国学者罗伯特·贝恩，他给政策终结者提出了12项忠告：①

（1）别放试探性气球。那样会引起反对派去组织他们的支持者起来抗议，因此终结者在做出正式决定之前要防止信息泄露。

（2）扩大政策支持者的范围。有组织的选民往往能够决定政策的终结与否，因此，终结者要能够让己方支持者的规模超过原政策的受惠者。

（3）把焦点放在政策的危害性上。清除一项具有某种危害性的政策要比清除那些无效或低效的政策容易得多。

（4）利用意识形态的转变来证明危害。政策经常被从意识形态角度进行评估，因此终结者要善于利用或创造意识形态上的变化来说明原有政策的确是有危害的。

（5）不要妥协。政策的延续通常是政治妥协的结果，因此终结者要能够坚

---

① Robert Behu. How to Terminate Public Policy：A Dozen Hints the Would-Be Terminator ［J］. Policy Analysis，1978（3）.

持自己的立场。

（6）吸收局外人作为终结者。当局者总不太愿意接受对自己过去行为的负面看法并做出必须终结的指示，因此，吸收局外人参与，有助于他们转变观念、改变做法，从而有利于终结的实现。

（7）避免立法表决。这是因为立法者更愿意妥协，而不想勉强做出不受欢迎的终结决定，以免树敌太多。

（8）不要侵犯立法机关的特权。行政机关的终结者，应当避免引发宪法赋予总统和国会的权力之间的冲突。

（9）接受短期内增加的代价。终结一项政策由于需要解雇费、补偿费和启动新政策的费用，因而在短期内的花费常常会超过继续执行的代价。

（10）使新的受惠者受惠推迟。先给那些被终结项目的人员提供新的工作，给原政策的受益者提供补偿。

（11）提倡采用而不是终结。要让人相信采用新政策必须终结旧政策，而不是单纯强调旧政策的终结。

（12）只终结必要的部分。终结者应当清楚自己的动机，是终结有害的政策，无效的政策还是代价高昂的政策，这些都要慎重决定。

贝恩的 12 条关于政策终结的建议大部分是关于终结策略的[①]，根据公众心理反应，政府可以采取五个层级的终结策略。

11.3.1　休克策略

休克策略是指在一个很短的时间内，明确、彻底地终结一个公共政策，以及由此政策衍生的所有内涵和外延的策略选择。休克策略类似于美国学者莱斯特等提出的"Big Bang"策略。所谓"Big Bang"策略，就是指在一个指定的时间宣布官方决定，完全终结一个公共政策的策略。这是一个粉碎性的力量，使反对者没有时间组织反抗。这种终结策略的推出，通常要经过各方势力长时间的斗争和酝酿。

（1）终结条件。休克策略是一种强力的终结策略，这种策略的使用要求社会公众有强烈的终结某项公共政策的愿望，政策终结的动力极大，阻力极小。另

① Mark R. Daniels. Terminating Public Programs：An American Political Paradox ［M］. New York：M. E. Sharp，1997.

外，对于那些对社会发展构成严重阻碍或者时效性比较强的公共政策，采用休克策略也是比较恰当的。

（2）终结方式。休克策略通常需要经过一个很长的酝酿过程，在充分评估终结的必要性、风险以及代价之后，平衡各方利益，完成终结的一切准备工作。在做好各项准备工作之后，立即宣布终结时间，完整、彻底终结与政策有关的组织、人员、预算等各种方面，如果有新的政策取代旧的公共政策，则终结旧的公共政策后，立即启动新政策。休克策略下各项终结过程均是明确、清晰的，过渡时期非常短，一般会指定一个明确时刻作为终结标志。

（3）策略利弊。休克策略的优势在于终结过程快、终结程度彻底、策略终结的后遗症很小，同时，休克策略为新的政策的出台奠定了一个良好的政策基础，使新政策容易推行。另外，休克策略的终结过程漏洞很小，因此，终结过程的成本低，新政策的见效也比较快。但是，休克策略的缺点也是显而易见的。休克策略没有缓冲时间，没有过渡措施。强制终结的后果就是在一个短时期内，很可能对社会生活产生比较强烈的冲击，特别是对公共心理的冲击尤其激烈。所以，休克策略特别适用于终结那些公众反应强烈、具有强大的终结动力的公共政策。政府使用休克策略时必须注意，在休克策略当中政府的作用是极其有限的，如果缺乏公众基础，强行使用休克策略，其结果将使政府与公众处于对立状态，终结过程将招致来自公众的强大阻力而搁浅，因此，休克策略的风险是所有策略里面最大的。

（4）策略实例。休克策略，在很多有关公共管理的法律法规的推行过程中运用十分广泛。例如，20 世纪 80 年代早期，美国里根政府终结能源部的过程，就是典型的休克策略。

11.3.2　缓冲策略

缓冲策略是指在公众终结政策的意愿比较强烈的情况下，采用明确的时间表，分阶段、有步骤地终结公共政策的策略选择。缓冲策略终结政策的目的和过程与休克策略同样清晰明确，但是，缓冲策略并不追求一次性终结政策，而是用明确的步骤来分阶段终结政策，各个阶段之间分界明显，有时各个阶段之间有明确的时间划分。

（1）终结条件。缓冲策略与休克策略相似，也是一种比较强力的终结策略，但是，政策终结的压力、时效性和紧迫性都不如休克策略面临的情况。在某些情况下，虽然有强烈的政策终结意愿，但是政策牵涉面比较广，需要一定的过渡时间的政策终结过程也会采用缓冲策略。

（2）终结方式。在缓冲策略当中，政策不是一次性终结，而是分步骤终结，各个步骤之间关系明确、目标清晰。缓冲策略主要有两种终结方式：一种是从组织、人员、预算等方面逐步终结政策。这种终结方式的主要意图是延迟政策受损群体的出现和延迟政策受惠群体的出现，避免受损群体与受惠群体发生矛盾和分化，保持政策终结的公众基础。另外，这种终结方式也给执行政策的政府组织以一定的缓冲时间，避免由于对政策执行机构冲击过大和引起反弹，进而危及政策终结过程本身的顺利进行。另一种是从政策的变更、过渡、终结等方面逐步终结政策。这种终结方式主要适用于终结一个比较庞大的旧政策的同时推出替代政策的情况，采用分步骤过渡的终结策略可以有效地保护公众利益，避免公众在政策终结过程中的不必要损失，同时。为新政策的出台奠定基础，预留一个比较充分的缓冲时间。

（3）策略利弊。缓冲政策略具有一定的灵活性，政策终结过程比较短，同时，由于其终结步骤是事先明确拟订的，所以缓冲策略的漏洞也比较小。以政府信用为担保的时间表使缓冲策略面临的反抗压力也比较小，不大可能在短时期内形成足以威胁政策终结的反抗力量，因此，其政策终结成本也比较低。缓冲策略的主要弊端在于其终结计划的制订上，如果时间表和步骤之间时间过长，则计划难以适应环境的变化，同时给过渡时期钻政策空子的行为提供了平台。另外，缓冲策略虽然具有一定的缓和阵痛的功能，但是，这毕竟也是一种步步紧逼的策略，因此，对于社会公众的压力和冲击也是比较大的。需要注意的是，在缓冲策略当中，政府的职责是给定一个清晰明确的时间表，并且切实保证这个时间表的执行，在与公众的沟通方面同样是消极、被动的。

（4）策略实例。缓冲策略在政策终结过程中的应用十分广泛。我国在终结一些大的政策的过程当中，经常使用缓冲策略。例如，我国在终结旧的身份论证的政策，启用新的 IC 卡身份证的过程当中，采用的就是缓冲策略。在一个时期内，两种身份证可以并存，逐步终结旧政策。此外，我国终结旧的环境政策，实行更加严格的新环境政策，使用的也是缓冲策略，逐步终结旧政策并解决遗留问题。

11.3.3　桥梁策略

桥梁策略是指在政策终结过程中不制定明确的时间表，但是缓慢而不间断地推进政策终结过程。同时重视与公众的沟通和联系，争取公众支持的政策终结策略。在桥梁策略中，公共政策面临的来自公众的压力并不是非常大，但是政策本身对于社会发展的阻碍比较明显。与缓冲策略相比，桥梁策略最大的特点是政府开始发挥主动的引导作用，与公众进行沟通，同时桥梁策略的终结过程没有明确清晰的界限，其渐进式终结的过程更加隐蔽。桥梁策略类似于"Long Whimper"策略。这是一种温和的终结进程，逐步减少政策赖以生存的资源，直至将政策完全终结。

（1）终结条件。采用桥梁策略的政策终结过程通常发生在那些终结意愿不强烈，但是危害性比较大的公共政策上。这些公共政策的危害性需要比较全面的信息和专业的知识才能够分析和判断，因此，在桥梁策略中的政府终结意愿表现明显。

（2）终结方式。桥梁策略的终结方式是渐进式终结。一方面，桥梁策略没有固定的时间表，而是制定一系列的指标，只有当上一个指标体系达成之后，才会推动下一步终结过程，各个终结过程之间没有明显的界限和标志，终结过程缓慢而有力。另一方面，桥梁策略由于来自公众的终结意愿不强烈、终结动力不足，为了防止终结过程中途搁浅，政府通常会主动出击，与公众沟通，争取公众对政策终结的支持和理解，并借此降低政策终结过程的冲击，减少政策终结过程的阻力。

（3）策略利弊。桥梁策略的优势在于其终结过程的灵活机动，以及与公众的沟通，这使桥梁策略对社会和公众心理的冲击都比较小。但桥梁策略的缺陷也是比较明显的，由于桥梁策略没有制定明确的时间表，所以采用桥梁策略的终结政策的时间有可能很长，造成政府终结过程久拖不决、效率低下，终结成本也随之上升。同时，过长的终结过程使反对终结的力量有足够的时间组织反抗，有可能使终结过程被迫停止。另外，渐进式的终结过程虽然具有隐蔽性，但同时也给政策终结漏洞预留了空间。桥梁策略对政府的要求很高，假如政府不能采用有效手段说服公众，还是有可能招致公众的阻力而使政策终结过程流产。

（4）策略实例。政策终结过程中的公共听证制度就是典型的桥梁策略，通过与公众的沟通，为政策终结奠定了足够的民意基础。我国在很多公共政策终结方面逐步引入了听证制度，提高了政策终结的针对性和可行性，减少了政策终结的冲击和破坏。例如，各省市在终结一些公共交通政策时的听证制度。

11.3.4 非正式终结策略

非正式终结策略是指当政策终结过程遭遇来自公众的阻力，但是政策本身确实有终结的必要时，保留政策的名称而终结其内涵与外延的一种政策终结策略。政策终结的必要性与公众终结政策的意愿并不是完全一致的，尤其是当政策本身发生变异，具有衍生利益的时候更是如此。非正式终结策略的目的就是尽可能减少政策终结的破坏性，并且尽可能保留和兼顾政策的衍生利益，以推动政策终结过程。

终结条件。使用非正式终结策略时，就意味着政策终结遭遇比较大的阻力。这种阻力主要来源于以下几个方面：其一，政策并非完全失效，尚有其存在的价值，但是阻碍效应远远大于存在价值。这时的政策受益群体还有一定的规模，因此推动终结的力量和阻碍终结的力量并存，造成政策终结动力不足。其二，政策在长期的执行过程中产生的附加效益使政策受益群体规模扩大。其三，政策在推出时考虑不周，但是朝令夕改将损害政府的威信。在上述阻力存在的条件下，采用非正式终结策略是理想的选择。

终结方式。非正式终结策略一般有两种方式：一种是保留政策的名称而终结一切该政策的外延和内涵，直至政策自然消亡；另一种是采用"无限期暂停"的方式终结政策，直至政策影响完全消失。

策略利弊。非正式终结策略能够在政策终结遭遇强大阻力的情况下化解危机、缓和矛盾，使政策终结能够继续推进。由于终结过程是隐蔽的、非正式的，因此对社会和公众的冲击很小，不会引起反弹，在大量终结政策的转型时期，非正式终结策略的优势尤其明显。但是，非正式终结策略的弊端也很明显：第一，非正式终结过程实际上是一种妥协，不可避免地留下后遗症，甚至会使旧政策死灰复燃。第二，非正式终结策略终结过程很长、成本很高。第三，非正式终结策略使公众产生"暗箱操作"的感觉，可能损害政府公信力。

11.3.5 逆动策略

逆动策略是政策终结过程中的危机策略，即政策威胁到社会和公众的根本利益，且这种威胁往往迫在眉睫，同时，反对终结的力量又十分强大，在这种危机环境下，一切常规的终结策略都难以奏效，政府可采用逆动策略，即推动旧政策运行，使其危害在短时间内进一步显现，从而积聚起足以终结该政策的推动

力量。

终结条件。逆动策略的终结条件有两个：一是政策终结要求必须十分迫切，且其威胁性极大；二是阻碍终结的力量极大，使正常的终结过程几乎无法进行。

终结方式。逆动策略的终结方式是运用一系列策略使政策的危害更快显现，以推动终结。通常有两种方法：一是保留政策，使其继续运行一段时间，拒绝改良；二是放任政策的危害性结果蔓延到一定程度，有意削弱对该政策的压制力度。

政策利弊。逆动策略是一种险中求生的危机策略，其最大的优势就在于推动几乎不可能终结的政策走向终结，特别是一些关乎全局的重大政策走向终结，从而为社会和公众赢得极大的利益。但是，逆动策略风险极高，因为采用逆动策略时，政策终结处于停滞状态，反对终结的力量已经集结完毕，政策终结面临强大阻力，如果逆动策略奏效，将可以挽回颓势，否则，一旦失败，将对政策本身以致政府造成重大伤害，从这个角度讲，逆动策略的成本也是最高的。同时，由于逆动策略追求的是破旧立新，因此一切斗争都是显性的，对社会公众心理和社会生活本身的冲击也是所有策略中最高的。

我国在计划经济向市场经济转型时期曾经使用过逆动策略。在是否终结计划经济政策的问题上，各方意见分歧严重，顾虑重重，中央采取部分的逆动策略，这样一来，支持改革的力量进一步壮大，政策终结就顺利完成。

11.4 本章小结

本章介绍了政策终结这一政策过程中的重要环节。通过对政策终结研究历程的梳理，明确政策终结研究的现状及其定位。政策终结的概念并不必然将政策划分为终结或非终结两种状态；相反地，在保留原有政策与彻底终结政策之间存在一定的中间地带，政策在此区间内经历调整、合并、削减等过程，这种观察政策终结的角度被学者定义为"部分终结"，它为我们动态地看待政策终结提供了很好的视角。

政策终结主要受到认知水平、触发机制、政策评估结果的运用程度、利益聚合程度、领导者的意志、公共舆论等因素的影响。对公共政策的策略，着重分析了休克策略、缓冲策略、桥梁策略、非正式终结策略及逆动策略。至于中国的公共政策终结，我们强调全面的社会变革迫切需要科学化、系统化的政策终结体系，并且需要克服政策规模悖论、政策碎片化和终结程序缺失等一系列阻碍。政策终结是一个复杂的过程，政策终结实践更是高度艺术的工作，这项探究有待研究者进一步去开拓。

思考题

1. 解释政策终结概念。
2. 简述政策终结的种类、方式与作用。
3. 政策终结的主要障碍有哪些？如何加以克服？
4. 试述公共政策终结的策略。

案例讨论

食品质量免检政策的终结

我国的食品质量免检制度（以下简称免检）出台于 20 世纪 90 年代，是对一些符合特定条件的产品在一段时期内免除政府相关部门对其进行产品质量监督检验的政策。1999 年 12 月 5 日，国务院发布的《关于进一步加强产品质量工作若干问题的决定》第 16 条规定："对产品质量长期稳定、市场占有率高、企业标准达到或严于国家有关标准的，以及国家或省、自治区、直辖市质量技术监督部门连续 3 次以上抽查合格的产品，可确定为免检产品。"2000 年 3 月 14 日，国家质量技术监督局对免检产品的特殊待遇进一步作出规定，而后公布了第一批免检产品名册。2000 年 8 月 10 日，我国食品质量免检工作全面铺开。2001 年 12 月，国家质检总局在合并组建后对原法规进行修订，而后国家质量监督检验检疫总局第 9 号令颁发，食品质量免检制度的影响力进一步扩大。除了保留原有关于有效期内免于质量检验的规定，还提到企业可以自愿选择是否在这一段免检期内在该产品上印刷相应的免检标志。自此免检产品逐渐增多，几乎涵盖到了民众生活的各个方面。截至 2007 年，我国已有 16 类共计 389 种产品被列入到免检名单之中，4710 家企业获得了免检企业的称号①。

政策出台的初衷在于鼓励企业提高产品质量、对企业信誉认可奖励、减轻企业负担、避免重复检查、提高整体效率、增强行业竞争力，为实力过硬的企业创造一个宽松、良好的市场环境。免检制度出台初期对企业发展起到了一定的激励作用，但是免检制度也为产品安全带来了一些问题，部分免于监督检查的企业为了攫取利益不惜钻法律的空子以及降低产品标准。

由此，2008 年 9 月 18 日，国务院办公厅发布《国务院办公厅关于废止食品质量免检制度的通知》，同日国家质检总局发布第 109 号总局令，决定废除《产品免于质量监督检查管理办法》的决定中有关食品质量免检的内容。2008 年 10 月 23 日，全国人大常委会对《食品安全法》草案进行第三次审议，该草案明确规定食品产品领域不得实施质量免检。自此历时 10 年的食品质量免检政策最终被废除，新的《食品安全法》得以确立。

资料来源：

吴光芸，李培. 多源流理论视阈下我国公共政策终结策略探讨 [J]. 当代经济管理，2014（3）.

讨论：

1. 请论述政策周期与政策终结的关系。

2. 请用多源流理论分析我国食品质量免检政策的终结过程。

---

① 阮蓁蓁. 食品免检制度终结分析——基于多源流理论的分析视角 [J]. 行政论坛，2009（2）.

第12章 公共政策分析

随着公共政策分析体系的日益完善和理论的成熟，公共政策分析在政府有效地行使其职能中所起的作用逐步增加。从理论上说，一个完整的政策分析过程包括六个步骤：①通过对问题情境的分析，初步界定政策问题。②明晰政策问题，确立政策目标。③针对政策目标，搜寻备选方案，并对其进行设计和筛选。④对各备选方案的前景和后果进行预测。⑤根据预测结果，评估各备选方案的优劣。⑥对政策实施后所产生的效果进行评估。政策分析是一个运用各种科学技术分析问题情境、解决政策问题的过程。因此，政策分析方法的适用与否对能否有效解决政策问题举足轻重，方法论的研究有助于科学决策的推行，避免重大失误。

12.1 政策分析的基本框架

政策分析是指政策研究者和研究组织以及公共决策者，把科学的知识和方法应用于政策的选择和公共问题的解决中，在公共政策领域内创造和应用知识的复杂的社会过程。兰德公司的查尔斯·沃尔夫认为，公共政策分析是把科学理论方法应用于解决政策的选择和实施问题，这些政策包括国内、国际及国家安全事务等。①

12.1.1 政策分析的理论

根据奈格尔和米尔斯在《政策科学的职业化发展》② 中论述的观点，公共政

---

① 查尔斯·沃尔夫. 市场或政府——权衡两种不完善的选择：兰德公司的一项研究 [M]. 谢旭，译. 中国发展出版社，1994.

② Stuart S. Nagel，Miriam K. Mills. Professional Development in Policy Sciences [M]. Westport Connecticut：Greenwood Press，1993.

策分析的理论可以由政策分析过程中涉及的基本理论问题来加以概括，这些基本问题涉及相关概念、知识获得、原因和规范四个方面。相应地，政策分析有四种基本理论类型，即概念理论、认知理论、因果理论和规范理论。

12.1.1.1　概念理论

在概念理论中，涉及的一个关键问题与如何界定政策分析或公共政策评估相关。概念化这个领域可能包括界定什么是构成好的政策分析或政策评估的东西，这些东西包括有效性、重要性、有用性、创新性和可行性等。有效性是一个关键因素，它包含了主要的目标、备选方案、为描述其关系与经验实在的外在一致性，以及逻辑上由目标、政策和关系中推出结论的内在的一致性等。好的政策分析或政策评估依赖于它所处理的问题的重要性，对决策者的有用性、创新性和可行性等因素。当然，意识形态方向是一个与技术上好的政策分析无法分开的问题。

12.1.1.2　认知理论

认知理论认为，政策分析或政策评估从权威、统计观察分析、演绎推理和敏感性分析等方面获得目标政策和各种关系。一个要获得好政策建议的系统必须能够处理认识过程中的各种障碍，这些障碍主要包括五个方面：①有关多元目标的多个方面，这是一个"苹果与橘子"的问题。②多元错失的信息。③过多的、不能确定每一个效果的多元备选方案。④多元的和可能冲突着的限制和约束。⑤不管所有这些多元性，对推导和表述结论中简单性的需要。这五个方面构成决策中的五个方法论问题。

12.1.1.3　因果理论

因果理论主要关心为什么一些政策建议被采纳，而另一些政策建议不被采纳。有的答案与下列因素有关：较少的反对与较多支持的结合、交给了合适的决策者、转向预定的目标方向和取得好的效果。因果理论也关心为什么一些被采纳的政策取得成功，而另一些却遭受失败。相关因素包括原初目标的高低；提供什么样的诱因来保证服从；在遇到问题之前，是如何规划和执行分析的。

12.1.1.4　规范理论

规范理论部分地关心某些政策分析的职业化伦理学问题。例如，谁的目标被最大化了？对于有效性和其他好的分析的标准应承担多少义务？如何处理好人们冒险地置于政策试验中的问题？以及在何种程度上分析者应当规范而不仅是描述。规范理论也关心澄清全社会的价值观，这些价值观有：为最大多数人的最大幸福（这是英国功利主义者边沁、密尔和美国实用主义者詹姆斯、戴维等的观点）、社会底层的教养（罗尔斯的观点）、做事情要使每个人过得更好或至少不能更糟（帕累托的观点）以及展开公共政策的其他新的全社会价值观。

12.1.2　政策分析的价值

政策分析的意义在于发现问题的症结所在、拟订政策方案、建立评估标准、依据这些标准权衡政策方案的利弊得失，设计执行计划，并对政策执行进行评估，以避免或减少政策过程中的消极状况和结果。

（1）便于了解情况发现问题实质。公共政策过程最为关键的就在于发现所要解决的公共问题的症结，并确定其性质。为此只有通过深入细致的政策分析工作才能做到，因为公共政策分析工作所做的，除确定并查验一个公共问题的各种向度外，还注重考量问题发生的原因及其产生的后果的复杂性。由此通过整合性与科际性的分析，能够发现问题的要害和症结所在。

（2）帮助决策者减少决策失误。根据决策所必需的信息、资料、证据是否完备，可以将决策失误分为可避免的决策失误与不可避免的决策失误。不管决策失误由谁负责，事实上，在所有的决策过程中，独立的、科学的职业政策分析都能帮助决策者做出更好的选择，以减少决策失误。

（3）改善公共部门在决策上的低效状况。造成公共部门在决策上低效的原因是多方面的，有参与决策的决策者或潜在的决策者人数多的原因；有他们所代表的利益集团目标难以统一的原因；有公共部门决策方法和程序落后，常以对社会危害巨大的"试错法"作为常见的决策方法的原因；还有公共部门工作人员的知识结构、责任心等方面不称职的原因。要消除或发现造成公共部门在决策上低效、失误的根源，一种行之有效的方法就是借助于职业化，即由政策研究者和研究组织进行政策分析。

（4）增强决策的预期性和取向性。独立的、科学的政策分析往往比直接决策者更多地考虑到那些不确定因素，并有更强烈的以社会为中心的政策伦理取向。这样，能够促使公共部门在决策时进行更全面的权衡。

12.1.3　政策分析的研究方法

政策分析研究方法具有多样性。政策分析者来自不同的学科，研究者可能强调或偏重于他们所专长的学科的方法。根据奈格尔和米尔斯在《政策科学的职业化发展》一书中的概括，政策分析有五种主要研究方法，即数学最优化、计量经济学方法、准实验方法、行为过程方法和多元标准决策方法。这五种方法各有侧重，并以某些学科作为基础。下面是奈格尔和米尔斯论述的要点。

12.1.3.1 数学最优化

数学最优化以运筹学、管理学和决策科学为基础。数学优化既与数学和工程学有关，因为它是工业工程学的一部分，也与商业有关，因为它是管理科学的一部分。数学优化有各种不同的形式，基本的常用形式有四种：①报偿矩阵；②决策树；③最优化水平曲线；④微分曲线和函数曲线。这四种数学优化形式可以部分地根据它们的数学特征来加以描述。报偿矩阵和决策树与有限数学和概率决策论有关，而最优化水平曲线、微分曲线和函数曲线则与古典微积分最优化和线性/非线性规则有关。

数学优化在处理决策过程中遇到的方法论障碍时具有如下明显的缺点：①试图通过形成单一的目标函数来消除多元目标；②它徒劳地寻求错失的信息或做出错误的假定；③通过古典的微积分优化的规则来进行分配；④对于冲突者的约束无能为力；⑤倾向于强调议程和非方程，难以处理和解释几何形式。

12.1.3.2 计量经济学方法

计量经济学方法以经济学和统计学基础，它强调统计回归分析，这种方法可以用来预测。一般包括如下几步：①列出案例或案例类型；②列出试探性标准；③根据预测标准列出每个案例的分数；④累加出每个案例的总分数；⑤将这些案例的一系列总分数与过去的案例或案例类型的实际的或假定的结果联系起来；⑥进行敏感性分析。

统计回归分析缺乏：①简单性；②预测的准确性；③在试图描述经验时的有效性；④预测多重关系时的相关性；⑤在表述未权重的总的关系时的完全性；⑥对小抽样的可应用性；⑦在允许人们改变预测权重方面的灵活性；⑧处理大量记录时的方便性。

12.1.3.3 准实验方法

准实验方法以心理学和社会学特别是坎贝尔的心理学理论、弗里曼和罗西的社会学理论为基础，它强调努力安排事前试验和事后试验，控制团体和非随机的、准实验的团体。公共政策分析中的一种常见的因果关系是相互因素关系，即公共政策影响社会指标，而社会指标可能更会影响公共政策的采纳。准实验方法的本质是对那些采纳一项公共政策的地方与那些不采纳这项公共政策的地方加以比较，但它与真实的实验不同，政策的采纳并不是随机的。

准实验方法在某些场合是有用的，但是它存在不少方法论和规范上的缺点。例如，会出现无意义的实验群体和控制群体，缺少"事前"数据和"事后"数据，甚至没有或缺乏已经采纳政策的地方；准实验方法也要求在实验之前对可能有害的政策的采纳，以与演绎模式相对照。为了避免准实验方法以及时间序列分析方法的缺点，人们可能试图从经验之谈检验过的前提中推出政策效果，这种演绎模式采取了不同的形式，并且以处理个别决策的各种模式作为基础。

12.1.3.4 行为过程方法

行为过程方法以政治科学为基础，它深入政治科学中行为和过程方向的中心，这种方向可以与立法的、新闻的、历史的和哲学的方向相比较。这种方法强调政策的制定和执行的过程。

公共政策分析的一个重要方面是考虑政策被采纳的政治过程和政策执行的管理过程。因此，行为过程分析使政策分析对于政治可行性和管理可行性具有敏感性，因而它是有价值的。但是，最好的政策并不只是政治和管理上可行的东西，它还必须具备其他的。

12.1.3.5 多元标准决策方法

多元标准决策方法是跨学科的，它以所有社会科学作为基础。这种方法强调处理的问题主要有：①所要取得的全社会目标；②取得这些目标的备选方案；③目标和备选方案的相互关系。目的是要分析最好的备选方案，并加以结合和分配。

多元标准决策方法通过如下各步骤来分析政策问题：①在一个两维矩阵的各排上列出可利用的备选方案；②在这个矩阵的各栏列出判断这些备选方案的标准；③在各格中插入显示每个备选方案与每个标准相关的分数；④转变这些分数，如果必要的话，考虑从不同的方面来测量这些目标；⑤累加由每个标准得到的转变了的分数，以便得到每个备选方案的总的分数；⑥推导出关于采纳哪个备选方案可能最有用的政策分析方法。它力求克服上述各种方法的缺陷，能够有效地处理政策过程中的方法论问题。因此，也可以将它用作判断其他分析方法优劣的标准。

12.1.4 政策分析的构成因素

一般而言，政策分析的基本任务及程序是：①帮助决策者确定政策目标；

②找出达成目标的各种可能的办法；③分析每个备选方案的各种可能结果；④依某标准排列各种备选方案的顺序。这些基本任务决定了政策分析中的各种因素及分析过程。根据奎德等的论述，可以将政策分析的基本因素概括为如下七个方面：问题、目标、备选方案、模式、效果、标准和政治可行性。

12.1.4.1　问题（issues or problems）

问题是政策分析的逻辑起点。政策分析中的问题是指政策问题，即政策分析者所要分析、研究或处理的对象。政策分析所要处理的公共问题，成了政策分析的一个极为重要的组成部分。

12.1.4.2　目标（goals or objectives）

目标是决策者凭借决策手段所要取得或达成的目的。分析者遇到的一个困难是弄清楚决策者真正所要达成的目标。因为这些目标往往被决策者以抽象的语句或笼统的方式所陈述或隐含，以致相当模糊。如果决策者还没有一定的目标的话，那么分析者就应认真地分析研究，并在目标应该是什么的问题上与决策者或当事人达成一致。

12.1.4.3　备选方案（alternatives）

备选方案是决策者用来达到目标的选择或手段。在不同的场合，它们可以是政策、策略、项目或行动等。备选方案之间不必是明显地相互排斥（相互取代）或起相同作用。备选方案不只是那些决策者从一开始就知道的选择，而且也包括那些后来才被发现的选择。

12.1.4.4　效果（impacts）

指明一个特殊的备选方案作为取得目标的手段意味着一系列的结果，我们称这些结果是与备选方案相联系的效果。有些效果是对实现目标的积极的贡献，即利益；另一些效果则是与备选方案相联系的消极的结果，即成本。与备选方案相联系的还有另一种效果，我们称为外在的结果，即经济学所讲的外部效应（Externalities）。

12.1.4.5　标准（criteria）

选择标准又称决策标准或决策规则，根据这些标准，我们可以"衡量各种备选方案达成目标的程度"。一般的决策标准有效能、效率、适当性、公平性、回应性和合适性等。在资源有限的条件下，政策分析常常采用成本—利益分析（损益分析）或成本—效能分析，以这两种分析的结果作为方案比较选择的标准。针对单一的政策目标，可资运用的标准常常不止一个。

12. 1. 4. 6　模型（models）

模型不是别的，不过是一系列关于世界及其过程的概括或假定，一个关于实在的简化了的图像；它可以用来研究一项行为的结果，而不必采取实际的行动。模式有各种表现形式，如公式、物理结构、计算机程序等，甚至不过是一个心灵的图像而已。模型不仅可以用来预测备选方案的结果，而且可以应用于问题的建构或界定，① 甚至可以应用于整个分析过程。②

12. 1. 4. 7　政治可行性（political feasibility）

政治可行性是指符合在解决问题的限度内。限度指环境的因素，即影响政策结果的因素和不受政策制定者所掌握的因素。马杰（G. Majone）将政治可行性分为三个方面：政治资源限制——政治支持度、政治和行政技术；分配限制——政治是整个社会对价值所做的权威性分配，分配的差距有一定限度；制度的限制——政策分析不能为所欲为，必须在一定的制度限制之内进行。③

12. 2　公共政策分析模式

分析模式是政策分析的基础方法，任何政策分析都是利用一个或数个模式，建立一个清晰、可靠、合理的分析过程。④ 大体上说，任何科学的政策的制定过程都是在一定政策分析模式基础上进行的。因此，正确地选择政策分析模式对于整个政策制定的过程具有十分重要的作用。公共政策分析模式的分类标准有很多，现讨论几种典型且实用的公共政策分析模式。

12. 2. 1　系统分析模式

系统分析是一种以系统论为理论基础的应用于各种对象的分析方法。公共政策系统分析，是指根据公共政策的系统特征，从公共政策的有机整体出发，着重

---

① 　W. N. Dunn, Public Policy Analysis：An Introduction ［M］. New Jersey：Prentice Hall Inc. , 1994.

② 　M. J. Dubnik, B. A. Bardes. Thinking about Public Policy：A Problem Solving Approach ［M］. Canadan：John Wiley & Sons, Inc. , 1983.

③ 　G. Majone. On the Nation of Political Feasibility ［J］. Policy Studies Review Annual, 1977 (1)：80-95.

④ 　Edward. E. Quade. Analysis for Public Decisions ［M］. New. York：Elsevier Publishing Gom, 1975.

分析研究公共政策整体与部分、整体与层次、整体与结构、整体与政策环境的相互作用和相互联系，以求得优化的整体政策目标效应。因此，根据系统的本质及其特征，可以将公共政策系统分析的内容相对地划分为整体分析、环境分析、结构分析、层次分析、动态过程分析和反馈分析六个方面。

12.2.1.1　整体分析

整体性是系统的最基本的属性或特征之一，整体分析是构成系统分析的一个主要内容。用整体分析法进行公共政策分析的核心是：从全局出发，从系统、子系统、单元、元素之间以及它们与周围环境之间的相互关系和相互作用中探求系统整体的本质和规律，提高整体效应，追求整体目标的优化。在面对一些复杂的、较大的系统时，要求政策分析人员把系统分解为一组相关联的子系统，在整体的指导下，协调各子系统的目标，从而达到系统所要求的总目标，即寻求局部最优化的解，经过协调而得到整体的最优解。[①]

12.2.1.2　环境分析

系统论认为，环境与系统之间存在相互联系、相互作用、相互依赖的关系。一方面，环境是确定系统及其问题的边界和约束条件，环境的变化会对系统产生直接或间接的影响。在系统分析中，只有找出了相关的重要环境因素，并确定其对研究系统的影响范围及影响程度，才能使最优的政策方案在制定和模拟过程中被选出。另一方面，现实的系统是开放的系统，它的存在与发展也改变着周围的环境，系统作用的不同将引起环境发生变化。系统与环境不断进行着物质、能量和信息的交换，使系统具有环境适应性特征。在公共政策分析中，我们可将政策分析对象视为一个系统，政策环境产生了需求和支持这样一些输入，通过政治系统的加工处理转变为公共政策，这些政策的输出又作用于环境。因此，环境分析有助于公共政策更加符合现实需要，更加适应客观环境发展的规律。

12.2.1.3　结构分析

所谓系统结构是指系统内部诸要素的排列组合。同样一些要素，排列组合的方式不同，就可能具有完全不同的性质、特征和功能。系统结构分析的目的就是要找出系统各要素在构成上的整体性、环境适应性、相关性、层次性的特征，使各要素及其相互关联在分布上达到最优结合和最优输出。因此，在公共政策系统分析领域，结构分析是寻求公共政策系统合理结构的途径与方法，其基本原理可

---

①　陈振明. 政策科学［M］. 北京：中国人民大学出版社，1998.

以用公式表述为：E＝maxP（X，R，C）。其中，X 是系统组成要素的集合；R 是系统组成要素的相关关系的集合；C 是系统要素及其相互关联在各层次上可能分布的形式；P 是 X、R、C 相结合的效果函数；E 表示 P 函数在目标、环境等约束条件下所能达到的最优结合效果。结果分析的任务，在于寻求 X、R、C 之间的最优结合形式，使系统在稳定的条件下效果最优。

12.2.1.4 层次分析

系统论认为，任何系统都是按照一定的次序和层次组织起来的，一个系统通常又可以分为若干个子系统和亚子系统。系统的结构层次性是系统的稳定性和连续性的重要保证，也是系统发挥其最佳功能的前提条件之一。公共政策系统分析中层次分析的基本思路是：明确公共政策问题中所包含的变量及其相互关系，将各变量划分为不同层次，从而形成不同的层次结构，通过对各不同的层次的变量进行比较分析，建立判断方程或矩阵，并在此基础上计算判断方程或矩阵，将不同政策方案按重要性或适用性大小排列，为最优方案的选择提供依据。层次分析首先要解决系统分层及其规模的合理性问题，层次的划分要考虑到系统传递物质、能量和信息的效率、质量和费用等因素；其次要使各个功能单元的层次归属合理。

12.2.1.5 动态过程分析

任何系统都处在动态的变化过程之中，每一个要素的变化都会引起相关要素的结构及系统的变化，尤其是决定一个系统本质特性的要素一旦流到其他系统当中就会具有另一个系统的本质属性。分析一种现象就必须研究其生成和变化过程，并在变化运动中准确地把握其本质。事实上，系统各部分的变化也是可以通过观察和统计得出来的，是有规律可循的。因此，在公共政策分析中，应当注重政策系统的界限及其移动变化和发展趋势，根据政策环境及条件的改变相应地制定对策，并努力改造公共政策的内外环境，实现公共政策与其环境的动态平衡，从而提高公共政策的质量。

12.2.1.6 反馈分析

信息反馈将系统活动过程的信息作为投入返回系统，直接导致系统活动过程或产出的变化。公共政策应当建立有效的反馈机制，对其进行分析，然后根据信息反馈随时调整公共政策的努力方向，调整政策组织的行为方式，并使其接近公共政策的目标。

系统分析模式在完善公共政策分析路径、改进政策制定系统的功能方面发挥了重要作用，但缺陷表现为①：①缺乏创造性。以功效最大化为原则，只能从各种政策方案中选择出最佳方案，而不能创新方案。②缺乏对价值体系的考量。不能把价值、意识形态等非量化问题纳入政策分析的范畴。③缺乏政治分析的维度。④缺乏对制度的研究。将制度作为既定的外生变量，而不给予足够的重视。⑤忽视历史因素。⑥倾向于依赖纯逻辑式的分析推论。

12.2.2　内容过程分析模式

公共政策分析最常用的方法就是确定公共政策过程的不同阶段，然后对每一个具体阶段进行分析，掌握公共政策的内在规律，这就是公共政策过程分析模式。这一模式的核心理论认为，公共政策是解决公共政策问题的一系列活动过程，政策分析的主要内容是针对政策过程的整体、各环节以及影响因素的功能进行分析。不同学者关于公共政策的过程及其各阶段的主要内容和功能有着不同的分析框架。

12.2.2.1　哈罗德·拉斯韦尔的公共政策过程分析模式

作为西方行为主义政治学家的代表者之一，拉斯韦尔在建立政策科学的同时，较早地提出了公共政策过程分析理论，从而奠定了政策分析模式的基本基调。他不仅概括出公共政策从产生到终结的各个动态运行环节，还分析了各个环节应该发挥的具体功能。因此，哈罗德·拉斯韦尔的分析模式也称为政策研究的"功能过程理论"。② 拉斯韦尔的政策过程环节和针对各环节的分析内容如表 12-1 所示。

表 12-1　拉斯韦尔的公共政策过程及分析内容

序号	过程环节	分析内容
1	情报	政策问题决策信息的收集、分类、加工和处理
2	建议	政策建议和备选方案的形成和提出
3	法规	政策方案的通过、发布规定
4	行使	由谁来裁决是否违反法规
5	运用	政策方案的运用和实施

① 张国庆. 公共政策分析 [M]. 上海：复旦大学出版社，2004.
② 王骚. 政策原理与政策分析 [M]. 天津：天津大学出版社，2003.

续表

序号	过程环节	分析内容
6	评估	政策运行过程、效果和成败
7	终止	政策变更的原因和方式

12.2.2.2　查尔斯·琼斯的公共政策过程分析模式

琼斯在《公共政策研究导论》一书中指出，政策过程架构包括认知、界定、集结、组织、代议、规划、合法化、拨款、执行、评估与终结等一系列活动，并且依据系统分析的概念，将公共政策分析的过程分为问题认定、方案发展、方案执行、方案评估和方案终结五个阶段。其主要内容可以用表 12-2 清楚而明确地显示出来，从该表中可以看出，公共政策分析过程各阶段的功能、政府的活动及过程输出彼此紧密联系在一起，使政策分析过程具有复杂性和动态性的特征。

表 12-2　琼斯的公共政策过程理论及功能①

过程环节	功能活动	政府的活动	过程输出
问题认定	认知、界定、集结、组织、代议	政府接受、分析问题	需求
方案发展	规划、立法、拨款	政府采取行动	方案、建议、预算
方案执行	组织、解释、执行	政府解决问题	服务、投资、监控
方案评估	说明、度量、分析	政府检讨方案	合法化推荐等
方案终结	解决、终结	政府解决问题或变更	解决或变迁

12.2.2.3　詹姆斯·E. 安德森的公共政策过程分析模式

詹姆斯·E. 安德森对公共政策过程和功能的阐释更加明确，并强调了政策议程和政策合法化在政策过程中的重要意义。他认为，政策过程是一系列的行动模式，在每一行动模式中又涉及多类的功能活动。他依据政策过程提出的分析模式如表 12-3 所示。

---

① C. O. Jones. An Introduction to the Study of Public Poliey［M］. North Situate：Durbury Press，1977.

表 12-3　安德森的公共政策过程及功能①

序号	过程环节	分析内容
过程环节	功能活动	政府的活动
政策日程	使问题引起政府注意	认定政策问题
政策形成	进入解决问题的行动	提出解决问题的措施
政策通过	使政策合法化和权威化	接受解决问题方案
政策实施	通过政府行政机器运用政策解决问题	政策用于问题的解决
政策评价	确定政策效果	使政策发生作用

　　詹姆斯·E. 安德森的公共政策过程分析模式的优点在于：组织和澄清我们的思维，调查研究公共政策的形成。此模式主要用以分析美国国内政策，很少涉及外交政策或美国以外的政治系统的政策制定。

　　12.2.2.4　林水波、张世贤的公共政策过程分析模式

　　我国台湾学者林水波和张世贤是较早研究公共政策过程的学者，他们在总结西方政策过程模式的基础上提出了自己的公共政策分析架构，并以此为框架建构了政策过程分析的基础理论（见表 12-4）。

表 12-4　林水波与张世贤的公共政策过程及功能

过程环节	意义与功能
政策问题认定	影响解决方案之本质，是产生正确政策的基础
政策规划	配置资源、解决问题的行动方向
政策合法化	保证公共政策有效执行、政策目标的实现
政策执行	解决问题的实际操作
政策评估	检验政策和自行效果，是政策持续、修正或终结的基础
政策终结	问题解决，政策使命的完成，政策变更

　　公共政策过程分析模式能够使公共政策更加科学，因为它把公共政策看作一个有始有终的系统运行过程，这对于从整体上把握各个运行环节在政策运行中的功能、系统检测各个环节功能发挥是否正常有着关键性作用。但由于这种分析模式的宏观性和一定的抽象性特征容易导致纯理论性的抽象形式研究。现实政策的

---

　　① 詹姆斯·E. 安德森. 公共决策［M］. 唐亮，译. 北京：华夏出版社，1990.

分析是在理论框架指导下对具体内容和运行过程的综合分析，应针对具体的公共政策赋予各个环节具体内容①。

12.2.3　信息转换分析模式

信息转换分析模式是美国政策分析家威廉·N. 邓恩提出的公共政策分析模式。他认为："公共政策分析并不限于对一般描述性理论的发展和检验。政策分析通过设法综合和改变一些学科的基本内容和方法，提供解决具体政治背景下的问题时可用的政策相关信息，而不再像传统学科那样对经验性规律进行解释。政策分析的目的也不限于提供'事实'，还应设法提供关于价值及可取的行动方法的信息。"② 公共政策分析的目的主要是解决价值、事实和行动三大问题。威廉·N. 邓恩还认为，价值的实现是问题是否已被解决的主要检验标准，事实的存在会限制或促进价值的实现，行动的采纳也可能导致价值的实现。

在提供关于这三个问题的信息及合理论证时，公共政策分析人员可以运用相对应的三种方法进行分析，即经验方法、实证方法和规范方法（见表 12-5）。经验方法所提供的信息是描述性的，其作用主要是描述具体的公共政策的因果关系，指出事物是不是存在。与之相比较，实证方法所提供的信息是实证的，它与公共政策的价值有密切的关联，即在提供特定公共政策的描述性信息后，分析人员根据一定的标准去评价政策的价值。规范方法所提供的信息是指导性、规范性的，为解决公共问题提出行动的指导，即告诉人们应该做什么、怎么做。

表 12-5　公共政策分析的三种方法③

方法	所要解决的主要问题	所提供信息的类型
经验方法	它现在和将来会存在吗？（事实）	描述性和预测性的
实证方法	它有何价值？（价值）	实证性的
规范方法	人们应该做什么？（行动）	规范性的

威廉·N. 邓恩提出，公共政策分析至少应当包括五个方面的内容：第一，政策问题构建分析，明确政策问题是什么、如何解决，这是政策分析五个方面中

---

① 王骚. 政策原理与政策分析［M］. 天津：天津大学出版社，2003.

②③ 威廉·N. 邓恩. 公共政策分析导论（第四版）［M］. 谢明，等译. 北京：中国人民大学出版社，2011.

处于中心地位的方面，会对其余四个方面的分析产生影响。第二，对已有的与将要制定的政策具有一定相关性的政策进行分析，了解这些已有的政策制定的原因、过程和实施的效果。第三，对解决有关问题所提供的相关政策可能产生的结果进行预测。第四，对已有的相关政策与即将产生的政策进行价值评估。第五，提供即将付诸实施的政策可能产生哪些价值的信息。可见，公共政策信息转换分析模式非常强调信息的作用。在公共政策分析中，以下五种信息不容忽视：①政策问题信息；②政策未来信息；③政策行动信息；④政策结果信息；⑤政策体系信息。此外，公共政策信息转换分析模式还非常注重各种政策信息之间的相互转化关系。

12.2.4 成本—效益分析模式

成本—效益分析的基本价值标准是"帕累托标准"，即一项公共政策使至少一个人的状况变好而没有人状况变坏。但这种标准有其局限性，我们很难想象一项公共政策的实施不会使某些人状态受到影响甚至"变坏"。因此，福利经济学家又提出了"卡尔多—希克斯标准"，即允许在损害某些人的情况下增加另一些人的福利，只要纯效益是正数即可，纯效益越大，政策越合乎需要，这就是进行成本—效益分析的基础。成本—效益分析是公共政策分析中针对公共政策备选方案的预期成本和预期效益，通过比较确定相对最优方案的分析方法。正如我国学者张金马所说："公共政策分析中成本—效益分析就是针对各种备选方案的成本和它们达到特定目标的有效性程度（即效益）进行比较。如果政策成本与效益的货币价值可计算出来，那么最符合需要的最有效的政策方案（包括非行动）就是那个可提供最大纯效益（全部效益减去全部成本）的方案。"①

一般来说，公共政策分析中成本—效益分析包括以下三个步骤：

（1）验证公共政策各备选方案的所有成本和所有效益。

（2）确定公共政策全部成本和全部效益的价值，以货币的形式使它们具有可比性。

（3）计算公共政策各备选方案的纯效益（纯效益＝总效益－总成本）。

在应用成本—效益分析对公共政策进行规划与评估时，需注意四个方面的不

---

① 张金马. 公共政策分析：概念·过程·方法 [M]. 北京：人民出版社，2004.

足①：第一，对于经济效率的强调意味着对于公平标准的忽略。公共政策的公共性不能完全以"有利可图"来衡量。第二，货币价值不能对回应性做出估量，因为效益的实际价值因人而异。用同一货币化的收益不能衡量不同阶层的经济满意度。第三，成本—效益缺少对风险的考虑。第四，对于那些无法用市场价格衡量的、无形的成本与效益，影子价格的引入虽然有助于政策分析，但因其常常是主观估计的产品价格，所以，这一分析有时会具有不准确性。

12.2.5 风险分析模式

风险分析模式是决策者采用一定的分析方法预测出各种自然状态发生的概率，然后根据概率来选择方案，据此做出的风险性决策的分析方法。公共政策风险分析的首要工作，就是明确影响公共政策分析的风险因素。公共政策分析受到的风险因素主要有两大类：一类是政策分析人员内在的主观因素。包括：①分析人员的智力、分析人员的成就动机及其动机的质量、分析人员的心理状态。②来自政策分析人员的外在条件。主要是：分析人员掌握的信息、分析人员所掌握的时间、公共政策分析本身的复杂程度。如果政策涉及的范围较广、影响因素也较多、政策目标实现的约束条件严格，分析起来就相对复杂些。

根据分析人员所掌握不确定性信息的方法和模拟不确定性的方法来划分，可将公共政策风险分析模式分为蒙特卡罗分析模式、决策树分析模式、确定型分析模式三种（见表12-6）②。

表12-6 三种风险分析模式比较

模式	掌握不确定性信息的方法	模拟不确定性的方法
蒙特卡罗分析模式	既往历史的概率分布	利用概率分布作为未来事件的基础以检验方案
决策树分析模式	概率估计	利用概率估计来确定每个方案的期望后果
确定型分析模式	可能事件的说明书	利用说明书的信息来明确会发生的结果

（1）蒙特卡罗分析模式。这种分析模式主要是借助于历史上已经发生的相似事件的概率来评价即将发生的事件的风险程度。因此，蒙特卡罗分析模式的第

---

① 张国庆. 公共政策分析［M］. 上海：复旦大学出版社，2004.

② 胡宁生. 现代公共政策研究［M］. 北京：中国社会科学出版社，2000.

一步要做的工作就是收集整个政策过程的历史数据。这种历史数据必须具备两个特征：一是数据要有连续性；二是数据要表明时间的序列。第二步是找出数据的分布，并用数据的分布来反映不确定性。第三步是给每个分布指派随机数范围。第四步是开发一个计算机模式来模仿系统中的过程。第五步是从指派的随机数生成系统的条件。第六步是将模拟程序与生成系统的条件结合起来，以系统存在和运行的条件为依据，来度量和描述现实系统的运行过程。

（2）决策树分析模式。这种分析模式主要是通过概率估计来评价未来事件的风险程度。它的步骤如下：第一步是列举出政策备选方案，要保证方案尽可能完备以及各方案之间的排斥性。第二步是对每个方案描述可能发生的事件，计算出不同事件发生的概率（第一阶段）。第三步是对每个方案再进行具体的决策。每一个备选方案都会有几个事件，要对每个事件发生的概率进行计算（第二阶段）。第四步是对每个方案序列的结果按恰当的标准做出评价。第五步是对各个备选方案的结果用各自的概率加权，由此评价出第一阶段各决策方案的期望后果。

（3）确定型分析模式。这种分析模式主要是通过对可能事件的说明来评价未来事件的风险程度。构建确定型分析模式的步骤：第一步是开发系统模式。将既定系统中的所有事件的结果，都看成是确定无疑的。然后按照确定的事件，并依据其发生的先后顺序和相互间的关联，给既定的系统开发出一个运行模式。第二步是撰写脚本。对系统中确定的、未来的可能事件的发生、发展进行预测，并将这种预测以脚本的形式写出来。第三步是求出模式结果。依据每个脚本中的事件及其确定的结果，求出整个系统模式的总结果。

12.3　中国公共政策分析

公共政策分析作为一种社会政治现象，在全球范围内已经形成了一套完善的理论体系。我国在吸收、借鉴国外先进的理论经验的基础之上，已形成了具有中国特色的公共政策分析系统。但由于我国公共政策发展起步较晚，公共政策分析体系尚不完善，存在不少问题。就我国公共政策分析中存在的缺陷和问题予以分析讨论，对中国政策科学的研究和公共政策分析体系的发展都具有重要的意义。

12.3.1 中国公共政策分析的实质

政策分析活动是分析人员将现实政策问题作为研究议题，以政策分析过程为指导，以实现民主为目的，同时带有能动性的政策主张和创造活动。对此特做如下解释：

第一，公共政策分析是具有专业性的活动，必须由专业人员进行参与。公共政策分析是需要依靠专业人员运用相关专业知识以及分析能力的活动，这一规定强调了公共政策分析活动的专门化、职业化程度。

第二，公共政策分析的主线是以政策进行过程而展开的研究活动。在政策科学的发展过程中，人们在政策研究领域，先后建立了线性政策过程模型与非线性政策过程模型。政策分析的目的就是将不同的政策研究模型加以综合，形成具有科学性、专业性的政策分析过程。公共政策分析的目的是为政策制定、实施等行为奠定相关的理论基础，因此，政策分析工作应以政策过程为先导。

第三，政策分析不是进行政策制定的行为。从事政策分析的相关人员虽然有专业能力，但分析专家是不可能仅凭借理论知识来决定国家政策的。政策分析是相关知识专家运用科学的手段，在进行充分调研活动的基础之上，根据具体国情向相关部门和公众提出有效的行动建议的具有专业分析性的科学研究活动。

第四，各个部门的交流沟通是公共政策分析得以顺利进行的重要环节。政策分析人员通过将已经存在的政策资料转换为政策信息，进而形成完善的政策理论体系，然后以书面形式进行表达阐述，使决策者能够及时有效地得到最先进、最完善的政策理论信息。

12.3.2 中国公共政策分析的主要特征

目前，我国的公共政策分析研究主要是将公共政策分析的基本原理同我国的具体国情相结合的产物，具有鲜明的社会主义特色。从公共政策分析的特征和功能来看，主要表现在以下三个方面：

首先，坚持以人民为中心的价值理念。以人民为中心，实现高质量的经济增长和共同富裕的和谐发展是我国一切工作的根本目的，党的十九大报告中提出的"建立健全绿色低碳循环发展的经济体系"为新时代下高质量发展指明了方向，同时也提出了一个极为重要的时代课题。党的二十大明确"要坚持以推动高质量发展为主题，把实施扩大内需战略同深化供给侧结构性改革有机结合起来，增强国内大循环内生动力和可靠性，提升国际循环质量和水平，加快建设现代化经济体系"。高质量发展根本在于经济的活力、创新力和竞争力。而经济发展的活力、创新力和竞争力都与绿色发展紧密相连、密不可分。离开绿色发展，经济发展便丧失了活水源头而失去了活力；离开绿色发展，经济发展的创新力和竞争力也就失去了根基和依托。绿色发展是我国从速度经济转向高质量发展的重要标志。因而公共政策分析的重心在于：我国各级政府部门紧密围绕着"一切以人民为中心"，实现高质量共同富裕的主题，研究制定了与促进经济发展、提高人民生活质量息息相关的公共政策。从另一角度分析，国家经济的发展和科学技术的创新为公共政策分析提供了坚实的物质基础和技术支持。同时，高质量发展经济一直是我国各项工作的重中之重，这一重要国策决定了我国目前的公共政策分析必须将发展经济、搞好社会经济建设作为研究中心，研究有中国特色的社会主义经济发展的路线方针。

其次，注重实证调查研究方法的运用。实证调查研究是保持公共政策分析时效性和客观性的重要依据。我国的公共政策分析要求将逻辑分析、实例调查、理论概念三者相结合。以实事求是的马克思主义哲学为理论基础，强调实地调查研究。"实事求是，是马克思主义的根本观点，是中国共产党人认识世界、改造世界的根本要求，是我们党的基本思想方法、工作方法、领导方法。"要坚决杜绝和避免以感性认识代替理论分析的行为。实证分析的目的是将实践调查与理论研究相结合。实践调研一直以来都是我们党在进行公共政策制定以及社会主义建设过程中的重要环节。实地调查是公共政策分析能否成功的关键。公共政策分析实质是对政府政策从制定到实施以及终结这整个过程的研究。这一系列的活动必须保障其客观性，从而才能确保公共政策能够顺利实施。

最后，强调政策分析的长远目的。公共政策分析的目的，与我国长期发展规划是一致的。公共政策是国家政权机关为实现特定的社会管理目标所制定的准则、规范。也就是说，公共政策实质是党和政府对相关机构、团体和个人进行引导、规范的行为准则和指南。中国共产党作为我国的执政党引领和指导社会主义事业的前进和发展，党和政府从政策的制定、发布以及实施执行都发挥着重要的监督作用。因此，我国公共政策分析的目的，与我国长远发展规划的既定目标是一致的。"要心怀'国之大者'，站在全局和战略的高度想问题、办事情，一切工作都要以贯彻落实党中央决策部署为前提，不能为了局部利益损害全局利益、为了暂时利益损害根本利益和长远利益。"

12.3.3　中国公共政策分析研究中存在问题及对策

公共政策本质上是社会权威部门对社会价值的再分配。要想体现社会价值分配的公正性、有效性和权威性，就需要从公共政策分析这一理论着手。公共政策分析作为一门独立的学科在我国兴起和发展以来，在政策制定、执行、评估等一系列过程中都日趋成熟。但是，对于目前我国不断变化发展的政治经济体制以及日趋复杂的社会局面来说，我国的公共政策分析系统仍然面临着挑战，需要进一步的完善与发展。

（1）从理论方面看，我国公共政策分析的理论基础较为薄弱，应建立符合我国国情的理论体系。我国目前公共政策分析水平仍处于初级阶段，这是由我国公共政策分析起步较晚、理论基础相对于西方国家较为薄弱所造成的，而且我国目前还尚未形成一套完善成熟的公共政策分析理论体系。对此，我国应加强对公共政策分析的理性价值的认知，将公共政策理论分析的范畴扩大延展，使其不局限在某一特定的学科领域之内。[①] 同时，西方国家在公共政策分析方面已经形成系列较为完整的理论，但是不能只依靠照搬而引用西方的理论来扩充我国公共政策分析理论。对于西方理论应去除糟粕，留其精华，结合我国的具体国情，充分利用我国现有的公共政策分析的理论成果，形成一套具有中国特色的公共政策分析理论体系。

（2）负责公共政策分析的相关政府部门缺乏独立自主性，应构建专业的公共政策分析组织系统。目前我国对公共政策进行分析的政府部门都不是单一的科研机构，担任公共政策分析的政府人员在进行理论研究的同时也承担着日常的行政工作，这一现状导致了政策分析的准确性、科学性和能动性都受到了限制和影响。目前我国公共政策分析组织体系的主要力量是政府部门、政府相关专业分析机构和高等院校，这一组织体系较为复杂，各个机构之间缺乏信息沟通渠道，容易导致公共政策分析缺乏客观性和公正性。所以，我国在构建公共政策分析的专业组织时，国家应当加强政府与公众的互助与合作，充分发挥各个部门的优势，建立必要的信息沟通机制。对于公共政策分析和研究系统的管理要进一步规范化，制定行业规则，对于政策分析主体与政策制定主体进行明确划分，保障各个机构进行研究的自主性和独立性。

---

① 陈振明．政策科学［M］．北京：中国人民大学出版社，1998.

（3）我国公共政策分析缺乏专业性，尽快建立规范、专业、综合的公共政策分析系统。近年来，我国通过对西方国家公共政策分析理论的研究发现，要想实现对公共政策的分析客观、准确研究，需要以成熟的方法论和专业的分析工具作为研究顺利进行的前提。目前，我国公共政策分析存在的问题包括缺乏对理论研究的重视程度、缺少对现行的公共政策的前瞻性研究等。而且，实践中的公共政策分析缺少对政策执行效果的预测分析研究，容易导致分析结果脱离实际，对国情现状分析缺乏客观性。问题研究较为单一，易局限于某些特定领域，缺乏综合性考量。对于这一情况，我国应尽快完善公共政策分析的方法论体系，在进行公共政策分析过程中，充分考虑当下政治、经济、文化、社会及生态等相关因素，形成一套完整的、综合的理论分析基础。同时应加强各部门之间的跨学科合作，利用各种资源，增加公共政策分析内容的广泛性。注重政策分析人员与政府部门政策制定者之间的沟通与合作，是政策分析研究专业性的另一保障。

公共政策分析的最终目的是协同政府部门制定完善的、高效的公共政策，以实现促进我国各项公共事业稳步发展的目的。因此公共政策分析不只是对当下社会公共事务进行分析，还需要进行全面的实践调查研究，而且对于政策的制定、执行、终结等全过程进行分析总结。对于目前我国的实际情况来说，公共政策分析还存在较大不足，应避免政策分析中的短板，吸取以前的经验教训，在进行政策分析的同时应充分结合我国的具体实际国情，建立一套具有中国特色的，同时具备专业性、客观性、有效性的公共政策分析系统。

12.4　本章小结

本章着重探讨了公共政策分析的四种基本理论类型，即概念理论、认知理论、因果理论和规范理论。介绍了奈格尔和米尔斯对政策分析总结的五种研究方法，即数学最优化、计量经济学方法、准实验方法、行为过程方法和多元标准决策方法。根据奎德等的论述，将政策分析的基本因素概括为问题、目标、备选方案、模式、效果、标准和政治可行性七个方面。

现代公共政策分析的模式主要有：系统分析模式、过程分析模式、信息转换分析模式、成本效益分析模式与风险分析模式等。我国公共政策分析的特征主要有：坚持以人民为中心的价值理念、注重实证调查研究方法的运用、强调政策分析的长远目的。公共政策分析对于目前我国不断变化发展的政治经济体制以及日趋复杂的社会局面来说，仍然面临着挑战，需要进一步的完善与发展。从理论方面看，我国公共政策分析的理论基础较为薄弱，应建立符合我国国情的理论体系。我国公共政策分析缺乏专业性，尽快建立规范、专业、综合的公共政策分析系统。

思考题

1. 什么是公共政策分析？公共政策分析的意义有哪些？
2. 政策分析的基本构成因素有哪些？应如何划分政策分析过程的步骤？
3. 公共政策分析的模式主要有哪些？各有什么特点？
4. 备选方案是如何产生的？有哪些方法可以形成政策方案？
5. 结合实际，试述我国公共政策分析存在的问题与对策。

案例讨论

<h1 style="text-align:center">中央一号文件</h1>

中共中央在 1982~1986 年连续五年发布以农业、农村和农民为主题的中央一号文件，对农村改革和农业发展作出具体部署。2004~2022 年又连续 19 年发布以"三农"（农业、农村、农民）为主题的中央一号文件，强调了"三农"问题在中国社会主义现代化建设中"重中之重"的地位。

1982 年 1 月 1 日，中共中央发出第一个关于"三农"问题的"一号文件"，对迅速推开的农村改革进行了总结。文件明确指出"包产到户""包干到户"或"大包干""都是社会主义生产责任制"，它"不同于合作化以前的小私有的个体经济，而是社会主义农业经济的组成部分"。

1983 年 1 月，"一号文件"《当前农村经济政策的若干问题》正式颁布。说明了家庭联产承包责任制，是在党的领导下农民的伟大创造。

1984 年 1 月 1 日，中共中央发布《关于一九八四年农村工作的通知》。文件强调要继续稳定和完善家庭联产承包责任制，规定土地承包期一般应在 15 年以上，生产周期长和开发性的项目，承包期应当更长一些。

1985 年 1 月，中共中央、国务院下发《关于进一步活跃农村经济的十项政策》。取消了农副产品统购派购的制度，对粮、棉等少数重要产品采取国家计划合同收购的新政策。

1986 年 1 月 1 日，中共中央、国务院下发了《关于 1986 年农村工作的部署》。文件肯定了农村改革的方针政策是正确的，必须继续贯彻执行。

2004 年 1 月，针对全国农民人均纯收入连续增长缓慢的情况，中央下发《中共中央　国务院关于促进农民增加收入若干政策的意见》，成为改革开放以来中央的第六个"一号文件"。

2005 年 1 月 30 日，《中共中央　国务院关于进一步加强农村工作提高农业综合生产能力若干政策的意见》下发。文件要求，坚持"多予、少取、放活"的方针，稳定、完善和强化各项支农政策。要把加强农业基础设施建设、加快农业科技进步、提高农业综合生产能力，作为一项重大而紧迫的战略任务，切实抓紧抓好。

2006 年 2 月，中共中央、国务院下发《中共中央　国务院关于推进社会主义新农村建设的若干意见》。这份中央"一号文件"显示，中共十六届五中全会提出的社会主义新农村建设的重大历史任务将迈出有力的一步。

2007 年 1 月 29 日，《中共中央　国务院关于积极发展现代农业扎实推进社会主义新农村建设的若干意见》下发。文件要求，发展现代农业是社会主义新农村建设的首要任务。

2008 年 1 月 30 日，《中共中央　国务院关于切实加强农业基础建设进一步促进农业发展农民增收的若干意见》下发。包括加快构建强化农业基础的长效机制；切实保障主要农产品基本供给；突出抓好农业基础设施建设；着力强化农业科技和服务体系基本支撑；逐步提高农村基本公共服务水平；稳定完善农村基本经营制度和深化农村改革；扎实推进农村基层组织建设；加强和改善党对"三农"工作的领导。

2009 年 2 月 1 日，《中共中央　国务院关于 2009 年促进农业稳定发展农民持续增收的若干意见》下发。把保持农业农村经济平稳较快发展作为首要任务，围绕稳粮、增收、强基础、重民生，进一步强化惠农政策，增强科技支撑，加大投入力度，优化产业结构，推进改革创新，千方百计保证国家粮食安全和主要农产品有效供给，千方百计促进农民收入持续增长等。

2010 年 1 月 31 日,《中共中央　国务院关于加大统筹城乡发展力度进一步夯实农业农村发展基础的若干意见》下发,对"三农"投入首次强调总量持续增加、比例稳步提高。首次提出要在 3 年内消除基础金融服务空白乡镇,拓展了农业发展银行支农领域等。

2011 年 1 月 29 日发布的《中共中央　国务院关于加快水利改革发展的决定》,是新中国成立 62 年来中央文件首次对水利工作进行全面部署。

2012 年 2 月 1 日发布的《关于加快推进农业科技创新持续增强农产品供给保障能力的若干意见》,突出强调部署农业科技创新,把推进农业科技创新作为"三农"工作的重点。

2013 年 1 月 31 日,《中共中央　国务院关于加快发展现代农业,进一步增强农村发展活力的若干意见》下发,一号文件连续第十年聚焦"三农"。

2014 年 1 月 19 日,《关于全面深化农村改革加快推进农业现代化的若干意见》下发,内容包括完善国家粮食安全保障体系;强化农业支持保护制度;建立农业可持续发展长效机制;深化农村土地制度改革;构建新型农业经营体系;加快农村金融制度创新;健全城乡发展一体化体制机制;改善乡村治理机制。

2015 年 2 月 1 日,《关于加大改革创新力度加快农业现代化建设的若干意见》公布,内容包括围绕建设现代农业,加快转变农业发展方式;围绕促进农民增收,加大惠农政策力度;围绕城乡发展一体化,深入推进新农村建设;围绕增添农村发展活力,全面深化农村改革;围绕做好"三农"工作,加强农村法治建设。

2016 年 1 月 27 日,《关于落实发展新理念加快农业现代化实现全面小康目标的若干意见》公布,内容包括持续夯实现代农业基础,提高农业质量效益和竞争力;加强资源保护和生态修复,推动农业绿色发展等。

2017 年 2 月,《中共中央　国务院关于深入推进农业供给侧结构性》下发,指出以推进农业供给侧结构性改革为主线,围绕农业增效、农民增收、农村增绿,力争农村全面小康建设迈出更大步伐。

2018 年 2 月,《中共中央　国务院关于实施乡村振兴战略的意见》下发,确定了实施乡村振兴战略的目标任务:到 2020 年,乡村振兴取得重要进展,制度框架和政策体系基本形成;到 2035 年,乡村振兴取得决定性进展,农业农村现代化基本实现;到 2050 年,乡村全面振兴,农业强、农村美、农民富全面实现。

2019 年 2 月,《中共中央　国务院关于坚持农业农村优先发展做好"三农"

工作的若干意见》下发，内容包括聚力精准施策，决战决胜脱贫攻坚；加强党对"三农"工作的领导，落实农业农村优先发展总方针。

2020 年 2 月 5 日，《中共中央　国务院关于抓好"三农"领域重点工作确保如期实现全面小康的意见》指出，坚决打赢脱贫攻坚战；对标全面建成小康社会加快补上农村基础设施和公共服务短板；保障重要农产品有效供给和促进农民持续增收；加强农村基层治理；强化农村补短板保障措施。

2021 年 1 月 4 日，《中共中央　国务院关于全面推进乡村振兴加快农业农村现代化的意见》指出，坚持农业农村优先发展。

2022 年 2 月，《中共中央　国务院关于做好 2022 年全面推进乡村振兴重点工作的意见》指出，全力抓好粮食生产和重要农产品供给、强化现代农业基础支撑、坚决守住不发生规模性返贫底线、聚焦产业促进乡村发展、扎实稳妥推进乡村建设、突出实效改进乡村治理、加大政策保障和体制机制创新力度、坚持和加强党对"三农"工作的全面领导。

资料来源：

http：//www. gov. cn/zhengce/zc_flfg. htm。

讨论：

1. 你是如何界定案例中的政策问题的？
2. 选择适当的模式对"三农"政策进行分析。

参考文献

［1］ Behn R. D. How to Terminate a Public Policy: A Dozen Hints for the Would-be Terminator ［J］. Policy Analysis, 1978（3）.

［2］ Daniel Lerner, Harold D. Lasswell. The Policy Sciences: Recent Developments in Scope and Method ［M］. Stanford: Stanford University Press, 1951.

［3］ Deborah A. Stone. Policy Paradox: The Art of Political Decision Making ［M］. New York: Norton, 2002.

［4］ James E. Anderson. Public Policy Making: An Introduction ［M］. Boston: Houghton Mifflin Company, 2003.

［5］ James E. Anderson. Public Policy Making ［M］. Boston: Houghton Mifflin Company, 2001.

［6］ Janet Frantz. Political Resources for Policy Terminators ［J］. Policy Studies Journa, 2002（30）.

［7］ John S. Dryzek, Brian Ripley. The Ambitions of Policy Design ［J］. Policy Studies Journal, 1998（4）.

［8］ Kinney N. J. The Levels of Termination: A Predictive Model for Policy Termination ［J］. Arts Social Scienees: Department of Political Science, 2013（3）.

［9］ Lars Tummers. Public Policy and Behavior Change ［J］. Public Administration Review, 2019（6）.

［10］ Michael Hill, Peter Hupe. Implementing Public Policy: Covernance in Theory and Practice ［M］. London: Sage, 2002.

［11］ P. DeLeon. Public Policy Termination: An End and a Beginning ［J］. Policy Analysis, 1978（3）.

［12］ Renate Mayntz. Modernization and the Logic of Interorganizational Networks ［J］. Knowledge and Policy, 1993（1）.

［13］Robert T. Clemen and Terence Reilly，Making Hard Decision with Decision Tools［M］. North Scituate，Mass：Duxbury Press，2003.

［14］Robert Williams. Democracy，Development and Anti-Corruption Strategies：Learning from the Australian Experience［J］. Commonwealth & Comparative Politics，1999（3）.

［15］Tanja A. Börzel Organizing Babylon—On the Different Conceptions of Policy Networks［J］. Public Administration，2002（2）.

［16］Wayne Parsons. Public Policy：An Introduction to the Theory and Practice of Policy Analysis［M］. Cheltenham：Edward Elgar Publishing Limited，1997.

［17］Yehezkel Dror. Pubic Policy Making Reexamined［M］. New York：Chandler Pubishing Co.，1968.

［18］A. H. 马斯洛. 人类价值新论［M］. 胡万福，等译. 石家庄：河北人民出版社，1988.

［19］Kevin B. Smith，Christopher W. Larimer. 公共政策入门［M］. 苏伟业，译. 台北：五南图书出版公司，2010.

［20］阿马蒂亚·森. 以自由看待发展［M］. 任颐，于真，译. 北京：中国人民大学出版社，2013.

［21］艾伦·格沃斯，等. 伦理学要义［M］. 戴杨毅，等译. 北京：中国社会科学出版社，1991.

［22］保罗·A. 萨巴蒂尔. 政策过程理论［M］. 彭宗超，等译. 北京：生活·读书·新知三联书店，2004.

［23］鲍姆加特纳，琼斯. 美国政治中的议程与不稳定性［M］. 曹堂哲，译. 北京大学出版社，2011.

［24］查尔斯·E. 林德布洛姆. 决策过程［M］. 竺乾威，胡君芳，译. 上海：上海译文出版社，1986.

［25］陈庆云. 公共政策分析（第二版）［M］. 北京：北京大学出版社，2011.

［26］陈振明. 政府工具导论［M］. 北京：北京大学出版社，2009.

［27］陈振明. 政府工具研究与政府管理方式改进——论作为公共管理学新分支的政府工具研究的兴起、主题和意义［J］. 中国行政管理，2004（6）.

［28］陈振明. 政策科学［M］. 北京：中国人民大学出版社，1998.

［29］戴维·H. 罗森布鲁姆，等. 公共行政学［M］. 张成福，译. 北京：中国人民大学出版社，2002.

［30］戴维·韦默，艾丹·维宁. 政策分析：理论与实践［M］. 戴星翼，等译. 上海：上海译文出版社，2004.

［31］德博拉·斯通. 政策悖论：政治决策中的艺术［M］. 顾建光，译. 北京：中国人民大学出版社，2006.

［32］登哈特. 新公共服务［M］. 丁煌，译. 中国人民大学出版社，2010.

［33］丁煌，杨代福. 政策工具选择的视角、研究途径与模型建构［J］. 行政论坛，2009（3）.

［34］杜专家，杨立华. 如何防止转型期公共政策公共性的流失？——基于四种类型划分的案例比较研究［J］. 公共行政评论，2021（3）.

［35］顾建光. 公共政策工具研究的意义、基础与层面［J］. 公共管理学报，2006（4）.

［36］赫伯特·西蒙. 管理行为——管理组织决策过程的研究［M］. 杨砾，译. 北京：北京经济学院出版社，1988.

［37］亨利·勒帕日. 美国新自由主义经济学［M］. 李燕生，译. 北京：北京大学出版社，1985.

［38］亨利·罗伯特. 议事规则［M］. 王宏昌，译. 北京：商务印书馆，2005.

［39］黄宾，陈惠雄，张海娜. 水资源治理公共政策效应评价——以钱塘江"五水共治"为例［J］. 中国农村水利水电，2021（5）.

［40］加里·S. 贝克尔. 人类行为的经济分析［M］. 王业宇，等译. 上海：上海三联书店，1993.

［41］拉需·N. 格斯顿. 公共政策的制定：程序与原理［M］. 朱子文，译. 重庆：重庆出版社，2001.

［42］李允杰，丘昌泰. 政策执行与评估［M］. 北京：北京大学出版社，2008.

［43］李智超. 政策试点推广的多重逻辑——基于我国智慧城市试点的分析［J］. 公共管理学报，2019（3）.

［44］陆鹏，周久贺. 统一多民族国家民族事务治理的现实路径——基于中央与民族自治区互动关系的研究视角［J］. 广西师范学院学报（哲学社会科学

版），2018（1）.

　　［45］罗伯特·海涅曼，等. 政策分析师的世界：理性、价值观念和政治［M］. 李玲玲，译. 北京：北京大学出版社，2011.

　　［46］罗明军. 民族地区权力、文化与社区治理［M］. 北京：中国书籍出版社，2016.

　　［47］迈克尔·豪利特，M. 拉米什. 公共政策研究：政策循环与政策子系统［M］. 庞诗，等译. 北京：生活·读书·新知三联书店，2006.

　　［48］梅里利·S. 格林德尔，约翰·W. 托马斯. 公共选择与政策变迁［M］. 黄新华，陈天慈，译. 北京：商务印书馆，2016.

　　［49］米切尔·黑尧. 现代国家的政策过程［M］. 赵成根，译. 北京：中国青年出版社，2004.

　　［50］莫于川. 行政民主化与行政指导制度发展（上）——以建设服务型政府背景下的行政指导实践作为故事线索［J］. 河南财经政法大学学报，2013（3）.

　　［51］莫于川. 行政民主化与行政指导制度发展（下）——以建设服务型政府背景下的行政指导实践作为故事线索［J］. 河南财经政法大学学报，2013（4）.

　　［52］莫于川. 行政指导与建设服务型政府［M］. 北京：中国人民大学出版社，2015.

　　［53］宁骚. 公共政策学（第三版）［M］. 北京：中国人民大学出版社，2018.

　　［54］乔治·爱德华·穆尔. 伦理学［M］. 戴杨毅，译. 北京：中国人民大学出版社，1985.

　　［55］萨巴蒂尔，詹金斯·史密斯. 政策变迁与学习：一种倡议联盟途径［M］. 邓征，译. 北京：北京大学出版社，2011.

　　［56］萨拉蒙. 政府工具［M］. 北京：北京大学出版社，2016.

　　［57］托马斯·R. 戴伊. 理解公共政策（第十二版）［M］. 谢明，译. 北京：中国人民大学出版社，2011.

　　［58］托马斯·R. 戴伊. 自上而下的政策制定［M］. 王佩，译. 北京：中国人民大学出版社，2002.

　　［59］王春福. 有限理性利益人与公共政策［M］. 北京：中国社会科学出版

社，2008.

[60] 王浦劬 . 政府向社会组织购买公共服务研究 ［M］. 北京：北京大学出版社，2010.

[61] 王延中 . 中国社会保障 ［M］. 北京：社会科学文献出版社，2017.

[62] 威廉·N. 邓恩 . 公共政策分析导论（第四版）［M］. 谢明，等译 . 北京：中国人民大学出版社，2011.

[63] 吴锡泓，金荣枰 . 政策学的主要理论 ［M］. 金东日，译 . 上海：复旦大学出版社，2005.

[64] 吴逊 . 公共政策过程 ［M］. 上海：格致出版社，2015.

[65] 小约瑟夫·斯图尔特，戴维·M. 赫奇，詹姆斯·P. 莱斯特 . 公共政策导论（第二版）［M］. 韩红，译 . 北京：中国人民大学出版社，2004.

[66] 谢俊 . 棚户区改造政策扩散因素分析 ［J］. 中南财经政法大学学报，2018（3）.

[67] 谢明 . 公共政策导论（第四版）［M］. 北京：中国人民大学出版社，2015.

[68] 许江萍 . 中国养老政策目标与路径 ［M］. 北京：中国市场出版社，2018.

[69] 严强，王强 . 公共政策学 ［M］. 南京：南京大学出版社，2002.

[70] 燕继荣，朱春昊 . 中国公共政策的调适——兼论"以人民为中心"的价值取向及其实践 ［J］. 治理研究，2021（5）.

[71] 杨雪冬 . 压力型体制——一个概念的简明史 ［J］. 社会科学，2012（11）.

[72] 杨志，魏姝 . 政策爆发：非渐进政策扩散模式及其生成逻辑——以特色小镇政策的省际扩散为例 ［J］. 江苏社会科学，2018（5）.

[73] 杨志 . 中国政策爆发影响因素及其耦合机制研究 ［D］. 南京：南京大学，2020.

[74] 药师寺泰藏 . 公共政策 ［M］. 张丹，译 . 北京：经济日报出版社，1991.

[75] 约翰·W. 金登 . 议程、备选方案与公共政策（第二版）［M］. 丁煌，方兴，译 . 北京：中国人民大学出版社，2004.

[76] 约翰·克莱顿·托马斯 . 公共决策中的公民参与 ［M］. 孙柏瑛，译 .

北京：中国人民大学出版社，2010.

［77］詹姆斯·E. 安德森. 数据模型与决策［M］. 侯文华，译. 北京：机械工业出版社，2009.

［78］张金马. 公共政策分析：概念·过程·方法［M］. 北京：人民出版社，2004.

［79］张康之. 论主体多元化条件下的社会治理［J］. 中国人民大学学报，2014（2）.

［80］张丽珍. 政策终结的过程研究［M］. 北京：中国社会科学出版社，2012.

［81］赵德余. 主流观念与政策变迁的政治经济学［M］. 上海：复旦大学出版社，2008.

［82］周雪光. 中国国家治理的制度逻辑［M］. 北京：生活·读书·新知三联书店，2017.

［83］朱旭峰. 政策变迁中的专家参与［M］. 北京：中国人民大学出版社，2012.

［84］朱玉知. 环境政策执行模式研究［D］. 上海：复旦大学，2013.